古代歷史文化 研究輯刊

二一編

王明蓀 主編

第6冊

魏晉南北朝時期邊政研究

彭豐文 著

國家圖書館出版品預行編目資料

魏晉南北朝時期邊政研究／彭豐文 著 — 初版 — 新北市：花
木蘭文化事業有限公司，2019〔民 108〕
目 4+278 面；19×26 公分
（古代歷史文化研究輯刊 二一編；第 6 冊）
ISBN 978-986-485-724-1（精裝）
1. 邊防 2. 魏晉南北朝
618　　　　　　　　　　　　　　　　　108001497

ISBN-978-986-485-724-1

9 789864 857241

古代歷史文化研究輯刊
二一編　第 六 冊　　　　　　　ISBN：978-986-485-724-1

魏晉南北朝時期邊政研究

作　　者　彭豐文
主　　編　王明蓀
總 編 輯　杜潔祥
副總編輯　楊嘉樂
編　　輯　許郁翎、王筑　美術編輯　陳逸婷
出　　版　花木蘭文化事業有限公司
發 行 人　高小娟
聯絡地址　235 新北市中和區中安街七二號十三樓
　　　　　電話：02-2923-1455／傳真：02-2923-1452
網　　址　http://www.huamulan.tw 信箱 hml810518@gmail.com
印　　刷　普羅文化出版廣告事業
初　　版　2019 年 3 月
全書字數　259926 字
定　　價　二一編 49 冊（精裝）台幣 122,000 元　　　版權所有‧請勿翻印

魏晉南北朝時期邊政研究

彭豐文 著

作者簡介

彭豐文，女，1972 年生，湖南瀏陽人，中國社會科學院民族學與人類學研究所研究員、民族歷史研究室主任，中國民族史學會副秘書長，中國社會科學院研究生院教授、碩士生導師，北京師範大學歷史學博士。主要研究方向爲中國古代邊疆史、民族史、思想史，已出版學術專著《兩晉時期國家認同研究》（民族出版社 2009 年版）、《先秦兩漢時期民族觀念與國家認同研究》（中國社會科學出版社 2016 年版），發表學術論文二十餘篇。

提　　要

　　本書以歷史學研究方法爲主，綜合運用民族學、政治學等多學科的理論方法與研究視野，從邊政思想、邊疆經略的政治與軍事方針政策、邊疆經濟文化開發措施與成效、邊疆管理體制共四個方面對魏晉南北朝時期邊政問題展開研究，對這一時期各政權在邊政方面取得的成就予以充分肯定，對當前部分學術觀點提出個人見解。全書共有八章。第一章探討魏晉南北朝時期邊政思想的主要內容和發展特點。第二章至第六章按照時間順序，依次考察魏晉南北朝時期各政權在邊疆經略方面的政治、軍事政策與措施，客觀評價其成敗得失與歷史意義，探究王朝盛衰與邊疆治亂之間的互動關係。第七章考察魏晉南北朝時期各政權對邊疆地區經濟文化開發的措施與成效，對這一時期遼東地區、河西地區、嶺南地區的開發成就予以充分肯定。第八章探討魏晉南北朝時期邊疆管理體制。本書旨在通過全面梳理魏晉南北朝時期邊政狀況，總結歷史經驗與教訓，揭示中國古代統一多民族格局形成歷程的曲折性與複雜性，進一步豐富和深化有關中國古代統一多民族國家與中華民族形成問題的研究。

緒　論 ……………………………………………… 1

　第一節　選題的學術價值 ………………………… 1

　第二節　「邊政」與「邊疆」概念界定及本書
　　　　　主要內容 ……………………………… 2

　第三節　研究狀況 ………………………………… 7

　第四節　本書創新點 ……………………………… 8

第一章　魏晉南北朝時期的邊政思想 ……………… 11

　第一節　先秦兩漢三國時期的邊政思想 ………… 11

　　一、先秦儒學政治思想：中國古代邊政思想
　　　　的理論基礎與思想源泉 ………………… 11

　　二、兩漢時期的邊政思想：中國古代邊政
　　　　思想的初步形成 ………………………… 15

　　三、三國時期邊政思想 ……………………… 18

　第二節　兩晉十六國時期邊政思想 ……………… 21

　　一、儒學政治思想的傳承與「大一統」理念
　　　　的延續 …………………………………… 22

　　二、羈縻而治、防禦爲主與文德武備 ……… 25

　　三、夷夏之防、徙戎之論與移民實邊 ……… 27

　第三節　南北朝時期邊政思想 …………………… 30

　　一、儒學政治思想指導地位的進一步鞏固與
　　　　「大一統」理念的深入發展 …………… 31

　　二、「守在四夷」與「羈縻之道」 ………… 33

　　三、懷遠以德與崇文修武 …………………… 35

第二章　三國時期的邊疆經略 ……………………… 37

　第一節　曹魏政權對北方邊疆的經略 …………… 37

　　一、曹魏對東北邊疆烏桓、公孫氏、高句麗
　　　　勢力的軍事征討政策 ………………… 37

　　二、曹魏對北部邊疆匈奴、鮮卑等部族勢力
　　　　的羈縻與分化政策 …………………… 43

　　三、曹魏對西北邊疆河隴地區的平定政策與
　　　　對西域地區的羈縻政策 ……………… 48

　第二節　蜀漢對南中的經略 ……………………… 54

　　一、蜀漢前期「南撫夷越」戰略的醞釀與
　　　　實施 …………………………………… 54

二、蜀漢中後期加強對南中統治的政策及其
成效評析 ……………………………………… 62
第三節 孫吳政權對嶺南的經略 ……………………… 67
一、孫吳對士變勢力的利用與羈縻 …………… 67
二、孫吳在嶺南鎮壓叛亂、鞏固統治的鬥爭
………………………………………………… 71

第三章 西晉「大一統」政治格局下的邊疆經略 … 77
第一節 西晉王朝對北方邊疆的經略 ……………… 77
一、西晉對東北邊疆的羈縻與鎮撫 …………… 77
二、西晉對北部邊疆的鎮撫及其歷史經驗與
教訓 ……………………………………………… 80
三、西晉的西北邊疆危機與邊疆經略 ………… 84
第二節 西晉王朝對南方邊疆的經略 ……………… 89
一、西晉對南中的寬鬆統治及其政策演變 …… 89
二、西晉對嶺南的平穩統治及後期局勢的
變化 ……………………………………………… 92

第四章 東晉十六國時期的邊疆經略 ……………… 95
第一節 十六國政權對北方邊疆的經略 …………… 95
一、十六國政權對東北邊疆的經略 …………… 96
二、十六國政權對北部邊疆的經略 ………… 101
三、十六國政權對西北邊疆的經略 ………… 109
第二節 東晉王朝對南方邊疆的經略 …………… 114
一、東晉對益州、寧州的爭奪與控制 ……… 115
二、嶺南政局與東晉王朝的鎮撫措施 ……… 119

第五章 北朝的北方邊疆經略 ……………………… 125
第一節 北魏對東北邊疆的鎮撫與羈縻政策 …… 125
一、北魏對北燕舊地的鎮撫措施 …………… 126
二、北魏對高句麗、庫莫奚諸族的羈縻政策
………………………………………………… 128
第二節 北魏對北部邊疆的征討、防禦與懷柔
羈縻政策 ……………………………………… 131
一、北魏對柔然、高車的軍事征討行動…… 132
二、北魏北部邊疆軍事防禦體制的形成與
發展 ……………………………………………… 135

　　　三、北魏對柔然、高車的懷柔政策 ……… 145
　　　四、北魏後期的北部邊疆形勢與邊疆政策的
　　　　失誤 ……………………………………… 150
　第三節　北魏對西北邊疆的經略 ……………… 156
　　　一、北魏對河隴地區的武力兼併與鎮撫政策
　　　　…………………………………………… 157
　　　二、北魏對吐谷渾的征討與羈縻 …………… 161
　　　三、北魏對西域政策從積極開拓到消極保守
　　　　的演變及其原因 ………………………… 163
　第四節　東魏、北齊、西魏、北周對北方邊疆的
　　　　經略 …………………………………… 167
　　　一、東魏、北齊對北方邊疆的經略 ……… 167
　　　二、西魏、北周的北方邊疆政策 ………… 173

第六章　南朝的南方邊疆經略 ………………… 181
　第一節　南朝對寧州的羈縻統治 ……………… 181
　　　一、正史所見南朝對寧州的羈縻統治 …… 182
　　　二、碑刻所見南朝對寧州的羈縻統治 …… 186
　第二節　南朝在嶺南的征討與鎮撫 …………… 188
　　　一、南朝對嶺南少數民族的征討、鎮壓與
　　　　羈縻綏撫政策 ………………………… 189
　　　二、南朝在嶺南遏制分裂、維護邊疆穩定的
　　　　政策 …………………………………… 196

第七章　魏晉南北朝時期的邊疆開發 ………… 201
　第一節　三國時期的邊疆開發 ………………… 201
　　　一、曹魏政權對北方邊疆的開發 ………… 201
　　　二、蜀、吳政權對南方邊疆的開發 ……… 205
　第二節　兩晉十六國時期的邊疆開發 ………… 208
　　　一、十六國政權對北方邊疆的開發成就 … 208
　　　二、東晉王朝對南方邊疆的開發措施與不足
　　　　…………………………………………… 214
　第三節　北朝對北方邊疆的開發 ……………… 218
　　　一、北朝對北方邊疆的農業開發：以邊疆
　　　　屯田爲中心 …………………………… 218
　　　二、北朝對北方邊疆畜牧業的發展：以國有
　　　　牧場爲中心 …………………………… 222

三、北朝對北方邊疆商業的發展及其經濟
　　文化交流：以絲綢之路爲中心 ………… 224
第四節　西江督護與南朝嶺南開發 …………… 227
一、西江督護的創設與兩晉南朝的嶺南開發
　　形勢 …………………………………… 228
二、西江督護的活動範圍與南朝開發嶺南的
　　基本思路 ……………………………… 231
三、西江督護在嶺南開發中的歷史作用 …… 234

第八章　魏晉南北朝時期的邊疆管理體制 ……… 239
第一節　三國時期邊疆管理體制 ……………… 239
一、中央管理機構與地方行政機構 ……… 239
二、地方性邊疆民族鎮撫機構 …………… 241
三、邊疆鎮禦體制 ………………………… 243
第二節　兩晉十六國時期邊疆管理體制 ……… 246
一、中央管理機構與地方行政機構 ……… 246
二、地方性邊疆民族鎮撫機構 …………… 252
三、邊疆鎮禦體制 ………………………… 255
第三節　北朝邊疆管理體制 …………………… 259
一、北朝軍鎮制度 ………………………… 259
二、北朝領民酋長制度 …………………… 262
第四節　南朝邊疆管理體制 …………………… 266
一、南朝左郡左縣制度 …………………… 267
二、南朝督護制度 ………………………… 268

參考書目 ………………………………………… 273
後　記 …………………………………………… 277

緒　論

第一節　選題的學術價值

　　中國統一多民族國家格局的形成，具有深厚的歷史文化底蘊和堅實的政治基礎，是中華民族歷史發展演進的結果。先秦時期，華夏文化中已經出現了「溥天之下，莫非王土」[註1]的思想，反映了中國古代國家統一疆域思想的萌芽。秦王朝滅六國，建立了中國歷史上第一個中央集權的統一多民族國家，實現了政治統一和疆域統一。自秦漢以後，追求、維護統一多民族的「大一統」國家格局成爲歷代中原王朝的基本政治原則，「大一統」成爲統治者的終極政治理想。以「大一統」思想爲基礎，古代中國形成了以「守在四夷」、「羈縻而治」、「以德治邊」爲核心的邊政思想。中國歷史上各政權統治者以此爲指導思想，進行邊疆經略與開發，加強中原與邊疆的政治、經濟、文化聯繫與各民族的交流、交往、交融，推動了邊疆融入統一多民族國家格局的歷史進程。統一是中國歷史的主流。

　　但是在中國歷史上，分裂動盪也曾多次出現，其中持續時間較長的分裂時期有魏晉南北朝時期（220～589）和五代十國遼宋金夏時期（907～1279）。如何認識中國歷史上分裂時期的邊政問題，關係到對中國統一多民族國家格局形成與發展的歷史敘述，也關係到對中華民族共同體發展壯大動力因素的探討以及對於中國歷史發展大勢的理解與詮釋。

〔註 1〕周振甫譯注：《詩經·北山》，中華書局 2002 年版，第 312 頁。説明：本書對注釋中第一次出現的文獻資料來源注明著者、書名、出版社、出版時間和卷數（或頁碼），後文重複引用的文獻資料則僅注明書名和卷數（或頁碼），省略出版信息，以避免重複。

　　本書以魏晉南北朝時期爲研究時段，嘗試從邊政研究的角度，對中國統一多民族國家疆域的形成歷程與中華民族的形成歷程進行探討。本項研究具有重要的學術價值。首先，以往關於中國歷史邊政問題的研究成果，大多集中於統一時期，對於分裂時期的邊政問題重視不夠，研究不足，分裂時期的邊疆經略成就得不到應有的肯定，其中的歷史教訓得不到應有的重視。開展本項研究，有助於針對以上研究狀況，彌補目前研究工作中的不足，加強相關薄弱環節的研究，探討總結中國統一歷史大勢的內在深層根源，推動關於中國歷史上統一多民族國家與中華民族形成研究的整體發展。其次，魏晉南北朝時期是秦漢「大一統」格局形成後第一個大分裂、大動盪時期。開展本項研究，有助於以魏晉南北朝時期爲樣本，深入認識中國歷史上分裂時期邊政問題的特點，從而充分認識中國古代統一多民族「大一統」格局形成歷程的曲折性，揭示中國歷史由分裂走向統一的內在深層原因，總結歷史經驗與教訓。

第二節　「邊政」與「邊疆」概念界定及本書主要內容

　　「邊政」與「邊疆」是中華文明話語體系中固有的詞彙，古已有之，源遠流長，並在漫長的歷史進程中不斷發展、演變，形成豐富的內涵。

　　「邊政」一詞很早見諸於歷史文獻記載。《陳書》載梁敬帝策文曰：「大同之末，邊政不修，李賁狂迷，竊我交、愛，敢稱大號。」〔註2〕《明史》曰：「初，邊政嚴明，官軍皆有定職。」〔註3〕「土木以還，勢以不競，邊政日弛，火篩、俺答諸部騷動無寧歲。」〔註4〕《清史稿》曰：「時議以成都將軍駐雅州總邊政，以授明亮。」〔註5〕明代張雨著有「《全陝邊政考》十二卷。」〔註6〕近代以來，在西方列強等外部勢力對中國邊疆地區大肆侵吞掠奪的壓力之下，在學界湧現了邊政研究的熱潮，至抗戰時期形成了以顧頡剛、吳文藻等學者爲代表的中國邊政學，奠定了中國邊政研究的理論基礎與學科框架。吳文藻先生發表《邊政學發凡》一文，對「邊政」概念進行了解釋與界定，他

〔註2〕（唐）姚思廉：《陳書》卷1《高祖紀上》，中華書局1972年版。
〔註3〕（清）張廷玉等：《明史》卷91《兵志·邊防條》，中華書局1974年版。
〔註4〕《明史》卷156《羅秉忠列傳》。
〔註5〕趙爾巽：《清史稿》卷330《明亮傳》，中華書局1977年版。
〔註6〕《明史》卷97《藝文志》。

認為：「邊政本係一個縮略語，舉凡邊疆政治、邊疆行政或邊疆政策等名詞，都可用於代表。」同時著重指出，「邊政學是研究民族政治的思想、事實、制度及行政的科學。研究邊疆政治，必先考察邊疆民族，這是邊政學的特質。」羅賢祐先生指出：「今天看來，吳文藻先生對於『邊政』的定義及研究對象，依然是基本正確的。」「歷代邊政問題包羅萬象、極端複雜」，不過，「邊疆經略、邊疆政策和治邊思想等問題是我們的主要研究對象。」〔註7〕

　　在中國古代文獻中，「邊疆」與「邊境」詞意相近但不盡相同。「邊疆」大致包含兩層含義，一是指政權統治中心地區的外層邊遠地區；二是指中國內部各政權之間或不同政治勢力範圍之間邊境相鄰地帶之意。「邊疆」一詞最早見諸於《左傳》。例如：「帥我蝥賊，以來蕩搖我邊疆。」〔註8〕「好於邊疆，息民五年，而後用師，禮也。」〔註9〕「若好吳邊疆，使柔服焉，猶懼其至。」〔註10〕此處「邊疆」意指各諸侯國之間的邊境相鄰地帶。又如《魏書》曰：「自是吐賀眞遂單弱，遠竄，邊疆息警矣。」〔註11〕此處指北魏與柔然政治勢力範圍相鄰的地帶。《隋書》曰：「南陽古帝鄉，搢紳所出，自三方鼎立，地處邊疆，戎馬所萃，失其舊俗。」〔註12〕此處「邊疆」意指分裂時期各政權之間的邊境相鄰地帶。《明史》曰：「我朝自羅倫論奪情，前後五十餘人，多在邊疆。故嗣昌在邊疆則可，在中樞則不可。在中樞猶可，在政府則不可。」〔註13〕《清史稿》曰：「於是將歷年邊疆、腹地與俄人未結之案，有應賠應恤者一百九案，併入其中，作爲全結。」〔註14〕此處「邊疆」與「中樞」、「腹地」形成對應關係，意爲遠離政權中心的邊遠地區。

　　由此可見，中國歷史上的「邊疆」概念首先是一個地理概念，意指邊遠地區，與「中樞」、「腹地」含義相對應，與「邊境」含義相近。其次，「邊疆」是一個政治概念，以國家政權的建立爲前提，以距離國家政治中心的遠近爲標準。再次，由於中國古代長期存在「內諸夏而外夷狄」的思想，「邊疆」概念是民族觀念與文化觀念的體現。最後，「邊疆」概念具有十分突出的軍事含

〔註7〕　羅賢祐：《中國歷代邊政問題芻議》，《東北史地》2007年第6期。
〔註8〕　楊伯峻編著：《春秋左傳注》成公十三年，中華書局1981年版，第863頁。
〔註9〕　《春秋左傳注》昭公十四年，第1365頁。
〔註10〕　《春秋左傳注》昭公三十年，第1508頁。
〔註11〕　《魏書》卷103《蠕蠕傳》。
〔註12〕　（唐）魏徵：《隋書》卷30《地理志中·譙郡》，中華書局1973年版。
〔註13〕　《明史》卷255《黃道周傳》。
〔註14〕　《清史稿》卷153《邦交志·俄羅斯條》。

義，與「邊防」概念緊密相關。馬大正先生指出，「邊疆」是一個地理概念、政治概念，並且具有軍事含義、經濟含義和文化含義，同時還是一個歷史的、相對的概念。〔註15〕歷史上的中國邊疆通常是「由國家政權的統治中心區到域外的過渡區域，即由治向不治過渡的特定區域。」〔註16〕中國「邊疆」概念的歷史性、相對性首先表現爲「邊疆」一詞本身的含義是發展變化。在元代以前，中國歷史上的統一與分裂反覆交替出現，人們對於「邊疆」一詞的使用，既包含各政權疆域外層邊遠地區，也包含中國內部各政權或政治勢力之間的邊境相鄰地區。元朝統一中國以後，歷元、明、清三代王朝，中國再沒有出現國家分裂的情況，「邊疆」一詞逐漸喪失了指代中國內部各政權邊境相鄰地區的含義，演變爲專指統一中原王朝的最外層邊遠地區。其次，中國歷史上各政權最外層疆域的具體範圍也是變化的，在不同的歷史時期出現不同程度的盈縮變化。拉鐵摩爾、吳文藻、羅賢祐、范可等中外學者對中國歷史上「邊疆」概念的政治含義、經濟含義、文化含義及其歷史性也給予了共同關注。〔註17〕

綜上所述，中國歷史上的「邊疆」是一個兼具政治、經濟、文化、軍事、民族等因素的概念，也是一個具有歷史階段性、變化性、相對性的概念。中國古代邊政研究的主要內容，就是對中國歷史上各政權的邊政思想、邊疆經略與開發、邊疆管理等方面進行研究。

基於以上原因，本書吸收近現代中國邊政學、邊疆學的理論成果，遵從以上所述學界前輩確立的「邊政」、「邊疆」概念界定，認同前輩學者關於中國古代邊疆範圍的認定原則，以中華人民共和國領土範圍爲基準，在此基礎上「上溯古代」，「參照歷代王朝邊疆的實際情況」，來確定中國歷史上的邊疆範圍。因此，中國歷史上的邊疆地區應當「主要包括今天的黑龍江、吉林、遼寧、內蒙古、甘肅、新疆、西藏、雲南、廣西等省區」，同時「沿海諸省以及臺灣、海南（包括南海諸島）則無論古代還是當代都是邊疆地區不可缺少

〔註15〕馬大正主編：《中國邊疆經略史‧總序》，中州古籍出版社2000年版，第1～3頁。

〔註16〕馬大正：《中國古代的邊疆政策與邊疆治理》，《西域研究》2002年第4期。

〔註17〕參見拉鐵摩爾著：唐曉峰譯：《中國的亞洲內陸邊疆》，江蘇人民出版社2010年版：吳文藻：《邊政學發凡》，中國邊政學會邊政公論社主編：《邊政公論》第1卷，1942年：羅賢祐：《中國歷代邊政問題芻議》，《東北史地》2007年第6期：范可：《邊疆與民族的互構：歷史過程與現實影響》，《民族研究》2017年第6期。

的組成部分。」〔註18〕同時還要根據不同歷史時期疆域範圍盈縮變遷的實際情況，進一步具體確定各個歷史時期的邊疆範疇。

　　這裡有兩點需要特別說明。（一）從中國歷代邊政研究的角度來看，在中國歷史上的統一時期，「邊疆」所指地域爲統一王朝疆域的最外層邊遠地區；在歷史上的分裂時期，「邊疆」所指地域爲中國內部各政權疆域最外層邊遠地區的總和，而各政權之間的統治地區交界地帶及其兩側邊境地區則不屬於「邊疆」。如三國時期漢中地區、長江流域，南北朝時期的江淮地區，都不屬於本書界定的「邊疆」，不納入本書「邊政」討論的範疇。（二）部分地區今天已經不屬於中華民族共和國領土範圍，但在歷史上曾經是中原王朝的疆土，中原王朝在這些地區設置郡縣，任免官吏，派駐軍隊，或者與當地民族形成和親、朝貢、互市等密切的政治、經濟、文化聯繫，因此從中國歷代邊政研究的角度來看，這些地區仍應視爲中國歷史上的邊疆，屬於本書「邊政」討論範疇，例如漢唐時期的朝鮮半島北部地區和越南北部地區。漢唐時期，高句麗政權活動於東北地區和朝鮮半島北部。關於高句麗政權的性質及其中國歷代中央王朝的關係，馬大正、李大龍等邊疆研究領域學者已經進行了大量紮實、深入的研究工作，得出了令人信服的結論，明確指出高句麗政權是我國東北歷史上的少數民族政權、我國歷代王朝的地方政權。〔註19〕因此高句麗統治下的朝鮮半島北部屬於中國歷史邊疆地區，研究魏晉南北朝時期邊政問題，顯然包含朝鮮半島北部在內。今天越南北部地區在魏晉南北朝時期屬於嶺南地域範疇，孫吳政權、兩晉王朝和南朝各政權均在當地設置交州，下轄下轄諸多郡縣，直接任免各級官吏，有效行使行政管轄權力和軍事鎮禦權力。因此，雖然今天越南北部已不在中華人民共和國領土範圍內，但是本書本著尊重歷史、實事求是的原則，仍將越南北部納入魏晉南北朝時期邊疆地區範圍，探討南朝各政權對該地區的經略與開發。

　　根據以上邊疆理論與原則，結合魏晉南北朝時期歷史事實，本書認爲魏晉南北朝時期的邊疆地區包括以下地區：東北邊疆的幽州、遼東、遼西及朝鮮半島北部地區，北部邊疆的漠南、漠北地區，西北邊疆的河隴地區和西域，西南邊疆的南中地區（西晉後期至南朝改稱寧州）與吐谷渾政權統治的河湟

〔註18〕 馬大正主編：《中國邊疆經略史・前言》，第2頁。
〔註19〕 參見馬大正、楊保隆等著：《古代中國高句麗歷史叢論》，黑龍江教育出版社2001年版；馬大正、李大龍等著：《古代中國高句麗歷史續論》，中國社會科學出版社2003年版。

地區、青藏高原；南方邊疆的嶺南、珠崖（今海南島）及南海、東南沿海等地區。

本書在前賢研究基礎上，按照尊重歷史、實事求是和立足學術、關懷現實的原則，以漢文歷史文獻資料爲基礎，兼採金石考古資料，以歷史學研究方法爲主，綜合運用民族學、政治學等多學科的理論方法與研究視野，從魏晉南北朝時期的邊政思想、邊疆經略方針與政策、邊疆經濟文化開發措施與成效、邊疆管理體制等四個方面對魏晉南北朝時期邊政問題進行研究，嘗試全面勾勒這一歷史時期邊政面貌，探討其得失成敗，總結歷史經驗與教訓，從邊政研究的角度對中國統一多民族國家疆域的形成歷程與中華民族的形成歷程進行詮釋與探討，推動中國歷代邊政研究的深入發展。

全書除緒論之外，共有八章。主要內容如下：

第一章從理論上宏觀考察中國古代邊政思想的思想基礎、形成歷程、主要內容、基本特點，在此基礎上探討魏晉南北朝時期邊政思想的主要內容和發展特點，指出魏晉南北朝時期的邊政思想既傳承了兩漢時期邊政思想的主體內容，又在國家分裂、民族矛盾尖銳的歷史背景下形成了新的特點，如對「夷夏之防」的突出強調和「徙戎論」的出現。

第二章至第六章按照時間順序，依次對三國時期、西晉時期、東晉十六國時期、北朝時期和南朝時期各政權的邊疆經略政治、軍事政策與措施進行考察，重點探討各政權邊疆經略政策與措施的形成原因、主要內容、政策成效與歷史影響，客觀評價其政策與措施的成敗得失與歷史意義，探究王朝盛衰與邊疆治亂之間的互動關係。

第七章對魏晉南北朝時期的邊疆開發進行專題探討，考察這一時期各政權對發展邊疆經濟、文化等方面的政策與措施，客觀評價其利弊得失，對這一時期遼東地區、河西地區、嶺南地區的開發成就予以充分肯定。在肯定開發成就的同時，也著重指出歷史局限與不足。

第八章對魏晉南北朝時期邊疆管理體制進行專題研究，考察這一歷史時期各政權在中央和地方設置的各級邊疆行政管理機構、軍事管理機構和邊疆軍事鎮戍體制，尤爲關注國家分裂、割據背景下政治、民族因素對邊疆管理體制的影響，重視這一時期邊疆管理體制中的軍事特色和民族特色，如北朝的軍鎮制度、領民酋長制度和南朝的左郡左縣制度、督護制度，注意在歷史發展的動態中把握邊疆管理體制的演變。

第三節　研究狀況

　　自古以來，邊政問題在中華文化體系中佔有重要位置，歷代統治者和社會有識之士給予高度重視，以多種形式對邊政資料進行收集和整理。「二十四史」中的「四夷傳」爲邊政研究提供了豐富的資料，其中由編撰者撰寫的史論兼具資料與研究雙重性質。唐代以後，大型類書的出現進一步推動了邊政資料的整理與研究。如唐代杜佑編撰的《通典》設有邊防典，宋代李昉編纂《太平御覽》設有東夷、西戎、南蠻、北狄等部。

　　近代以來，隨著中國統治危機、特別是邊疆危機的加深，激發了學界的邊政研究熱潮，在抗戰時期正式形成中國邊政學，有力推動了中國歷代邊政問題的研究，代表作有顧頡剛、史念海合著的《中國疆域沿革史》（長沙商務印書館 1938 年版）和童書業《中國疆域沿革略》（開明書店 1946 年初版）。新中國成立後，中國歷代邊政研究得到繼續發展，並與民族學、政治學、社會學與人類學、軍事地理研究等學科形成相互滲透、相互補充、相互促進的局面。重要研究成果有：尤中主編《中國西南邊疆變遷史》（1987 年），馬大正主編《中國古代邊疆政策研究》（1990 年），趙雲田《中國邊疆民族管理機構沿革史》（1993 年），鄭汕主編《中國邊防史》（1995 年），劉宏煊著《中國疆域史》（1995 年），佟冬主編《中國東北通史》（1998 年），余太山主編《西域通史》（2003 年），方鐵主編《西南通史》（2003 年），趙雲田主編《北疆通史》（2003 年），谷苞主編《西北通史》（2005 年），林榮貴主編《中國古代疆域史》（2007 年），厲聲等著《中國歷代邊事邊政通論》（四卷本，2015 年）。翁獨健主編的《中國民族關係史綱要》（1990 年）、田繼周等著《中國歷代民族史》（八卷本，四川民族出版社 1996 年）等民族史著作的出版，對中國歷代邊政研究具有重要的推動作用。值得注意的是，胡耐安、林恩顯等臺灣學者對中國邊政史研究有突出貢獻，如胡耐安先生著有《邊政通論》（1960 年），林恩顯先生著有《邊政通論》（1989 年）、《中國邊疆研究理論與方法》（1992年）等系列邊政研究專著。在以上著作中，大部分涉及魏晉南北朝時期邊政問題。其中對魏晉南北朝時期邊政問題進行集中研究的著述主要爲綜合性邊疆通史的相關章節，如周偉洲、趙雲田《三國兩晉南北朝時期的邊疆形勢與邊疆經略》，〔註 20〕白翠琴《魏晉南北朝時期的北疆》。〔註 21〕白翠琴《魏晉

〔註20〕馬大正主編：《中國邊疆經略史》第三編，第 57～101 頁。
〔註21〕趙雲田主編：《北疆通史》第三編，中州古籍出版社 2003 年版，第 83～136 頁。

南北朝民族史》一書以民族史研究的形式涉及魏晉南北朝時期的邊政問題。
此外還有大量有關邊政問題的學術論文問世。

由上可知，中國歷代邊政問題研究已經取得可喜的成就，著述豐富，視
角多元，既有宏觀理論探討，又有深入細緻的史學實證研究；既有綜合性中
國邊疆通史、邊政通論，又有各邊疆地區的區域性通史。周偉洲、白翠琴等
老一輩學者的研究成果，爲魏晉南北朝時期邊政問題研究奠定了重要基礎，
具有開創性意義。不過目前的研究也存在明顯不足。以上通史性、綜合性的
邊政研究著述對中國歷史上統一時期的邊政問題予以高度關注，對歷史上分
裂時期的邊政問題卻有不同程度的忽視，研究相對薄弱。其中魏晉南北朝時
期邊政問題的專題研究尤爲匱乏。雖然大多數通史性、綜合性邊政研究著作
均設有專門的章節論述魏晉南北朝時期邊政問題，但是由於受通史性、綜合
性著作的整體研究框架的束縛，加上受出版篇幅所限，魏晉南北朝時期的很
多邊政問題無法得到全面展開和深入研究。也有部分通史性、綜合性邊政著
作直接跳過魏晉南北朝時段。出現這種情況，很大程度是由於在魏晉南北朝
等歷史分裂時期，國家分裂，戰亂頻仍，政局混亂，人們被這一時期的大量
負面信息所遮蔽，對分裂時期各政權在邊疆經略與開發方面所取得的成就缺
乏充分、全面的認識，形成了系列陳見與誤會。本書嘗試在前輩學者研究的
基礎上，通過對魏晉南北朝時期邊政問題進行專題研究，努力彌補現有研究
的薄弱環節，推進中國歷代邊政研究的進一步發展。

第四節　本書創新點

本書以前賢研究爲基礎，在以下四個方面取得創新與突破。

（一）在選題方面，努力彌補當前邊政研究中的薄弱環節，增強關於中
國歷史上分裂時期的邊政狀況研究，在堅實的史料基礎上，對魏晉南北朝時
期各政權在邊政方面取得的成就予以充分肯定，努力改變目前對分裂時期邊
政問題的忽視與誤解。例如孫吳政權對南方和東南沿海的經略開發，以及遣
使臺灣島的行動，對促進南方地區經濟開發和文化發展、增進對東南沿海地
理與經濟狀況的認知具有積極意義；前涼、西涼等政權對河西地區的經略與
開發，使河西地區在十六國時期成爲十六國時期重要的文化中心之一，爲保
存和發展中原文化發揮了重要作用；東晉南朝諸政權對嶺南和東南沿海地區
的經略與開發，對南方的經濟開發與文化發展起到了重大推動作用，爲歷史

上南方地區經濟文化趕上和超過北方奠定了基礎。

（二）在**邊政理論研究方面**，對中國古代邊政思想的形成基礎、演變歷程、主要內容、基本特點進行了理論探討與總結，形成了以下主要觀點。首先，中國古代邊政思想以先秦時期儒學政治理論爲思想基礎，由「守在四夷」、「羈縻而治」、以德治邊等三個部分組成。其次，中國古代邊政思想具有四個基本特點，一是總體精神偏於溫厚，偏重防守，以羈縻懷柔和德治邊爲主；二是重視鎮撫並用、德刑兼施，不因文德而廢武備與征伐；三是主張維護「大一統」的政治格局與疆域，形成了邊疆經略服務於「大一統」政治大局的思想；四是對邊疆民族具有歧視與戒備心理，引發「邊疆無用論」，形成消極保守的一面，具有一定歷史局限性。再次，中國古代邊政思想萌芽於先秦時期，初步形成於兩漢時期，在此後各個歷史階段不斷得到發展完善，並被歷代統治者付諸邊政實踐，對中國歷代邊疆經略與開發具有重要指導作用，對促進中國古代統一多民族國家格局的形成和發展具有歷史積極意義。

（三）在**學術觀點方面**，對討論魏晉南北朝時期邊政問題的當前部分學術觀點提出爭鳴意見，對一些前人所未及的問題進行探討提出個人新見。例如對曹魏徵討公孫氏的政策和對烏桓、鮮卑等邊疆民族實行「分而治之」的政策，蜀漢中後期經略南中的政策及其實效，前涼、西涼在河隴地區實行的「保境安民」政策，本書進行了有創見的肯定性的評價，與當前學術界觀點進行了爭鳴與商榷；對中國古代邊政思想的形成與發展進行梳理；對魏晉南北朝時期邊政思想進行重點探討和總結，認爲魏晉南北朝時期統治者既傳承、鞏固了兩漢時期的邊政思想，又在國家分裂動盪、民族矛盾尖銳的具體政治環境下，形成了一些新的特點，如對「夷夏之防」的突出強調和「徙戎論」的出現；對東晉經略嶺南、應對林邑侵犯的政策進行客觀評價，指出東晉王朝在統治初年與末年對邊疆反叛勢力存在姑息、縱容態度，同時充分肯定東晉王朝經略嶺南的成就，特別是統治中期所任命的嶺南官吏較爲得當，對維護嶺南地區的穩定發揮了重要作用；對東晉南朝諸政權經略寧州的政策措施及其效果進行客觀評價，既指出東晉南朝對寧州逐漸失去實際控制能力的歷史事實，又充分肯定其努力保持對寧州統治名分的積極意義。在對魏晉南北朝時期邊疆管理體制進行專題研究中，高度關注國家分裂、割據背景下政治、民族因素對邊疆管理體制的影響，重視這一時期邊疆管理體制中的軍事特色和民族特色，如北朝的軍鎮制度、領民酋長制度和南朝的左郡左縣制

度、督護制度，注意在歷史發展的動態中把握邊疆管理體制的演變。

（四）在治學方法方面，立足學術，關懷現實，努力傳承中華文化中的經世致用學術觀念和家國情懷，重視對歷史經驗與教訓的總結，關注邊疆經略與王朝興衰之間的關係，深入分析邊疆政策的形成原因和王朝興衰原因。例如指出孫吳政權在嶺南經略中的失誤，揭示西晉王朝的興亡與邊疆局勢之間的互動關係，從主觀、客觀等多方面探討東晉王朝對西南邊疆控制薄弱的原因，分析北魏治理北燕舊地成功的三個因素，並由此揭示邊疆吏治與邊疆治亂的密切關係以及邊疆治亂與國家興衰的互動關係，總結北魏後期在六鎮問題上政策不當所造成的嚴重後果及其歷史啓示，探討北魏經略西域政策由積極開拓到消極保守的深層原因，肯定南朝經略開發嶺南的成就、特別是梁朝平定李賁之亂的歷史積極意義。

（五）在史料運用方面，既充分吸收文獻記載資料，又努力避免對文獻記載的盲從，始終對所用史料保持嚴謹態度，進行細緻辨析，糾正史書中的部分錯誤或者自相矛盾之處。例如通過資料對比、分析，指出《三國志・吳書》中所載「執金吾滕循」當爲「滕修」之筆誤，《晉書》中所述涼州刺史兼任戊己校尉屬於記載錯誤，《晉書》對「呂興之亂」的爆發時間也記載有誤，《晉書・明帝紀》中所記「爨亮」與《華陽國志・南中志》所載「爨量」應爲同一人。

由於學術水平有限，本書必定存在錯誤與不足，敬請方家批評指正。

第一章　魏晉南北朝時期的邊政思想

　　中國古代邊政思想萌芽於先秦時期，初步形成於兩漢時期，在魏晉南北朝時期得到鞏固和發展，此後各個歷史階段不斷得到完善，並被歷代統治者付諸邊政實踐，對中國歷代邊疆經略與開發具有重要指導作用，對促進中國古代統一多民族國家格局的形成和發展具有歷史積極意義。中國古代邊政思想是中華民族政治智慧的結晶，是政治形勢、邊疆經略、歷史文化傳承等多種因素合力互動的結果。

　　魏晉南北朝時期的邊政思想是漢代邊政思想的延續，是這一時期各政權統治者開展邊政活動的指導思想，也是先秦兩漢魏晉南北朝時期邊疆邊政實踐的經驗總結與理論昇華。本文探討魏晉南北朝時期的邊政思想，意在揭示魏晉南北朝時期邊政發展走向的內在深層的思想動因，加深對魏晉南北朝時期邊政問題的理解與認識，並從具體史實考察的角度，探討中華民族歷史上的政治心理歷程和自身特點。

第一節　先秦兩漢三國時期的邊政思想

一、先秦儒學政治思想：中國古代邊政思想的理論基礎與思想源泉

　　儒學政治思想是中國古代邊政思想的重要理論基礎與思想源泉。儒學形成於春秋戰國時期，在百家爭鳴的學術繁榮中獲得較大發展，成為這一時期的「顯學」之一，對中國古代政治思想的形成與發展、對中華民族的形成與凝聚產生全面、深遠的影響。先秦儒學對中國古代邊政思想的影響包括以下三個方面。

　　首先，儒學政治思想的核心內容是主張統治者實行德政，施以仁政，倡導以德治國、愛民如子，通過禮樂教化達到政治有序與社會和諧，從而爲歷代中原王朝確立了以仁德綏撫爲主的邊政思想原則。例如《尚書》反覆強調「明德」即實行德政的重要性，曰：「今王惟曰，先王既勤用明德，懷爲夾，庶邦享作，兄弟方來，亦既用明德。後式典集，庶邦丕享。皇天既付中國民越厥疆土於先王，肆王惟德用，和懌先後迷民。」〔註1〕「惟乃丕顯考文王，克明德愼罰，不敢侮鰥寡，庸庸，祇祇，威威，顯民。用肇造我區夏，越我一二邦，以修我西土。」〔註2〕孔子主張實行德政，以德治國。孔子曰：「爲政以德，譬如北辰，居其所而眾星共之。」〔註3〕「故遠人不服，則修文德以來之。既來之，則安之。」〔註4〕孟子提出實行「仁政」的主張。孟子曰：「君行仁政，斯民親其上、死其長矣。」〔註5〕「堯舜之道，不以仁政，不能平治天下。」「三代之得天下也以仁，其失天下也以不仁。」〔註6〕《禮記》曰：「柔遠人則四方歸之。懷諸侯則天下畏之。」〔註7〕儒學的德政、仁政思想，爲歷代中原王朝統治者制定邊疆民族政策提供了重要理論基礎，衍生了綏撫懷柔邊疆四夷的邊政思想。特別是孔子提出的「修文德」以懷柔「遠人」的思想，是中國古代邊政思想的重要思想來源。

　　其次，儒學政治思想中包含了豐富的民族觀和疆域觀，其中關於「五服」制度的政治設計和關於「夷夏之辨」的論述，是中國古代「守在四夷」、「羈縻而治」等邊政思想賴以形成的理論基礎和思想源泉。先秦時期的儒家學者按照對歷史的理解、想像與對未來政治景象的憧憬，提出了「五服」的概念，認爲國家的疆域應以國君統治中心所在地即「王畿」爲中心，按照與國君血緣關係的親疏遠近，由裏到外分爲五層，每一層就是一「服」，共有共有甸服、侯服、賓服、要服、荒服五個層級。每一「服」享受不同權力，承擔相應義務。「四夷」作爲與國君血緣關係最爲疏遠的群體，被認爲應當居於「五服」中的最外兩層，即要服與荒服。《國語》曰：「夫先王之制：邦內甸服，邦外

〔註1〕王世舜、王翠葉譯注：《尚書・梓材》，中華書局 2012 年版，第 213 頁。
〔註2〕王世舜、王翠葉譯注：《尚書・康誥》，第 180～181 頁。
〔註3〕楊伯峻譯注：《論語・爲政》，中華書局 1990 年版，第 11 頁。
〔註4〕楊伯峻譯注：《論語・季氏》，第 172 頁。
〔註5〕楊伯峻譯注：《孟子・梁惠王下》，中華書局 1995 年版，第 47 頁。
〔註6〕《孟子・離婁》，第 162 頁、166 頁。
〔註7〕王文錦譯解：《禮記・中庸》，中華書局 2001 年版，第 786 頁。

侯服，侯、衛服，蠻、夷要服，戎、狄荒服。甸服者祭，侯服者祀，賓服者享，要服者貢，荒服者王。」〔註8〕

五服制表面上是對商、周國家制度的追溯，實際上是對未來國家結構的理想設計，反映了先秦時期儒家學者崇尚統一多民族國家結構的精神理念，也反映了對夷夏地理分佈的內外有別觀念，從中可以看出，這種國家結構設計在確保天下秩序一統的前提下，將與諸夏國君具有血緣關係的群體置於國家的中心地理位置，將四夷置於外圍，夷夏之間在地理位置、政治權利和義務等方面內外有別。五服制是天下一統與內外有別的辯證統一，「四夷」被認為環繞於「中國」的周邊，即位居於邊疆地區，成為華夏的藩屏，即形成「內諸夏而外夷狄」的疆域組成格局。「中國」與「四夷」共同組成一統的「天下」。故《公羊傳》曰：「春秋內其國而外諸夏，內諸夏而外夷狄。王者欲一乎天下。曷為以外內之辭言之。言自近者始也。」〔註9〕這種思想為中國古代「守在四夷」的邊政思想提供了重要的理論基礎與思想源泉。由於五服對應不同的地理位置、政治權力與政治義務，因而衍生對五服實行不同管理方式、達到不同控制程度的思想，這種思想成為中國古代「羈縻而治」邊政思想的理論基礎與思想源泉。

儒學的「夷夏之別」民族觀也是「羈縻而治」的邊政思想的重要思想源泉。先秦時期，儒家學者對夷夏關係形成了複雜、多元、辯證的認識。一方面，儒家學者認為夷夏以「五服」的形式共同組成天下，互相不可分離，另一方面對四夷形成鮮明的歧視、偏見，將其視為野蠻落後的「禽獸」。孔子曰：「夷狄之有君，不如諸夏之亡也。」〔註10〕《左傳》曰：「管敬仲言於齊侯曰：『戎狄豺狼，不可厭也。諸夏親昵，不可棄也。』」〔註11〕《國語》曰：「夫戎、狄，冒沒輕儳，貪而不讓。其血氣不治，若禽獸焉。」〔註12〕這種對四夷的歧視與偏見，在夷夏之間形成一定的心理隔閡，特別是促使華夏精英階層形成對四夷的戒備、防範心理和保持安全距離的心理要求，從而為中國古代「羈縻而治」的邊政思想提供了心理基礎和思想源泉。

〔註8〕　陳桐生譯注：《國語・周語》，中華書局 2013 年版，第 5 頁。
〔註9〕　（漢）何休注、（唐）徐彥疏、刁小龍整理：《春秋公羊傳注疏》（下），成公十五年，上海古籍出版社 2014 年版，第 758 頁。
〔註10〕　楊伯峻譯注：《論語・八佾》，第 24 頁。
〔註11〕　楊伯峻編著：《春秋左傳注》，閔公元年，第 256 頁。
〔註12〕　陳桐生譯注：《國語・定王論不用全烝之故》，第 68 頁。

再次,「大一統」思想是中國古代重要的政治思想、民族思想與疆域觀念,是中國古代邊政思想的理論基礎。保持邊疆穩定、維護「大一統」疆域格局是中國古代邊疆經略的基本宗旨和終極目標。中國古代歷代邊政思想與邊疆經略措施都是圍繞「大一統」的終極目標、爲實現「大一統」格局服務的。羅賢祐先生認爲,「在近代以前,存在爲大一統服務的四種主要治邊思想」,即多事四夷、守在四夷、以夷制夷、以夏變夷。〔註 13〕「大一統」思想萌芽於先秦時期。《詩經》所載民間歌謠中,天下疆土一統的思想已隱約可見。《詩經》曰:「溥天之下,莫非王土;率土之濱,莫非王臣。」〔註 14〕春秋戰國時期,儒家、墨家、法家等諸多學派都提出了政治統一、君權至上的主張,其中儒家的「大一統」主張最爲突出。最早提出「大一統」概念的是儒家公羊派學者。《春秋公羊傳》曰:「春王正月。元年者何?君之始年也。春者何?歲之始也。王者孰謂?謂文王也。曷爲先言王而後言正月?王正月也。何言乎王正月?大一統也。」〔註 15〕公羊派學者借解釋曆法一統之機,提出「大一統」的政治觀念,體現了統一天下、權力一統的政治要求,是君權獨尊、君主專制思想的擴展和延伸。「大一統」自此成爲中國古代一個專用政治術語,深刻地影響著中國古人的政治思維,對中國古代統一多民族國家觀念的形成發展產生了深遠的影響。西漢時期,儒學經過董仲舒的大力改造、推動和漢武帝的提倡、支持,逐漸成爲漢代主流政治指導思想。董仲舒在先秦儒學基礎上,結合時代發展的需要,加強了「大一統」思想,提出「《春秋》大一統者,天地之常經,古今之通誼」的觀點,〔註 16〕使「大一統」思想成爲中國古代儒學政治思想的核心內容。「大一統」思想包含政權一統、民族一統和疆域一統等觀念,反映了中國古人對於統一多民族國家模式的認同與追求,爲中國統一多民族國家的形成與發展提供了重要的理論基礎。「大一統」國家格局成爲歷代中原王朝進行國家建構的基本藍圖,也是歷代中原王朝邊政理論的重要基礎。歷代中原王朝的邊疆經略,均以維護或恢復「大一統」政治格局爲凝聚人心的政治旗幟。

綜上所述,先秦時期的儒學民族觀、疆域觀經過儒家學者的整合、提煉

〔註 13〕 羅賢祐:《中國歷代邊政問題芻議》,《東北史地》2007 年第 6 期。

〔註 14〕 周振甫譯注:《詩經·北山》,第 312 頁。

〔註 15〕 (漢)何休注、(唐)徐彥疏、刁小龍整理:《春秋公羊傳注疏》卷一,隱公元年,第 12 頁。

〔註 16〕 (漢)班固:《漢書》卷 56《董仲舒傳》,中華書局 1962 年版。

與昇華，在先秦兩漢時期廣泛傳播，確立了中國統一多民族國家的基本政治原則與政治理念，爲中國古代邊政思想的形成提供了重要的理論基礎與思想源泉。

二、兩漢時期的邊政思想：中國古代邊政思想的初步形成

在先秦兩漢時期儒學政治思想的基礎上，中國古代邊政思想初步形成，其主要內容包括「守在四夷」、「羈縻而治」和以德治邊等三個方面。

「守在四夷」是中國古代邊政思想的重要組成部分。最早表述「守在四夷」思想的是《左傳》。其文曰：「古者，天子守在四夷。」關於此文的涵義，杜預注曰：「德及遠。」竹添光鴻會箋曰：「亦言其和柔四夷以爲諸夏之衛也。」〔註17〕意爲以四夷爲藩屏，形成拱衛天子於中央的局面，諸夏與四夷共同組成和諧統一的天下秩序。在先秦時期華夏文化話語體系中，天下被分爲「中國」與「四夷」兩個部分，諸夏處於「中國」，即天下中心地理位置，「四夷」環繞在「中國」的外層，共同組成「大一統」的政治與疆域格局。「守在四夷」以「大一統」政治文化理論爲基礎，包含豐富的政治、地理、民族、文化含義，在強調夷夏一體性的前提下，同時強調諸夏與夷狄的夷夏之別、內外之別、中心與邊緣之別，形成了「四夷」與「邊疆」高度重合的狀況。「守在四夷」是中國古代邊政思想的理論基礎和思想源泉，是秦漢以後歷代中原王朝邊疆經略的指導思想。方鐵先生指出，「守邊治中」、「守在四夷」是中國古代大多數封建王朝治邊思想的核心，也是封建統治者制定各項邊疆治策的認識基礎。〔註18〕自秦漢時期開始，「守在四夷」的邊政思想貫穿中國整個古代歷史進程，形成具有中國古典特色的邊疆經略政策。「守在四夷」的邊政思想與邊疆經略，是中國古代統一多民族國家格局賴以形成和發展的重要政治文化因素，是「大一統」思想的具體體現和「大一統」格局的維護、推動因素。

「羈縻」的核心含義是控制。史曰：「蓋聞天子之於夷狄也，其義羈縻勿絕而已。」司馬貞注曰：「羈，馬絡頭也。縻，牛韁也。漢官儀『馬云羈，牛云縻』。言制四夷如牛馬之受羈縻也。」〔註19〕對夷狄實行「羈縻而治」，實

〔註17〕楊伯峻編著：《春秋左傳注》昭公二十三年，第1448頁。

〔註18〕方鐵：《古代「守中治邊」、「守在四夷」治邊思想初探》，《中國邊疆史地研究》2006年第4期。

〔註19〕（漢）司馬遷：《史記》卷117《司馬相如列傳》及注引《索隱》，中華書局1959年版。

現對邊疆四夷的有效控制與利用，是中國古代邊政思想的重要內容之一。「羈縻而治」具有兩個方面的含義。一方面是懷柔四夷，施以文德教化，使四夷為諸夏的藩屏；另一方面是「內諸夏而外夷狄」，在夷夏之間保持距離，對四夷採取防範和戒備，防止四夷對諸夏的侵擾。「羈縻而治」是先秦兩漢時期儒學發展的產物，具有淵遠流長的歷史文化底蘊，對中國古代邊疆治理與疆域的形成發展產生了深刻的影響。例如西漢大儒蕭望之認為：「外夷稽首稱藩，中國讓而不臣，此則羈縻之誼，謙亨之福也。書曰『戎狄荒服』，言其來服，荒忽亡常。」〔註20〕司馬相如借「耆老縉紳」之口闡述自己對於邊疆民族問題的觀點，曰：「蓋聞天子之於夷狄也，其義羈縻勿絕而已。」〔註21〕在特定條件下，部分儒生秉持「邊疆無用論」，主張對邊疆地區消極放棄，給邊疆經略帶來消極影響。例如東漢名儒樂恢在上書中勸誡皇帝曰：「春秋之義，王者不理夷狄。得其地不可墾發，得其人無益於政，故明王之於夷狄，羈縻而已。孔子曰：『遠人不服，則修文德以來之。』」〔註22〕

兩漢時期，儒學取得獨尊地位，開啓了儒學作為歷代王朝政治指導思想的序幕，「以德治邊」、倡導對四夷實行仁政的思想成為中國古代邊政思想的重要內容。例如董仲舒提出了「王者愛及四夷」的主張，〔註23〕認為對四夷應當實行仁愛之政，使之接受教化，同沐君王的德澤。

東漢名儒、史學家班固的邊政史論，標誌著中國古代邊政思想體系的初步形成。班固在《漢書》中，系統梳理秦漢王朝處理邊疆民族問題的重大事件，總結歷史經驗與教訓，闡述了自己的邊政思想。班固在完成對西漢與匈奴系列重大歷史事件的記述後，論曰：

> 書戒「蠻夷猾夏」，詩稱「戎狄是膺」，「有道守在四夷」，久矣夷狄之為患也。故自漢興，忠言嘉謀之臣豈嘗不運籌策相與爭於廟堂之上乎？高祖時則劉敬，呂后時樊噲、季布，孝文時賈誼、朝錯，孝武時王恢、韓安國、朱買臣、公孫弘、董仲舒，人持所見，各有同異，然總其要，歸兩科而已。縉紳之儒則守和親，介胄之士則言征伐，皆偏見一時之利害，而未究匈奴之終始也。

〔註20〕《漢書》卷78《蕭望之傳》。
〔註21〕《漢書》卷57下《司馬相如傳》。
〔註22〕（南齊）范曄：《後漢書》卷43《樂恢傳》，中華書局1965年版。
〔註23〕《漢書》卷56《董仲舒傳》；蘇輿撰、鍾哲點校：《春秋繁露義證》卷8《仁義法》，中華書局1992年版，第252頁。

夫規事建議，不圖萬世之固，而媮恃一時之事者，未可以經遠也。若乃征伐之功，秦漢行事，嚴尤論之當矣。故先王度土，中立封畿，分九州，列五服，物土貢，制外內，或修刑政，或詔文德，遠近之勢異也。是以春秋內諸夏而外夷狄。夷狄之人貪而好利，被髮左衽，人面獸心。其與中國殊章服，異習俗，飲食不同，言語不通，辟居北垂寒露之野，逐草隨畜，射獵爲生，隔以山谷，雍以沙幕，天地所以絕外內也。是故聖王禽獸畜之，不與約誓，不就攻伐；約之則費賂而見欺，攻之則勞師而詔寇。其地不可耕而食也，其民不可臣而畜也，是以外而不內，疏而不戚，政教不及其人，正朔不加其國；來則懲而御之，去則備而守之。其慕義而貢獻，則接之以禮讓，羈靡不絕，使曲在彼，蓋聖王制御蠻夷之常道也。〔註24〕

由上可見，班固對待邊疆民族地區的觀點，可以概括爲三個方面。首先，根據夷夏內外之別、五服之別和邊疆無用論，主張夷夏隔離，華夏居內爲核心，夷狄居外爲藩屏，即所謂「守在四夷」。其次，受「夷夏有別」和華夏優越論的影響，對夷狄有一定的戒備心理，主張對夷狄採取「羈靡而治」的政策，即「政教不及其人，正朔不加其國；來則懲而御之，去則備而守之。」對四夷實行羈靡和防禦。再次，根據儒家以德治國的精神，主張對邊疆民族採取懷柔、感化、籠絡政策，「其慕義而貢獻，則接之以禮讓。」總的來說，班固並不是簡單地贊同或者反對和親與征討等政策，而是認爲應該審時度勢，羈靡而治，對大舉興兵征討的行動採取謹愼態度，對邊疆夷狄的進犯以防守爲主，來則擊之，去則不追。班固的論述是對秦漢時期邊政思想的總結與概括，也是中國古代邊政思想的經典概述，爲後世中原統治者的邊政事務討論與決策提供了重要的文本依據和理論依據。

總之，以儒家政治思想爲核心的民族觀、疆域觀對中國古代邊政思想產生了深遠影響，在此基礎上形成了中國古代特有的邊政思想。中國古代邊政思想有以下四個基本特點：

（一）總體精神偏於溫厚，偏重防守，以羈靡懷柔和德治邊爲主，重視和親、冊封、朝貢往來、禮遇優寵邊疆民族首領的和平政策。例如孔子主張以文德招徠遠方夷狄，使之心悅誠服。孔子曰：「遠人不服，則修文德以來之，既來之，則安之。」〔註25〕

〔註24〕《後漢書》卷40下《班固傳》。
〔註25〕楊伯峻譯注：《論語・季氏將伐顓臾》，第172頁。

（二）在倡導、強調以德治邊的同時，重視鎮撫並用、德刑兼施，不因文德而廢武備與征伐。由於「夷夏之辨」的思想影響，儒家學者認爲華夏在血緣、文化等方面優於夷狄，因此形成了華夏中心觀和華夏優越感，從而產生了對四夷進行軍事防備和武力征伐的思想。例如《左傳》曰：「德以柔中國，刑以威四夷。」〔註26〕

（三）主張維護「大一統」的政治格局與疆域，追求建立統一多民族的「天下」國家，形成了邊疆經略服務於「大一統」政治大局的思想。黎小龍先生指出，兩漢時期邊疆觀經歷了「無用」論和「國本」論的激烈論爭，最終在「大一統」觀念上實現了趨同，具有重要的歷史意義，「由西漢初期至昭帝鹽鐵之論持續進行的大一統思想與邊疆思想的相融，特別是論爭雙方在大一統思想基礎上呈現的邊疆思想的趨同，標誌著中國統一多民族國家邊疆思想的形成。」〔註27〕以實現和維護「大一統」政治格局爲終極目標的邊政思想，對中國古代統一多民族國家的形成與中華民族的凝聚具有重要積極的歷史意義。

（四）在華夏中心觀和優越感的影響下，對邊疆民族產生歧視與戒備心理，引發「邊疆無用論」，形成了中國古代邊政思想消極保守的一面，束縛了中國歷史上各政權、特別是中原政權對邊疆地區的開拓，具有一定的歷史局限性。在形勢不利的情況下，部分統治者將邊疆地區視爲「無用之地」、「不毛之地」，對邊疆經略採取消極退縮、甚至放棄的態度，對中國古代的邊疆經略與開發以及民族關係產生一定消極影響。

三、三國時期邊政思想

三國時期中原分裂，形成魏、蜀、吳三足鼎立局面。三國政權爭當兩漢王朝的正統繼承者，因此在政治、文化方面，三國政權具有高度一致性，均傳承了兩漢王朝政治文化遺產，以儒家思想爲政治指導思想，形成了羈縻而治、追求「大一統」疆域和以德治邊等邊政思想。

曹操、劉備三國政權的創建者在成長與創業時期，深受儒學的浸染薰陶。史稱曹操「築室城外，春夏習讀書傳，秋冬弋獵，以自娛樂。」〔註28〕劉備「年

〔註26〕楊伯峻譯注：《春秋左傳注》僖公二十五年，第434頁。
〔註27〕黎小龍、徐難於：《兩漢邊疆思想觀的論爭與統一多民族國家邊疆思想的形成》，《中國邊疆史地研究》2006年第4期。
〔註28〕（晉）陳壽：《三國志》卷1《魏書・武帝紀》裴注引王沈《魏書》，中華書局1959年版。

十五，母使行學，與同宗劉德然、遼西公孫瓚俱事故九江太守同郡盧植。」〔註29〕盧植爲東漢末年著名經學家之一，「通古今學，好研精而不守章句」，「作《尚書章句》、《三禮解詁》。」〔註30〕三國政權在發展壯大過程中，吸收和重用了大批士人，他們受過良好的儒學教育，在三國政權中擔任重要職務例如清河大族崔琰，受學於東漢名儒鄭玄，後爲魏國尚書。曹操征并州之前，以崔琰爲世子曹丕（即後來的魏文帝）師傅。〔註31〕王朗爲一代名儒，以「通經」、「儒雅」聞名於世，在曹魏政權中歷任御史大夫、司徒、司空等高官要職。〔註32〕孫吳政權奠基者孫堅、孫策雖然出身寒微，但在創業階段接觸了大量儒學學養深厚的士大夫，從而有機會接受儒學思想的薰陶影響。例如孫策「與周瑜相友，收合士大夫，江、淮間人咸向之。」〔註33〕孫策十分器重並委以重任的士人張昭是一名博覽群書、熟讀《左氏春秋》的儒生。〔註34〕這種政治文化氛圍與文化底蘊，對三國政權的邊政思想及邊疆經略具有深遠重大的影響。

在儒學思想的影響下，三國政權統治者在處理邊政問題時，對「四夷」即邊疆少數民族呈現雙重心態，一方面對邊疆少數民族已形成歧視和排斥，另一方面又認爲他們是國家不可缺少的組成部分，同時站在「大一統」思想的高度，強調結束分裂、恢復國家統一的重要性。例如曹操準備北征三郡烏丸之際，其下屬諸將皆曰：「夷狄貪而無親」。〔註35〕這表明在曹魏政權的統治階層中，歧視烏丸等「夷狄」是一個普遍現象。蜀漢名士譙周認爲南中「遠夷」向來喜好反叛，乃「患國之人」，〔註36〕他說出了蜀漢政權統治階層對南中「夷狄」普遍的隔閡與擔憂。在華夏中心觀和優越感支配下，部分大臣以「羈縻之義」爲依據，提出「邊疆無用論」，主張放棄對邊疆的經略。例如孫吳政權大臣陸瑁反對孫權征討位於東北邊疆的公孫淵政治勢力，勸孫權曰：「臣聞聖王之御遠夷，羈縻而已，不常保有，故古者制地，謂之荒服，言慌惚無常，不可保也。」〔註37〕「邊疆無用論」在中原王朝統治者中長期存在，

〔註29〕　《三國志》卷32《蜀書·先主傳》。
〔註30〕　《後漢書》卷64《盧植傳》。
〔註31〕　參見《三國志》卷12《魏書·崔琰傳》。
〔註32〕　參見《三國志》卷13《魏書·王朗傳》。
〔註33〕　《三國志》卷46《吳書·孫策傳》。
〔註34〕　《三國志》卷52《吳書·張昭傳》。
〔註35〕　《三國志》卷1《魏書·武帝紀》。
〔註36〕　《三國志》卷42《蜀書·譙周傳》。
〔註37〕　《三國志》卷57《吳書·陸瑁傳》。

制約了中國歷史上邊疆地區的經略與開發。另一方面，在重大的國家禮儀活動中，「夷狄」又是不可缺少的成員，魏文帝受禪祭天的儀式中，有「四夷」首領列席。史曰：「魏王登壇受禪，公卿、列侯、諸將、匈奴單于、四夷朝者數萬人陪位，燎祭天地、五嶽、四瀆」。〔註38〕劉備即位詔書中，自稱稱帝之前曾經「詢於庶民，外及蠻夷君長」，〔註39〕表示稱帝是獲得了庶民以及「蠻夷君長」同意的。這從一個側面反映了當時政治倫理層面對「四夷」的重視。從中可以看出，在當時社會普遍的政治意識中，「四夷」是國家組成中不可缺少的部分；如果沒有獲得「四夷」的同意和支持，國家權力就缺乏充分的合法性和合理性。

在儒學思想的影響下，三國政權統治者在處理邊政問題時，以維護、鞏固或者恢復「大一統」政治局面爲終極政治宗旨。秦漢以來，「大一統」思想逐漸成爲社會主流政治思想，其中包含政治「大一統」、民族「大一統」和疆域「大一統」的思想因素。在「大一統」思想影響下，面對國家分裂、三國鼎立的狀況，三國統治者始終把結束分裂、重新統一國家、恢復政治與疆域的「大一統」當作畢生爲之奮鬥的偉大使命。三個政權之間的每一次交戰，都以結束分裂、恢復國家「大一統」的疆域爲終極目的。重新實現「大一統」是當時各政權統治下大部分有志之士念念不忘的崇高理想。曹植在曹魏政權內部權力之爭中深受打擊，自身處境維艱，但心繫統一大業。他在給魏文帝的表文中說：「方今天下一統，九州晏如，而顧西有違命之蜀，東有不臣之吳，使邊境未得脫甲，謀士未得高枕者，誠欲混同宇內以致太和也。」〔註40〕從中可以體會到曹植對於結束分裂、恢復「大一統」國家的熱切渴望。諸葛亮北伐曹魏之前，向蜀主劉禪呈送《出師表》以自明心跡，其文曰：「受命以來，夙夜憂歎，恐託付不效，以傷先帝之明，故五月渡瀘，深入不毛。今南方已定，兵甲已足，當獎率三軍，北定中原，庶竭駑鈍，攘除奸凶，興復漢室，還於舊都。」〔註41〕在這裡，「興復漢室」的含義，並不僅僅局限於要爲蜀漢政權爭取正朔的名分，而且表達了諸葛亮希望最終完成統一大業、恢復漢代「大一統」局面的政治理想。黃龍元年（229），吳、蜀政權結爲政治同盟，盟文痛陳東漢末年以來政治分裂狀況，表達對國家統一的響往，曰：「天降喪

〔註38〕 《三國志》卷2《文帝紀》裴注引《獻帝傳》。
〔註39〕 《三國志》卷32《蜀書・先帝紀》。
〔註40〕 《三國志》卷19《魏書・陳思王植傳》。
〔註41〕 《三國志》卷35《蜀書・諸葛亮傳》。

亂，皇綱失敘，逆臣乘釁，劫奪國柄，始於董卓，終於曹操，窮凶極惡，以覆四海。至令九州幅裂，普天無統，民神痛怨，靡所戾止。」〔註42〕儘管這份盟約文字所表達的眞實情感値得懷疑，但是至少在官方正式表達的政治意識層面，「九州幅裂，普天無統」是吳、蜀統治者共同承受的痛苦，恢復「大一統」是雙方共同的政治追求。這種表述反映了「大一統」的政治與疆域是三國時代的主流政治觀念，反對分裂、追求統一是人們公認的政治準則。總之，完成統一始終是三國時期最爲重要的政治主題之一。

　　在儒學思想的影響下，三國政權統治者在治國問題上，秉持以德治國的儒家思想，強調「修文德」，以德治邊，反對單純使用武力；在具體邊政事務中，主張實行懷柔政策，反對濫用武力，強調懷遠柔邇，羈縻而治。例如曹魏政權中的大臣袁渙勸說曹操曰：「今天下大難已除，文武並用，長久之道也。以爲可大收篇籍，明先聖之教，以易民視聽，使海內斐然向風，則遠人不服可以文德來之。」〔註43〕陸績認爲治國當以「修文德」爲主，反對「武治」，曰：「昔管夷吾相齊桓公，九合諸侯，一匡天下，不用兵車。孔子曰：『遠人不服，則修文德以來之。』今論者不務道德懷取之術，而惟尚武，績雖童蒙，竊所未安也。」〔註44〕三國政權對邊疆地區的經略與開發，正是在這一系列的指導思想下制定和實施的。

第二節　兩晉十六國時期邊政思想

　　兩漢以來，儒家政治思想逐漸成爲中原王朝中的政治指導思想，並在魏晉時期得到發展，爲魏晉時期的邊疆經略提供了理論基礎，「大一統」的民族觀與疆域觀繼續得以延續和發展。十六國胡人在北方建立的諸多政權，不同程度地接受了儒學政治思想的影響，以實現「大一統」藍圖爲終極奮鬥目標。立國於南方的東晉王朝則更是以中華正統自居，維護「大一統」的疆域理念，延續和踐行魏晉時期的邊政思想。兩晉十六國時期邊政思想是漢魏時期邊政思想的延續，同時在新的政治局面、特別是邊疆形勢下，形成了新的特點。兩晉十六國邊政思想體現了以下幾方面內容。

〔註42〕　《三國志》卷47《吳書・孫權傳》。
〔註43〕　《三國志》卷11《袁渙傳》。
〔註44〕　《三國志》卷57《吳書・陸績傳》。

一、儒學政治思想的傳承與「大一統」理念的延續

　　兩晉十六國政權努力傳承儒學政治思想，延續漢魏時期以儒學爲政治指導思想的基本立國方針，爲這一時期的邊疆經略與開發奠定了思想基礎。

　　晉武帝登基之初，百廢待興，廣納言路。名儒傅玄與大臣皇甫陶上書，強調儒學的政治指導思想地位，指出尊崇和發展儒學是當務之急。其文曰：「夫儒學者，王教之首也。」「尊儒尚學，貴農賤商，此皆事業之要務也。」晉武帝對此十分認可，傅玄、皇甫陶由此獲得升遷，「俄遷侍中。」〔註45〕這表明尊崇儒學是西晉王朝君臣的共識。太始四年（268），晉武帝下詔，要求各級官吏「述職宣風展義」，以儒學教化百姓，「敦喻五教」、「思勤正典」，「無爲百家庸末」，「士庶有好學篤道、孝悌忠信、清白異行者，舉而進之；有不孝敬於父母、不長悌於族黨、悖禮棄常、不率法令者，糾而罪之。」〔註46〕

　　十六國政權雖然大部分由胡人所創立，但統治者本人一般具有良好的儒學素養，同時非常重視儒學的發展。例如前趙政權的建立者劉淵就具有較高的漢文化修養，史稱其「幼好學，師事上黨崔游，習《毛詩》、《京氏易》、《馬氏尚書》，尤好《春秋左氏傳》、《孫吳兵法》，略皆誦之，《史》、《漢》、諸子，無不綜覽。」〔註47〕而且胡人政權往往吸納了大量漢族士人，他們在胡人政權中擔任要職，直接影響胡人統治者的思想認識，同時直接參與胡人政權大政方針的制定與實施，從而把儒學思想傳播、滲透到胡人政權中。後趙創國者石勒雖自身文化素養不高，但輔佐他成就大業的謀臣張賓「少好學，博涉經史」，〔註48〕儒學養較爲深厚。輔佐苻堅的前秦大臣王猛「瑰姿俊偉，博學好兵書，謹重嚴毅，氣度雄遠」，〔註49〕具有儒家學者的氣質風範。漢族士人在胡人政權中的政治活動，對北方少數民族統治者的邊政思想具有重大影響，使得十六國胡人政權一定程度上繼承漢魏時期的邊政思想，延續漢魏時期的邊疆政策。

　　東晉王朝偏安於江左，以「晉室中興」的名義立國，以中華正統政權自居，堅守以儒治國的漢魏傳統。東晉初年主持朝政的王導，對儒學的重要性有充分的認識，在上書中指出弘揚儒學對加強統治、鞏固政權的重大意義，

〔註45〕　（唐）房玄齡：《晉書》卷47《傅玄傳》，中華書局1974年版。
〔註46〕　《晉書》卷3《武帝紀》。
〔註47〕　《晉書》卷101《劉元海載記》。
〔註48〕　《晉書》卷105《石勒載記下附張賓傳》。
〔註49〕　《晉書》卷114《苻堅載記下附王猛傳》。

曰：「夫風化之本在於正人倫，人倫之正存乎設庠序。庠序設，五教明，德禮洽通，彝倫攸敘，而有恥且格，父子兄弟夫婦長幼之序順，而君臣之義固矣。」王導同時指出興辦儒學、教育子弟的緊迫性，曰：「方今戎虜扇熾，國恥未雪，忠臣義夫所以扼腕拊心。苟禮儀膠固，淳風漸著，則化之所感者深而德之所被者大。使帝典闕而復補，皇綱弛而更張，獸心革面，饕餮檢情，揖讓而服四夷，緩帶而天下從。得乎其道，豈難也哉！故有虞舞干戚而化三苗，魯僖作泮宮而服淮夷。桓文之霸，皆先教而後戰。今若聿遵前典，興複道教，擇朝之子弟併入於學，選明博修禮之士而為之師，化成俗定，莫尚於斯。」〔註50〕可見王導認為儒學為立國之本，傳承和弘揚儒學是凝聚江東士氣人心、實現中興夢想、顯示中華正統地位、鞏固東晉統治、威服四夷的必不可缺的途徑。由於王導在東晉王朝的主導地位，其上書中所闡述的思想認識實質代表東晉王朝的立國治國綱領。

在儒學思想的指導下，兩晉十六國時期儘管政治動盪，政權頻繁更迭，戰亂頻仍，但是漢魏時期形成的尊崇「大一統」、羈縻而治、以德治邊等邊政思想得到延續和發展，並呈現出新的特點。

「大一統」思想是西晉君臣的共同政治理念，是西晉王朝邊政思想的思想基礎和理論源泉，也是西晉王朝邊疆經略始終遵循的基本原則。太始元年（265），晉武帝舉行即位祭天儀式，參加者有「百僚在位及匈奴南單于四夷會者數萬人。」如此安排的目的，是為了顯示新王朝得到「百僚」與「四夷」的支持，展示新王朝的政治「大一統」的面貌，體現新王朝的合法性、正統性，儘管此時西晉王朝尚未完成中原統一，孫吳政權仍然偏據江東。安排「匈奴南單于及四夷」參與祭天及登基盛典，從一個側面反映了西晉王朝統治者對於民族「大一統」和天下「大一統」秩序的追求。晉武帝祭天儀式的告上帝之文曰：「誕惟四方，罔不祇順，廓清梁岷，包懷揚越，八紘同軌，祥瑞屢臻，天人協應，無思不服。」這是讚頌司馬氏的功德，強調新王朝的成立獲得天下萬民的支持，努力塑造新王朝的「大一統」正統形象。追求、維護、歌頌「大一統」的政治與疆域，是西晉王朝邊疆經略與開發的精神動力和終極目標。西晉時期的平吳戰爭以及對邊疆民族地區的各項政策，是追求「大一統」政治理念、維護統一多民族國家疆域的體現。

在「大一統」思想引導下，西晉統治者以追求和維護「大一統」政治與

<hr>

〔註50〕《晉書》卷65《王導傳》。

疆域爲己任，以實現和展示「大一統」疆域爲驕傲。太康元年（280），西晉滅吳，結束自東漢末年以來六十餘年的政治分裂狀況，實現了人們渴盼已久的「大一統」政治局面。人們歡欣鼓舞，沉醉在天下一統的喜悅之中，驕傲自豪之感溢於言表。士人虞溥曰：「自漢氏失御，天下分崩，江表寇隔，久替王教……。今四海一統，萬里同軌，熙熙兆庶，咸休息乎太和之中。宜崇尙道素，廣開學業，以贊協時雍，光揚盛化。」〔註51〕士人華譚曰：「清一八絋，綏蕩無外，萬國順軌，海內斐然。雖復被髮之鄉，徒跣之國，皆習章甫而入朝，要衣裳以磬折。」〔註52〕衛瓘、山濤等西晉名臣認爲西晉王朝已經實現天下一統的政治理想，向晉武帝提出到舉行泰山封禪大典的建議，盛讚西晉王朝「大一統」之盛況和功德，曰：「雲覆雨施，八方來同，聲教所被，達於四極。雖黃軒之征，大禹遠略，周之奕世，何以尙今。」「今東漸於海，西被流沙，大漠之陰，日南北戶，莫不通屬，芒芒禹跡，今實過之。」〔註53〕這些讚頌之詞雖然有一定的渲染、誇大成分，但眞實反映了西晉時期社會主流政治意識，反映了人們對「大一統」政治局面的嚮往、對西晉王朝恢復秦漢時期「大一統」政治格局的充分認可，說明「大一統」思想在西晉時期已經深入人心。由於「大一統」思想的引導和西晉王朝「大一統」政治局面的形成，西晉統治者形成以以「大一統」思想爲主的思維範式，以維護「大一統」的政治與與疆域作爲處理邊政問題的原則和宗旨。

東晉十六國時期，「大一統」政治局面蕩然無存，但是各政權統治者堅守「大一統」的政治理念，以結束分裂、恢復「大一統」政治與疆域爲終極奮鬥目標。最爲突出的是前秦國君符堅。符堅在位時，不顧群臣勸阻，堅定發動討伐東晉的戰爭，目的是在有生之年完成統一大業。符堅曰：「吾統承大業垂二十載，芟夷逋穢，四方略定，惟東南一隅未賓王化。吾每思天下不一，未嘗不臨食輟餔。」「非爲地不廣、人不足也，但思混一六合，以濟蒼生。」「今天下垂平，惟東南未殄。朕忝荷大業，巨責攸歸，豈敢優游卒歲，不建大同之業！……晉武若信朝士之言而不征吳者，天下何由一軌！」〔註54〕赫連夏立國於河套地區，國小力弱，但是國君赫連勃勃也有完成統一大業的宏圖規劃，曰：「朕無撥亂之才，不能弘濟兆庶，自枕戈寢甲，十有二年，而四

〔註51〕《晉書》卷82《虞溥傳》。
〔註52〕《晉書》卷52《華譚傳》。
〔註53〕《晉書》卷21《禮志下》。
〔註54〕《晉書》卷114《符堅載記下》。

海未同，遺寇尚熾，不知何以謝責當年，垂之來葉！」﹝註55﹞爲了表明欲完成統一大業的遠大志向，赫連勃勃將都城命名爲「統萬」，意爲「統一天下」、「君臨萬邦」，統萬城門的命名也寓意深遠，「名其南門曰朝宋門，東門曰招魏門，西門曰服涼門，北門曰平朔門。」﹝註56﹞由此可見，十六國胡人統治者同樣追求「大一統」的政治與疆域。同樣，偏安於江東的東晉王朝從未放棄恢復統一大業的旗幟，並屢次興師北伐。而且東晉王朝始終拒絕承認北方十六國時期胡人所建政權。石勒「遣使致賂」，﹝註57﹞東晉成帝焚賂以示絕交，這既表明東晉對北方「戎狄亂華」的民族義憤，也表明東晉王朝繼續致力於收復北土和恢復「大一統」政治格局的基本立場。「大一統」的政治與疆域，是兩晉十六國時期胡漢各族統治者共同的政治理念，也是這一時期邊疆經略的思想基礎。

二、羈縻而治、防禦爲主與文德武備

　　兩晉十六國時期，各政權始終面臨嚴重的邊疆經略的壓力，邊政是統治者至爲關切、憂心的問題，也是朝野間熱烈討論的話題。晉武帝與士人華譚之間的策問事件，集中體現了兩晉十六國時期統治階層對邊政問題的熱切關注與思考。

　　華譚爲孫吳士人，因才學出眾，在西晉平吳以後，被舉薦爲秀才，接受晉武帝親自策問。晉武帝所策問之題，均爲晉武帝至爲牽掛、憂慮的與時局密切相關的軍國大事，直接影響西晉王朝的大政方針，邊政問題是晉武帝策問的重要內容之一。以華譚策論爲中心進行考察，可以發現兩晉十六國統治者及社會精英階層在儒學政治思想的引導下，傳承、發揚了漢魏時期的邊政思想，形成了對邊疆民族地區實行羈縻而治、防禦爲主和文德武備並行的邊政思想。

　　晉武帝對華譚所策問的題目廣泛涉及當時社會最緊迫、最重要的系列問題，其中涉及邊政的問題有兩個方面。其一是：「今四海一統，萬里同風，天下有道，莫斯之盛。然北有未羈之虜，西有醜施之氏，故謀夫未得高枕，邊人未獲晏然，將何以長弭斯患，混清六合？」﹝註58﹞這裡提到的北面「未羈

﹝註55﹞《晉書》卷130《赫連勃勃載記》。
﹝註56﹞《晉書》卷130《赫連勃勃載記》。
﹝註57﹞《晉書》卷7《成帝紀》。
﹝註58﹞華譚事蹟參見《晉書》卷52《華譚傳》。下同。

之虜」應是指北部邊疆的鮮卑、烏桓、匈奴等族，其中特別是以軻比能爲首的鮮卑部眾，他們在北部邊疆活動頻繁，不時侵擾西晉王朝北部邊境，對西晉王朝構成強大壓力；西面「醜施之氐」應是指河隴地區反抗西晉王朝的氐人與羌人，彼時雖未形成規模浩大的氐人反晉武裝運動，但小規模的反晉鬥爭此起彼伏，已經顯示西晉王朝在西北邊疆的統治危機。晉武帝提問的核心是如何對待邊疆地區的民族性反晉武裝勢力。華譚的答覆分爲兩個部分。首先是用大量篇幅強調選用賢才的重要性，認爲解決邊疆危機的關鍵是「務在擇才」。其次，華譚直接引用班固關於邊政問題的論述，曰：「雖西北有未羈之寇，殊漠有不朝之虜，征之則勞師，得之則無益，故班固云：『有其地不可耕而食，得其人不可臣而畜，來則懲而御之，去則備而守之。』蓋安邊之術也。』」由此可見，華譚對邊疆反晉勢力的政策方案是羈縻而治、防守爲主，政策理論依據則是「邊疆無用論」。這是漢魏以來儒學的經典方案，是儒家邊政思想的典型體現。

　　晉武帝涉及邊政的第二個策問題目是：「聖人稱如有王者，必世而後仁。今天成地平，大化無外，雖匈奴未羈，羌氐驕黠，將修文德以綏之，舞干戚以來之，故兵戈載戢，武夫寢息。如此，已可消鋒刃爲佃器，罷尙方武庫之用未邪？」晉武帝的核心提問，是在已實現「大一統」的情況下，是否可以「消鋒刃」、「罷武庫」，放棄武備。晉武帝策問的題目，有特定的形成背景。自東漢末年以來，秦漢時期的疆域一統局面遭到破壞，三國鼎立，干戈不息，人民深受戰亂之害。平吳以後，幾代人夢寐以求的「大一統」政治局面得以重現，人心思寧。人們在歡欣鼓舞之際，普遍有懈怠的心理和放鬆武備的要求。淮南相劉頌上書中論及這一社會意識，曰：「自董卓作亂以至今，近出百年，四海勤瘁，丁難極矣。六合渾並，始於今日，兆庶思寧，非虛望也。然古今異宜，所遇不同，誠亦未可以希遵在昔，放息馬牛。」〔註 59〕晉武帝提出是否可以放棄武備的問題，就是基於當時社會普遍的人心思寧的心理與「刀槍入庫、馬放南山」的社會輿論要求。對此，華譚答曰：「夫大舜之德，猶有三苗之征；以周之盛，獫狁爲寇。雖有文德，又須武備。備預不虞，古之善教；安不忘危，聖人常誡。無爲罷武庫之常職，鑠鋒刃爲佃器。自可倒戢干戈，苞以獸皮，將帥之士，使爲諸侯，於散樂休風，未爲不泰也。」由此可見，華譚的觀點非常明確，與劉頌的觀點高度一致，認爲切不可廢棄武備，

〔註 59〕《晉書》卷 46《劉頌傳》。

應當安不忘危，「文德」與「武備」兼備，文武並重。晉武帝提出這一問題，所針對的是全國範圍，其中包括邊疆地區。華譚在回答問題時，也是從全國的形勢出發，其中包含邊疆經略政策的內容。可見，平吳以後，雖然社會上出現整體性的放鬆、懈怠心理狀態，但是有識之士並未輕言放棄武備，而是遵循傳統政治、軍事的思路，堅持「修文德」與「備預不虞」即保持武備、加強防禦並行。

這場發生在晉武帝與華譚之間的策論，是西晉時期最高統治者與社會精英士人階層代表之間的對話，集中體現了社會主流意識層面的邊政思想，具有較大的代表性。由此可見，西晉時期傳承了漢魏時期邊政思想主要內容，遵循儒學政治思想的指導，堅持對邊疆地區實行羈縻而治、防禦爲主的思想；同時，在社會出現群體性懈怠心理的情況下，保持了清醒的頭腦，堅持「文德」與「武備」並行的方針政策，值得充分肯定。

在十六國時期胡人統治者中，苻堅對漢魏時期邊政思想的吸收與傳承十分突出。大臣裴元略建議苻堅屬行節約，「敦至道以勵薄俗，修文德以懷遠人」，以實現「一軌九州，同風天下」的「大一統」政治理想，〔註60〕苻堅欣然接受。苻堅派呂光經略西域，臨行前告誡呂光曰：「西戎荒俗，非禮義之邦。羈縻之道，服而赦之，示以中國之威，導以王化之法，勿極武窮兵，過深殘掠。」〔註61〕由此可見，苻堅以「中國」之主自居，將邊疆民族視爲「四夷」，認爲對邊疆民族地區應該實行羈縻懷柔政策，施以文德感化和禮義教化，反對窮兵黷武，這是儒家政治思想在邊政思想中的典型體現。

三、夷夏之防、徙戎之論與移民實邊

自東漢末年以來，周邊少數民族由於各種原因逐漸內遷，在邊疆地區及關中、中原形成了夷夏各族雜居交匯的狀況。西晉時期，這一狀況更加突出。其中尤爲引人注目的是并州北部爲曹魏時期內遷的五部匈奴所居，此後又有大量來自西北、北部邊疆的匈奴各族歸附、內遷；由於魏、蜀長期爭奪漢中、隴右，導致大量氐、羌人口被遷徙至關中。少數民族內遷客觀上有利於各民族的交流交往交融和各民族的共同發展。但是中原王朝統治階層受到「夷夏之辨」的傳統思維模式的束縛，從華夏中心觀和華夏優越感出發，對少數民

〔註60〕《晉書》卷113《苻堅載記上》。
〔註61〕《晉書》卷114《苻堅載記下》。

族內遷及與華夏雜居的現象充滿焦慮與擔憂，認爲破壞了夷夏「內外之別」，不利於中原王朝的統治，出現了強調「夷夏之防」的觀點，部分統治階層精英人士提出「徙戎」之論，即把內遷少數民族強制遷徙回其原居之地或指定地點，與內地華夏形成隔離。代表性人物有郭欽、江統。加強「夷夏之防」、嚴格「內外之別」，是西晉時期的重要邊政思想，在西晉後期政局動盪的形勢下，這一點尤爲凸顯。

曹魏時期鄧艾是較早關注到少數民族內徙現象、并提出「徙戎」之論的人士。嘉平元年（249），鑒於并州北部南匈奴劉豹部眾有壯大之勢，鄧艾上書曰：「戎狄獸心，不以義親，強則侵暴，弱則內附，故周宣有獫狁之寇，漢祖有平城之圍。」處於對南匈奴等「戎狄」的戒備之心，鄧艾提議將劉豹部眾一分爲二，以減輕南匈奴對中原王朝的潛在威脅，同時提出「徙戎」主張，曰：「羌胡與民同處者，宜以漸出之，使居民表崇廉恥之教，塞奸宄之路。」〔註62〕這是中國歷史上「徙戎」之論的先聲。

西晉平吳之後，郭欽向晉武帝上書，提出「徙戎」建議。史曰：「武帝踐祚後，塞外匈奴大水，塞泥、黑難等二萬餘落歸化，帝復納之，使居河西故宜陽城下。後復與晉人雜居，由是平陽、西河、太原、新興、上黨、樂平諸郡靡不有焉。」太始七年（271），發生了南匈奴劉猛叛晉事件和內附匈奴部眾引發的系列「邊患」。這一系列邊疆危機引發統治階層的警覺和擔憂。郭欽在上書中提議，「宜及平吳之威，謀臣猛將之略，出北地、西河、安定，復上郡，實馮翊，於平陽已北諸縣募取死罪，徙三河、三魏見士四萬家以充之」，同時「漸徙平陽、弘農、魏郡、京兆、上黨雜胡，峻四夷出入之防，明先王荒服之制」，並認爲此乃「萬世之長策也。」〔註63〕郭欽的建議實質是將雜胡外遷，同時移民實邊，加強邊疆防禦，實現「內諸夏外夷狄」、「裔不亂華」的民族分佈格局與疆域格局。由此可見，郭欽深受先秦漢魏時期儒學民族觀的影響，從強調「夷夏之防」的基本理論原則出發，主張把內遷於關中、隴右、并州北部等地諸胡外遷，同時通過系列優撫措施，吸引漢人集中遷徙到關中、隴右，塡補胡人外遷之後的空白，實現儒家理想中的「裔不亂華」的民族分佈格局，緩解、消除諸胡內遷對西晉王朝統治的潛在威脅。郭欽「徙戎」之論反映出西晉時期統治階層堅持以「夷夏之辨」、特別是華夏中心論與

〔註62〕《三國志》卷28《魏書・鄧艾傳》。
〔註63〕《晉書》卷97《四夷傳・匈奴傳》。

優越感來處理邊政問題的基本思路，也反映了西晉王朝統治階層對夷狄的高度戒備、隔閡的心理。

晉惠帝時期，鑒於關中、隴右氐羌各族的反晉鬥爭，江統作《徙戎論》，極力主張「夷夏之防」的觀念與「徙戎」措施，是魏晉時期關於「徙戎」觀點的總結。《徙戎論》回顧了從先秦至西晉的夷夏民族關係，指出當時西晉王朝在邊疆民族問題上面臨的統治危機，強調「夷夏之別」，認為「非我族類，其心必異，戎狄志態，不與華同」，對少數民族懷有強烈的敵意與心理隔閡，認為應當將內遷各族遣還本土，以維護西晉王朝的統治。其文曰：「當今之宜，宜及兵威方盛，眾事未罷，徙馮翊、北地、新平、安定界內諸羌，著先零、罕开、析支之地；徙扶風、始平、京兆之氐，出還隴右，著陰平、武都之界。廩其道路之糧，令足自致，各附本種，反其舊土，使屬國、撫夷就安集之。戎晉不雜，並得其所，上合往古即敘之義，下為盛世永久之規。」江統的認識，是在西晉民族矛盾日益緊迫的形勢下，對先秦漢魏以來民族觀與疆域觀的翻版。幾年後，劉淵反晉，西晉瓦解，「時人服其深識。」〔註64〕這表明江統的觀點不是孤立的，而是當時漢族社會、尤其漢族士人的普遍心理。

這種強調「夷夏之防」、甚至提議「徙戎」的觀點，反映了西晉時期社會主流意識層面的民族歧視、民族偏見與民族戒備與隔閡心理，對西晉時期的邊疆經略造成一定負面影響。例如太始、咸寧年間（265～280），河隴地區發生以禿髮鮮卑樹機能為首的各族反晉鬥爭，西晉王朝多次作戰失利，乃至「秦涼覆沒」，形勢危在且夕。有大臣提議以劉淵為統帥，命其率五部匈奴前往河隴地區，以挽救危亡，因朝臣的激烈反對而作罷。史曰：「帝疇諮將帥，上黨李憙曰：『陛下誠能發匈奴五部之眾，假元海一將軍之號，鼓行而西，可指期而定。』孔恂曰：『李公之言，未盡殄患之理也。』憙勃然曰：『以匈奴之勁悍，元海之曉兵，奉宣聖威，何不盡之有！』恂曰：『元海若能平涼州，斬樹機能，恐涼州方有難耳。蛟龍得雲雨，非復池中物也。』帝乃止。」〔註65〕劉淵有才而不予重用，正是由於西晉主流社會對少數民族存在戒備、防範心理。對劉淵及其所率匈奴部眾的猜忌、防範、隔閡影響了西晉王朝解決邊疆危機的進程，使得河隴危機遷延數年。

〔註64〕《晉書》卷56《江統傳》。
〔註65〕《晉書》卷101《劉元海載記》。

「夷夏之防」所包含的華夏中心主義和華夏優越感，使十六國政權的胡人統治者產生強烈的自卑心理，不利於少數民族的政治成長，影響了中國歷史的進程。十六國政權中的胡人統治者均不同程度地受此影響。例如前燕國君慕容俊曰：「吾本幽漠射獵之鄉，被髮左衽之俗，曆數之籙，寧有分邪？」〔註66〕前秦朝廷重臣、苻堅之弟苻融曰：「且國家，戎族也，正朔會不歸人，江東雖不絕如線，然天之所相，終不可滅。」〔註67〕雖然十六國時期有部分胡人統治者如石勒、苻堅衝破「夷夏之辨」的思想桎梏，但畢竟只是少數。直到南北朝時期，這方面才出現較爲明顯的進步。

兩晉十六國時期，移民實邊的邊政思想已經出現。太始四年（268）傅玄上書陳事，移民實邊是其所陳五條建議之一。傅玄在上書中首先闡明提議移民實邊的原因，曰：「臣以爲胡夷獸心，不與華同，鮮卑最甚。本鄧艾苟欲取一時之利，不慮後患，使鮮卑數萬散居人間，此必爲害之勢也。」接著指出鮮卑等族內遷的危害，認爲「獸心難保，不必其可久安也」。鑒於加強對河隴地區鮮卑部眾的鎮禦防備，傅玄提議在秦州高平川新設置一郡，復除徭役賦稅，組織和吸引一批漢人加強對邊疆的鎮禦守備，達到「以通北道，漸以實邊」的目的，以使秦州刺史「專禦邊之宜。」〔註68〕前述郭欽的上書中，就包含了移民實邊、加強邊疆地區防禦能力的提議。西晉時期的移民實邊思想目的是解決當時的邊疆危機與民族矛盾，包含鮮明的民族歧視與民族偏見。統治者由於受各種因素掣肘，往往難以付諸實施。

第三節　南北朝時期邊政思想

南北朝時期，北朝統治者在入主中原後，以中華正統政權的繼承者自居，逐漸接受、認同和傳承以儒家政治思想爲核心的中原政治文化，尊崇和踐行兩漢魏晉時期形成的邊政思想。與此同時，南朝政權統治者雖然偏居南方已有一百餘年，但是仍然堅守中原政治文化理念，以中華正統自居，傳承和發展以儒家政治思想爲核心的邊政思想。南北朝雖然政治上長期分裂對峙，但是在政治文化上的共性日益突出，具有鮮明的時代特徵，展示了南北終將統一的歷史發展趨勢和中華民族共同體形成凝聚的軌跡。

〔註66〕 《晉書》卷110《慕容俊載記》。
〔註67〕 《晉書》卷114下《苻堅載記下》。
〔註68〕 《晉書》卷47《傅玄傳》。

一、儒學政治思想指導地位的進一步鞏固與「大一統」理念的深入發展

南北朝時期，儒學的政治指導思想地位進一步鞏固，南朝、北朝政權均以儒學爲立國理論根基，大力尊崇和弘揚儒學，各政權均在京師設立傳授儒學的國子學，舉辦隆重的祭孔禮儀，以示本政權在政治、文化上的正統地位。在對儒學思想的共同傳承與發展基礎上，「大一統」政治思想在南朝、北朝諸政權得到進一步深入發展，對「大一統」理念的認同與追求深入人心。恢復建立「大一統」國家是南北雙方統治者共同的追求，所不同的只是由誰來統一對方的問題。

北魏王朝由拓跋鮮卑首領所創立，最初定都於塞外，游牧於漠南。北魏進據中原後，吸收大量中原士人，按照中原王朝的政治文化模式進行國家建構。北魏統治者大力弘揚儒學，明確表達以儒學爲指導思想治理國家的政治立場，自覺融入以儒學爲核心的中原政治文化洪流，主動擔當接續中原政治文化正統的歷史使命。〔註 69〕太武帝拓跋燾認爲興儒學能「整齊風俗，示軌則於天下。」〔註 70〕宣武帝元恪多次闡述弘揚儒學、興辦學校以傳播儒學的重要性，如「古之哲王，創業垂統，安民立化，莫不崇建膠序，開訓國胄，昭宣三禮，崇明四術，使道暢群邦，風流萬宇。」〔註 71〕孝明帝元詡在位時期的詔書中，直接闡述儒學對於治國安邦的重大意義，曰：「建國緯民，立教爲本；尊師崇道，茲典自昔。」並隆重安排「釋奠孔顏」的禮儀。〔註 72〕由此可見，儒學在北魏王朝統治者心目中的重要性及其政治地位與日俱增，儒學的政治指導思想地位不斷鞏固。

南朝政權由東晉王朝禪代而建立，自覺繼承西晉、東晉王朝政治統緒，雖然偏安於南方，卻始終以中原華夏正統王朝自居，在政治文化上傳承和維護漢晉傳統，以儒學思想爲政治指導思想。南朝統治者十分重視加強儒學的教育與傳播，以儒學爲立國爲政的根本。永初三年（422），宋武帝下詔曰：「古之建國，教學爲先，弘風訓世，莫尚於此；發蒙啓滯，咸必由之。故爰自盛王，迄於近代，莫不敦崇學藝，修建庠序。」「今王略遠屆，華域載清，仰風

〔註 69〕 彭豐文：《從盛樂到平城：北魏王朝的國家建構與政治轉型》，《西南民族大學學報》（人文社會科學版）2018 年第 7 期。

〔註 70〕 （北齊）魏收：《魏書》卷 4《世祖紀下》，中華書局 1974 年版。

〔註 71〕 《魏書》卷 8《世宗紀》。

〔註 72〕 《魏書》卷 9《肅宗紀》。

之士，日月以冀。便宜博延胄子，陶獎童蒙，選備儒官，弘振國學。」〔註73〕元嘉十九年（450），宋文帝下詔曰：「夫所因者本，聖哲之遠教；本立化成，教學之爲貴。故詔以三德，崇以四術，用能納諸義方，致之軌度。盛王祖世，咸必由之。」「今方隅乂寧，戎夏慕響，廣訓胄子，實維時務。便可式遵成規，闡揚景業。」〔註74〕天監七年（508），梁武帝下詔曰：「建國君民，立教爲首，砥身礪行，由乎經術。」爲了表示對儒學的重視，梁武帝親自參加祭孔儀式，「親屈輿駕，釋奠於先師先聖」。〔註75〕

由此可見，南朝、北朝統治者都把儒學提高到立國之本的高度，把加強國子學教育作爲當務之急。南北朝時期統治者對儒學及儒學教育的重視，不僅僅是關心文化教育事業的表現，而且是傳承、認同和鞏固儒學作爲政治指導思想地位的表現，是一項重要的政治建設，是一種政治姿態。

在南北對峙的情況下，南朝、北朝統治者均堅持「大一統」政治理念，胸懷恢復「大一統」疆域的政治理想。北朝統治者始終堅持「南征」以兼滅南朝、完成統一的旗號；南朝統治者也始終堅持「北伐」以「收復舊土」、完成統一的旗號。另外南朝、北朝統治者均以詔書形式，明確表達實現「大一統」的政治抱負和遠大追求，以此作爲立國的政治基礎。太武帝拓跋燾在詔書中表示「思闡洪基，廓清九服。」〔註76〕孝文帝表示「思闡遐風，光被兆庶」，〔註77〕「方一區宇，子育萬姓」。〔註78〕以上雖是溢美之詞，但反映了北魏統治者堅持「大一統」理念的政治思想取向。北周武帝也有完成統一的人生志向，曰：「朕君臨萬國，志清四海，思濟一世之人，寘之仁壽之域。」〔註79〕南朝統治者同樣堅持以「大一統」政治思想爲立國政治基礎。南朝的疆土雖然局限於南方，但是在政治理念上從未放棄對北方地區的疆土主張，統治者以各種形式宣稱對北方的疆土所有權，勾畫南北政權結束分裂、恢復「大一統」的美好憧憬。宋文帝把北魏時期北方漢人稱爲「河朔遺民」，要求對其中的「歸義建績者」予以獎賞。〔註80〕這種稱呼中隱含南朝政權對對北

〔註73〕（南齊）沈約：《宋書》卷3《武帝紀下》，中華書局1974年版。
〔註74〕《宋書》卷5《文帝紀》。
〔註75〕（唐）姚思廉：《梁書》卷48《儒林傳·序》，中華書局1973年版。
〔註76〕《魏書》卷4《世祖紀上》。
〔註77〕《魏書》卷7《高祖紀上》。
〔註78〕《魏書》卷7《高祖紀下》。
〔註79〕（唐）令狐德棻：《周書》卷6《武帝紀》，中華書局1971年版。
〔註80〕《宋書》卷5《文帝紀》。

方疆土的堅持。宋明帝即位詔書中曰：「日月所照，梯山航海；風雨所均，削衽襲帶。所以業固盛漢，聲溢隆周。」〔註81〕這雖是誇張溢美之詞，但是表達了對「大一統」政治盛景的嚮往和追求。陳宣帝多次表達完成統一大業的志向，曰：「王者以四海爲家，萬姓爲子，一物乖方，夕惕猶屬，六合未混，旰食彌憂。」〔註82〕

儒學政治思想與「大一統」政治理念的進一步發展鞏固，爲南北朝時期邊政思想的形成提供了深厚的理論基礎。南北朝各政權統治者在儒學政治思想指引下，按照「大一統」的思維模式，結合南北朝時期的具體政治形勢，延續和發展了兩漢魏晉時期的邊政思想，並形成了一定的時代特色。

二、「守在四夷」與「羈縻之道」〔註83〕

「守在四夷」的邊政思想在先秦時期已經孕育，在兩漢時期基本形成，魏晉時期進一步發展，在南北朝時期表現得尤爲突出，其中又以北魏王朝的表現最爲典型。

北魏王朝是中國歷史上第一個由塞外游牧民族創建並且統一北方的政權。遷都平城以後，北魏統治者主動接納、吸收和認同中原文化，遵循「守在四夷」的中原傳統邊政思想，以「中國」、「華夏」和中原正統自居，視邊疆各族爲四夷、藩服，對北方邊疆各族主要採取防守、羈縻、懷柔的方針政策，表現出濃厚的中原政治文化風格特徵。

北魏統治者入主中原後，逐漸接受、認同並自覺繼承中原儒家政治文化傳統，以「中國」、「華夏」、「中原正統」自居，把周邊各族和地區視爲四夷、藩屬、荒服之民，用「守在四夷」的邊政理論來認識邊疆民族關係、指導邊疆經略事務的決策，在邊政事務討論中體現出明顯的「防守」心態。在北魏君臣的政治言行中，這種心態得到充分體現。例如楊椿致獻文帝的上書中，反對將降附北魏的柔然部眾內遷至淮北，理由是「臣以古人有言：裔不謀夏，夷不亂華。荒忽之人，羈縻而已。是以先朝居之於荒服之間者，正以悅近來遠，招附殊俗，亦以別華戎、異內外也。」〔註84〕高閭上表孝文帝的文中，有「臣聞爲國之道，其要有五：一曰文德，二曰武功，三曰法度，四曰防固，

〔註81〕　《宋書》卷8《明帝紀》。
〔註82〕　《陳書》卷5《宣帝紀》。
〔註83〕　本小節的部分文字已作爲階段性成果發表，參見彭豐文：《守在四夷：北魏王朝的北部邊疆經略方針及其思想源泉》，《中國邊疆史地研究》2018年第3期。
〔註84〕　《魏書》卷58《楊播傳附楊椿傳》。

五曰刑賞。故遠人不服，則修文德以來之；荒狁放命，則播武功以威之」之語。同時高閭提出在北疆修築長城的建議，曰：「今宜依故於六鎮之北築長城，以禦北虜，雖有暫勞之勤，乃有永逸之益，如其一成，惠及百世。」高閭認爲在北疆修築長城有五種益處，「罷遊防之苦，其利一也；北部放牧，無抄掠之患，其利二也；登城觀敵，以逸待勞，其利三也；省境防之虞，息無時之備，其利四也；歲常遊運，永得不匱，其利五也。」〔註85〕高閭雖然是漢族士人，但是作爲深得北魏統治者寵信和重用的大臣，高閭的觀點一定程度上代表了北魏王朝統治階層的主流觀點。孝明帝元詡統治時期，北魏宗室元孚上表，提議對歸附北魏並在北魏支持下返回塞外的柔然國主阿那瑰加強防範、監督與戒備，對其寬嚴相濟，「馭以寬仁，縻以久策」，以踐行「所謂天子有道，守在四夷者也」的古訓。〔註86〕在對待阿那瑰的問題上，大臣袁翻與元孚意見基本一致。袁翻認爲，婆羅門、阿那瑰等歸附北魏的柔然貴族乃是「遠夷荒桀，不識信順，終無純固之節，必有孤負之心」，應對他們加強防範，提高警惕，防止重蹈西晉時期「五胡亂華」的歷史悲劇，「夷不亂華，殷鑒無遠，覆車在於劉石，毀轍固不可尋。」袁翻還認爲，防範柔然的同時應加強防範高車的意識，「高車豺狼之心，何可專信？假令稱臣致款，正可外加優納，而復內備彌深，所謂先人有奪人之心者也。」〔註87〕袁翻對待柔然、高車的心態與處置建議，典型體現了「內諸夏而外夷狄」的思想和「羈縻而治」的邊政思想。

上述大臣建議，有的被統治者採納，有的並未被統治者採納，但是他們的觀點能夠呈送給皇帝，表明這些觀點代表了統治者及朝野各方的政治共識，具有公認的理論權威。在「守在四夷」與「羈縻而治」思想的引導下，拓跋鮮卑成爲中國歷史上第一個修築長城的北方游牧民族。又如宣武帝元恪拒絕柔然伏圖可汗的通使要求，理由是北魏繼承周、漢王朝，爲天下之正統，而柔然不備藩臣之禮，不可原諒。其辭曰：「大魏之德，方隆周漢，跨據中原，指清八表。正以江南未平，權寬北掠，通和之事，未容相許。若修藩禮，款誠昭著者，當不孤爾也。」〔註88〕元恪所陳述的理由，其精神旨趣與楊椿、元孚高度一致，都是在「中國」與「四夷」、「天下」與「五服」的思維框架

〔註85〕《魏書》卷54《高閭傳》。
〔註86〕《魏書》卷18《太武五王傳‧元孚傳》
〔註87〕《魏書》卷69《袁翻傳》。
〔註88〕《魏書》卷103《蠕蠕傳》。

下理解和處理北魏與柔然等北疆各族相關事務，體現了中原儒家政治文化對北魏統治者的深刻影響。

　　在中原儒家政治文化的引導下，北魏統治者以「守在四夷」的理論來引導邊疆經略，主張對邊疆少數民族施以「羈縻之道」。拓拔燾在位時期，在討論如何對待吐谷渾國君慕瑣的問題上，太尉長孫嵩等二百七十九人一致認為：「前者有司處以爲秦王荒外之君，本非政教所及，來則受之，去則不禁。皇威遠被，西秦王慕義畏威，稱臣納貢，求受爵號。議者以爲古者要荒之君，雖人土眾廣，而爵不擬華夏。」「今在白蘭，不犯王塞，不爲人患，非國家之所急也。若遣使招慰，必求爲臣妾，可不勞而定也。王者之於四荒，羈縻而已，何必屠其國有其地。」〔註89〕從這段材料可以看到，當時北魏朝臣已普遍認同北魏爲「華夏」，以吐谷渾爲「夷狄」，對應之策則是「來則受之，去則不禁」，「羈縻而已」，不願爲之花費太多精力，其對外武力擴張與征服的游牧政權特徵已大爲削減。熙平年間（516～518），柔然國主醜奴遣使至北魏，不願意以藩臣自居，「抗敵國之書，不修臣敬」，北魏官方擬仿照西漢初年答覆匈奴的舊例，以敵國之禮相待。大臣白澤上表提出反對意見，主張對柔然使者或置之不理，或迫使其施以藩臣之禮，或興師討伐，總之不能待以平等之禮，其理由是「夷夏有別」與「羈縻之道」。白澤曰：「臣聞古之聖王，疆理物土，辨章要甸，荒遐之俗，政所不及。故《禮》有壹見之文，《書》著羈縻之事。」「又小人難近，夷狄無親，疏之則怨，狎之則侮，其所由來久矣。是以高祖、世宗知其若此，來既莫逆，去又不追。不一之義，於是乎在。」〔註90〕白倫的觀點與班固的觀點基本一致。

三、懷遠以德與崇文修武

　　南北朝各政權統治者傳承和發揚儒家政治思想，在治國理念上，沿襲對邊疆民族地區實行懷柔安撫政策的邊政思想。北魏孝明帝元詡統治時期，對陷於饑困的柔然國主阿那瑰及其部眾予以大力救助，受命前往救助的大臣元孚援引漢代光武帝救助匈奴的事例，認爲對柔然實行救助乃是與漢代救助匈奴一樣，屬於「和戎、撫新、柔遠之長策」。〔註91〕可見對邊疆民族實行仁德、懷柔政策是北魏君臣的共識。南齊高帝蕭道成臨終遺詔中，要求群臣與太子

〔註89〕　《魏書》卷101《吐谷渾傳》。
〔註90〕　《魏書》卷24《張袞傳附白澤子倫傳》。
〔註91〕　《魏書》卷18《太武五王傳・元孚傳》。

「柔遠能邇，緝和內外」。〔註 92〕可見懷柔「遠人」，是南齊政權邊疆經略的基本思路。陳世祖在位時期的統治，被其後陳王朝統治者稱頌為「克嗣洪基，光宣寶業，惠養中國，綏寧外荒。」〔註93〕陳宣帝詔曰：「懷遠以德，抑惟恆典，去戎即華，民之本志。」〔註94〕可見陳朝統治者在治國理念上，對邊疆四夷的總體思路也是「綏寧」、「懷遠」，以施行文德安撫為主。

同時，南北朝統治者傳承了兩漢魏晉時期文德武備並重的思想，強調在邊疆經略中伐叛柔服、征撫結合、軟硬兼施。北魏太武帝拓跋燾向臣下表示：「吾與汝曹遊行四境，伐叛柔服，可得志於天下矣。」〔註95〕大臣袁翻討論「選邊戍事」時認為：「臣聞兩漢警於西北，魏、晉備在東南。是以鎮邊守塞，必寄威重；伐叛柔服，實賴溫良。」〔註96〕意為邊將的選拔應根據不同地理區域的實際需要，關注震懾能力與安撫能力兩方面的人才，既要重用有「威重」之名的人才以加強邊疆武備，又要選拔「溫良」之才以加強綏撫。這種人才選拔思路體現了文、武並重的邊疆經略思想。太和十六年（492），孝文帝下詔曰：「文武之道，自古並行，威福之施，必也相藉。故三、五至仁，尚有征伐之事；夏殷明睿，未捨兵甲之行。然則天下雖平，忘戰者殆；不教民戰，可謂棄之。是以周立司馬之官，漢置將軍之職，皆所以輔文強武，威肅四方者矣。國家雖崇文以懷九服，修武以寧八荒，然於習武之方，猶為未盡。」〔註97〕孝文帝關於「文武之道」的論述，集中反映了北魏統治者既重視懷柔安撫與仁德教化又重視武力震懾、既強調「崇文」又關注「修武」的基本思路，在南北朝各政權統治者中具有代表性。

〔註92〕 《南齊書》卷 2《高帝紀下》。
〔註93〕 《陳書》卷 4《廢帝紀》。
〔註94〕 《陳書》卷 5《宣帝紀》。
〔註95〕 《魏書》卷 35《崔浩傳》。
〔註96〕 《魏書》卷 69《袁翻傳》。
〔註97〕 《魏書》卷 7《高祖紀下》。

第二章　三國時期的邊疆經略

　　東漢末年，經過黃巾起義的打擊，東漢王朝名存實亡，各地大小割據勢力逐漸形成。通過不斷兼併，東漢建安年間（196～220），內地割據勢力範圍大致定型，形成曹操、劉備、孫權三支政治勢力，奠定了魏、蜀、吳三國鼎立的雛形。在中原地區割據混戰之際，邊疆地區也陷入各自為政的狀態。由於地方分裂勢力的阻撓，由邊疆地區通往內地的部分交通要道被中斷。活躍於邊疆地區的政治勢力既有本地的大姓豪族，也有蓬勃興起的少數民族首領。魏、蜀、吳政權建立後，對邊疆地區的爭奪和經略逐漸成為三國政權的重要政治、軍事內容。曹操把經略重心放在北方，致力於對北方邊疆的經略與開發，蜀漢和孫吳則致力於對南方邊疆的經略與開發。三國時期，邊疆地區既經歷了動亂，也獲得了一定的發展。

第一節　曹魏政權對北方邊疆的經略

　　曹魏政權對北方邊疆總體上採取求靜求穩、循序漸進的方案，對東北、北部、西北邊疆地區的不同政治勢力採取相應不同的政治、軍事手段，同時採取經濟開發與發展文化教育事業的系列措施，加強了對北方邊疆的統治力度，促進了北方邊疆的經濟文化發展。

一、曹魏對東北邊疆烏桓、公孫氏、高句麗勢力的軍事征討政策

　　曹魏時期的東北邊疆，有三支政治勢力十分引人注目，一是烏桓政治勢力，屬於不斷侵擾曹魏邊境、影響邊疆安定的民族政治勢力。烏桓，史籍中

又稱「烏丸」，〔註1〕是東胡的一支，東漢後期活躍於幽州、并州邊塞，漢靈帝時期湧現了難樓、丘力居、蘇僕延、烏延等著名的烏桓首領，他們皆「勇健而多計策」，〔註2〕共擁有一萬六千多餘落。之後又出現了烏桓著名首領蹋頓，他驍勇善戰，總攝三郡烏桓，名震一時。到東漢末年，烏桓已經成為東北邊疆一股重要的政治、軍事力量，是北方各股割據勢力爭相籠絡利用的對象。其中袁紹和烏桓走得最為親近。袁紹假借漢獻帝的名義，賜蹋頓、蘇僕延、烏延等以單于印綬和安車、華蓋等，「撫有三郡烏丸，寵其名王而收其精騎」，〔註3〕同時還與烏桓進行政治聯姻，「以家人子為己女」，嫁予烏桓酋豪。其中蹋頓尤為袁紹所厚撫。烏桓酋豪利用漢末大亂的形勢，與袁紹等割據勢力互相利用，乘機擴大實力，經常寇擾幽州邊塞，殺掠吏民，「略有漢民合十萬餘戶。」〔註4〕二是割據遼東的公孫度家族勢力。公孫度於漢末出任遼東太守，借「中國擾攘」之機，以遼東為中心，「東伐高句麗，西擊烏丸，」又「越海收東萊諸縣，置營州刺史，」遂稱霸遼東，威行海外。建安年間，曹操以漢獻帝的名義封公孫度為武威將軍、永寧鄉侯，公孫度公開傲慢地拒絕說：「我王遼東，何永寧也！」〔註5〕東漢王朝對此無可奈何。公孫度死後，其子公孫康嗣位，繼續割據遼東。三是高句麗民族政權，屬於具有分離傾向的邊疆民族政權。高句麗對東漢王朝和後來割據遼東的公孫氏時服時叛，多次寇擾遼東、玄菟、西安平等地。這些政治勢力對曹魏的統一與安定造成較大威脅。對此，曹魏採取了武力征服擾亂邊疆安定的民族政治勢力、徹底剷除割據勢力、堅決維護邊疆穩定的立場與政策，對烏桓三次用兵，對公孫氏三次用兵，對高句麗兩次用兵，使這些政治勢力遭到致命性的打擊。

曹魏政權對活動於東北邊疆的烏桓主要是武力征討政策。遼東是烏桓的主要活動地域。曹魏對遼東烏桓總共三次出兵征討，其中規模最大、戰果最突出的是建安十二年（207）的征討。這次出兵有兩個目的，一是打擊漢末以來屢次侵擾東北邊塞的各部烏桓，二是消滅建安十年（207）以後投奔蹋頓的袁紹之子袁熙、袁尚殘餘勢力，解除袁氏利用烏桓東山再起的隱患。這次行

〔註1〕關於烏桓的族稱，《史記》《漢書》《後漢書》均記作「烏桓」，而《三國志》則均記作「烏丸」。
〔註2〕《後漢書》卷90《烏桓傳》。
〔註3〕《三國志》卷30《魏書·烏丸鮮卑東夷傳》。
〔註4〕參見《三國志》卷1《魏書·武帝紀》。
〔註5〕《三國志》卷8《魏書·公孫度傳》。

軍非常艱苦，由河北通往東北的道路因年久不用而「道絕不通」。但是由於右北平郡人田疇的幫助，「塹山堙谷五百餘里，經白檀，歷平岡，涉鮮卑庭，東指柳城」，曹魏出奇制勝，一戰而定，「斬蹋頓及名王已下，胡、漢降者二十餘萬口。」逃奔到遼東公孫度處的袁熙、袁尚不久就被公孫度誘斬。這次出兵遼東不僅消滅了與袁氏關係深厚的反對曹魏的政治勢力，而且對臨近的位於北部邊疆的烏桓部落大人震動很大，「代郡烏丸行單于普富盧、上郡烏丸行單于那樓將其名王來賀」，表示歸順曹操，〔註6〕這為曹操此後經略北部邊疆奠定了良好的基礎。武力征服袁氏與蹋頓之後，曹操將幽、并二州烏桓萬餘落全部強制遷徙到內地，有戰鬥力的人員則收編入伍，「由是三郡烏丸為天下名騎」〔註7〕，既加強了對東北邊疆的控制，又加強了曹魏政權的軍事實力。

公孫度家族割據遼東，始於東漢末年。最初公孫度不過是東漢政府所任命的遼東太守，但隨著東漢政府的土崩瓦解，公孫度逐漸產生了割據一方的想法。他利用天下大亂的形勢，極力籠絡、收羅了一批較有影響的士人，如管寧、邴原等，為他製造聲勢，同時制定了較得人心的安民措施，吸附了大批流民前往歸附，實力逐漸壯大。於是他在遼東分置州郡，且自立為遼東侯、平州牧，又「立漢二祖廟，承制設壇墠於襄平城南，郊祀天地，籍田，治兵，乘鸞路，九旒，旄頭羽騎」，儼然是一個小朝廷。此後，公孫氏父子兄弟相承，統治以遼東為中心的東北邊疆地區。

曹魏對公孫氏的政策具有明顯的階段性。曹操、魏文帝曹丕統治時期及魏明帝統治前期，對公孫氏採取羈縻綏撫為主的政策，授予公孫氏統治者各種官爵名號，取得表面上的領導權，但並不觸動公孫氏對遼東的實質性統治。曹操統治時期，以東漢政府的名義，冊封公孫度為武威將軍、永寧鄉侯，公孫度狂傲地回答：「我王遼東，何永寧也！」〔註8〕將所賜印綬藏之武庫。這表明了公孫氏要行割據之實的心跡，揭示了公孫度政權為割據性質的基本屬性。不過曹操仍然對公孫氏採取寬容忍讓的政策。北征烏桓大獲全勝之際，曹操不但否決了乘勝攻打公孫氏的建議，而且再次以「承制」的名義賜予公孫氏封爵，以公孫康為襄平侯，拜左將軍。魏文帝、統治時期，曹魏政權處於強盛時期，但是對割據遼東的公孫氏仍舊採取克制態度，實行羈縻綏撫政

〔註6〕《三國志》卷1《魏書·武帝紀》。
〔註7〕《三國志》卷30《魏書·烏丸鮮卑東夷傳》。
〔註8〕《三國志》卷8《魏書·公孫度傳》。

策。黃初元年（220），魏文帝拜公孫恭為車騎將軍，假節，封平郭侯，追賜公孫康為大司馬。〔註9〕終曹操、魏文帝之世，曹魏皆未對公孫氏用兵。魏明帝統治前期，仍然對公孫氏採取羈縻政策。太和二年（228）十二月，公孫氏內部發生政變，公孫淵劫奪叔父公孫恭之位。魏明帝冊封公孫淵為揚烈將軍、遼東太守，承認公孫淵在遼東的統治地位。青龍元年（234），公孫淵誘斬孫權遣往遼東的使者張彌、許晏等人，獻首級於曹魏，魏明帝冊封公孫淵為大司馬、樂浪公。〔註10〕不過這並不說明曹魏願意坐視公孫氏的割據，而是當時的內憂外患，使得曹魏暫時無力顧及遼東。魏明帝時期，形勢發生變化，曹魏政權的政策也隨之發生改變。

魏明帝在位時期，曹魏政權經過幾代人的經營，已經積累了一定的國力，逐漸具備與公孫氏較量的經濟、軍事基礎，於是前後三次對公孫氏發動了戰爭，意在消滅這股割據勢力。第一次戰爭是在太和六年（232），平州刺史田豫與幽州刺史王雄，從海陸兩道夾攻公孫氏，但是田豫等人「無成而返。」〔註11〕第二次戰爭是在景初元年（237）。明帝命令幽州刺史、度遼將軍、使持節、護烏丸校尉毋丘儉出擊公孫氏。這次出兵雖然因為「連雨十日，遼水大漲」，〔註12〕導致行軍不利，未能攻克遼東，但是曹魏趁機將活動於遼東北界的右北平烏丸單于寇婁敦、遼西烏丸都督率眾王護留等少數民族頭領從公孫氏那裡吸納過來，施以恩撫，「封其渠率二十餘人為侯、王，賜輿馬繒綵各有差。」〔註13〕這些措施削弱了公孫氏的力量，為後來曹魏最終攻克遼東準備了條件。毋丘儉失利退還後，公孫氏政權的統治者公孫淵「自立為燕王，置百官有司。遣使者持節，假鮮卑單于璽，封拜邊民，誘呼鮮卑，侵擾北方。」〔註14〕這種舉措的實質是公開與曹魏決裂。因此曹魏迅速發動了對公孫氏的第三次戰爭。景初二年（238），魏明帝以太尉司馬懿為統帥，以毋丘儉為副統帥，派遣四萬大軍，浩浩蕩蕩進軍遼東。大軍正月出發，八月攻克襄平，斬公孫淵父子，平定遼東，帶方、樂浪、玄菟等郡也隨即平定。公孫氏割據勢力終於被曹魏徹底鏟平。

〔註9〕 《三國志》卷8《魏書・公孫度傳》。
〔註10〕 參見《三國志》卷3《魏書・明帝紀》、卷8《魏書・公孫度傳》。
〔註11〕 《三國志》卷14《魏書・蔣濟傳》注引司馬彪《戰略》。
〔註12〕 《三國志》卷3《魏書・明帝紀》。
〔註13〕 《三國志》卷28《魏書・毋丘儉傳》。
〔註14〕 《三國志》卷8《魏書・公孫度傳》。

　　曹魏對公孫氏的戰爭，在曹魏政權內部引起不同反響，部分官員一直反對武力攻打公孫氏。例如第一次進攻公孫氏戰爭之前，蔣濟認爲，公孫氏「累世質，歲選計考，不乏職貢」，沒有公開反叛行爲，不應討伐，若討伐不利，反受其害，即使「一舉便克」，也是得不償失，「得其民不足益國，得其財不足爲富。」〔註15〕第二次進攻公孫氏戰爭之前，衛臻提出尖銳的批評，堅決反對出兵。衛臻的理由一是「百姓疲勞」，二是「且淵生長海表，相承三世，外撫戎夷，內修戰射，而儉欲以偏軍長驅，朝至夕卷，知其妄矣」，〔註16〕意即公孫氏實力強大，非偏軍所能制伏。反戰派對公孫氏力量的估計、對戰爭結局的預見都是正確的。但是，反戰派片面注重公孫氏納貢稱臣的表象，甚至認爲遼東對曹魏而言無足輕重，這些觀點顯然缺乏對時局的深刻認識與全盤把握。首先，公孫氏雖然對曹魏表面上稱臣，實際上卻首鼠兩端，暗中與孫權通好，互遣使者，「往來賂遺」；同時公孫氏對曹魏充滿猜忌，早在青龍元年（234）接見曹魏使者時，公孫淵就公然「設甲兵爲軍陣」〔註17〕，這表明公孫氏對曹魏稱臣是完全沒有誠意的。其次，在戰略意義上，遼東對曹魏來說並非無足輕重。遼東海陸俱便，東連高句麗，西連幽燕地區，南可以通孫吳，它不僅關係到曹魏北方版圖的完整性，關係到曹魏東北部沿海州郡的安危，而且關係到曹魏與孫吳之間的實力較量。連遠在江東的孫吳都意識到遼東的戰略意義，一直沒有放棄對遼東的經略。〔註18〕所以反戰派的反對理由是很不充分的。雖然曹魏政權在選擇適當作戰時機與具體作戰方案上，確實存在失誤，導致前兩次出兵不利，但並不能據此就認爲，魏明帝以來堅持攻打公孫氏的路線是錯誤的。公孫氏作爲一個具有地方分裂傾向的政權，最後爲早已基本統一中國北方的曹魏政權所消滅，從歷史發展的角度來看，具有反對分裂、維護統一的進步意義。從曹魏的實際統治情況來看，也是遲早必須解決的政治問題。消滅公孫氏不僅鞏固了曹魏北方版圖的完整性，而且鞏固了內地與東北邊疆的政治、經濟、文化聯繫，有利於東北邊疆地區的開發。

　　平定遼東是曹魏政權經略東北邊疆的重要成果之一。其後亟待解決的是

〔註15〕參見《三國志》卷14《魏書・蔣濟傳》注引司馬彪《戰略》。
〔註16〕《三國志》卷22《衛臻傳》。
〔註17〕《三國志》卷8《魏書・公孫度傳》。
〔註18〕參見黎虎：《孫權對遼東的經略》，《魏晉南北朝史論》，學苑出版社1999年版，第484～500頁。

高句麗民族政權及被其脅從的沃沮等被統稱爲「東夷」的少數民族的問題。

漢魏時期，在我國東北邊疆地區有高句麗、夫餘、挹婁、沃沮、濊貊等少數民族，他們大致活動於今東北三省和朝鮮半島北部地區。高句麗在西漢時期還是隸屬玄菟郡高句麗縣的一個侯國，兩漢時期迅速發展壯大，到東漢末年，已建立一個疆域廣闊、實力強大的邊疆民族政權，「南與朝鮮、濊貊，東與沃沮，北與夫餘接。都於丸都之下，方可二千里，戶三萬。」〔註19〕同時，高句麗還脅迫濊貊、沃沮等臨近民族歸附。發展中的高句麗強烈渴望向周邊、尤其是向西擴張疆土。東漢末年，高句麗不斷寇擾遼東、玄菟、樂浪、西安平等地郡縣，公孫氏統治遼東時期，高句麗多次進攻遼東。平定遼東後，高句麗的勢力範圍與曹魏東北邊郡直接相連，這些邊郡成爲高句麗向西擴張中首要的進攻對象。從正始三年（243）開始，高句麗不斷襲擊西安平等邊郡邊縣。高句麗在東北邊疆的活動，嚴重影響了東北邊疆的穩定與發展。

爲了解除來自高句麗的威脅，曹魏一共兩次發動對高句麗的戰爭。第一次是正始五年（245），幽州刺史毌丘儉率軍進攻高句麗的都城丸都（今吉林集安），高句麗王宮率大軍二萬人與毌丘儉大戰，軍敗逃竄。這次戰爭給高句麗以沉重打擊，但並沒有完全消滅高句麗的實力。正始六年（246），曹魏再次發動對高句麗的戰爭，曹軍仍由毌丘儉率領，同時玄菟太守王頎、樂浪太守劉茂、帶方太守弓遵等率軍配合作戰，征討高句麗及其依附勢力沃沮、濊人。高句麗在這次戰爭中元氣大傷，自此以後至曹魏滅亡爲止，我國史籍中鮮有高句麗活動的記載，直到西晉永嘉以後高句麗才重新在政治舞臺上活躍起來。〔註20〕高句麗國王宮在戰爭中再次失利逃竄，王頎遠追千里，途經沃沮，至肅慎氏南界，沃沮因而在這次戰爭中也受到沉重打擊。同時濊人也被曹軍降服，直接歸樂浪、帶方二郡管轄，「二郡有軍徵賦調，供給役使，遇之如民。」〔註21〕總之，這次戰爭曹魏大獲全勝，徹底摧毀高句麗政權及其依附勢力的戰爭，在曹魏政權方面，意義非同凡響。因此曹魏「刻石紀功，刊丸都之山，銘不耐之城」，〔註22〕大力進行宣揚。

對高句麗及其依附勢力的打擊，鞏固了曹魏在東北邊疆的統治地位，消

〔註19〕《三國志》卷30《魏書·烏丸鮮卑東夷傳》。

〔註20〕參見馬大正、李大龍等著：《古代中國高句麗歷史續論》，中國社會科學出版社2003年版，第117頁。

〔註21〕《三國志》卷30《魏書·烏丸鮮卑東夷傳》。

〔註22〕《三國志》卷28《魏書·毌丘儉傳》。

除了東北邊疆的動亂隱患，穩定了東北邊疆的政治局勢與社會秩序，有利於邊疆的開發和各民族的經濟文化交流。此後，夫餘、濊人、肅慎等族均派使者向曹魏朝貢，曹魏按兩漢舊例，對其冊封各種官爵名號，雙方的政治、經濟與文化聯繫更加密切。曹魏通過幾代人的努力，最終完全恢復了兩漢強盛時期在東北邊疆地區的疆域範圍。

通過對曹魏在東北邊疆的活動進行考察可以看到，曹魏在加強邊疆各族人民政治聯繫與經濟文化交流等方面發揮了積極作用，為東北邊疆地區的開發創造了良好的政治基礎與社會環境。

二、曹魏對北部邊疆匈奴、鮮卑等部族勢力的羈縻與分化政策

兩漢時期的北部邊疆，分佈有鮮卑、烏桓、匈奴等多個少數民族，這些民族總體上處於部落或部落聯盟的發展階段，在政治上接受兩漢政權冊封的王、侯爵位，在經濟、文化上與內地的聯繫逐漸密切。由於人口眾多，種屬繁雜，又皆驍勇善戰，在北部邊疆，不斷南遷的鮮卑部眾逐漸強大。至東漢後期，鮮卑部落大人檀石槐「智略絕眾」，統一鮮卑各部，建立龐大的部落聯盟，佔據遼闊的漠南之地，「南鈔漢邊，北拒丁令，東卻夫餘，西擊烏孫，盡據匈奴故地，東西萬二千餘里，南北七千餘里，罔羅山川、水澤、鹽池甚廣。」〔註23〕壯大起來的鮮卑部落與東漢關係緊張，屢犯漢邊，尤其是靈帝時，「大鈔略幽、并二州，緣邊諸郡，無歲不被其毒」，成為東漢末年北方邊疆最大的邊患。東漢政府的征剿與和撫政策，均以失敗告終。檀石槐死後，其內部自相攻擊，種落離散，北疆邊患有所緩解，但是其子孫步度根、扶羅韓仍然擁眾數萬。而「小種鮮卑」軻比能又迅速崛起，有取而代之之勢。除了鮮卑，還有烏桓、南匈奴等少數民族也對東漢北疆構成壓力。上谷、代郡、雁門、太原、朔方北方沿邊諸郡，均有烏桓、南匈奴的活動，他們有時聯合攻擊漢郡，有時又為東漢所用互相攻擊，並且頻頻參與內地各種政治勢力之間的混戰。代郡烏丸大人能臣氐、匈奴酋領於扶羅、呼廚泉、去卑等，均活躍在這一帶。他們與曹魏政權保持若即若離的關係，時服時叛，習以為常，雖然內部沒有形成統一政治力量，但實力總和比較大，對曹魏北部邊境沿線形成較大壓力。

曹操統治時期，為了安定北部邊疆，對烏桓、鮮卑、南匈奴等少數民族

〔註23〕《三國志》卷30《魏書·烏丸鮮卑東夷傳》。

採取了恩撫與征剿相結合、輔之以分化削弱的政策。建安十一年（206），曹操擊敗高幹，獲取并州；第二年北征三郡烏桓，佔有幽州，斬烏桓首領蹋頓，收編其下人口二十餘萬，臨近的代郡烏桓、上郡烏桓首領及南匈奴首領均來歸附曹操。曹操對北部邊疆的政策，可以概括爲以下三個方面。

首先是對歸附的少數民族上層人物極力籠絡，冊封爲王、侯。史曰：「素利、彌加、厥機皆爲大人，在遼西、右北平、漁陽塞外。……建安中（196～220），因閻柔上貢獻，通市，太祖皆表寵以爲王。」〔註24〕建安二十一年（216），代郡烏桓行單于普富盧率其侯王來朝，曹操趁機施以籠絡，以漢獻帝名義「命王女爲公主，食湯沐邑。」〔註25〕

其次是選用較有才幹的邊疆官吏，如并州刺史梁習、代郡太守裴潛等地方長官，均是練達邊情、精明能幹的人物，堪稱良吏。曹操先後任命的并州刺史梁習、代郡太守裴潛等地方長官，均在轄治內採取較爲得當的政策，對境內少數民族以恩撫和分化爲主，較好地穩定了北方邊疆形勢。梁習出任并州刺史之初，北部邊疆的局面非常混亂，「胡狄在界，張雄跋扈，吏民亡叛，入其部落；兵家擁眾，作爲寇害，更相扇動，往往釭跱。」〔註26〕面對這種形勢，梁習採取以「誘諭」、分化爲主的策略，選用鮮卑、烏桓、匈奴等少數民族酋豪爲幕僚，將其部眾吸納爲「義從」和「勇力」編入曹魏軍隊，削弱了他們與曹操政權對抗的能力。裴潛出任代郡太守時，代郡大亂，「烏丸王及其大人，凡三人，各自稱單于，專制郡事。前太守莫能治正。」裴潛捨棄了重兵鎮壓的一貫做法，以清靜無爲政策爲主，「單車之郡」，「撫之以靜」。〔註27〕另外以武力鎮壓政策爲輔，梁習對境內不從命者「興兵致討，斬首千數」。〔註28〕對於郡內與烏桓酋豪私通的大吏，裴潛同樣毫不猶豫地誅殺。〔註29〕

再次，對南匈奴部眾實行分而治之、化整爲零的政策，以達到便於控制和削弱的目的。東漢時期，匈奴內部分裂，南匈奴單于呼韓邪率眾內遷，被東漢政府安置在并州北界的朔方諸郡，即今山西北部一帶。曹操統治時期，南匈奴人口滋盛，引起了統治者的警覺。爲加強對南匈奴的控制，曹操遂採

〔註24〕《三國志》卷30《魏書・烏丸鮮卑東夷傳》。
〔註25〕《三國志》卷1《魏書・武帝紀》。
〔註26〕《三國志》卷15《魏書・梁習傳》。
〔註27〕《三國志》卷23《魏書・裴潛傳》。
〔註28〕《三國志》卷15《魏書・梁習傳》。
〔註29〕參見《三國志》卷23《魏書・裴潛傳》。

取分而制之的策略，建安二十一年（216），留南匈奴單于呼廚泉於鄴，另以親附曹魏的左賢王去卑監國，〔註30〕將南匈奴分為左、右、南、北中五部，選部中身份高貴者為「帥」，另選漢人為司馬進行監督，「其左部都尉所統可萬餘落，居於太原故茲氏縣；右部都尉可六千餘落，居祁縣；南部都尉可三千餘落，居蒲子縣；北部都尉可四千餘落，居新興縣；中部都尉可六千餘落，居大陵縣。」〔註31〕以上拆分南匈奴並加強監督的系列措施，使得南匈奴的總體實力大為削弱，缺乏足夠的實力與曹魏政權對抗。

　　總之，通過恩威並施和分化瓦解等綜合措施，曹操統治時期的北部邊疆趨於安定，出現了「單于恭順，名王稽顙，部曲服事供職，同於編戶。邊境肅清，百姓布野」〔註32〕的景象。終曹操之世，北部邊疆沒有發生大規模的叛亂和騷動。建安二十三年（218），裴潛調離代郡後，曾有一次代郡烏桓的叛離事件，但旋即被曹操之子大將曹彰所平定，〔註33〕沒有影響到北部邊疆的安定大局。

　　魏文帝在位時期，北部邊疆局勢發生了變化。檀石槐死後，鮮卑部眾勢力經歷了一個短暫的低谷時期。不過，隨後鮮卑勢力再度悄然興起，其中以軻比能集團尤為強盛，使得曹魏北部邊疆的壓力大為增加。軻比能「部落近塞，自袁紹據河北，中國人多亡叛歸之，教作兵器鎧楯，頗學文字。故其勒御部眾，擬則中國，出入弋獵，建立旌麾，以鼓節為進退。」魏文帝統治時期，是軻比能集團不斷兼併其他鮮卑部眾、努力發展壯大時期，因此軻比能對曹魏採取恭順、臣服、友好態度，多次遣使獻馬，歸還流入鮮卑部落中的漢人，與曹魏進行牛馬貿易。隨著軻比能集團的不斷壯大，軻比能對曹魏的態度發生了急劇的改變。魏明帝統治時期，軻比能「控弦十萬餘騎」，且「制御群狄，盡收匈奴故地，自雲中、五原以東抵遼水，皆為鮮卑庭」，重新在遼闊的漠南建立鮮卑部落聯盟，勢力達到鼎盛。〔註34〕憑藉不斷發展壯大的聲勢，軻比能對曹魏的態度發生了改變。他一方面繼續表示臣服，另一方面又觀望形勢，挑起事端。太和二年（228），軻比能將烏丸校尉田豫圍困於馬邑

〔註30〕參見《資治通鑑》卷67，漢獻帝建安二十一年；《晉書》卷97《四夷傳‧匈奴傳》。

〔註31〕《晉書》卷97《四夷傳‧匈奴傳》。

〔註32〕《三國志》卷15《魏書‧梁習傳》。

〔註33〕參見《三國志》卷19《魏書‧任城王彰傳》。

〔註34〕《三國志》卷30《魏書‧烏丸鮮卑東夷傳》。

城，朝野驚懼。〔註35〕太和五年（231），諸葛亮在祁山攻魏，遣使聯絡軻比能，軻比能隨即與之呼應，出兵至北地石城一帶。〔註36〕青龍元年（233），軻比能引誘已經歸附曹魏的步度根、泄歸泥等鮮卑部落叛逃出塞，殺曹魏大將蘇尚、董弼，「寇抄并州，殺略吏民」，〔註37〕北部邊疆重新陷入騷動之中。

魏明帝對北部邊疆的經略，以制御軻比能勢力為核心，大致可以概括為以下三個方面。

其一是羈縻政策。史曰：「明帝即位，務欲綏和戎狄，以息征伐，羈縻兩部（軻比能、步度根）而已。」青龍元年（233），鮮卑泄歸泥部歸降，被封為歸義王。王雄為幽州刺史兼烏丸校尉時，對軻比能部採取了「撫以恩信」的態度和政策。〔註38〕烏丸校尉職務上的人事變動，更是充分體現了魏明帝對軻比能的羈縻策略。據《三國志》田豫本傳，田豫曾於黃初元年至太和二年（220～228）間擔任烏丸校尉，他離任的原因是「幽州刺史王雄支黨欲令雄領烏丸校尉，毀豫亂邊，為國生事。」王雄的親信究竟怎麼詆毀田豫的呢？我們注意到，太和二年（228）恰好是田豫被軻比能圍困於馬邑的那一年。看來正是馬邑之圍使王雄的親信有了詆毀田豫的口實。而「亂邊」之說得到魏明帝的認同並將田豫調離原職，說明曹魏政權在治理北部邊疆上確實是以羈縻為主，不希望「生事」。

其二是防禦政策。曹魏政權中不少邊疆官吏認識到，加強日常性的軍事防禦非常重要，因此在任期間致力於修繕邊塞、完善候忘守備等邊疆軍事防禦體制。河北都督劉靖、雁門太守牽招、涿郡太守王觀等人在這方面的成就十分突出。劉靖出任鎮北將軍、都督河北諸軍事之職時，屯駐於薊縣。劉靖認為，「經常之大法，莫善於守防，使民夷有別。」於是「開拓守邊，屯據險要」，〔註39〕大力加強邊境守備，邊民十分受益。牽招初到雁門任職時，「郡在邊陲，雖有候望之備，而寇鈔不斷。」牽招採取了系列措施，一是「教民戰陳，又表復烏丸五百餘家租調，使備鞍馬，遠遣偵候。虜每犯塞，勒兵逆擊，來輒摧破，」增強邊民戰鬥能力。二是「招通河西鮮卑附頭等十餘萬家，繕治陘北故上館城，置屯戍以鎮內外，」修繕軍事防禦工事，加強守禦能力。

〔註35〕 參見《三國志》卷30《魏書·烏丸鮮卑東夷傳》，卷26《魏書·田豫傳》。
〔註36〕 參見《三國志》卷26《魏書·牽招傳》。
〔註37〕 《三國志》卷3《魏書·明帝紀》。
〔註38〕 《三國志》卷30《魏書·烏丸鮮卑東夷傳》。
〔註39〕 《三國志》卷15《魏書·劉馥傳附劉靖傳》。

通過牽招的努力，雁門郡的社會環境出現了明顯的好轉，「夷虜大小，莫不歸心」，「野居晏閉，寇賊靜息。」〔註40〕王觀出任涿郡太守時，「涿北接鮮卑，數有寇盜」。王觀「令邊民十家已上，屯居，築京候。」通過加強邊塞的軍事防禦體制，涿郡的社會秩序很快出現好轉，「守禦有備，寇鈔以息。」〔註41〕劉靖、牽招、王觀等人的活動表明，在對付鮮卑小規模的、零星的擾邊活動上，積極加強邊民戰鬥力和防禦守備能力是十分可取的。

其三是分化離間政策。田豫、牽招等邊疆官吏還運用分化離間計策，促使鮮卑內部自相殘殺，試圖達到削弱鮮卑各部的目的。牽招任雁門太守期間，利用鮮卑各部的內部矛盾，故意「搆間離散，使虜更相猜疑」。〔註42〕田豫為護烏丸校尉期間，軻比能、彌加、素利等數十部鮮卑共誓斷絕與內地的馬匹交易，田豫認為「戎狄為一，非中國之利」，對其採取分化瓦解措施，「先搆離之，使自為仇敵，互相攻伐。」〔註43〕

對於曹魏官吏的分化離間政策，近代學者吳其昌如此評價：「曹魏以後之新邊政，不以仁愛、真誠為基，而以詐術、手段為高，故其邊政之兩大骨幹，一為分化離間，二為民族隔絕。……以我人今日評之，皆淺薄、苟且、欺詐、卑鄙，而反加深禍根者也。」這種分化離間少數民族內部的政策，通常稱為「以夷制夷」，吳其昌斥之為「無恥卑鄙之惡道」。〔註44〕對此應在曹魏時期特定的歷史背景下進行客觀分析和評價。明帝統治時期，軻比能時而領兵犯塞，時而招誘同族叛塞，時而與曹魏的敵國蜀國呼應，不僅擾亂了北部邊疆的安定局面，甚至影響到三國之間的實力對比，牽動整個政局，其危害性足令曹魏當局高度戒備。曹魏與軻比能之間的藩附關係已經受到嚴重破壞，因而對付之策也就遠非單純的羈縻恩撫可以奏效了。牽招、田豫從維護曹魏統治、保持邊疆安定的角度出發，採取分化離間、削弱對方的政策，在當時的歷史背景下無可厚非，同時對維護曹魏對北部邊疆的統治來說也行之有效，一定時期內達到了「使凶邪之謀不遂，聚居之類不安」的效果。〔註45〕因此，

〔註40〕《三國志》卷26《魏書·牽招傳》。
〔註41〕《三國志》卷24《魏書·王觀傳》。
〔註42〕《三國志》卷26《魏書·牽招傳》。
〔註43〕《三國志》卷26《魏書·田豫傳》。
〔註44〕吳其昌：《魏晉六朝邊政的借鑒》（上），中國邊政學會邊政公論社主編：《邊政公論》第1卷，1942年。
〔註45〕《三國志》卷26《田豫傳》。

如果僅僅從道德的角度出發，完全否定分化離間之策，這是有失偏頗的。而當時主張對北部邊疆各族實行恩撫政策的王雄，雖然一度使軻比能「數款塞，詣州奉貢獻。」但是所起的作用十分有限，且維繫時間非常短暫。就在王雄「撫以恩信」期間，青龍元年（233）年，軻比能再次亂邊。〔註46〕由此可見，曹魏的分化離間、武力鎮壓和羈縻綏撫在一定時期、一定形勢下均發揮了一定作用，然而又均有一定的局限，皆非十全十美的對策。深入考察當時的全域形勢和邊疆形勢可以發現，在當時的形勢下，完美的治邊之策實際上很難找到。鮮卑民族作為一個新興民族和游牧民族，它的發展壯大和向南推進，是不可扭轉的歷史趨勢。主張恩撫政策的王雄，最終也在軻比能集團的強大威脅下不得不改變「恩信」之策，派遣刺客刺殺軻比能，「更立其弟」。刺殺的手段當然算不上光明正大，與田豫的分化離間計策其實沒有本質的差別，但卻起到了立竿見影的成效，自此以後，漠南鮮卑部落聯盟再度分裂瓦解，「種落離散，互相侵伐，強者遠遁，弱者請服。由是邊陲差安，漠南少事」。〔註47〕曹魏北部邊疆的危機由此才得以基本解除。

軻比能部衰落後，取代其取得漠南草原霸主地位的是拓跋鮮卑部落首領拓跋力微。拓跋力微採取與曹魏、西晉和好的政策。拓跋力微曰：「我觀前世匈奴、蹋頓之徒，苟貪財利，抄掠邊民，雖有所得，而其死傷不足相補，更招寇讎，百姓塗炭，非長計也。」因此與曹魏「聘問交市，往來不絕」。〔註48〕景元二年（261），力微遣子沙漠汗至洛陽「且觀風土」，至晉不改。白翠琴認為，沙漠汗在洛陽實際是質子身份。〔註49〕

綜上所述，曹魏對北部邊疆的經略，以羈縻綏撫為主，輔之以軍事防禦和分化離間之策。但是曹魏北部邊疆所受威脅始終比較嚴重，給曹魏統治者帶來巨大壓力。曹魏最終用行刺手段來解決問題，其成功帶有極大的戲劇性和偶然性。

三、曹魏對西北邊疆河隴地區的平定政策與對西域地區的羈縻政策

按照自然地理特徵，漢魏的西北邊疆大致可以劃分為河隴地區與西域地區兩大部分。河隴地區是河西、隴右地區的簡稱，大致為今天包括陝西西部、

〔註46〕參見《三國志》卷30《魏書・烏丸鮮卑東夷傳》。
〔註47〕《三國志》卷30《魏書・烏丸鮮卑東夷傳》。
〔註48〕《魏書》卷1《序紀》。
〔註49〕白翠琴：《魏晉南北朝民族史》，四川民族出版社1996年版，第63頁。

四川北部、青海東部、寧夏、甘肅、內蒙古西部在內的廣大地區。兩漢時期，設有金城、張掖、酒泉、敦煌、武威、隴西、南安、天水、略陽、武都共十郡，隸屬雍州。漢武帝時改雍州為涼州。魏文帝時以關中為雍州，以武威、張掖、酒泉、敦煌、金城等河西五郡為涼州，涼州刺史兼領戊己校尉，護西域。〔註50〕東漢王朝長期對居住於西北地區的羌人採取高壓政策，前後七次殘酷地鎮壓羌人起義，雖然最終鎮壓了起義，但東漢王朝也耗盡了國家財力物力。東漢末年，東漢王朝在西北邊疆的統治不但沒有加強，反而大為削弱，後來甚至徒有虛名。各種新興政治勢力則開始嶄露頭角。其一是由羌人起義隊伍餘部轉化而來的韓遂、馬超勢力，他們在東漢末年佔據了關隴地區。其二是乘漢末大亂之機逐漸擴張勢力的西北各部羌族酋豪。其三是羽翼漸豐的河隴漢族大姓豪族。形成於兩漢時期的河隴地區漢族大姓豪族，承漢末衰蔽之機，紛紛驅殺官吏，攻打郡縣，割據一方。〔註51〕為了擴張勢力，各地大姓豪族之間又展開了激烈的拼殺，形成了大姓豪族把持地方政權的局面。武威顏俊、張掖和鸞和張進、酒泉黃華、西平曲演等地方大族前後興兵反叛。敦煌郡「以喪亂隔絕，曠無太守二十歲，大姓雄張，遂以為俗」，乃至「舊大族田地有餘，而小民無立錐之地」。〔註52〕其他河隴各郡的情形也大致如此。而更為懸遠的西域地區，則為河隴地區的反叛割據所阻隔，自東漢末年至曹魏初年與內地中絕了聯繫。

曹魏政權建立後，通過征討、羈縻政策，平定河隴地區，恢復對西域的有效統治。建安十四年（214）曹操任命燉煌人張猛為武威太守，另外將涼州的河西四郡分置雍州，以陳留人邯鄲商為雍州刺史，意欲經略河西。後張猛與邯鄲商二人發生矛盾，張猛發兵攻打邯鄲商，並最終殺害邯鄲商，從而轉變為反叛曹魏的政治勢力。〔註53〕此外，當時河西地區本地大姓豪族互相攻擊，政局混亂。史曰：「是時，武威顏俊、張掖和鸞、酒泉黃華、西平麴演等並舉郡反，自號將軍，更相攻擊。」面對這種局面，曹操採納張既的建議，暫時停止對河西的經略，採取觀望態度，等待「坐收其斃」，〔註54〕轉而先經

〔註50〕 參見《晉書》卷14《地理志上》雍州、涼州條。
〔註51〕 參見彭豐文：《論漢魏十六國時期河隴大族的崛起及其在西北邊疆開發中的作用》，《中國邊疆史地研究》2002年第4期。
〔註52〕 《三國志》卷16《魏書‧倉慈傳》。
〔註53〕 《三國志》卷18《魏書‧龐淯傳》注引《魏略》。
〔註54〕 《三國志》卷15《魏書‧張既傳》。

略隴右。此後，曹操終其一生未再向河西地區派遣官吏。

建安十六年（211），曹操親率諸將西征，聲言征討漢中張魯，真正的用意則是征討韓遂、馬超等關中、隴右的勢力。韓遂是漢末羌人起義的首領，馬超具有羌人血統，其士卒多有涼州之風，驍勇善戰。曹操用時兩年有餘，運用離間分化韓、馬聯盟的計策，於建安十九年（214）正月徹底消滅韓遂、馬超勢力。馬超投奔劉備，韓遂單身逃入西平郡。曹操順便派軍出擊興國氏王楊千萬和割據隴西三十餘年的宋建，統一了隴右。〔註55〕建安二十年（215），曹操親征張魯，取得了漢中。〔註56〕曹操對新獲的隴右、漢中十分重視，任命了一批比較能幹的官吏，其中金城太守蘇則最為著名。金城郡位處河西走廊東端，既是隴右重鎮，又是河西走廊的門戶、開拓河西的前沿，戰略位置非常重要。蘇則在金城郡「招懷羌胡」，「恤以威恩」，〔註57〕使得多年遭受戰亂之苦的金城郡開始了復興的歷程，也使得曹魏經略河西有了堅實的後盾和良好的起點。

魏文帝即位後，曹魏的河西政策有了重大變化，由觀望改為大力開拓經營，立河西五郡為涼州，〔註58〕以鄒岐為涼州刺史，〔註59〕毋丘興為武威太守，〔註60〕杜通為張掖太守，辛機為酒泉太守，蘇則繼續為金城太守。〔註61〕為了加強對西北邊疆控制，鞏固曹操以來的經營成果，文帝立隴右五郡為秦州。曹魏經略河西的舉措，受到河隴大族的強烈抵制。東漢末年以來，河西大族割據本土已達二十餘年，對於曹魏政權的西進，他們不甘心、不服從，紛紛起兵抵制曹魏政權，企圖繼續保持和擴大割據勢力。史曰：「張掖張進執太守杜通，酒泉黃華不受太守辛機，進、華皆自稱太守以應之。又武威三種胡並寇鈔，道路斷絕。」〔註62〕曹魏向河西的開拓受阻，所遣各級官吏或難以到任，或被執殺驅逐，不能行使職權，連本已安定的隴右地區也受到影響，引發動盪。例如西平大姓曲演乘勢起兵，與河西的反曹魏勢力呼應。曹魏在河隴大族中僅得敦煌張恭父兄子侄擁護。面對這種局面，魏文帝決心武力鎮

〔註55〕 《三國志》卷9《魏書‧夏侯淵傳》。
〔註56〕 《三國志》卷32《蜀書‧先主傳》。
〔註57〕 《三國志》卷16《魏書‧蘇則傳》。
〔註58〕 參見《晉書》卷14《地理志》。
〔註59〕 參見《三國志》卷15《魏書‧張既傳》。
〔註60〕 參見《三國志》卷28《魏書‧毋丘儉傳》。
〔註61〕 參見《三國志》卷16《魏書‧蘇則傳》。
〔註62〕 《三國志》卷16《魏書‧蘇則傳》。

壓河西地區的叛亂。魏文帝以張既取代鄒岐爲涼州刺史，率兵進入河隴，配合金城太守蘇則和武威太守毋丘興討伐反叛勢力。金城郡成爲曹魏安定隴右的砥柱，挺進河西的前哨，爲曹魏平定河隴叛亂發揮了重大作用。蘇則會同張既、毋丘興、張恭誘斬曲演，降服黃華，擊敗張進，討平武威叛胡，平定了河隴叛亂，確立了曹魏在河隴地區的統治地位。平定河隴叛亂後，張既、蘇則及曹魏後來派遣的河隴地方官吏採取了系列措施，如加強軍事守備預防羌胡襲擊，招集流民進行社會生產、穩定社會秩序，繼續鎮壓小規模反叛勢力。黃初年間，酒泉蘇衡、羌豪鄰戴及丁令胡等攻魏邊縣，張既率軍擊敗叛軍，降服蘇衡、鄰戴等人，並「治左城，築鄣塞，置烽候、邸閣以備胡。」此後又瓦解西平曲光的叛亂。〔註63〕總之，通過張既、蘇則、毋丘興等人平定叛亂和努力經營，河隴地區逐漸走出東漢末年以來的歷史低谷，進入相對安定的新階段。到魏明帝時期，曹魏統治者的主要精力，已經轉移到恢復和發展河隴地區社會經濟文化的問題上了。平定河隴爲曹魏經略西域掃平了障礙。此後，自漢末以來被割斷的河西走廊交通線得以恢復，絲綢之路重新暢通無阻，西域與內地的聯繫得以恢復和加強。文帝欣慰地說：「此勳非但破胡，乃永寧河右，使吾長無西顧之念矣。」〔註64〕蘇則等人攻破酒泉、張掖後不久，即有「西域通使，敦煌獻徑寸大珠。」〔註65〕這是東漢末年以來西域與內地恢復朝貢關係的最早記載。

　　不過，在曹魏統治時期，河隴地區的不安定因素始終存在，所謂「安定」只是相對於東漢末年的大亂局面而言。曹魏與蜀漢在隴右、漢中接界。自諸葛亮控制蜀漢政權後，對曹魏展開了曠日持久的「北伐」行動，隴右、漢中成爲雙方激烈爭奪的地區，對曹魏在河隴地區的統治造成非常不利的影響。頻繁的爭奪使得隴右各郡邊民不安，時服時叛，反覆無常，社會生產生活受到極大影響。曹魏的鎮壓則使本來深受其苦的隴右邊民雪上加霜。太和二年（228），諸葛亮出祁山，隴右三郡（南安、天水、武都）反魏降蜀，曹魏涼州刺史徐邈討破南安的親蜀勢力。〔註66〕天水郡因與蜀境相鄰，深受戰爭之害，「數被侵掠，戶口減削，寇盜充斥。」〔註67〕嘉平初年（249）年，姜維

〔註63〕參見《三國志》卷15《魏書・張既傳》。
〔註64〕《三國志》卷15《魏書・張既傳》。
〔註65〕《三國志》卷16《魏書・蘇則傳》。
〔註66〕參見《三國志》卷27《魏書・徐邈傳》。
〔註67〕《晉書》卷90《良吏・魯芝傳》

北伐，大敗曹魏雍州刺史王經，「隴右傾蕩」，曹軍喪魂失魄，大將鄧艾甚至
說「隴右之害，過於蝮蛇」，主張放棄隴右。眾人也擔心姜維此舉可能「斷涼
州之道，兼四郡民夷，據關、隴之險，敢能沒經軍而屠隴右。」〔註68〕由此
足見這次戰爭對河隴地區的消極影響。雙方的爭奪與戰爭，給隴右、漢中的
人民增加了沉重的經濟負擔和勞役負擔。無論魏、蜀哪方出軍，承擔戰爭軍
糧、雜役的主要都是交戰地的當地民眾。太和五年（231），蜀出鹵城，曹魏
迎戰，「是時，隴右無穀，議欲關中大運，淮以威恩，撫循羌、胡，家使出穀，
平其輸調」。〔註69〕由此可見是隴右的羌、胡等族人民承擔了曹魏出兵的軍
糧。正始五年（244），曹爽興兵伐蜀，「大發卒六七萬人」，「關中及氐、羌轉
輸不能供，牛馬騾驢多死，民夷號泣道路。」這次大舉興兵使隴右邊民、包
括為數眾多的羌、胡各族人民承擔了沉重的戰爭費用，致使「羌、胡怨歎，
而關右悉虛耗矣。」〔註70〕頻繁的戰亂、沉重的經濟負擔使人民不堪忍受。
正始八年（247），「隴西、南安、金城、西平諸羌餓何、燒戈、伐同、蛾遮塞
等相結叛亂，攻圍城邑，南招蜀兵，涼州名胡治無戴復叛應之。」〔註71〕這
次被曹魏統治者視作「叛亂」的隴右羌胡聯合反魏行動，實際上是對曹魏統
治者無休止剝削、壓榨隴右邊民的憤然反擊。

　　由於蜀、魏雙方在隴右、漢中的爭奪，同時出於控制人口就是控制財富
和兵源的認識，曹魏對河隴地區的氐、羌、胡等大量少數民族人口實行強制
內徙政策。這項政策早在曹操統治的時候已經執行。建安二十四年（219），
曹操「將拔漢中守，恐劉備北取武都氐以逼關中」，命雍州刺史張既將武都氐
人五萬餘落遷徙到扶風、天水。〔註72〕稍後，「及劉備取漢中以逼下辯」，又
命武都太守「前後徙民、氐，使居京兆、扶風、天水界者萬餘戶。」〔註73〕
正始元年（240），郭淮「按撫柔氐三千餘落，拔徙以實關中。」同年，涼州
匈奴別部休屠胡在首領梁元碧率領下，共二千餘落歸附曹魏，被安置於高平
一帶，後設西州都府對其進行監護。〔註74〕將隴右少數民族強制內徙的措施
雖然暫時滿足了曹魏政權增加人口與兵源的需求，但是由於對內遷人口缺乏

〔註68〕《三國志》卷22《魏書・陳泰傳》。
〔註69〕《三國志》卷26《魏書・郭淮傳》。
〔註70〕《三國志》卷9《魏書・曹爽傳》。
〔註71〕《三國志》卷26《魏書・郭淮傳》。
〔註72〕《三國志》卷15《魏書・張既傳》。
〔註73〕《三國志》卷25《魏書・楊阜傳》。
〔註74〕參見《三國志》卷26《魏書・郭淮傳》。

良好的安置措施，特別是各級官吏對內遷少數民族過度奴役剝削，加大了內遷少數民族與曹魏、西晉統治者的矛盾，埋下了社會不穩定因素，這種不穩定因素在西晉時期全面爆發，引發了河隴地區的社會動盪。

曹魏對西域主要採取羈縻懷柔的政策，厚待前來朝貢的西域各國首領和使者。先後冊封大月氏王波調為「親魏大月氏王」、〔註75〕車師後部王壹多雜為「守魏侍中大都尉」。〔註76〕同時，曹魏恢復了東漢以來設置於西域的行政機構戊己校尉和西域長史。黃初三年（222），曹魏在西域設置戊己校尉。曹魏第一任戊己校尉是平定河西叛亂的功臣張恭。張恭任職數年後被徵還，由其子張就接替任職。〔註77〕張就任職時間很長，史載青龍四年（236）九月，「涼州塞外胡阿畢師侵犯諸國，西域校尉張就討之，斬首捕虜萬計。」〔註78〕此處所言「西域校尉」，當為西域戊己校尉之省稱。可知張就任戊己校尉至少持續到青龍四年（236）。則張恭父子任戊己校尉至少有十五年之久。史稱張恭「父子著稱於西州」。〔註79〕關於曹魏戊己校尉行使職權的情況，現存文獻資料不多。僅以目前所見的有限資料來看，曹魏戊己校尉對鞏固在西域的統治、穩定西域政局發揮了積極重要的作用。曹魏設置西域長史一事史書缺載，國內學者根據樓蘭、尼雅出土文書，認為曹魏在西域設置了西域長史，並行使有效的行政管轄。〔註80〕總的來說，由於受三國鼎立的政治大局所掣肘，曹魏對西域的控制力較之前代顯著減弱，影響範圍大為縮小，有效控制範圍主要集中在以戊己校尉駐地高昌壁為中心的塔里木盆地東部，對於距離中原王朝更遠的其他西域諸國控制力十分微弱。有學者指出，「曹魏政權大體上只與塔里木盆地東端以高昌為核心的幾個西域政權保持若干聯繫」，而其他的西域政權則與曹魏政權「關係相當疏遠。」〔註81〕

縱觀曹魏對北方邊疆的經略，以對東北邊疆的經略最為成功，控制程度最為深入有力，投入的精力和財力最多。伐遼東，破高句麗，皆是大規模、長時間的戰爭，耗費了大量國力。對西北邊疆的經略也取得了重大成果。通

〔註75〕《三國志》卷3《魏書·明帝紀》。
〔註76〕《三國志》卷3《魏書·明帝紀》注引《魏略·西戎傳》。
〔註77〕《三國志》卷18《魏書·張恭傳》。
〔註78〕《晉書》卷11《天文志》
〔註79〕《三國志》卷18《魏書·張恭傳》。
〔註80〕參見林梅村：《樓蘭尼雅出土文書》，文物出版社1985年版，第4～5頁；黃烈：《中國古代民族史研究》，人民出版社1987年版，第402～403頁。
〔註81〕余太山主編：《西域通史》，中州古籍出版社2003年版，第78頁。

過平定河隴、溝通西域，曹魏完成了西北邊疆的統一。相比之下，對北部邊疆的經略雖然耗費大量精力、人力與物力，成效卻並不顯著。北部邊疆解除危急具有很大的偶然性。這是因為活躍於漠南地區的鮮卑民族正處在蓬勃向上發展的歷史階段，曹魏的政策不足以從根本上遏制鮮卑的發展壯大。另外值得注意的是，由於曹魏政權的控制得力，聚集在北部邊疆的南匈奴在曹魏時期暫時沒有反抗之舉，但是由於各級地方官吏對南匈奴部眾的盤剝與壓迫逐漸加深，南匈奴的反抗情緒逐漸蓄積，逐漸成為北部邊疆一個重要的潛伏的不安定因素。

曹魏北方邊疆政策及其治邊得失，對後世具有深遠影響。曹魏的北方邊疆政策得失，直接影響到西晉政權的北方邊疆安危乃至整個西晉政權的命運。西晉政權最嚴重的統治危機，正是從北部邊疆開始的。直接導致西晉政權覆亡的力量，就是來自於北部邊疆的南匈奴後裔劉淵所建立的漢趙政權。曹魏在北部邊疆治理上力不從心的不良後果，在曹魏時期由於種種偶然因素得以潛藏，但最終在西晉後期全面爆發。

第二節　蜀漢對南中的經略 [註82]

南中是兩漢魏晉南北朝時期對今天雲南、貴州和四川西南部地區的稱呼，是中國古代西南邊疆的重要組成部分，古代被稱為「夷越之地」，居住著夷、叟、濮、僚、羌、昆等多種民族。東漢時期，南中隸屬於益州南部，設有永昌、益州、越嶲、牂柯四郡和犍為屬國。蜀漢政權對南中的經略可分為兩個階段，第一個階段是蜀漢前期，即劉備、諸葛亮主政時期醞釀「南撫夷越」的戰略及具體的實施；第二個階段是蜀漢中後期即劉備、諸葛亮繼承者統治時期對南中的繼續經略。

一、蜀漢前期「南撫夷越」戰略的醞釀與實施

東漢末年，劉焉出任益州牧，割據巴蜀，控制益州北部地區即巴蜀地區和南中犍為屬國、益州郡，時間長達二十多年。 [註83] 而南中永昌、越嶲、牂柯三郡，則控制在南中大姓和夷帥手中，處於各自為政的狀態。南中大姓和夷帥

[註82] 本節已作為階段性成果發表，參見拙文：《論蜀漢南中政策與南中民族關係——從譙周反對「南逃」論說起》，《首都師範大學學報》2009年第4期。
[註83] 《後漢書》卷75《劉焉傳》。

的興起，是東漢後期西南邊疆的一大變化。南中大姓形成於兩漢時期，擁有強大的部曲武裝和雄厚的經濟實力，從而逐漸成為當地舉足輕重的政治力量。其中著名的有爨氏、孟氏、李氏等。南中夷帥指南中昆明、閩濮、鳩僚、叟等族少數民族的頭領。隨著生產力的發展，東漢末年相當一部分南中夷帥聚斂了大量財物，蓄養了大量奴隸，經濟軍事實力大為增強，逐漸取得了可與南中大姓和地方官府抗衡的政治地位。南中大姓、夷帥和地方官府之間形成相當微妙的關係，既互相利用，又互相爭奪。〔註84〕漢末大亂之際，南中大姓、夷帥聯合對抗劉焉政權，使劉焉父子在益州的統治未能全面覆蓋和牢固立足。

三國時期，劉備率軍入蜀，建立蜀漢政權，經略南中成為蜀漢的重要戰略規劃。早在入蜀之前，劉備的謀士諸葛亮就提出「跨有荊、益，保其岩阻，西和諸戎，南撫夷越」和連吳抗曹的構想。〔註85〕三國鼎立局面初步形成後，這一構想逐步付諸實施。蜀漢對南中的經略大致可以分為三個階段，第一個階段為劉備統治時期，即建安十九年至章武三年（214～223），共九年；第二階段為諸葛亮實際控制蜀漢政權時期，即章武三年至建興十二年（223～234），共十一年；第三階段為蜀漢中後期，即從諸葛亮去世之年到蜀漢滅亡（234～263），共二十九年，是蜀漢對南中統治得到鞏固與加強的階段。

劉備統治時期，主要是從行政建制上加強對南中的管理和控制。首先是在南中設置庲降都督，統領南中軍政事務。劉備統治時期，鄧方、李恢先後出任此職。〔註86〕庲降都督是蜀漢政權在南中的行政、軍事機構，同時是蜀漢政權重要的邊疆民族事務機構。有學者指出，庲降都督在維護南中地區的政治穩定、鎮壓各族人民的反抗、將南中地區的兵員及其他軍國所需的戰略物資源源不斷地運往蜀地、推行綏撫措施、安定南中各族人民的生活等方面發揮了重要作用。〔註87〕還有學者指出，蜀漢庲降都督職責有一個階段性變化的過程，劉備統治時期，庲降都督主要職責是招降蠻夷及軍事鎮撫，中間經歷了以軍事職能為主的階段，最終發展為軍政合一、總攝南中的機構。〔註88〕

〔註84〕 參見白翠琴：《魏晉南北朝民族史》第468～471頁。
〔註85〕 《三國志》卷35《蜀書‧諸葛亮傳》。
〔註86〕 參見《三國志》卷43《蜀書‧李恢傳》。
〔註87〕 王進科、何銀發：《蜀漢之庲降都督略論》，《韶關學院學報》（社會科學版）2006年第11期。
〔註88〕 何畏：《蜀漢庲降都督新考》，中國地理學會歷史地理專業委員會《歷史地理》編輯委員會編：《歷史地理》第三十輯，上海人民出版社2014年版，第73～86頁。

庥降都督職務及機構的設立，表明蜀漢政權對經略南中的高度重視。其次是任命南中各級地方官吏。如任命鄧方爲犍爲屬國都尉，後改犍爲屬國爲朱提郡，鄧方出任第一任朱提太守。〔註89〕正昂、張裔先後被任命爲益州郡太守。〔註90〕通過這些措施，蜀漢政權初步確立了對南中的統治。

但是劉備統治時期並未能對南中全境實行眞正統治，其能有效統治的地區應該僅限於朱提郡和牂柯郡。鄧方出任第一任庥降都督兼朱提太守，治所在朱提郡南昌縣（今雲南鎮雄）。李恢出任庥降都督時，治所在牂柯郡平夷縣（今貴州畢節）。〔註91〕庥降都督以此兩地作爲治所，從側面反映了蜀漢在此二郡實行有效統治的史實。此二郡在劉焉父子統治時期就已實現有效統治，蜀漢政權不過是有效地延續了劉焉父子的「政治遺產」而已。劉焉父子統治時期尚能維繫統治的益州郡，在劉備統治時期出現了岌岌可危的新情況。劉備統治後期，「恩信著於南土」的益州郡大姓雍闓，先是殺劉備所遣益州太守正昂，接著又將繼任的太守張裔縛送於吳，舉郡公開投靠孫權。〔註92〕益州郡因而落入當地大姓的手中。因此從一定意義上說，劉備統治時期對南中的控制力度尚不及劉焉父子政權。永昌郡、越嶲郡則仍延續劉焉父子政權統治時期的狀態，事實上割據自立，蜀漢政權無法實行實際統治。永昌郡雖有大姓呂凱等擁護蜀漢統治，但位於益州郡西南，爲反叛蜀漢的雍闓勢力所阻隔，「道路壅塞，與蜀隔絕。」〔註93〕越嶲郡位於南中的西北方位，距離成都路途遙遠，交通不便，通往成都的交通要道——「零關道」長期爲漢嘉郡旄牛部族所斷絕，另一條由越嶲至成都的道路即經由安上縣至成都的道路「既險且遠」，〔註94〕交通十分不便，與成都的聯繫十分艱難和稀少，實際上處於夷帥割據自立的狀態。建安二十三年（218）劉備攻取漢中時，越嶲夷帥高定趁機圍攻蜀漢朱提郡新道縣，〔註95〕足以說明當時越嶲郡在蜀漢控制之外。

總之，在劉備統治時期，蜀漢政權雖然設立了系列行政官職，維繫對南中的行政、軍事統治體制，但未能深入南中腹地，對於蜀漢眞正有效控制的地

〔註89〕 參見《三國志》卷45《蜀書·楊戲傳》。
〔註90〕 參見《三國志》卷41《蜀書·張裔傳》。
〔註91〕 古今地名對照參見譚其驤主編：《中國歷史地圖集》（第三、四冊），中國地圖出版社1982年版。下同。
〔註92〕 參見《三國志》卷41《蜀書·張裔傳》。
〔註93〕 《三國志》卷43《蜀書·呂凱傳》。
〔註94〕 《三國志》卷41《蜀書·張裔傳》。
〔註95〕 參見《三國志》卷40《蜀書·李嚴傳》。

域範圍和控制力度不能作過高的估計。終劉備之世，蜀漢對南中的經略以羈縻政策、維持現狀為主，「南撫夷越，西和諸戎」的戰略構想尚未全面開啟實施。蜀漢政權與南中大姓、夷帥的關係總體上比較疏遠。在蜀漢中央政權中，除早年主動歸附劉備的李恢之外，〔註96〕尚無來自南中的大姓或者夷帥擔任要職。

章武三年（223），劉備去世，諸葛亮開始實際控制蜀漢政權。自此開始直到建興十二年（234）諸葛亮去世為止，共十一年。蜀漢政權的權力交接，引發了南中的政局動盪。孫吳認為是消滅蜀漢、吞併益州的良機，南中大姓和夷帥認為是擺脫蜀漢約束、實行真正割據自立的良機，二者迅速聯絡合作，互張聲勢。南中大姓、夷帥趁機發動了連吳反蜀的系列活動，蜀漢在南中的統治搖搖欲墜。在此之前，益州郡雍闓已經投靠孫吳，孫權遙署雍闓為永昌太守，〔註97〕試圖通過雍闓向南中滲透影響。同時孫吳以劉璋之子劉闡為益州刺史，屯於交、益界首，〔註98〕欲相機而動，從東南方向攻進南中。雍闓與孫權的裏應外合，對蜀漢在南中、乃至在整個益州的統治造成威脅。同年，越嶲郡夷叟高定、牂柯郡丞朱褒同時起兵反蜀。高定是夷帥，朱褒為牂柯大姓，均在南中享有較大的號召力。南中四郡中，越嶲、牂柯、益州三郡同時反蜀，雍闓又打著孫吳所署官職的旗號攻打永昌。叛亂的烽火席卷了整個南中，唯有永昌郡在呂凱、王伉率領下抵抗雍闓的西進，繼續擁護蜀漢。

諸葛亮統治時期，蜀漢已經失去荊州，「跨有荊益」的格局不復存在，但是「南撫夷越，西和諸戎」的規劃開啟了由構想到現實的進程。諸葛亮確立了蜀漢政權東聯孫吳、南撫夷越、北伐曹魏的基本方針政策，這一思路由其後繼者蔣琬、費禕、姜維繼續忠實地奉行，貫穿蜀漢整個歷史。

諸葛亮經略南中的政策以撫為主，剿撫並用，恩威兼施，大致經歷了三個發展階段。第一階段為執政之初，以撫喻為主。第二階段為撫喻政策失效後，付諸武力鎮壓。第三階段為鎮壓成功後，繼續採取安撫善後措施，仍然回到以撫為主的政策軌道上來。

第一階段為自建興元年（223）諸葛亮開府理政到建興三年（225）大舉興兵南討之前，諸葛亮對南中採取以撫喻懷柔為主的政策。面對蜀漢內憂外患的緊急情況，諸葛亮作出了兩個重大決策：第一，「遣使聘吳，因結和親，」恢復

〔註96〕參見《三國志》卷43《蜀書‧李恢傳》。
〔註97〕參見《三國志》卷43《蜀書‧呂凱傳》。
〔註98〕參見《三國志》卷31《蜀書‧劉璋傳》。

與孫吳的友好關係。第二，嘗試以和平方式，通過安撫曉喻取得南中大姓、夷帥的合作與支持，緩和南中統治危機，「以初遭大喪，未便加兵，遣越嶲太守巴西龔祿住安上縣，遙領郡；從事蜀郡常頎行部入南；以都護李嚴書曉喻闓。」〔註99〕由於從長遠來看吳蜀聯盟是對吳蜀雙方都有利，因此蜀使鄧芝出使孫吳後，雙方很快達成和解，孫吳放棄對南中的覬覦，蜀漢政權面臨的危機大爲緩和。但是南中大姓與夷帥仍舊拒絕與蜀漢政權合作。史曰：「都護李嚴與闓書六紙，解喻利害，闓但答一紙曰：『蓋聞天無二日，土無二王，今天下鼎立，正朔有三，是以遠人惶惑，不知所歸也。』」〔註100〕常頎到達牂柯，「收郡主簿考訊奸。褒因殺頎爲亂。」〔註101〕和平方式失敗後，諸葛亮決定付諸武力鎮壓叛亂。

第二階段爲建興三年（225），諸葛亮對南中叛亂採取武力鎮壓的政策，親率大軍，兵分三路，向南中挺進，鎮壓叛亂勢力。特別值得注意的是，諸葛亮進軍南中，是在南中叛亂整整發生兩年之後。這表明諸葛亮是在和撫方式無法解決問題的情況下，經過深思熟慮之後才付諸武力的，因而這次軍事行動既經過了慎重、全面的考慮，也經過了長期、周密、精心的準備。東路大軍由新任命的牂柯太守馬忠率領，攻打牂柯叛軍朱褒；中路由庲降都督李恢率領，攻打益州郡叛軍雍闓；西路是大軍主力，由諸葛亮親自率領，攻打越嶲叛夷高定。〔註102〕經過將近一年的艱苦作戰，諸葛亮終於徹底平定南中叛亂，勝利班師回朝。大軍剛剛回去，「南夷復叛，殺害守將」。諸葛亮命令李恢率軍武力鎮壓，「恢身往撲討，鉏盡惡類，」很快平定叛亂，並「徙其豪帥於成都」，〔註103〕進一步削弱南中夷帥勢力，剷除叛亂因素。通過這次大舉南征的行動，蜀漢基本上平定了南中叛亂，穩定了南中局勢，爲蜀漢進一步經略南中奠定了基礎。

第三階段自建興三年（225）南中叛亂平定後直到諸葛亮去世爲止，諸葛亮對南中始終採取以安撫爲主的政策。眞正踐行「南撫夷越」的指導原則。諸葛亮安定南中的政策，可以分爲以下五個方面：

〔註99〕 （東晉）常璩著、劉琳校注：《華陽國志校注》卷 4《南中志》，巴蜀書社 1984
　　　　年版。

〔註100〕《三國志》卷 43《呂凱傳》。

〔註101〕 （晉）常璩撰、劉琳校注：《華陽國志校注》卷 4《南中志》，巴蜀書社 1984
　　　　年版。

〔註102〕參見《華陽國志校注》卷 4《南中志》。

〔註103〕《三國志》卷 43《蜀書・李恢傳》。

　　第一，籠絡南中大姓。諸葛亮採取了兩個方面的措施來籠絡南中大姓。首先是從經濟上滿足南中大姓的欲望，將羸弱夷民配給大姓爲部曲，「置五部都尉，號五子」，通過這種措施，壯大南中大姓的經濟實力。其次是將一部分南中大姓網羅到中央朝廷任職，提高他們的政治地位。史曰：「亮收其俊傑建寧爨習、朱提孟琰及獲，習官至領軍，琰輔漢將軍，獲御史中丞。」〔註104〕這一政策改善了蜀漢政權與南中大姓的關係，使南中大姓逐漸向蜀漢政權靠攏，成爲蜀漢在南中的統治支柱。

　　第二，利用南中大姓加強對南中夷帥的控制。諸葛亮「以夷多剛狠，不賓大姓富豪，乃勸令出金帛，聘策惡夷爲家部曲，得多者奕世襲官。」〔註105〕夷帥率本部族人成爲大姓部曲後，需接受、服從大姓的調度，因此通過南中大姓就可以加強對南中夷帥的控制，可以有效減少南中動亂的潛在因素，加強對南中政治局勢的控制。

　　第三，對南中下層民眾採取徙民政策，「移南中勁卒、青羌萬餘家於蜀，爲五部，所當無前，號飛軍。」〔註106〕這項政策旨在既削弱南中大姓、夷帥實力，減少南中動亂的潛在因素，又充實、增強蜀漢軍隊力量。

　　第四，利用南中原始宗教信仰，灌輸封建政治思想觀念。史曰：「其俗徵巫鬼，好詛盟，投石結草，官常以盟詛要之。諸葛亮乃爲夷作圖譜，先畫天地，日月，君長，城府；次畫神龍，龍生夷及牛馬羊；後畫部主吏，乘馬幡蓋，巡行安卹；又畫牽牛負酒、齎金寶詣之之象，以賜夷。夷甚重之，許致生口直。」〔註107〕諸葛亮所作圖譜，巧妙地將南中原始宗教信仰與封建政治思想觀念結合起來，促使南中各階層人民在敬奉天地日月的同時，也敬奉蜀漢派遣到南中的各級官吏，起到了加強對南中各階層人員思想控制的作用，有利於鞏固蜀漢對南中的統治。

　　第五，增設興古、雲南二郡，使東漢以來「南中四郡一屬國」的行政結構演變爲「南中七郡」，通過增設行政機構、增加行政管理密度的方式，加強對南中的行政控制和軍事控制。

　　通過上述五個方面的措施，經歷了戰爭動盪的南中逐漸安定。建興十一年（233）馬忠出任庲降都督時，將庲降都督治所由牂柯郡平夷縣南移至建寧

〔註104〕《華陽國志校注》卷4《南中志》。
〔註105〕《華陽國志校注》卷4《南中志》。
〔註106〕《華陽國志校注》卷4《南中志》。
〔註107〕《華陽國志校注》卷4《南中志》。

郡的味縣（今雲南曲靖西），深入南中腹地，這是蜀漢加強對南中控制的表現。南中平定後，諸葛亮以南中為蜀漢政權的財富基地和北伐曹魏的大後方，「出其金、銀、丹、漆，耕牛、戰馬，給軍國之用」。〔註108〕此後這項政策成為蜀漢對南中的基本政策。

但是南中夷帥自立的問題仍沒有徹底解決，越巂郡事實上仍在蜀漢政權統治之外。雖然高定被斬，叛軍被擊潰，但蜀漢政權很長時間內並沒有能夠改變叟夷控制越巂郡的原狀，派遣太守不敢到任，只能「遙駐」它郡，越巂郡實際上仍然是處於叟夷割據自立的狀況。史曰：「越巂郡自丞相亮討高定之後，叟夷數反，殺太守龔祿、焦璜，是後太守不敢之郡，只住安上縣，去郡八百餘里，其郡徒有名而已。」〔註109〕這種狀況一直到延熙二年（239）張嶷出任越巂太守時才有所改變。〔註110〕終諸葛亮之世，蜀漢政權都沒有解決越巂郡割據自立的問題。〔註111〕永昌郡在大姓呂凱和王伉率領下一直擁護蜀漢政權。平定南中之時，諸葛亮表彰呂凱、王伉曰：「永昌郡吏呂凱、府丞王伉等，執忠絕域，十有餘年，雍闓、高定偪其東北，而凱等守義不與交通。臣不意永昌風俗敦直乃爾！」並以呂凱為緊鄰永昌郡的新建之郡——雲南郡的郡守。但是呂凱「為叛夷所害」。〔註112〕呂凱到底是在雲南太守任上為雲南郡叛夷所害，還是赴任前為永昌郡叛夷所害，史書沒有詳細記載。但是從這一事件來看，永昌郡及其周邊的反蜀的夷人勢力仍然存在。直到蜀漢末年霍弋出任永昌太守時，永昌郡仍然「夷獠恃險不賓，數為寇害」。〔註113〕可見在很長時間內，蜀漢政權都沒有完全控制永昌郡。

目前在如何評價諸葛亮的南中政策的問題上，學術界既形成了很多共識，也存在重大分歧。普遍認同的觀點是，諸葛亮在平叛後採取了大量安撫南中的措施，對促進西南邊疆開發具有重大意義。而分歧則在於，有的學者認為諸葛亮在平定南中過程中，採取的是「攻心為上，攻城為下」的策略，以政治攻勢為主，軍事攻戰為輔，對叛軍首領孟獲「七擒七縱」，使其最終心悅臣服；戰爭結束後，諸葛亮採取「不留兵，不運糧」、「即其渠帥而用之」

〔註108〕《華陽國志校注》卷4《南中志》。
〔註109〕《三國志》卷43《蜀書·張嶷傳》。
〔註110〕參見《三國志》卷43《蜀書·張嶷傳》。
〔註111〕諸葛亮死於建興十二年（234），參見《三國志》卷35《蜀書·諸葛亮傳》。
〔註112〕《三國志》卷43《蜀書·呂凱傳》。
〔註113〕《三國志》卷41《蜀書·霍弋傳》。

的措施，贏得了南中各階層的愛戴支持，終諸葛亮之世「南人不復反」。由於這些都是《華陽國志》、《漢晉春秋》、《資治通鑒》言之鑿鑿的原文，因而爲大多數學者所採信，廣爲徵引。不過有學者對此提出質疑。周一良先生認爲，《漢晉春秋》、《資治通鑒》等關於諸葛亮平定南中後終其之世「南人不復反」的記載是不可信的，史書上記載，諸葛亮的大軍剛剛撤離南中，南中就再度有叛亂發生，李恢親自帶兵鎮壓，把各族中的豪帥遷徙到成都。至於「不留兵，不運糧」的說法也是不確切的，庲降都督就是蜀漢設置於南中的軍事震懾機構，都督部下需配備重兵，不留漢人、不留漢兵是不可能的。因此，是舊史家「誇大了諸葛亮對待落後少數民族的和平政策」，今天我們「不能對諸葛亮的民族政策作過分的誇張和過高的估計」。〔註114〕黎虎先生通過詳盡的考證，指出傳統上認爲諸葛亮平定南中主要是依靠攻心戰術即政治攻勢、戰後諸葛亮以本地渠帥統治南中等觀點都是不準確的，諸葛亮對南中的平定仍然以軍事鎮壓爲主，與曹操征烏丸、孫權征山越沒有本質的不同；其戰後所用官吏主要是「外人」，本土渠帥很少，本土渠帥不僅未見擢用，反而繼續加以武力討伐，使其服從蜀漢統治；爲了加強對南中的政治軍事控制，蜀漢在南中留有重兵。黎虎還認爲，「七擒孟獲」的故事疑點頗多，不足採信。〔註115〕周一良先生和黎虎先生的研究糾正了典籍史料的錯訛及由此所導致的種種錯誤觀點，對諸葛亮的南中政策的評價更爲接近歷史客觀事實，也更爲深刻全面，對於進一步認識和研究蜀漢的南中問題具有極高的參考價值。

　　諸葛亮平定和安撫南中的政策，開創了蜀漢經略南中的新局面，爲後繼者進一步經略南中打下了良好的基礎。諸葛亮的南中政策主流是積極進步的，有利於維護和鞏固西南邊疆的統一，有利於西南邊疆的進一步開發治理、民族融合和西南各民族的經濟文化交流與進步。但是也應當剔除封建史家的溢美之詞，看到它的局限和不足。例如越巂郡、永昌郡夷人勢力強大，阻隔一方，抵制蜀漢政權的統治。這些問題在蜀漢中後期才逐漸由其政治繼承者逐步解決。另外還要看到，以南中爲財富基地和北伐後方的做法加重了南中各族人民的負擔，引發了他們對蜀漢政權的不滿，一定程度上影響了蜀漢政權對南中的統治。

〔註114〕周一良：《論諸葛亮》，《魏晉南北朝史論集續編》，北京大學出版社1991年版。
〔註115〕參見黎虎：《蜀漢「南中」政策二三事》，《魏晉南北朝史論》，北京學苑出版社1999年版。

二、蜀漢中後期加強對南中統治的政策及其成效評析

目前學界對蜀漢前期、特別是諸葛亮主政時期經略南中的政策和成就討論較多，且總體上持肯定態度，對於蜀漢中後期——即諸葛亮去世後的南中政策與成效關注相對較少。涉及這個問題的論著，大多引用蜀漢儒生譙周反對「南逃」的論說，結合蜀漢末年宦官專政、朝政腐敗的形勢，對蜀漢中後期的南中經略政策與成效持否定態度，認為蜀漢中後期南中局勢動盪，民族矛盾尖銳，各族反蜀情緒強烈，蜀漢在南中面臨嚴重的統治危機。筆者對此持不同觀點，茲詳論之。

譙周為巴西郡大族，在蜀漢末年政治上受到冷遇。景耀六年（263），曹軍入蜀，兵臨城下。有人主張後主劉禪逃入南中，「或以為南中七郡，阻險斗絕，易以自守，宜可奔南。」譙周堅決反對劉禪南逃南中，主張投降曹魏。他上書給劉禪曰：「南方遠夷之地，平常無所供為，猶數反叛，自丞相亮南征，兵勢偪之，窮乃幸從。是後供出官賦，取以給兵，以為愁怨，此患國之人也。今以窮迫，欲往依恃，恐必復反叛」。〔註116〕這段資料被廣泛引徵，往往成為認定蜀漢南中政策失敗的依據。然而通過對各種史實進行考察後可知，譙周的論斷有失偏頗。諸葛亮對南中的治理，並非如譙周所言僅以兵勢逼人，而是剿撫結合，剛柔相濟，上已有論，此不贅言。單就蜀漢中後期的治理南中的政策與成效來看，也是值得充分肯定的。建興十二年（234）諸葛亮去世，蜀漢主政者先後有蔣琬、費禕、姜維等人，蜀漢末年則有黃皓、陳祗。蔣琬、費禕、姜維都是諸葛亮生前較為器重的人才，他們在治國大政方針上基本遵循諸葛亮的治國的基本方針，東連孫吳，北伐曹魏，對南中以和撫為主，輔以武力震懾，伐叛柔服，剿撫並用。蜀漢中後期，不僅繼續維護了南中的穩定發展局勢，而且加強了對南中的控制力度。

蜀漢中後期，在南中擔任重要職務且事蹟突出的官吏有馬忠、張嶷、霍弋等人。他們在南中的活動代表了蜀漢政權在南中的基本經略狀況。馬忠是蜀漢經略南中的承前啟後的人物。建興三年（225）諸葛亮率軍南下平叛之時，任命馬忠為牂牁太守。牂牁叛亂平定後，「忠撫育恤理，甚有威惠。」〔註117〕建興十一年（233），即諸葛亮去世前一年，由於庲降都督張翼「性持法嚴，不得殊俗之歡心」，〔註118〕南夷豪帥劉冑等舉兵反叛，擾亂南中諸郡，馬忠臨

〔註116〕《三國志》卷42《蜀書‧譙周傳》。
〔註117〕《三國志》卷43《蜀書‧馬忠傳》。
〔註118〕《三國志》卷45《蜀書‧張翼傳》。

危受命，被任命爲庲降都督，取代張翼之職。馬忠到任後，「遂斬胄，平南土」，穩定了南中政局，並將庲降都督治所從牂牁郡平夷縣南移至建寧郡味縣，深入南中腹地，「處民夷之間」。馬忠較有治理才幹，史稱其「處事能斷，威恩並立，」不僅平定叛亂，而且積極開拓經略，任命張嶷爲越嶲郡太守，以「開復舊郡」。同時，馬忠擁有很好的個人修養，「爲人寬濟有度量，但詼啁大笑，忿怒不形於色。」可見馬忠在庲降都督任上，修正了張翼過於嚴苛的做法，採取恩威並施、剿撫並用、積極開拓的政策，加強了蜀漢政權對南中的統治。馬忠建興十一年（233）就任庲降都督，至延熙五年（242）卸職還朝，擔任庲降都督之職共九年，爲南中的穩定和發展作出了重要貢獻。由於出色的治理能力和待人寬和的人格魅力，馬忠贏得了南中夷漢各族人民的尊敬和愛戴，在他去世後，南中各族人民「莫不自致喪庭，流涕盡哀，爲之立廟祀，迄今猶在。」〔註119〕這種狀況不僅反映了南中各族人民對馬忠個人的認可與緬懷，而且反映了南中地方勢力與蜀漢中央政權之間良好的互動關係和夷漢相安的良好的民族關係。在馬忠之後，先後有張表、閻宇繼任庲降都督。張表是一時名士，「清望踰忠」；閻宇「宿有功幹，於事精勤」，〔註120〕居官各有所長，足以守成。

　　張嶷是蜀漢中後期另一位在南中大有作爲的官員。建興十四年（236），張嶷受馬忠之命，赴任越嶲太守。當時蜀漢政權對越嶲郡的統治非常艱難，「越嶲郡自丞相亮討高定之後，叟夷數反」，太守往往不敢到郡，只能住在安上縣。安上縣在越嶲郡和建寧郡交界處，離郡八百里。〔註121〕因此蜀漢政權對越嶲郡的統治徒有虛名。張嶷到任後，採取恩威兼施、剿撫並用的政策，大大加強了蜀漢政權對越嶲郡的統治。

　　張嶷在任期間的政績之一，是對郡內蠻夷「誘以恩信」，促使他們主動歸附。張嶷的恩撫政策深得蠻夷之心，出現了「蠻夷皆服，頗來降附」的局面。郡北的捉馬部落最爲驍勁，不承節度，張嶷率兵征討，「生縛其帥魏狼」。張嶷對魏狼曉以大義，將他放回本部落，鼓勵他到本部落和其他各部落中宣傳蜀漢的政策，更多當地部落歸附蜀漢。張嶷還上表奏請蜀漢政權冊封魏狼，後主劉禪封魏狼爲邑侯。於是捉馬部落「種落三千餘戶皆安土供職。」魏狼

〔註119〕《三國志》卷43《蜀書·馬忠傳》。
〔註120〕《三國志》卷43《蜀書·馬忠傳》。
〔註121〕《三國志》卷43《蜀書·張嶷傳》。

的事例具有鮮活的說服力，促使更多的少數民族前來歸附，史載，「諸種聞之，多漸降服。」〔註122〕蜀漢政權對越巂郡的統治逐漸深入。

張嶷在任期間的政績之二，是誅殺已降復叛的蘇祁邑君冬逢、隗渠兄弟，招撫蘇祁各種落及冬逢的姻親旄牛夷帥狼路等，加強了對越巂郡中部夷人部族的控制，恢復了已隔絕百餘年的零關道。蘇祁邑君冬逢、隗渠兄弟本來已經歸附蜀漢，後又反叛。張嶷以計誅殺了冬逢，其弟隗渠「逃入西徼」。所謂「西徼」，應當是指越巂郡西北方向的少數民族聚居區，今四川西部與西藏交界地域。隗渠「剛猛捷悍，為諸種深所畏憚」，此處「諸種」，應當是指冬逢兄弟的活動中心蘇祈附近的各夷叟部落，他們可能懾於隗渠的壓力而屈從隗渠，不敢歸附蜀漢政權。蘇祈在越巂郡的中部、今四川西昌之北。因此，隗渠的殘餘勢力，對蜀漢在越巂郡的統治是一個嚴重的干擾。後來隗渠詐降張嶷，張嶷將計就計，誅殺了隗渠，於是「諸種皆安」，皆歸附蜀漢。蜀漢對越巂郡中部的控制大為加強了。

越巂郡北面的漢嘉郡有「旄牛夷種類四千餘戶」，其首領狼路與已被張嶷所誅殺的蘇祈邑君冬逢是姻親，冬逢之妻是狼路的姑姑、狼路之叔父離的姐姐。旄牛部落居於從成都到越巂郡的交通要道——零關道上，這條道路「既平且近」。但是旄牛部落自東漢以來斷絕零關道已有一百多年，從成都到越巂被迫走經安上縣的道路，「既險且遠」。諸葛亮南征高定，走的就是既遠又險的安上道。張嶷誅殺了冬逢，卻厚待冬逢之妻和其母族，對其禮遇有加，「遣親近齎牛酒勞賜」，又遣冬逢之妻向母族作相應解釋，「宣暢意旨」，消除了狼路及其部人的誤會與疑慮，使狼路及其族人主動歸附蜀漢，從而使得斷絕近百年的零關道重新開通，出現了「開通舊道，千里肅清，復古亭驛」的盛況。張嶷奏請冊封狼路為「旄牛句毗王」，遣使帶領狼路到蜀漢朝廷朝貢。零關道的恢復有利於蜀漢政權加強對越巂郡的統治，有利於越巂郡與益州北部等相對發達地區的經濟文化交流。

張嶷在任期間的政績之三，是誅殺不肯歸附蜀漢的定莋率豪狼岑，對其種落申以恩信，獲得定莋、臺登、卑水的鹽、鐵、漆等重要生活生產資源，加強了對越巂郡的經濟控制。史曰：「定莋、臺登、卑水三縣去郡三百餘里，舊出鹽鐵及漆，而夷徼久自固食。」張嶷率兵奪取了三縣的鹽鐵漆等物資，由府中長吏專門負責管理。定莋率豪狼岑不肯服從張嶷，張嶷「使壯士數十

<hr>

〔註122〕《三國志》卷43《蜀書‧張嶷傳》。

直往收致，撾而殺之，持屍還種」。之後，張嶷對狼岑種人厚加賞賜，並「喻以狼岑之惡，且曰：『無得妄動，動即殄矣！』」通過這些恩威並重的措施，狼岑雖然本來「甚爲蠻夷所信任」，有眾多的支持者，卻沒有發生挑釁事件，更沒有武力衝突，其部眾「咸面縛謝過」，主動歸附蜀漢政權。爲了加強對狼岑舊部的控制，保持地方的長治久安，張嶷「殺牛饗宴，重申恩信，」對狼岑舊部進行安撫籠絡。通過這些措施，張嶷「遂獲鹽鐵，器用周贍。」對於張嶷從狼岑等夷帥手中奪取鹽鐵漆控制權的事件，有的學者持否定態度，認爲是對少數民族的野蠻剝削和掠奪。這種觀點值得進一步商榷。定莋等三縣鹽鐵漆被夷叟長期控制，「久自固食」，不僅影響越巂郡及周邊地區各族人民的日常生產生活，而且阻礙本地區與外界的經濟交流與發展。張嶷以武力與恩撫相結合的手段奪取鹽、鐵、漆等物資控制權，交給郡府中的長吏專門經營管理，從長遠來看有利於這一地區的經濟交流與發展，促進本地區與周邊及內地的物資交流，具有積極的歷史意義。

由於張嶷堅持以撫爲主的政策，因此獲得了越巂郡各族人民的愛戴。張嶷修治城郭時，「夷種男女莫不致力。」在張嶷任職的十五年間，越巂郡「邦域安穆」。當他離任時，「民夷戀慕，扶轂泣涕，過旄牛邑，邑君繩負來迎，及追尋至蜀郡界，其督相率隨嶷朝貢者百餘人。」當越巂民夷聽到張嶷去世的消息時，「無不悲泣，爲嶷立廟，四時水旱輒祀之。」〔註123〕

由上可知，張嶷對越巂郡及毗鄰的漢嘉郡內少數民族運用鎮壓與恩撫兩手政策，加強對越巂郡及周邊地區的統治，贏得了當地民眾的擁護，在避免大規模用兵作戰、維護了民族和諧關係和地區穩定的前提下，解決了始自東漢、存在了一百多年道路隔絕的歷史問題，可謂居功至偉。

霍弋是蜀漢後期經略南中的重要官員，歷任南中各級要職，先後有參軍庲降屯副貳都督及護軍、永昌郡太守、建寧郡太守等，參與南中重要軍政事務。自蜀漢統治以來，永昌郡對抗蜀漢政權的夷人力量一直十分強大。諸葛亮南征回師後，忠於蜀漢政權的永昌郡大姓呂凱被當地「叛夷」殺害。蜀漢末年，永昌郡再度發生夷人反叛事件，「時永昌郡夷獠恃險不賓，數爲寇害。」蜀漢政權以霍弋爲永昌太守，前往鎮撫。霍弋「率偏軍討之，遂斬其豪帥，破壞邑落，郡界寧靜。」通過霍弋的經略，蜀漢政權對永昌郡的統治得到加強。此後霍弋轉任建寧郡太守。霍弋在建寧太守職位的作爲，史書沒有記載。

〔註123〕以上張嶷事蹟均見《三國志》卷43《蜀書・張嶷傳》。

但是根據曹魏滅蜀時霍弋「保全一方，舉以內附」的行為，可知他施政有方，得到建寧郡各族人民的擁護，在建寧郡享有很高的威望。〔註124〕從相關資料來看，在曹魏滅蜀及其後一段時期內，霍弋在整個南中地區具有很高聲望，被曹魏及西晉政權視為南中的代表人物，並委以重任，授予南中最高地方長官之職。曹魏滅蜀後，孫吳將領呂興欲叛吳投魏，「遣都尉唐譜等詣進乘縣，因南中都督護軍霍弋上表自陳。」〔註125〕史曰：「晉平蜀，以蜀建寧太守霍弋遙領交州，得以便宜選用長史。」〔註126〕「南中監軍霍弋又遣犍為楊稷代融，與將軍毛炅，九真太守董元，牙門孟幹、孟通、李松、王業、爨能等，自蜀出交阯，破吳軍於古城，斬大都督修則、交州刺史劉俊。」〔註127〕由此可見，霍弋在魏、晉政權中擔任南中都督護軍、南中監軍等官職，享有自己選用長史的權力，被魏、晉政權全面授權與孫吳爭奪交州嶺南。霍弋在為魏、晉政權經略南中、爭奪嶺南的活動中充分展示了傑出的才幹。這從一個側面說明，蜀漢政權末年雖然政治昏亂黑暗，但對南中重要官吏仍是用人得當的。由於用人得當，儘管朝中腐敗，但對南中的影響並不是直接的，蜀漢政權在南中的統治權威並沒有受到嚴重的影響。借助霍弋的個人能力和聲望，蜀漢在南中仍然實行有效的統治。檢閱史書，沒有看到蜀漢末年南中發生過大規模的叛亂，並且霍弋本人在劉禪投降曹魏以前也沒有任何不忠於蜀漢的言行，這證明蜀漢末年南中仍然是蜀漢政府鞏固的後方基地。

由此可見，譙周關於蜀漢末年經略南中失敗的言論，是失之片面的。無論是在統治前期還是中後期，蜀漢的南中政策自始至終以羈縻和撫為主，輔以武力震懾，蜀漢對南中的統治強度與日俱增，呈現出日益穩固的發展態勢。即使在朝政腐敗的蜀漢末年，南中的社會秩序和民族關係仍然保持了相對穩定狀態。羈縻和撫為主的統治政策使得南中擁有了一個相對和平穩定的環境，有利於民族融合和邊疆開發。

用今天的眼光來看，蜀漢南中政策和南中民族關係建立在民族剝削和民族壓迫基礎之上，因而仍有一定的歷史局限性。譙周在上書中所提到的加在南中各族人民身上的「官賦」、「給兵」負擔，以及因為連年北伐而產生的「愁怨」之情均有一定的真實性和合理性。但是，譙周對南中的形勢顯然處於一

〔註124〕以上霍弋事蹟均見《三國志》卷41《蜀書‧霍弋傳》。
〔註125〕《三國志》卷4《魏書‧三少帝紀》。
〔註126〕《晉書》卷15《地理志下》。
〔註127〕《晉書》卷57《陶璜傳》。

知半解的程度，加上他本來就力主投降曹魏，因此難免片面誇大這些危機的嚴重性，忽視蜀漢政權幾十年來對南中的經營成果，看不到蜀漢時期南中形勢的主流和大勢。譙周對蜀漢統治南中狀況的論說，雖然一定程度上反映了存在的問題，但以偏概全，一葉障目，既缺乏充分的客觀性，也缺乏充分的準確性，與具體的歷史事實有較大出入，是不足爲信的。

第三節　孫吳政權對嶺南的經略

中國古代「嶺南」，意指南方五嶺即大庾嶺、騎田嶺、都龐嶺、萌諸嶺以南至越南北部的廣大地區，包括今天廣東、廣西、海南和貴州西部、雲南東部部分地區和越南北部。秦始皇統治時期，遣兵五十萬進入嶺南，將嶺南納入秦王朝疆域範圍，嶺南開始成爲中國古代統一多民族國家的重要組成部分。秦王朝在嶺南設置桂林、南海、象郡等三郡，並設南海尉統領嶺南。史曰：「秦始皇既略定揚越，以謫戍卒五十萬人守五嶺。自北徂南，入越之道，必由嶺嶠，時有五處，故曰五嶺。後使任囂、趙佗攻越，略取陸梁地，遂定南越，以爲桂林、南海、象等三郡，非三十六郡之限，乃置南海尉以典之，所謂東南一尉也。」〔註128〕秦末，南海尉趙佗割據稱帝，建立南越國。元鼎六年（前 111），漢武帝趁呂嘉之亂，遣兵滅南越國，置南海、蒼梧、合浦、鬱林、珠崖、儋耳、交趾、九眞、日南共九郡，珠崖、儋耳後來廢置。東漢時嶺南設交州刺史，領七郡，東漢末年增設高涼郡。秦漢王朝對嶺南的經略，加強了嶺南與中原的聯繫，加快了嶺南融入中國古代統一多民族國家的進程，爲魏晉南北朝時期各中原王朝對嶺南的持續經略奠定了重要基礎。

一、孫吳對士燮勢力的利用與羈縻

東漢末年中原大亂，交趾太守士燮的家族勢力在嶺南發展壯大，實際控制了嶺南。史曰：「燮兄弟並爲列郡，雄長一州，偏在萬里，威尊無上。出入鳴鐘磬，備具威儀，笳簫鼓吹，車騎滿道，胡人夾轂焚燒香者常有數十。妻妾乘輜軿，子弟從兵騎，當時貴重，震服百蠻，尉他不足踰也。」〔註129〕士

〔註128〕《晉書》卷 15《地理志下》。
〔註129〕《三國志》卷 49《吳書·士燮傳》。

變爲蒼梧人，先祖來自中原，史稱「其先本魯國汶陽人」，然而其先祖自王莽統治時期「避地交州」，在嶺南已繁衍生息二百餘年，已演變爲嶺南本土勢力。士變曾遊學於京師洛陽，有較好的儒學造詣，深研《左氏春秋》，在士人中擁有較好的形象和威望。〔註 130〕士變家族成員利用漢末中原擾攘的時機，在嶺南擴張家族勢力。士變本人爲交趾太守，其弟士壹爲合浦太守，次弟士黃有爲徐聞令、九眞太守，弟士武爲南海太守。〔註 131〕嶺南七郡，士變家族據有其中四郡。

東漢末年至三國鼎立形成期間，曹操、劉表、孫權等各種政治勢力同時對嶺南展開激烈爭奪。鬱林郡、蒼梧郡北接荊州，爲劉表所屬意，劉表聞原東漢所屬蒼梧太守史璜去世，以親信吳巨爲蒼梧太守，賴恭爲交州刺史，著手經略嶺南。曹操則在得知原東漢交州刺史朱符去世後，以張津爲交州刺史。張津「威武不足，爲所陵侮，遂至殺沒。」〔註 132〕曹操轉而扶植士變爲代理人，以漢王朝的名義冊封士變爲綏南中郎將，統領七郡，兼領交趾太守。士變對曹操表示歸誠，在天下大亂、正常交通斷絕的情況下，遣使繞道向漢獻帝朝貢，得到曹操的嘉獎，曹操以漢獻帝名義「特復下詔拜安遠將軍，封龍度亭侯。」〔註 133〕劉表去世後，賴恭和吳巨互不服氣，轉而互相攻擊。爲孫權涉足嶺南提供了良機。吳巨驅逐賴恭，向孫吳請求以步騭爲交州刺史。〔註 134〕孫權欣然應允。建安十五年（211），孫權以步騭爲交州刺史、立武中郎將，領吏千人南行。建安十六年（212）步騭斬吳巨，清除劉表在嶺南的殘餘勢力，控制了蒼梧郡，在嶺南聲威大震。士變兄弟迫於步騭的聲威，與曹操脫離關係，轉而依附孫權。〔註 135〕在激烈的角逐中，孫吳最終取得對嶺南的統治權，開始了對嶺南將近七十年的統治。

孫吳能夠取得嶺南，主要依賴地緣優勢，並及時抓住了有利時機。崛起於江東的孫吳政權的轄境與嶺南相接，從孫吳境內通往嶺南既有陸路交通，還有便利的海上交通。孫權利用劉表舊屬的內部矛盾，及時派遣步騭前往嶺南經略，也是孫吳順利取得嶺南的重要原因。曹操與士變的利用與

〔註 130〕《三國志》卷 49《吳書·士變傳》。
〔註 131〕《三國志》卷 49《吳書·士變傳》。
〔註 132〕《三國志》卷 53《吳書·薛綜傳》。
〔註 133〕《三國志》卷 49《吳書·士變傳》。
〔註 134〕參見《三國志》卷 53《吳書·薛綜傳》。
〔註 135〕參見《三國志》卷 52《吳書·步騭傳》。

合作關係，是在政治格局還不明朗的情況下形成的，當時曹操有消滅群雄、統一中國的雄心，對嶺南的經略應是建立統一大業的全域戰略規劃中的一部分。三國鼎立局勢形成後，曹操勢力被阻隔於北方，對於經略嶺南無能為力，這種局勢變化促使士燮捨遠求近，投靠孫吳政權，而曹操也礙於南進無望，只能從爭奪嶺南的鬥爭中撤出。劉備據有益州後曾遙署李恢為交州刺史，表現出向嶺南開拓的意向。〔註136〕但是由於蜀漢政權以北伐曹魏為立國基本方針，且嶺南已為孫吳政權捷足先登，因此只得放棄開拓嶺南的規劃。

孫吳奪得嶺南的控制權後，很長一段時間內依靠士燮家族來統治嶺南。士燮家族盤踞嶺南多年，根深葉茂，難以猝然間清除，而且士燮家族在嶺南深得民心。史曰：「燮體器寬厚，謙虛下士，中國士人往依避難者以百數。耽玩春秋，為之注解。陳國袁徽與尚書令荀彧書曰：『交趾士府君既學問優博，又達於從政，處大亂之中，保全一郡，二十餘年疆場無事，民不失業，羈旅之徒，皆蒙其慶，雖竇融保河西，曷以加之？官事小闋，輒玩習書傳，春秋左氏傳尤簡練精微，吾數以諮問傳中諸疑，皆有師說，意思甚密。又尚書兼通古今，大義詳備。聞京師古今之學，是非忿爭，今欲條左氏、尚書長義上之。』其見稱如此。」〔註137〕因此，終士燮之世，嶺南的絕大部分地區仍在士燮家族控制之中，只有蒼梧郡為孫吳所直接控制。孫吳與士燮之間是一種羈縻藩附關係，士燮保持相對獨立，對孫吳殷勤上貢，遣子入侍，盡藩臣的義務。孫吳對士燮兄弟冊封各種官職爵號，以示優寵羈縻。這種狀況一直維持到黃武五年（226）士燮去世為止。

儘管如此，在士燮去世之前，孫吳政權的政治影響在嶺南不斷發展擴大。孫吳首任交州刺史步騭在任時，斬吳巨，為孫吳取得蒼梧郡的直接控制權，後又將交州刺史治所由蒼梧郡廣信縣（今廣西梧州市）遷至南海郡番禺縣（今廣州市）。南海郡在士燮家族的直接統治下，太守是士燮之弟士武。交州刺史治所的南移，是孫吳加強對嶺南影響和滲透、逐步削弱士燮家族勢力的重要舉措，是孫吳在嶺南影響力由北向南逐步推進的表現，反映了孫吳政權在嶺南政治影響力的擴大。延康元年（220），孫吳第二任交州刺史呂岱上任。呂岱在任期間，繼續加大對嶺南的影響和控制。史曰：「到州，高涼賊帥錢博乞

〔註136〕參見《三國志》卷43《蜀書·李恢傳》。
〔註137〕《三國志》卷49《吳書·士燮傳》。

—69—

降，岱因承制，以博爲高涼西部都尉。又鬱林夷賊攻圍郡縣，岱討破之。是時桂陽湞陽賊王金合眾於南海界上，首亂爲害，權又詔岱討之，生縛金，傳送詣都，斬首獲生凡萬餘人。」〔註138〕呂岱收降錢博，生縛王金，討破鬱林「夷賊」，說明孫吳在嶺南的影響和直接控制範圍較之步騭統治時期又有了較大的擴張，已經由蒼梧郡向西擴張到鬱林郡，由南海郡擴張到臨近的合浦郡高涼縣界。當時合浦太守爲士燮之弟士壹。收降錢博和高涼西部都尉的設立，以及平定王金之亂，再次表明孫吳的勢力擴張與士燮家族勢力開始了正面交鋒。鬱林郡是士燮家族勢力始終未能進入的地區，這可能是由於當地夷帥勢力的阻撓，或者是士燮還沒有來得及向北發展所致。孫吳討破鬱林「夷賊」叛亂，比士燮先行一步控制了鬱林郡，使得孫吳在與士燮家族勢力的較量中處於相對主動地位。

總之，自建安十五年（211）至黃武五年（226），孫吳開始了對嶺南統治權的積極爭奪，並取得了重要進展，不僅清除了曹操、劉表等在嶺南的殘餘影響，臣服了士燮家族，取得了對嶺南的獨家控制權，而且對士燮家族在嶺南的實際割據狀況也不是消極接受，僅守虛名，而是積極經略，不斷擴大孫吳在嶺南的影響和直接控制地區。孫吳在嶺南的擴張每前進一步，事實上就逼使士燮家族的勢力後退一步。

然而，嶺南畢竟大部分地區在士燮家族控制之下。礙於士燮在嶺南的個人威望，孫吳沒有輕舉妄動。黃武五年（226）士燮去世後，孫吳立刻採取措施，分交州置廣州，以呂岱爲廣州刺史，戴良爲交州刺史，以校尉陳時爲交趾太守，以士燮之子士徽爲九眞太守。此舉意在掃除士燮家族在其根據地交趾郡的政治影響，從根本上削弱士氏在嶺南的統治，因而遭到士燮家族的激烈抵制。士徽此時已經自署爲交趾太守，舉兵阻擋戴良和陳時赴任。呂岱率領戴良等出人意料地繞道從海上突然向士徽兄弟發起進攻，士徽驚慌失措，「即率兄弟六人肉袒迎岱。」呂岱殺士徽兄弟，接著打敗了士徽的大將甘醴、桓治等人的進攻。攻佔交趾後，呂岱乘勝南下，進討九眞，「斬獲以萬數。」這樣，經過十幾年的苦心經營，孫吳終於全盤佔據嶺南，贏得對嶺南的實際統治權。

剷除士燮家族勢力後，孫吳開始了對嶺南的全方位經略，嶺南經歷了一個相對平穩的時期。在這段時期內，孫吳政權大力削平叛亂，加強對本土部

〔註138〕《三國志》卷60《吳書・呂岱傳》。

族勢力的鎮撫，整頓社會秩序，鞏固在嶺南的統治，推動了嶺南的經濟開發和民族融合。

平定士徽之亂後，孫吳罷撤廣州設置，其地歸還交州，呂岱繼續爲交州刺史，直到黃龍三年（231）離任。呂岱爲交州刺史期間，孫吳對嶺南及東南亞地區的控制和影響大爲加強。史曰：「岱既定交州，復進討九眞，斬獲以萬數。又遣從事南宣國化，暨徼外扶南、林邑、堂明諸王，各遣使奉貢。」呂岱廉潔奉公，以身作則，對鞏固孫吳在嶺南的統治具有積極作用。史稱呂岱「清身奉公，所在可述。初在交州，歷年不餉家，妻子饑乏。」〔註139〕

二、孫吳在嶺南鎮壓叛亂、鞏固統治的鬥爭

孫吳贏得了對嶺南的實際統治權後，鎮撫嶺南境內的本土部族勢力逐漸成爲主要任務。嶺南古爲百越之地，部落眾多，支系繁雜，社會發展尚處於十分落後的階段，但已經出現貧富差別，形成了一批部落首領，他們被孫吳政權稱爲「夷帥」或「夷賊」。這些部落首領具有一定經濟、軍事實力，經常率眾攻打郡縣，擾亂治安。東漢末年中原動盪，不少中原漢人爲躲避戰亂而南遷至江東，其中又有部分人口從江東繼續南下遷徙至嶺南。南遷漢族移民主要集中居住在由建康（今江蘇南京）、荊州越五嶺而南下的交通線上，以及自江東由海道南下的交通線上。嶺南內地的深險叢林之中，主要仍是各支本土部族勢力居住。孫吳與嶺南境內「夷帥」之間的較量，一段時間內成爲孫吳治理嶺南的主要活動。呂岱離任之際，嶺南本土部族勢力不肯賓附孫吳的現象已經非常突出。因此薛綜上書曰：「今日交州雖名粗定，尚有高涼宿賊；其南海、蒼梧、鬱林、珠官四郡界未綏，依作寇盜，專爲亡叛逋逃之藪。」對此，薛綜表示了巨大的憂慮，要求孫吳國君選派新的交州刺史時，能夠考慮到這種現狀，簡取精密足智之人。否則，如果僅用恪守常法的「中人」，只恐「群惡日滋，久遠成害」。〔註140〕薛綜年少避難交州，後隨呂岱征討士變家族，南達九眞，對嶺南的人情風俗、社會狀況有深入細緻的瞭解和切身體會，他的擔憂和建議是有切實根據的。幾年之後，廖式之亂爆發。廖式本爲孫吳大將蔣秘所領都督，隨同蔣秘「南討夷賊」。廖式殺臨賀太守嚴綱等，自稱平南將軍，與弟廖潛共攻零陵、桂陽等郡。臨賀、零陵、桂陽三郡在五嶺之北，

〔註139〕《三國志》卷 60《吳書·呂岱傳》。
〔註140〕《三國志》卷 53《吳書·薛綜傳》。

與嶺南毗鄰，在地緣關係、民族分佈上與嶺南有著千絲萬縷的聯繫，因此「搖動交州，蒼梧、鬱林諸郡，眾數萬人。」〔註141〕動亂持續一年多之後，才被呂岱、唐諮鎮壓。赤烏十一年（248），嶺南再次發生叛亂，其中叛亂主力是本土部族「夷賊」的勢力，「交趾、九眞夷賊攻沒城邑，交部騷動。」孫吳任命陸胤爲交州刺史、安南校尉。陸胤的做法與以往主要依靠武力鎮壓的做法迥然不同，他推崇的是「喻以恩信，務崇招納」的和撫政策，主張對待本土部族勢力以恩撫、誠信爲主，開載布公，「遺以財幣」，以示友好。在和撫政策的感召下，高涼渠帥黃吳等支黨三千餘家主動出降。另外「賊帥百餘人，民五萬餘家，深幽不羈，莫不稽顙」。在陸胤的主持下，孫吳政權很快平定叛亂，穩定嶺南局勢。陸胤在交州長達十年，直到永安元年（258）調離。當時名臣中書丞華覈上書盛讚陸胤在交州的政績曰：「自胤至州，風氣絕息，商旅平行，民無疾疫，田稼豐稔。……惠風橫被，化感人神，遂憑天威，招合遺散。至被詔書當出，民感其恩，以忘戀土，負老攜幼，甘心景從，眾無攜貳，不煩兵衛。自諸將合眾，皆脅之以威，未有如胤結以恩信者也。」〔註142〕自黃武五年（226）削除士燮家族勢力永安六年（263）近四十年間，孫吳在嶺南的統治總體上比較穩固，嶺南社會經濟文化得到持續發展。

永安六年（263），交趾發生呂興之亂，嶺南西南三郡即交趾、九眞、日南被曹魏及其繼承者西晉政權奪取，這是自黃武五年（226）以來孫吳政權統治期間在嶺南遭遇的最嚴重事件。事件發生在孫休統治末年，〔註143〕緣起於孫吳統治者的橫征暴斂。永安五年（262），孫休派遣使者鄧荀到交趾「調孔爵、大豬」。永安六年（263），交趾太守孫諝又「科郡上手工千餘人送建業」。〔註144〕孫諝的做法已經激怒了交趾民眾，恰好此時鄧荀到達交趾，欲索徵調。交趾民眾「既苦遠役，咸思爲亂。」〔註145〕於是郡吏呂興殺孫諝和鄧荀，「扇動兵民，招誘諸夷」，〔註146〕舉郡投靠曹魏。吳失交趾三郡，與孫休的腐朽統治有直接聯繫。

〔註141〕《三國志》卷47《吳書・孫權傳》。
〔註142〕《三國志》卷61《吳書・陸胤傳》。
〔註143〕《晉書》卷57《陶璜傳》言此事發生在孫皓統治時期，疑有誤。根據《三國志》卷48《吳書・孫休傳》，孫休死於呂興叛亂事件發生的第二年，即永安七年（264），孫皓於該年繼位。
〔註144〕《三國志》卷48《吳書・孫休傳》。
〔註145〕《晉書》卷57《陶璜傳》。
〔註146〕《三國志》卷48《吳書・孫休傳》。

　　呂興之亂爆發時，曹魏剛剛滅蜀，曹魏版圖擴張到巴蜀和南中，與嶺南西南部接境，給曹魏爭奪交趾提供了便利。孫吳元興元年（264），曹魏所遣交趾太守楊稷率大將毛炅、九眞太守董元率牙門孟幹、孟通、李松、王業、爨能等，自蜀出交趾，佔據了交趾、九眞，後來日南郡也爲曹魏所控制。吳失三郡，影響到在整個嶺南的統治，也影響到整個孫吳政權的前途命運。從長遠來看，曹魏的戰略目標不僅是佔據交趾三郡，而且要以交趾三郡爲基地，逐步蠶食孫吳的疆土，最終兼滅孫吳，完成統一。因此從戰略意義上來說，失交趾三郡威脅到孫吳的根本統治。對此，孫吳統治集團中的有識之士有清醒認識。寶鼎二年（267），孫皓營造新宮，奢侈腐化，農守並廢，華覈在給孫皓的上表中焦急萬分地陳述當時的危急形勢，指出「交州諸郡，國之南土，交趾、九眞二郡已沒，日南孤危，存亡難保，合浦以北，民皆搖動，因連避役，多有離叛，而備戍減少，威鎮轉輕，常恐呼吸復有變故。」並說：「今胸背有嫌，首尾多難，乃國朝之厄會也。」〔註147〕失交趾三郡事關孫吳統治全域，孫吳政權被迫全力以赴，與魏（晉）爭奪三郡。首先是於永安七年（264）再次從交州分置廣州。分置廣州的目的，是基於交趾三郡已失的現狀，力圖維繫、鞏固孫吳對嶺南三郡以外其他地區的統治。其次是以新立廣州爲後方基地，向南奪回交趾三郡。寶鼎三年（268），孫吳派遣交州刺史劉俊、前部督修則等人南擊交趾，被西晉打敗，劉俊、修則爲晉將毛炅所斬，兵眾散還合浦。建衡元年（269），孫吳再整兵馬，「遣監軍虞汜、威南將軍薛珝、蒼梧太守陶璜由荊州，監軍李勖、督軍徐存從建安海道，」〔註148〕水陸並進，直搗交趾。建衡三年（271），陶璜、薛珝通過艱苦作戰，打敗晉將楊稷、董元，收復交趾三郡，維護了孫吳在嶺南的統治。

　　收復三郡後，孫吳進一步加強對嶺南的統治。自建衡三年（271）至天紀四年（280），即收復三郡至晉滅孫吳爲止，陶璜擔任使持節、都督交州諸軍事、前將軍、交州牧，統管交州軍政要務。在任期間，陶璜取得了突出政績，例如在嶺南增置郡縣，安撫民眾，鎮撫結合，加強統治力度，爲孫吳穩定嶺南局勢、經略和開拓嶺南立下了汗馬功勞。在這段時期，孫吳對交州的統治不僅穩固有效，而且統治力度有較大的加強和推進。史曰：「皓以璜爲使持節、都督交州諸軍事、前將軍、交州牧。武平、九德、新昌土地阻險，夷獠勁悍，

〔註147〕《三國志》卷65《吳書·華覈傳》。
〔註148〕《三國志》卷48《吳書·孫皓傳》。

歷世不賓，璜征討，開置三郡，及九眞屬國三十餘縣。徵璜爲武昌都督，以合浦太守修允代之。交土人請留璜以千數，於是遣還。」西晉滅吳後，繼續任用陶璜爲交州刺史，實現了王朝交替之際嶺南政局的平穩過渡，保使嶺南避免了戰亂。陶璜因此在嶺南獲得崇高的威望。史曰：「在南三十年，威恩著於殊俗。及卒，舉州號哭，如喪慈親。」〔註149〕由此可見，陶璜在嶺南深得民心。

廣州行政設置自永安七年（264）再次分置以後，一直保留到後世，對進一步經略與開發嶺南發揮了積極作用。孫吳統治期間，廣州曾長期作爲收復交趾三郡的後方基地，承受戰爭重負。但是孫吳在廣州的統治基本上是平穩有效的。廣州刺史滕修「甚有威惠」、「爲嶺表所伏」，〔註150〕是孫吳能夠有效統治廣州的一個重要原因。滕修離任後，徐旗接任廣州刺史。天紀三年（279），廣州發生了郭馬之亂。郭馬爲合浦太守修允部將，修允轉任廣州桂林太守，死於赴職途中。修允去世，其部眾應當遣散，而郭馬等部曲將領不願分離，停駐在廣州。此時廣州恰好承孫皓之命，正在「科實戶口」，欲加重剝削，引起廣州民眾的強烈不滿。郭馬等人抓住這個時機，利用廣州民眾對孫吳政權的不滿情緒，「恐動兵民，合聚人眾」，〔註151〕自封官銜，發動叛亂，分頭進攻蒼梧、始興、南海等郡，殺南海太守劉略，逐廣州刺史徐旗。動亂兵燹所及，恰恰是廣州經濟文化相對繁華開化、相對發達成熟的地區，是孫吳在廣州的統治腹心地帶。郭馬之亂給廣州造成極大的混亂和動盪，對搖搖欲墜的孫吳政權來說，猶如雪上加霜。鑒於種種利害關係，孫吳立即派遣重兵，由滕修〔註152〕、陶璜從東、西兩道鎮壓叛亂。未及合兵，而西晉大舉南下，攻破建康，孫吳滅亡，滕修、陶璜承孫皓之意，舉州降晉。郭馬之亂雖然是由交州合浦太守修允去世所引發，但根本的原因是孫皓對廣州政策不當。孫皓在位晚期的貪暴昏庸，直接影響到孫吳的邊疆政策，也直接導致孫吳亡國。

孫吳統治嶺南時期，先後發生了廖式之亂、呂興之亂和郭馬之亂，期間交趾三郡爲曹魏、西晉佔據七年，但總的來說實現了有效統治並逐漸推進了

〔註149〕《晉書》卷 57《陶璜傳》。
〔註150〕《晉書》卷 57《滕修傳》。
〔註151〕《三國志》卷 48《吳書・孫皓傳》。
〔註152〕《三國志》卷 48《吳書・孫皓傳》言所遣爲「執金吾滕循」，查史書除此處外，孫吳無「滕循」之人，而《晉書》卷 57《滕修傳》敘滕修事蹟甚明，其經歷與「滕循」吻合，疑「滕循」爲「滕修」之筆誤，故從《晉書》。

統治力度，州、郡、縣設置總數不斷增加，統治密度加大。尤爲重要的是始置廣州，爲後世進一步開拓嶺南奠定了重要基礎。不過，孫吳治理嶺南也有諸多政策失誤。廖式之亂起因不明，但呂興之亂、郭馬之亂爆發原因是非常清楚的，主要是由於統治者橫征暴斂、失去民心。可見統治者把握好加給邊疆人民的經濟負擔的尺度，是治理邊疆需要特別重視的因素。另外，嶺南境域內的不少本土部族勢力仍然脫離孫吳政權的控制，甚至與孫吳政權爲敵，發起武力攻擊。入晉以後，西晉王朝制定了削減州郡兵的政策。陶璜上書晉武帝，請求在廣州、交州保留州郡兵，理由是嶺南「交土荒裔，斗絕一方」，有地理上的特殊性，拒不賓服者人數眾多，「夷帥范熊世爲逋寇，自稱爲王，數攻百姓。且連接扶南，種類猥多，朋黨相倚，負險不賓。往隸吳時，數作寇逆，攻破郡縣，殺害長吏。……雖前後征討，翦其魁桀，深山僻穴，尚有逋竄。」「又廣州南岸，周旋六千餘里，不賓屬者乃五萬餘戶，及桂林不羈之輩，復當萬戶。至於服從官役，才五千餘家。二州唇齒，唯兵是鎮。」〔註153〕這些敘述反映的既包括西晉初年的情況，也包括孫吳末年的情況，說明孫吳政權對嶺南的控制還存在諸多薄弱環節。

〔註153〕《晉書》卷57《陶璜傳》。

第三章　西晉「大一統」政治格局下的邊疆經略

　　西晉王朝建立於太始元年（265），建興四年（316）被興起於北部邊疆的匈奴貴族劉淵政權所滅，共存五十二年。西晉王朝是整個魏晉南北朝時期三百六十餘年間唯一實現了「大一統」政治局面的王朝。西晉王朝統治前期的「大一統」政治格局和「太康之治」的繁榮昌盛狀況，為邊疆經略與開發創造了良好的政治環境。西晉後期統治者的激烈內訌導致中原動盪，波及邊疆，極大地影響、阻礙了邊疆地區的經略與開發。西晉王朝的「大一統」政治局面，實際上僅存在於晉武帝在位時期的二十餘年中（265～289）。西晉王朝迅速由盛轉衰的歷史現象、西晉王朝在邊疆經略與開發方面取得的歷史成就與經驗教訓，對後世具有深刻的警示意義，值得深入研究。

第一節　西晉王朝對北方邊疆的經略

一、西晉對東北邊疆的羈縻與鎮撫

　　在東北邊疆，晉武帝先後選派衛瓘、張華、唐彬、劉弘等有名的能臣前往鎮守。衛瓘於太始、咸寧年間擔任幽州刺史、都督幽州諸軍事、護烏桓校尉，負責東北邊疆的全盤鎮撫事宜。衛瓘在東北邊疆頗有建樹。太始十年（274），由於衛瓘的建議，西晉於東北邊疆增設平州，後又增設護東夷校尉，加強了對東北邊疆的行政管轄和軍事鎮禦。繼衛瓘若干年後，名臣張華出鎮

幽州。太康三年（282），張華被任命爲都督幽州諸軍事、護烏桓校尉。〔註1〕
張華在任期間，「撫納新舊，戎夏懷之。東夷馬韓、新彌諸國依山帶海，去州
四千餘里，歷世未附者二十餘國，並遣使朝獻。於是遠夷賓服，四境無虞，
頻歲豐稔，士馬強盛。」〔註2〕張華離職後，唐彬繼任。唐彬至鎮，大力展開
經略，成就十分顯著。史曰：「訓卒利兵，廣農重稼，震威耀武，宣喻國命，
示以恩信。於是鮮卑二部大莫廆、擿何等並遣侍子入貢。兼修學校，誨誘無
倦，仁惠廣被。遂開拓舊境，卻地千里。復秦長城塞，自溫城洎於碣石，綿
亙山谷且三千里，分軍屯守，烽堠相望。由是邊境獲安，無犬吠之警，自漢
魏徵鎮莫之比焉。」〔註3〕上述唐彬的措施，包括加強守備、發展生產、重施
文教等三個方面，是對東北邊疆地區的全方位經略，對邊疆地區的社會秩序
和經濟文化發展起到推動作用。唐彬因事離職後，繼任者劉弘「甚有威惠，
寇盜屏跡，爲幽朔所稱。」〔註4〕保持了西晉王朝在東北邊疆的經略成果。

　　西晉時期，慕容鮮卑不斷發展壯大。慕容鮮卑於魏初遷入遼西，其先祖
莫護跋，因隨從司馬懿伐公孫氏有功，被封爲「率義王」，遷居於幽州昌黎郡
之棘城。西晉前期，慕容鮮卑勢力逐步發展壯大，隨之滋生了向四周擴張勢
力的強烈願望，因而與西晉王朝發生了系列衝突。西晉王朝對慕容鮮卑的擴
張活動進行軍事打擊。慕容鮮卑首先把擴張方向對準了遼西、昌黎、遼東等
地區，自太康三年（282）至太康十年（289）對這些地區連年寇擾，「每歲不
絕。」〔註5〕其中規模較大的有三次。第一次是太康二年（281），慕容涉歸寇
昌黎。〔註6〕第二年，晉安北將軍嚴詢打敗慕容涉歸，「殺傷數萬人」，〔註7〕

〔註1〕參見《晉書》卷3《武帝紀》、卷36《張華傳》。
〔註2〕《晉書》卷36《張華傳》。
〔註3〕《晉書》卷42《唐彬傳》。
〔註4〕《晉書》卷66《劉弘傳》。
〔註5〕《晉書》卷108《慕容廆載記》。
〔註6〕《晉書》卷3《武帝紀》曰：「太康二年（281），鮮卑慕容廆寇昌黎。」《資治
通鑒》卷81言「慕容廆」當作「慕容涉歸」。《通鑒考異》云：「按范亨《燕
書·武宣紀》，廆太始五年生，年十五，父單于涉歸卒，太康四年也。此年入
寇，當是涉歸。」《晉書》卷3《武帝紀》載張華於太康三年（282）出任都督
幽州諸軍事、護烏丸校尉之職，張華在任不到一年就調離幽州。《晉書》卷108
《慕容廆載記》記，張華在幽州任上時，「廆童冠時往謁之，華甚歎異。」可
見太康三年（282）慕容廆尚是「童冠」。可證范亨所記慕容廆之年齡爲不誤。
故採《資治通鑒》之說。
〔註7〕《晉書》卷3《武帝紀》。

沉重打擊了慕容鮮卑勢力。第二次是太康七年（286），慕容廆寇遼東。第三次具體時間不詳，根據先後事件推斷，應當是在太康年間，慕容廆「入寇遼西，殺略甚眾。」晉武帝「遣幽州諸軍討廆，戰於肥如，廆眾大敗。」〔註8〕慕容氏在遼東、遼西、昌黎等地的擴張活動，均受到西晉王朝的打擊控制，勞而無獲，且死傷甚重。此外，慕容鮮卑把目光投向在其東北的夫餘國。太康六年（285），慕容廆東伐夫餘，「夷其國城，驅萬餘人而歸。」不過，時隔不久，夫餘就在西晉扶持下復國。向夫餘地區擴張的活動同樣以失敗告終。〔註9〕慕容鮮卑擴張活動處處失利的情況表明，儘管慕容鮮卑勢力迅速壯大，但是西晉王朝仍然牢牢地控制整個東北邊疆地區，在協調東北邊疆各族關係、控制東北邊疆局勢等方面從容不迫、遊刃有餘。對此，慕容廆在與西晉的較量中深有體會，並相應調整了基本策略，改善了與西晉王朝的關係。史載慕容廆在擴張活動多次失敗後，「謀於其眾曰：『吾先公以來世奉中國，且華裔理殊，強弱固別，豈能與晉競乎？何為不和以害吾百姓邪！』」〔註10〕太康十年（289），慕容廆遣使降於西晉，晉武帝冊封為「鮮卑都督」。〔註11〕此後慕容鮮卑與周邊部族保持友好關係。「時東胡宇文鮮卑段部以廆威德日廣，懼有吞併之計，因為寇掠，往來不絕。廆卑辭厚幣以撫之。」〔註12〕

　　總之，西晉王朝前期對東北邊疆的經略值得肯定，一是用人得當，選派的官吏多為名臣能吏，善於撫馭邊疆少數民族；二是政策運用得當，鎮撫結合，以撫為主，得到東北邊疆各族的認可。在西晉王朝的有效經略控御下，西晉王朝的東北邊疆形勢總體比較安定，出現了東北邊疆各民族主動歸附西晉王朝的歷史高潮。根據《晉書》記載，自咸寧二年（276）至太康十年（289）的十餘年間，幾乎每年都有「東夷」等邊疆民族「內附」或「歸化」於西晉王朝，其中內附共計9次，內附國達65個，歸化共計3次，歸化國達47個，〔註13〕「內附」、「歸化」之國總計達112個。其規模之巨大、次數之頻繁遠遠超過前代。「東夷」是對東北邊疆少數民族的通稱，西晉時期主要為鮮卑、

〔註8〕　《晉書》卷108《慕容廆載記》。

〔註9〕　慕容廆伐夫餘之事參見《晉書》卷97《四夷傳‧夫餘傳》，卷108《慕容廆載記》。

〔註10〕　《晉書》卷108《慕容廆載記》。

〔註11〕　慕容廆降西晉之事參見《晉書》卷3《武帝紀》，卷108《慕容廆載記》。

〔註12〕　《晉書》卷108《慕容廆載記》。

〔註13〕　《晉書》卷3《武帝紀》。

烏桓等族，也泛指韓、倭等東部外夷。西晉時期東北邊疆民族的歸附高潮，充分表明西晉王朝對東北邊疆的政策是總體成功的。

西晉後期，由於皇室內訌，西晉王朝的統治力量受到嚴重削弱，對邊疆地區的統治有名無實。邊疆地區各族假借「勤王」的名義發展自身實力，各行其是，互相攻擊兼併，促長邊疆地區的分離傾向，加快西晉王朝的滅亡。在東北邊疆，慕容鮮卑、段部鮮卑等少數民族勢力以及西晉王朝所任命的幽州都督王濬的勢力均是如此。慕容廆自太康十年（289）臣服於西晉以後，一直採取名義上「擁晉」的基本政策。史曰：「初，中國士民避亂者，多北依王濬，濬不能存撫，又政法不立，士民往往復去之。段氏兄弟專尚武勇，不禮士大夫。唯慕容廆政事修明，愛重人物，故士民多歸之。廆舉其英俊，隨才授任」。〔註14〕慕容廆打著擁晉的旗號，一方面吸納中州士人和流民，收攬人心，另一方面對臨近的段部、宇文部勢力進行打擊兼併，以擴充勢力，割據一方。東晉咸康三年（337），慕容氏在遼東地區建立前燕政權，定都龍城（今遼寧省朝陽市）。

二、西晉對北部邊疆的鎮撫及其歷史經驗與教訓

西晉王朝對北部邊疆的經略以羈縻安撫政策為主、鎮撫結合的政策，對活躍於北部邊疆的拓跋鮮卑、烏桓、匈奴等族通過冊封、內遷和妥善安置等措施加以安撫和籠絡，對反叛勢力進行鎮壓控制。

魏晉時期，拓跋鮮卑活躍於北部邊疆，與中原王朝保持良好的藩附關係。魏、晉禪代，這種藩附關係沒有發生變化。拓跋力微之子沙漠汗由質侍於曹魏改換為質侍於西晉。西晉對拓跋鮮卑的政策以恩撫籠絡為主。沙漠汗每次北歸，西晉王朝都遣使「具禮護送」。〔註15〕在西晉前期，拓跋鮮卑極少有寇擾邊塞的事件發生。北部邊疆基本上平靜穩定，雖然有幾次零星的「犯塞」事件，很快就被西晉王朝成功平息。

由於北方草原的自然災害以及西晉前期國家興盛繁榮的強大吸引力，北部邊疆的匈奴、鮮卑等少數民族大量內遷、歸化於西晉王朝，其中尤以匈奴的南遷為數眾多，達到遷徙高潮。西晉王朝對內遷少數民族採取歡迎、接納

〔註14〕（北宋）司馬光：《資治通鑑》卷88，晉紀，永嘉六年（312），中華書局1982年版。

〔註15〕《魏書》卷1《序紀》。

乃至鼓勵的態度，將他們妥善安置在沿邊州郡，史曰：「（武帝）廣關塞垣，更招種落，納萋莎之後附，開育鞠之新降，接帳連轕，充郊掩甸。」〔註16〕可見，接納、安置內附或歸化的北方各少數民族是西晉王朝穩定的基本的邊疆政策。例如，由於自然災害而被迫南遷進入西晉的匈奴部族，被晉武帝安置於并州北部諸郡。史曰：「武帝踐祚後，塞外匈奴大水，塞泥、黑難等二萬餘落歸化，帝復納之，使居河西故宜陽城下。後復與晉人雜居，由是平陽、西河、太原、新興、上黨、樂平諸郡靡不有焉。」〔註17〕這是一次大規模的人口遷徙。按照學術界通行的標準，以每「落」五口人計算，則此次內徙歸化的匈奴人口達十萬之多。此後的匈奴歸化事件絡繹不絕。史曰：「至太康五年（284），復有匈奴胡太阿厚率其部落二萬九千三百人歸化。七年（286），又有匈奴胡都大博及萋莎胡等各率種類大小凡十萬餘口，詣雍州刺史扶風王駿降附。明年，匈奴都督大豆得一育鞠等復率種落大小萬一千五百口，牛二萬二千頭，羊十萬五千口，車廬什物不可勝紀，來降，並貢其方物，帝並撫納之。」〔註18〕這三次匈奴內徙歸化的人口總數達十四萬多。除了匈奴，還有其他一些被稱爲「雜虜」、「雜胡」以及鮮卑各少數民族大量內徙。

　　西晉王朝前期對內遷各族的安置政策，客觀上有利於北方邊疆地區的經濟開發，有利於民族融合和內附各族的經濟文化發展，是值得充分肯定的。〔註19〕西晉前期少數民族的內徙與東漢末、曹魏時性質不完全相同。西晉時期的少數民族內遷是少數民族自願『慕化』、主動遷徙歸化，而東漢、曹魏時期是中原王朝對邊疆少數民族實行強迫內徙，目的是補充勞動力、兵源，或者出於分化當地少數民族軍事實力、加強對邊疆民族地區控制的考慮。〔註20〕但是中國古代史家從狹隘的夷夏論的立場出發，對這項政策進行批評，認爲不過是「迷亂華之議，矜來遠之名」，〔註21〕是晉武帝爲了滿足個人虛榮心而作出的決策，且是西晉政權覆滅和所謂的「五胡亂華」局面形成的根源。這種

〔註16〕　《晉書》卷97《四夷傳·匈奴傳》。

〔註17〕　《晉書》卷97《四夷傳·匈奴傳》。

〔註18〕　《晉書》卷97《四夷傳·匈奴傳》。

〔註19〕　參見祝總斌：《評晉武帝的民族政策》，中國魏晉南北朝史學會編：《魏晉南北朝史研究》，四川省社會科學院出版社1986年版，第183～208頁。

〔註20〕　參見周偉洲：《三國兩晉南北朝的邊疆形勢與邊疆政策》，馬大正主編：《中國古代邊疆政策研究》，中國社會科學出版社1990年版，第106頁。

〔註21〕　《晉書》卷97《四夷傳》。

觀點帶有濃厚的民族歧視，是有失公允的。此外，西晉王朝對邊疆地區的反叛勢力堅決進行打擊鎮壓。太始七年（271），在北部邊疆發生了南匈奴首領劉猛率部反叛西晉王朝的事件。晉武帝遣何楨進行征討。何楨以計殺劉猛，解除了劉猛及其部眾造成的危機，一定時期內維護了北部邊疆的穩定。史曰：「於是匈奴震服，積年不敢復反。」〔註22〕晉武帝時期，北部邊疆局勢相對穩定。

但是南匈奴部眾散居於并州北部各郡縣，對西晉王朝的統治具有潛在的影響，小規模的反叛事件仍然時有發，史曰：「其後稍因忿恨，殺害長史，漸爲邊患。」〔註23〕郭欽上疏晉武帝，指出北部邊疆潛在的危機，提出移民以實關中與隴右、加強邊疆防衛、強制遷徙北部邊疆諸胡等建議，以達到「峻四夷出入之防，明先王荒服之制」的效果。〔註24〕郭欽的建議遭到晉武帝的拒絕。郭欽提出建議的理論依據是夷夏之防，目的是在少數民族已經與漢人交雜分佈、進入北中國的情況下，努力恢復「內諸夏而外夷狄」的傳統理想民族分佈格局，減少西晉王朝統治的隱患。郭欽的建議中有些內容是值得肯定的，但其中關於將匈奴等邊疆諸胡強制遷徙到塞外的建議不僅在理論上有較大的歷史局限，而且在實際中很難操作，同時與晉武帝對邊疆民族的羈縻安撫政策逆向而行。晉武帝對郭欽的提議不加分析一概拒絕的做法，以及對郭欽的提醒完全無動於衷、置之不理的消極應對態度，埋下了南匈奴等部族擾亂邊疆、乃至顛覆西晉王朝統治的隱患。這個問題在西晉後期逐漸顯露，並最終全面爆發。

自晉惠帝統治開始，西晉統治者忙於爭奪皇權，無暇顧及邊疆地區，對北部邊疆的控制能力大爲削弱，北部邊疆各族人民的反晉鬥爭此起彼伏。惠帝元康年間（291～299），發生了匈奴人郝散及其弟率眾反叛、攻打郡縣的系列事件，開啓了北部邊疆叛亂的序幕。史曰：「惠帝元康中，匈奴郝散攻上黨，殺長吏，入守上郡。明年，散弟度元又率馮翊、北地羌胡攻破二郡。自此已後，北狄漸盛，中原亂矣。」〔註25〕內遷的南匈奴貴族也相機而動，暗中組織、集結部族力量，醞釀反晉武裝活動。南匈奴貴族北部都尉、左賢王劉宣認爲：「晉代興，我單于雖有虛號，無復尺土之業，自諸王侯，降同編戶。今

〔註22〕《晉書》卷97《四夷傳》。
〔註23〕《晉書》卷97《四夷傳》。
〔註24〕《晉書》卷97《四夷傳》。
〔註25〕《晉書》卷97《四夷傳》。

司馬氏骨肉相殘，四海鼎沸，興邦復業，此其時矣。」〔註26〕永安元年（304），在劉宣、劉淵等南匈奴貴族的組織號召下，南匈奴部眾共同推舉劉淵為首領，聚眾反於并州離石，建立政權，以「漢」為國號，劉淵自稱漢王。這一事件標誌自太康元年（280）以來的西晉王朝所建立的「大一統」政治局面結束，意味著西晉王朝統治在并州北部邊疆的坍塌，西晉王朝的統治危機由潛伏演變為暴露無遺。劉淵建立漢政權後，「遠人歸附者數萬」，〔註27〕勢力迅速壯大。并州刺史司馬騰與劉淵大戰失利後，率眾棄守南奔，并州諸郡為劉淵所據。永嘉元年（307），西晉王朝任命劉琨為并州刺史，試圖從劉淵政權手中收復并州。雖然劉琨忠於晉室，以晉陽為中心進行苦心經營，仍然難以挽救西晉王朝在北部邊疆的統治。最終劉琨為段部鮮卑首領段匹磾所殺害，西晉王朝徹底失去北部邊疆。在劉琨經略北部邊疆的時期，北部邊疆的拓跋鮮卑趁西晉衰敗的良機努力向南擴張，實力大增，到拓跋猗盧統部時，「自杏城以北八十里，迄長城原，夾道立碣，與晉分界。」〔註28〕同時拓跋鮮卑借為晉室「勤王」的名義，從西晉王朝先後獲得「代公」、「代王」的封號，建立代國，為此後拓跋鮮卑的崛起和北魏王朝的建立奠定了基礎。

縱覽西晉王朝對北部邊疆的經略，既有值得充分肯定的歷史經驗，也有沉重的歷史教訓。總體來說，西晉前期對北部邊疆的政策與措施值得充分肯定，具體包括：（一）對拓跋鮮卑實行羈縻籠絡政策，維護了北部邊疆的穩定；（二）對內遷、歸化的塞外匈奴及其他各邊疆民族妥善安置，促進了邊疆經濟文化開發和民族融合；（三）對擾亂邊境和反叛西晉王朝的叛亂勢力堅決鎮壓。這些政策與措施對維護北部邊疆穩定、鞏固西晉王朝統治具有積極作用。當然，西晉王朝在北部邊疆經略中的歷史教訓也是相當突出的。西晉後期，統治者忙於爭權奪利，政治腐敗，無暇顧及邊疆經略，削弱了對北部邊疆的控制力度，致使邊疆分離勢力滋長，分離傾向加劇，最終影響乃至顛覆了西晉王朝的統治。國家的繁榮昌盛與邊疆的穩定發展息息相關，互相影響，這是西晉覆亡留給我們的歷史啟示。另外，晉武帝不加分析地拒絕郭欽提出的合理建議，對其提出的問題置之不理，消極應對，沒及時採取解決措施，最終導致王朝自身的覆亡。這是值得深思的歷史教訓。

〔註26〕《晉書》卷101《劉元海載記》。
〔註27〕《晉書》卷101《劉元海載記》。
〔註28〕《魏書》卷1《序紀》。

三、西晉的西北邊疆危機與邊疆經略

曹魏政權統治時期，在與蜀漢的爭奪較量中奪取漢中，加強對隴右的控制，恢復對河西的統治和與西域的朝貢往來，在西北邊疆取得了一定的經略成就，同時埋下了較大的隱患。特別是對隴右的氐、羌等少數民族實行強制內徙政策和過度奴役剝削政策，給整個河隴地區帶來不安定因素。自西晉初年，河隴地區面臨各民族反晉活動此起彼伏、局勢動盪不安的局面。其中禿髮鮮卑樹機能的反晉活動前後近十年之久，一度斷絕涼州與內地的交通，控制河隴地區，使西晉王朝在西北邊疆面臨嚴重的統治危機。

西晉時期在河隴地區的統治危機形成淵源可以追溯到曹魏時期。曹魏時期，河隴地區有大量少數民族遷入，其中不少為鮮卑、匈奴民族。大將鄧艾「納鮮卑降者數萬，置雍、涼之間，與民雜居。」〔註 29〕祝總斌先生認為，此處所提到的「鮮卑降者」為隴西鮮卑。〔註 30〕禿髮鮮卑也在這一時期自塞北遷入河西，「最後聚居於河西走廊東部和青海湖以東，與漢、羌等族雜居。」〔註 31〕西晉初年，塞外匈奴大量內附，大部分人口被安置在并州北部和關中地區，其中部分人口遷於河隴地區。對於降附或內遷的少數民族，中原統治者一方面視為財源、兵源加以奴役和剝削，另一方面深懷疑忌和戒備之心。例如鄧艾認為戎狄是禍亂之源，對他們應提高警惕，加強戒備，分而治之，遷出內地。〔註 32〕但是由於各族內遷日久，已逐漸成為當地經濟鏈條上相互依賴、不可割斷的一環，將他們遷出在事實中已不可能。太始五年（269），河隴地區發生嚴重的自然災害，「比年不登」，〔註 33〕人情騷動，這一因素成為河隴地區統治危機的催化劑。在對少數民族充滿歧視和猜忌的心理狀態下，西晉王朝的應對措施不是賑濟安撫，而是試圖加強行政和軍事控制力度，增設秦州，激起了河隴地區尤其是秦州所在地即隴右地區人民的激烈反抗。除上述原因外，西晉王朝對待河隴地區少數民族言而無信，賞罰不公，激起少數民族、尤其是少數民族上層的怨恨，進一步激化了民族矛盾和社會矛盾，埋下了邊疆危機的隱患。晉初《己未詔書》要求河隴地區的地方官在徵募少

〔註 29〕《資治通鑒》卷 79，晉紀，太始五年（269）條。

〔註 30〕 參見祝總斌《評晉武帝的民族政策》，中國魏晉南北朝史學會編：《魏晉南北朝史研究》，四川省社會科學院出版社 1986 年版，第 197 頁。

〔註 31〕 白翠琴：《魏晉南北朝民族史》，第 100 頁。

〔註 32〕 參見《三國志》卷 28《魏志‧鄧艾傳》。

〔註 33〕《晉書》卷 47《傅玄傳》。

數民族時，「但募取樂行，不樂勿強。」於是地方官「宣恩廣募，示以賞信，」「深加獎厲，要許重報。」被募羌胡各族「感恩利賞，遂立績效，功在第一。」事後西晉王朝卻失信於民，「所募州郡督將，並已受封，羌胡健兒，或王或侯，不蒙論敘」。〔註34〕這種厚此薄彼、言而無信的做法，激起羌胡各族、尤其是各族上層首領的義憤。西晉王朝忽視對河隴各族尤其是立有功勳的各族上層首領的籠絡恩撫，從而失去河隴地區各少數民族的支持，動搖了統治基礎，對邊疆的穩定與發展產生不利影響。西晉前期在任命河隴地區各級官吏中也存在嚴重失誤。在河隴地區危機爆發之前，有識之士已經上書指出，「胡烈、牽弘皆勇而無謀，強於自用，非綏邊之材，將為國恥。願陛下詳之。」〔註35〕但是這個意見沒有得到晉武帝的重視和採納。

總之，西晉時期河隴地區的動盪局勢以及各少數民族的反晉鬥爭是多種因素促成的，既包括民族矛盾、自然災害，也包括用人政策失誤等。阮種在答晉武帝策問中，對此作了深刻論述。其文曰：「自魏氏以來，夷虜內附，鮮有桀悍侵漁之患。由是邊守遂怠，郡塞不設。而今醜虜內居，與百姓雜處，邊吏擾習，人又忘戰。受方任者，又非其材，或以狙詐，侵侮邊夷；或干賞啖利，妄加討戮。夫以微羈而御悍馬，又乃操以煩策，其不制者，固其理也。是以群醜蕩駭，緣間而動。雖三州覆敗，牧守不反，此非胡虜之甚勁，蓋用之者過也。」〔註36〕

西晉時期河隴地區的統治危機，以禿髮鮮卑首領樹機能領導的反晉鬥爭最為突出。太始六年（270），禿髮鮮卑首領樹機能率部反晉，掀開了西晉時期河隴地區各少數民族反晉鬥爭的高潮，直到咸寧五年（279），武威太守馬隆擊敗樹機能，河隴地區的戰亂局勢才得以基本結束。這場鬥爭前後持續九年。西晉王朝派遣前往征討樹機能的高級官吏往往戰敗，有的被殺身亡。史曰：「太始中，殺秦州刺史胡烈於萬斛堆（今甘肅皋蘭縣內），敗涼州刺史蘇愉於金山（晉甘肅山丹縣內），盡有涼州之地，武帝為之旰食。」〔註37〕太始七年（271），涼州刺史牽弘征討叛軍，軍敗身亡。史曰：「北地胡寇金城，涼州刺史牽弘討之。群虜內叛，圍弘於青山（今甘肅環縣內），弘軍敗，死之。」〔註38〕

〔註34〕　《晉書》卷48《段灼傳》。
〔註35〕　《晉書》卷35《陳騫傳》。
〔註36〕　《晉書》卷52《阮種傳》。
〔註37〕　《晉書》卷126《禿髮烏孤載記》。
〔註38〕　《晉書》卷3《武帝紀》。

　　在出師接連失利的情況下，晉武帝調整西北地區重要官員，任命扶風王司馬駿擔任都督雍涼等州諸軍事，鎮守關中，統領西北事務。司馬駿「善撫御，有威恩」，〔註39〕在任期間恩威並施，治理西北邊疆頗有政績。一方面，司馬駿採取安撫措施，勸督農桑，發展生產，先後於太始六年（270）、太始八年（272）兩次蠲除隴右地區租賦，以便在遭受戰亂的隴右地區恢復生產，安定民心。〔註40〕另一方面，司馬駿對反叛勢力加強震懾，大力討伐，先後三次派兵征討叛軍，並獲得勝利。太始十年（274），「涼州虜寇金城諸郡，斬其帥乞文泥等」；咸寧二年（276），「討北胡，斬其渠帥吐敦」；同年，司馬駿遣部下平虜護軍文淑「討叛虜樹機能等，破之。」〔註41〕通過剿撫並用的政策，西晉王朝削弱了樹機能的實力，加強了在河隴地區的統治，有效控制了西北邊疆局勢。迫於司馬駿的聲威，咸寧二年（276），以樹機能為首的河隴地區少數民族反晉勢力主動向西晉投降，歸降人口至少達二十萬口以上。史曰：「機能乃遣所領二十部及彈勃面縛軍門，各遣入質子。安定、北地、金城諸胡吉軻羅、侯金多及北虜熱岡等二十萬口又來降。」〔註42〕司馬駿的作為贏得了河隴地區各族人民的愛戴，在他離任及去世後，河隴地區各族人民仍然懷念和銘記他的事蹟。史曰：「西土聞其薨也，泣者盈路，百姓為之樹碑，長老見碑無不下拜，其遺愛如此。」〔註43〕咸寧二年（276）樹機能等降附後，司馬駿離任還朝。此後不久，河隴地區重新陷入動盪，已經降附的樹機能等反晉勢力再次起兵反晉。咸寧四年（278），河隴地區局勢出現反轉，西晉王朝對涼州完全失去控制。史曰：「涼州刺史楊欣與虜若羅拔能等戰於武威，敗績，死之。」〔註44〕樹機能等控制河隴交通，「河西斷絕。」〔註45〕咸寧五年（279），在萬分緊急的形勢下，晉武帝打破用人常規，重用才幹突出、毛遂自薦的馬隆，任命其為武威太守，募兵三千餘人，前往河隴地區征討叛亂勢力。馬隆受命出征，取得突出的功績，接收安撫降附者，征討誅殺反叛者，順利平定涼州。史曰：「隆到武威，虜大人猝跋韓、且萬能等率萬餘落歸降，

〔註39〕《晉書》卷38《扶風王駿傳》。
〔註40〕參見《晉書》卷3《武帝紀》。
〔註41〕《晉書》卷3《武帝紀》。
〔註42〕《晉書》卷38《扶風王駿傳》。
〔註43〕《晉書》卷38《扶風王駿傳》。
〔註44〕《晉書》卷3《武帝紀》。
〔註45〕《晉書》卷57《馬隆傳》。

前後誅殺及降附者以萬計。又率善戎沒骨能等與樹機能大戰，斬之，涼州遂平。」〔註46〕太康年間，馬隆被任命爲西平太守，在任十餘年，深得民心，「威信震於隴右」。〔註47〕

西晉後期，隨著中原局勢的動盪與分裂，邊疆地區的離心趨勢加強。安定人士張軌利用這個時機，自請爲涼州刺史，以求割據河西，在亂世中自保，並保全家族和一方之民。永寧初（301），張軌被西晉王朝任命爲護羌校尉、涼州刺史，到任後討伐鮮卑反叛勢力，整頓社會秩序，推行儒學教育，取得了較好的治理效果，「遂威著西州，化行河右。」〔註48〕張軌在河西的經營舉措，保全了河西一方的安定，具有積極的歷史意義。不過客觀上加重了西北邊疆的分離傾向，加速了西晉王朝的滅亡。

在西北邊疆整體局勢動盪的情況下，西晉王朝總體上仍然維繫對西域的統治，設置西域長史、戊己校尉等官職管理西域事務。關於這一時期西域長史、戊己校尉的資料十分稀少。有關西晉西域長史的資料僅見一條。史載，太寧元年（323），「西域長史李柏請擊叛將趙貞，爲貞所敗。」〔註49〕此事發生在前涼國主張駿統治時期，距離劉淵滅亡西晉王朝的時間即建興四年（316）已有七年，李柏的「西域長史」的職務是源自西晉王朝的任命還是源自前涼政權的任命，尚不能清晰判定，值得進一步推敲。關於西晉戊己校尉活動的資料相比而言略顯豐富，涉及此職的相關歷史人物有三位。一是戊己校尉馬循。史載，咸寧元年（275）春，「西域戊己校尉馬循討叛鮮卑，破之，斬其渠帥。」咸寧二年（276），「鮮卑阿羅多等寇邊，西域戊己校尉馬循討之，斬首四千餘級，獲生九千餘人，於是降。」〔註50〕二是戊己校尉長史索靖。史載，敦煌人索靖博學多才，與其他四位本郡士人號稱「敦煌五龍」。晉武帝在位時期，索靖「拜駙馬都尉，出爲西域戊己校尉長史。」〔註51〕三是戊己校尉趙貞。史曰：「初，戊己校尉趙貞不附於駿，至是，駿擊擒之，以其地爲高昌郡。」〔註52〕張駿擊趙貞的事件發生在太寧元年（323），上引「西域長史

〔註46〕 《晉書》卷57《馬隆傳》。
〔註47〕 馬隆事蹟參見《晉書》卷57《馬隆傳》。
〔註48〕 《晉書》卷86《張軌傳》。
〔註49〕 《晉書》卷86《張軌傳附張駿傳》。
〔註50〕 《晉書》卷3《武帝紀》。
〔註51〕 《晉書》卷60《索靖傳》。
〔註52〕 《晉書》卷86《張軌傳附張駿傳》。

李柏請擊叛將趙貞」與此事爲同一事件。由此可知，李柏是否爲前涼任命的西域長史雖難以斷定，而「戊己校尉趙貞不附於駿」之語已經清晰顯示，趙貞的戊己校尉之職不可能是前涼所任命，只有可能是西晉王朝所任命。由此可知，戊己校尉的任命與履職貫穿西晉王朝整個統治時期，戊己校尉在鎮壓叛亂勢力、維護西晉在西域的統治等方面發揮了積極重要作用。不過，史書關於戊己校尉的某些記載內容疑似有誤。史曰：「魏時復分以爲涼州，刺史領戊己校尉，護西域，如漢故事，至晉不改。」〔註53〕依據這份材料所言，西晉時期戊己校尉由涼州刺史兼領。然而前所述涼州刺史牽弘、蘇愉、楊欣的相關記載中均未提到他們兼領戊己校尉之職，戊己校尉馬循、趙貞的官職中也並未提到身爲涼州刺史。張軌出任涼州刺史時兼任的職務是「護羌校尉」，〔註54〕史有明載。由此可見，西晉時期涼州刺史與戊己校尉乃是由不同官員分任，並非兼領。

　　西晉王朝沿襲漢魏舊例，與西域諸國保持朝貢往來，維繫對西域地區的羈縻統治。由於河隴地區政治局勢動盪不安，特別是西晉前期樹機能等邊疆少數民族發動反晉活動，西域與中原一度出現交通困難，政治交往及經濟、文化聯繫顯著減少。特別是樹機能等反晉活動蜂起的時期，西域至中原的朝貢活動幾乎中斷。史書所見，僅太始年間（265～274）康居國遣使獻馬。〔註55〕馬隆平定河隴、收復涼州，掃清了西域至中原的交通障礙，西域諸國的朝貢活動逐漸恢復。太康年間（280～289），西域諸國朝貢活動較爲集中，出現了焉耆、龜茲、車師前部、鄯善等國均「遣子入侍」的盛況。〔註56〕太康六年（285），晉武帝遣使至大宛，冊封其王藍庾爲「大宛王」，後藍庾之子摩之繼位，與西晉王朝繼續保持朝貢關係，「遣使貢汗血馬」。〔註57〕西晉後期，隨著中原政局的動盪和北方草原拓跋鮮卑勢力的發展壯大，西晉王朝對西域地區的控制力再次減弱，包括烏孫等在內的西域北部廣闊地區成爲拓跋鮮卑的勢力範圍。拓跋鬱律在位時期，其勢力影響範圍「西兼烏孫故地，東吞勿吉以西，控弦上馬將有百萬。」〔註58〕有學者指出，這說明「在當時的西域，

〔註53〕《晉書》卷14《地理志》。
〔註54〕《晉書》卷86《張軌傳》。
〔註55〕《晉書》卷97《四夷傳》。
〔註56〕《晉書》卷3《武帝紀》，卷97《四夷傳》。
〔註57〕《晉書》卷97《四夷傳》。
〔註58〕《魏書》卷1《序紀》。

至少天山以北的地區已處於鮮卑人的勢力範圍之內。」〔註59〕

綜上所述，西晉王朝爲經略西北邊疆地區耗費了大量精力、財力和兵力，經略的重點是維護、鞏固在河隴地區的統治。其具體經略政策既有重大失誤，也有一定可取之處。比較明顯的失誤是對河隴地區的民族矛盾、社會矛盾缺乏深入瞭解和正確估計，用人失誤使西北邊疆危局雪上加霜。可取之處是及時調整選人、用人政策，打破用人常規，重用有才幹的人爲邊吏，平定了河隴地區叛亂，挽救了西北邊疆地區的統治危機。總之，西晉王朝採用恩威並施、剿撫並用、伐叛柔服的兩手政策，恢復、鞏固了西晉王朝在河隴地區的統治，其經略政策和成效總體上是值得肯定的。至於張軌及其家族割據河西，主要是西晉後期政局總體形勢造成的，邊疆政策並不是主因。

第二節　西晉王朝對南方邊疆的經略

一、西晉對南中的寬鬆統治及其政策演變

西晉前期，對於新附的蜀漢舊疆主要採取較爲寬鬆、謹愼的政策，以維護西南地區的權力平穩交接和政局穩定爲主要任務。西晉初年對益州刺史袁邵的處理方案頗能反映統治者對待新附疆土的心態。太始元年（265）春，益州刺史袁邵因治城未報告朝廷，按照規定應當征還朝廷，進行處罰，最終在原蜀漢政權侍郎、蜀郡本土士人常忌的請求下得以留任原職，免於處罰。常忌認爲：「邵撫恤有方，遠國初附，當以漸導化，不宜改易州將，失遐外心。」〔註60〕這個事件表明，西晉王朝對於新附蜀漢故地的官吏較爲寬容，對於蜀漢士人的意見較爲尊重，體現了以維護新附疆土穩定爲主導的經略思路。

西晉前期對南中的經略主要倚重蜀漢舊吏、建寧郡太守霍弋及其部下。霍弋在蜀漢時期長期任職於南中，善於撫御，具有傑出的統治才能，在南中享有較高威望。史書稱其「善參毗之禮」，「撫和異俗，爲之立法施教，輕重允當，夷晉安之。」〔註61〕曹魏滅蜀時，霍弋「保全一方，舉以內附」，受到曹魏統治者的賞識重用，「因仍前任，寵待有加」，〔註62〕拜爲南中都督，統

〔註59〕余太山主編：《西域通史》，中州古籍出版社2003年版，第81頁。
〔註60〕《華陽國志校注》卷8《大同志》。
〔註61〕《華陽國志校注》卷四《南中志》，第360～361頁，
〔註62〕《三國志》卷41《蜀書·霍弋傳》。

領南中軍政事務。魏、晉禪代，西晉王朝繼續重用霍弋，令其鎮撫南中。這對贏得南中各種政治勢力的支持信任、維護南中穩定具有積極意義。爲鞏固對南中的統治，晉武帝還採取其他政治、經濟措施。首先，西晉王朝沿用蜀漢在南中設庲降都督之舊例，改其名稱爲「南中都督」或「南中監軍」，〔註63〕統領南中軍政事務。其次，對南中行政區劃採取系列改易措施，先後增設寧州、南夷校尉、西夷校尉，加強行政管理和軍事鎮禦。太始七年（271），西晉在益州行政區域中增置寧州，以建寧、興古、雲南、永昌等南中四郡統屬寧州管轄。太康三年（282），廢寧州建置，寧州四郡劃歸益州管轄，在南中設南夷校尉。史曰：「太始七年（271），武帝以益州地廣，分益州之交州之永昌，會四郡爲寧州。太康三年（282），武帝又廢寧州入益州，立南夷校尉以護之。」〔註64〕南夷校尉基本上取代南中都督的職責，「統兵鎮南中，統五十八部夷族都監行事。」〔註65〕同年，西晉設置西夷校尉。史曰：「以蜀多羌夷，置西夷府，以平吳軍司張牧爲校尉，持節統兵。州別立治西夷、治蜀，各置長史、司馬。」〔註66〕再次，制定減免民眾經濟負擔的政策，寬刑薄賦，緩和社會關係。史載，太始五年（269），「曲赦交趾、九眞、日南五歲刑。」〔註67〕太始七年（271），晉武帝下令免除南中及交趾等三郡的戶調，「詔交趾三郡、南中諸郡無出今年戶調。」〔註68〕在上述免除戶調、刑罰的對象中，南中爲西晉的新附疆土，交趾、九眞、日南三郡本爲孫吳政權所有，然而景元四年至太始七年（263～271），曹魏、西晉通過戰爭從孫吳奪取三郡，太始七年被孫吳奪回。對交趾三郡寬免刑罰與戶調的措施，顯然是爲了籠絡交趾三郡的各種政治勢力、特別是當地民眾，以鞏固在當地的統治，不過成效有限，西晉仍在與孫吳政權的爭奪中失利，失去三郡。但免除南中戶調的政策則成效明顯，吸引了南中各少數民族紛紛內附。太康十年（289），一次就有「西南夷二十餘國」〔註69〕赴闕朝貢。總之，由於政策得當，西晉前期對南

〔註63〕史書對曹魏、西晉時期南中軍政首領霍弋的官職名稱記載不一，《三國志》卷41《魏志・霍弋》注引《漢晉春秋》稱爲「南中都督」，《三國志》卷4《魏書・三少帝紀》稱爲「南中都督護軍」，《晉書》卷57《陶璜傳》稱爲「南中監軍」。
〔註64〕《晉書》卷14《地理志上》。
〔註65〕《華陽國志校注》卷4《南中志》。
〔註66〕《華陽國志校注》卷8《大同志》。
〔註67〕《晉書》卷3《武帝紀》。
〔註68〕《晉書》卷3《武帝紀》。
〔註69〕《晉書》卷3《武帝紀》。

中實現了穩定、有效的統治。

西晉後期，西晉統治者對南中的政策發生了一定變化，加重了對南中各族人民的剝削、壓迫和政治鉗制，從而激化了南中地區的社會矛盾，破壞了西晉王朝在南中的統治基礎。首先，西晉統治者從南中收刮大量財物，加重了人民負擔。史曰：「每夷供貢南夷府，入牛、金、旃、馬，動以萬計，皆預作忿恚致校尉官屬；其供縣亦然。」〔註70〕動以萬計的供奉，主要由南中各少數民族承擔，由此激化了南中少數民族與西晉統治者的矛盾。其次，西晉統治者在選官用人制度上加強對南中本土人士的控制，規定南中大姓的選拔必須經由南中都督（後期改稱「南夷校尉」）掌控。史曰：「四姓子弟仕進，必先經都監。」〔註71〕這項措施直接影響南中大姓的政治利益，激起南中大姓對西晉王朝的不滿，嚴重影響了西晉在南中的統治，使得在隨後發生的李雄割據巴蜀、建立成漢政權等系列事件中，西晉王朝處於內外交困的不利地位。

太安二年（303），秦、雍流民在氐人李特及其族人李雄等人率領下發動起義，攻打成都，割據巴蜀，建立政權。南中大姓隨即起兵反晉，「建寧大姓李睿、毛詵逐太守杜俊，朱提大姓李猛逐太守雍約，以應特，眾各數萬。」〔註72〕西晉為加強對南中的控制，恢復寧州設置，以原南夷校尉李毅兼任寧州刺史。永安元年（304），李雄在成都建立政權，遣兵攻打寧州。南中夷帥於承陵受李雄政權招誘，與李雄政權裏應外合，舉兵攻打李毅。李毅腹背受敵，在南中困守經年，永嘉元年（307）病逝。其部下奉李毅之女繼續堅守南中。永嘉四年（310），西晉王朝任命王遜為寧州刺史、南夷校尉。王遜到任後，採取系列措施，如「披荒糾厲，收聚離散」，「專杖威刑，鞭撻殊俗」，「征伐諸夷，俘馘千計，獲馬及牛羊數萬餘」，這些措施收到了一定成效，使得西晉在南中的統治短期內得到一定程度的恢復和發展，收到「莫不振服，威行寧土」的效果。〔註73〕但從長遠來看，王遜的高壓政策進一步破壞了西晉與南中大姓和夷帥的關係，削弱了西晉在南中的統治基礎。王遜去世後不久的東晉咸和八年（333），成漢政權完全據有南中。

〔註70〕 劉琳認為此處「忿恚」可能為「份額」之誤，參見（東晉）常璩著、劉琳校注：《華陽國志校注》，巴蜀書社1984年版，第364頁。
〔註71〕 《華陽國志校注》卷4《南中志》。
〔註72〕 《資治通鑒》卷84，晉紀，太安二年（303）。
〔註73〕 《晉書》卷81《王遜傳》。

二、西晉對嶺南的平穩統治及後期局勢的變化

　　嶺南地區在太康元年（280）滅吳後才進入西晉王朝的疆域範圍。此前西晉雖據有交趾、九眞、日南三郡達八年之久，但後來三郡被孫吳政權奪回。西晉前期，對於新附的孫吳舊疆，經略重點是維護王朝交替之際邊疆地區的權力平穩交接與政局穩定。

　　西晉對嶺南的經略主要依賴孫吳舊吏，如廣州牧滕修、交州牧陶璜及其繼任者交州刺史吾彥等人。孫皓統治時期，滕修被任命爲廣州刺史，在任期間「甚有威惠」，後調往中央朝廷爲執金吾。嶺南郭馬之亂爆發，滕修因「宿有威惠，爲嶺表所伏」而臨危受命，擔任使持節、都督廣州軍事、鎮南將軍、廣州牧之職，前往鎮壓嶺南叛亂。此時正逢西晉王朝大舉出兵滅吳。在孫皓已經投降西晉王朝的情況下，滕修與廣州刺史閭豐、蒼梧太守王毅均投降西晉王朝。西晉王朝對滕修委以重任，「以修爲安南將軍，廣州牧、持節、都督如故，封武當侯，委以南方事。修在南積年，爲邊夷所附。」〔註74〕從這份資料可知，西晉王朝對滕修任以孫吳時期的原職，其職權囊括廣州行政區的主要軍政事務。滕修於太康九年（289）卒於任上。陶璜爲孫吳政權任命的嶺南官吏，在孫吳統治後期先後擔任蒼梧太守、交州刺史和使持節、都督交州諸軍事、前將軍、交州牧，統領交州軍政事務。在孫吳與曹魏、西晉爭奪交趾三郡的戰爭中，陶璜爲孫吳立下赫赫戰功，維護了孫吳在嶺南的統治。太康元年（280），在西晉滅吳戰爭節節推進、孫皓已經投降的情況下，陶璜「遣使送印綬詣洛陽」，表示主動歸附西晉。晉武帝命「復其本職，封宛陵侯，改爲冠軍將軍」，〔註75〕即由陶璜繼續統領交州軍政事務。陶璜去世後，西晉王朝啓用孫吳舊吏吾彥，以其爲「南中都督、交州刺史」，其官職與陶璜略有小異，而統管交州之責基本相同。吾彥在任時期鎮壓叛亂，撫慰民眾，維護了交州的穩定。史曰：「初，陶璜之死也，九眞戍兵作亂，逐其太守，九眞賊帥趙祉圍郡城，彥悉討平之。在鎮二十餘年，威恩宣著，南州寧靖。」〔註76〕由上可知，西晉滅吳後，嶺南的軍政首腦仍是孫吳舊吏。西晉對陶璜等孫吳舊吏提出的政治、經濟、軍事建議充分予以採納。例如陶璜上書提出，交州民情不同中原，因此在普遍裁撤州郡兵員的情況下，交州應給予特殊對待，

〔註74〕《晉書》卷57《滕修傳》。
〔註75〕《晉書》卷57《陶璜傳》。
〔註76〕《晉書》卷57《吾彥傳》。

保留州郡兵；又提議在合浦郡允許百姓採珠爲業，按珠的品級輸納貢賦，允許當地商貿往來。〔註 77〕這些提議都被西晉王朝所採納。滕修、陶璜、吾彥等孫吳舊吏在改朝換代之際，爲嶺南地區的平穩過渡與發展作出了重要貢獻，值得肯定。通過孫吳舊吏的支持配合，西晉王朝建立了對嶺南地區的統治。

　　西晉後期，嶺南地區爆發王機、梁碩之亂。王機之父王毅曾爲廣州刺史，在任時期「甚得南越之情。」〔註 78〕其後，王機之兄王矩曾擔任廣州刺史之職，死於任上。建興元年（313），王機自請爲廣州刺史，被當政者王敦拒絕，然而得到廣州吏民的支持。王機在廣州部將溫邵等人支持下，以武力擊敗時任刺史郭訥，自署爲廣州刺史。稍後，流民起義首領杜弢率眾進入廣州。王機忌憚杜弢勢力，欲放棄廣州，因此自求爲交州刺史，得到王敦的許可，但是遭到新昌太守梁碩的抵制。王機進退維谷，遂與流民起義首領杜弢及廣州部將溫邵、交州秀才劉沈合謀，共同舉兵反叛，被新任廣州刺史陶侃平定。〔註 79〕新昌太守梁碩在西晉末年一直「專威交土」，「兇暴酷虐，一境患之」，〔註 80〕公開抵制西晉王朝的政令，自署爲交趾太守，擅自安排交州軍政事務，交州刺史王諒被梁碩攻陷。直至東晉太興初年（318）之前，交州一直由梁碩控制。東晉初，陶侃被任命爲平南將軍、都督交州軍事，平定了梁碩叛亂勢力，隨後被任命爲東晉王朝首任交州刺史，確立了東晉對交州的統治。〔註 81〕有學者認爲，西晉王朝對嶺南交廣二州的人事安排，一直延續重用孫吳舊吏的做法，王機、梁碩的背後都可以看到孫吳舊吏的影響力，直到建興三年（315）陶侃平定廣州王機之亂以後，西晉王朝才得以「去除了舊孫吳嶺南地區將領的影響」，「終結了廣州刺史由舊孫吳嶺南系統將領擔任的時代。」〔註 82〕由此可見，西晉王朝爲實現權力平穩交接，對嶺南地區採取重用孫吳舊吏、特別是軍政要員的政策，這一政策猶如一把雙刃劍，一方面有利於在嶺南新附於西晉王朝之際，維護嶺南的政局穩定；另一方面則由於保存了孫吳舊吏的

〔註77〕　《晉書》卷 57《陶璜傳》。

〔註78〕　《晉書》卷 100《王機傳》。

〔註79〕　王機反叛事件過程見《晉書》卷 100《王機傳》。

〔註80〕　《晉書》卷 89《王諒傳》。

〔註81〕　陶侃事蹟參見《晉書》卷 66《陶侃傳》。

〔註82〕　陳耀澤：《六朝時代的廣州刺史》，臺灣成功大學歷史學系碩士學位論文。指導老師：蔡幸娟；答辯時間：2010 年 7 月。第 77 頁。

影響力，給嶺南地區埋下了動亂的隱患。西晉後期，在中央王朝內訌不斷、中原動盪分裂的情況下，西晉王朝前期在嶺南經略中所埋下的隱患遂至全面爆發。

　　綜上所述，西晉前期邊疆局勢大體上保持穩定，邊疆各地在統一的中央政權控制下，通過朝貢、內附、設官立職等渠道，大大加強了與內地的政治、經濟、文化聯。這種狀況有利於民族融合和各民族的發展進步，也有利於共同國家觀念和民族凝聚力的增強。但是西晉前期的邊疆經略中也有諸多不足，如對西北邊疆民族的過度奴役、剝削和歧視，對嶺南地區孫吳舊吏的過度重用等。這些不足之處成為西晉後期邊疆形勢惡化、各種潛藏矛盾全面爆發的誘因，既影響了邊疆的穩定與發展，也嚴重削弱了西晉王朝的綜合實力，加快了西晉王朝的滅亡。西晉王朝在邊疆經略中所展示的歷史經驗與沉重教訓，值得後世深入研究。

　　同時值得重視的是，西晉前期國力強盛、邊疆各族欣然來朝的盛況，強化了西晉王朝的盛世王朝形象，加強了人們對西晉王朝的政治認同，使得擁護晉室的意識源遠流長，對時人的政治活動產生深遠影響。西晉後期，「五胡」入主中原，建立政權，但是「勤王晉室」在很長時間內都是強有力的政治旗號，具有強大的凝聚人心的力量，也是不少政權建立之際不得不採取的政治策略。「擁晉意識」成為兩晉時期一種特殊形態的國家認同，在很長一段時期內穩定而廣泛地存在於人們內心，在促進國家統一與民族融合發揮了重要的精神引領作用。〔註83〕

〔註83〕參見彭豐文：《兩晉時期國家認同研究》，民族出版社 2009 年版，第 80 頁、
　　　　第 91 頁。

第四章　東晉十六國時期的邊疆經略

　　東晉十六國時期（317～439）是中國歷史上政局較為混亂的時期，在十六國政權統治的北方地區，大部分時期處於政權頻繁更迭、社會矛盾尖銳、民族衝突激烈、戰爭不息的狀態，整個社會的經濟文化受到極大的摧殘，發展緩慢或停滯，有些地區甚至出現了衰退，對邊疆的經略與開發十分不利。眾國林立及彼此兼併不息的北方政局，不僅使飽受西晉末年動亂的中原地區雪上加霜，而且使北方邊疆深受其害。因為各政權內外的很多混戰發生在北方邊疆地區，同時各政權的注意力被內亂和臨近政權的壓力所牽制，對邊疆地區缺乏足夠的重視。總之，割據動盪的局面，使得這一時期的邊疆經略帶有很大的波動性。

　　不過，由於有些政權立足於邊疆地區，所統治的地區尤其是國都所在地成為邊疆局部地區的政治、經濟、文化核心地區，從而帶動了邊疆局部地區的發展。例如五涼政權所在的河隴地區，就一度取代了中原的文化地位，成為一個文化中心。因此，雖然兩晉十六國時期的邊疆經略總體趨勢上偏於低落，但在某些局部地區取得了一定成就。東晉王朝統治下的南方地區，相對而言社會穩定，經濟文化得到發展，邊疆地區得到開發，但是由於長期處於北方政權的軍事壓力之下，因此發展進程受到一定影響。總的來說，由於政治分裂，東晉十六國時期邊疆經略處於低谷時期，個別邊疆地區局部得到一定發展。

第一節　十六國政權對北方邊疆的經略

　　以西晉滅亡為標誌，北方進入割據混亂時期。這一時期，北方地區先後出現前趙、後趙、前燕、前涼、前秦、後燕、後秦、後涼、北涼、西涼、南

涼、西秦、赫連夏、西燕、南燕、北燕、高句麗、代國等政權，其中大部分為胡人所建政權。十六國時期諸北方政權在極為艱難混亂的環境中，對北方邊疆進行了一定的經略與開發。

一、十六國政權對東北邊疆的經略

十六國時期，在東北邊疆先後興起前燕、後燕、北燕和高句麗四個政權。十六國時期唯一完成了北方地區統一的前秦政權，也對東北邊疆有所經略。前燕、後燕政權均為慕容鮮卑所創立。北燕創立者馮跋為漢人，但其所依賴的政治資源主要源自後燕。慕容鮮卑、漢人、高句麗、契丹、庫莫奚、夫餘等各民族在交戰、冊封、互市、通使往來等多種形式的交流交往中，增強瞭解與認同，共同創造了東北邊疆及北部邊疆的歷史文化，為東北邊疆及北部邊疆的經略與開發作出了重要的歷史貢獻。

在十六國時期東北邊疆諸族中，慕容鮮卑的歷史活動與影響最為突出。東北邊疆是慕容鮮卑的發祥地，同時很長時期內是前燕、後燕的政治中心。在前燕、後燕爭奪中原和統治中原時期，東北邊疆又是慕容鮮卑的後方基地。慕容鮮卑與高句麗等各民族政治勢力對東北邊疆統治權的爭奪，構成十六國時期東北邊疆經略的主線。

前燕政權統治前期的戰略重心是兼併東北邊疆各支政治勢力，取得對東北邊疆的統治權。西晉後期，慕容廆趁中原動盪之機，借為晉室「勤王」的名義發展壯大。慕容廆先後向西晉、東晉王朝稱臣，被晉愍帝冊封為鎮軍將軍、昌黎、遼東二國公，後又被東晉成帝冊封為持節、都督幽平二州東夷諸軍事、平州牧，封遼東郡公。這些政治名號使慕容廆在東北邊疆的經略活動獲得晉皇室的名義授權，在政治上取得主動，有利於借助晉室的名義擴大聲威，吸收中原流民。太安年間（302～303），慕容廆擊敗宇文莫歸別帥素延，「追奔百里，俘斬萬餘人。」永嘉初年（313），擊敗附塞鮮卑素連、木津勢力，悉降其眾。太興初年（318），慕容廆擊敗晉平州刺史崔毖與高句麗、宇文氏、段氏的聯合進攻，俘虜宇文悉獨官的部眾，不久又擊敗寇擊遼東的高句麗。同年，慕容廆藉口段部鮮卑段末波「初統其國，而不修備」，遣兵襲之，「收其名馬寶物而還」。〔註1〕

慕容皝統治時期（333～348）是前燕政權兼併各族勢力、統一東北邊疆

〔註1〕以上慕容廆事蹟參見《晉書》卷108《慕容廆載記》。

的關鍵時期。這一時期東北邊疆形勢異常複雜，除了宇文部、段部、高句麗依然保持著強大的實力之外，據有中原的後趙政權也試圖向東北方向擴展。慕容皝先後率軍與上述政治勢力作戰。其中與高句麗政權的交戰尤為激烈。史載慕容皝先後三次率軍攻打高句麗，戰爭持續近三、四年的時間。第一次出兵，高句麗王釗乞盟，慕容皝退兵，第二年高句麗王釗遣子朝貢。第二次出兵在咸康七年（341），慕容皝分南北兩路向高句麗大舉進攻，大敗高句麗守軍，攻佔高句麗都城丸都，高句麗王釗「單馬而遁」，慕容皝「掘釗父利墓，載其屍並其母妻珍寶，掠男女五萬餘口，焚其宮室，毀丸都而歸。」高句麗被打得一敗塗地，被迫稱臣於前燕。第三次是在高句麗稱臣稍後，慕容皝遣子慕容恪攻高句麗南蘇，「置戍而還」。〔註2〕這次出兵有利於鞏固第二次出兵的戰爭成果，加強對高句麗的實際控制。控制高句麗後，慕容皝又於建元三年（345）遣慕容恪和世子慕容俊討伐夫餘。慕容恪「身當矢石，推鋒而進，所向輒潰。」〔註3〕前燕在這次戰爭中大獲全勝，「虜其王及部眾五萬餘口以還。」〔註4〕通過兼併戰爭，慕容鮮卑實現了兼併諸部、臣服高句麗政權、統一東北邊疆的目標，奠定了前燕政權在東北邊疆的統治基礎。

　　縱觀慕容皝與周邊諸族的作戰，其對西面諸族與對東面諸族的作戰目的有所不同。對西面諸族如宇文部、段部、後趙勢力，作戰目的是兼併，即不僅掠奪人口寶物，迫使對方臣服，還要徹底消滅對方實力，佔領對方活動地域。而對東面諸族如高句麗和夫餘等族的作戰目的主要是臣服，即掠奪人口寶物和迫使對方稱臣納貢，並沒有佔領土地的打算。例如慕容皝打敗高句麗後很快從丸都撤兵，沒有派兵長駐丸都。可見慕容鮮卑雖然發祥於東北邊疆，但是發展的戰略意向是內傾型的，戰略發展重心是進取中原，因此對於高句麗、夫餘等遠離中原的少數民族政權則大致遵循秦漢以來傳統邊疆觀念，以其「地在要荒」，滿足於建立朝貢藩附關係。慕容皝在位時期，前燕基本上完成了東北邊疆的統一。

　　前燕政權統治後期歷慕容俊、慕容暐兩代國君，其戰略重心是進取中原和鞏固對中原的統治，對於東北邊疆以羈縻安撫政策為主，以武力鎮壓政策為輔。慕容俊統治時期，冊封高句麗王為「營州諸軍事、征東大將軍、營州

〔註2〕《晉書》卷109《慕容皝載記》。
〔註3〕《晉書》卷111《慕容恪載記》。
〔註4〕《晉書》卷109《慕容皝載記》。

刺史，封樂浪公，王如故。」〔註5〕同時慕容俊派遣才幹傑出的宗室成員慕容垂鎮守遼東，總覽東北邊疆軍政事務。史載，永和八年（352），「以吳王垂爲東夷校尉、平州刺史，鎮遼東。」〔註6〕慕容垂鎮守遼東時期，東北邊疆較爲平靜。慕容暐統治時期，前燕朝政腐敗，對東北邊疆控制不力。前秦攻佔前燕都城後，前燕統治者慕容桓欲「退保和龍」，但是和龍城內發生了叛亂，「散騎侍郎徐蔚等率夫餘、高句麗及上黨質民子弟五百餘人，夜開城北門引納秦師。」〔註7〕這一事件說明東北邊疆民族矛盾尖銳，各族不甘接受慕容暐政權統治。總的來說，前燕政權統治後期，對經略東北邊疆有所疏忽。特別是慕容暐政權的腐敗統治，導致前燕政權末年實際上失去東北邊疆這一後方基地。建熙十一年（370），前燕亡於前秦。

後燕政權由慕容垂創立，定都於中山（今河北定州）。後燕在東北邊疆的活動主要有四個方面。一是平定叛亂，加強對東北邊疆的鎮撫，穩定東北邊疆政治局勢。晉太元十一年（386），前燕平定以徐岩爲首的遼東叛亂。史載，「建節將軍徐岩叛於武邑，驅掠四千餘人，北走幽州。」徐岩「乘勝入薊，掠千餘戶而去，所過寇暴，遂據令支。」不久慕容垂派大將慕容農攻克令支，斬徐岩兄弟，平定了這起叛亂。二是派遣重要宗室成員經略東北邊疆。慕容垂統治時期，以太子慕容寶爲侍中、大單于驃騎大將軍、幽州牧，鎮守東北邊疆。慕容寶身爲太子，深受慕容垂的器重，在此之前已經「以寶錄尚書政事，鉅細皆委之，垂總大綱而已。」慕容垂以慕容寶爲幽州牧，出鎮東北邊疆，充分體現了對東北邊疆的重視。同時，慕容垂在龍城（今遼寧朝陽市境內）設置留臺，以宗室高陽王慕容隆擔任首任「留臺尚書」。〔註8〕「留臺」意爲在留都設置的中央機構，具有十分重要的政治意義。這一措施提高了遼東地區在後燕版圖中的政治地位，有利於東北邊疆的穩定與發展。三是征討庫莫奚、契丹東北邊疆各族勢力，擄掠人口、牲畜。史曰：慕容盛在位時，「討庫莫奚，大虜獲而還。」慕容熙在位時，「北襲契丹，大破之。」〔註9〕四是與高句麗爭奪對東北邊疆地域的控制權。前燕亡國後，高句麗趁機向西擴張，與興起的後燕政權產生劇烈的利益衝突，雙方皆欲掌握對東北邊疆的控制權，導致系列衝突與戰爭。後燕與高

〔註5〕《晉書》卷110《慕容俊載記》。

〔註6〕湯球輯補：《十六國春秋輯補》卷5《前燕錄》，齊魯書社2000年版。

〔註7〕湯球輯補：《十六國春秋輯補》卷7《前燕錄》。

〔註8〕慕容垂事蹟參見《晉書》卷123《慕容垂載記》。

〔註9〕《晉書》卷124《慕容熙載記》。

句麗的大規模的戰爭共有三次。第一次是太元十一年（386），高句麗出兵四萬襲遼東，陷遼東、玄菟二郡，虜後燕人口一萬口而還。不久後燕奪回二郡。長樂元年（399），後燕臣服高句麗。高句驪王安「遣使貢方物。」〔註10〕第二次是長樂二年（400），慕容盛「率眾三萬伐高句驪，襲其新城、南蘇，皆克之，散其積聚，徙其五千餘戶於遼西。」〔註11〕第三次是光始四年至光始六年（404～406），高句麗進攻後燕之燕郡，慕容熙率兵大舉討伐高句麗。由於慕容熙作戰中完全違背作戰基本原則，後燕在交戰中大敗而歸。〔註12〕縱觀後燕與高句麗之間的戰爭，前期雙方互有勝負，不相上下。到慕容熙統治時期，後燕節節失利，逐漸失去對局勢的主動權。

　　前秦政權通過派遣重臣和宗室加強鎮守、強制遷徙本地人口、分置州郡加強行政管理等政策與措施，對東北邊疆實行了有效的統治。前秦對東北邊疆的經略開始於建元六年（370），結束於建元二十年（384），即從前燕被滅之後至後燕建國之前，共十四年。前秦滅前燕後，前燕疆域併入前秦。苻堅任命討燕總帥王猛為使持節、都督關東六州諸軍事、車騎大將軍、開府儀同三司、冀州牧、鎮鄴，統領前燕舊境一切事務；以討燕戰爭中立有軍功的大將郭慶為持節、都督幽州諸軍事、揚武將軍、幽州刺史，鎮薊，統領東北邊疆軍政事務。為了加強對前燕舊境的控制，削弱前燕舊勢力，前秦實行強制徙民政策，「徙關東豪傑及諸雜夷十萬戶於關中，處烏丸雜類於馮翊、北地，丁零翟斌於新安」，〔註13〕這些徙民有大量來自東北邊疆。繼郭慶之後，宗室苻洛被任命為安北將軍、幽州刺史，牢固控制東北邊疆，為前秦後來消滅代國奠定了基礎。建元十二年（376），苻堅以苻洛為北討大都督，「率幽州兵十萬討代王涉翼犍。又遣後將軍俱難與鄧羌等率步騎二十萬東出和龍，西出上郡，與洛會於涉翼犍庭。」〔註14〕東北邊疆地區為前秦滅代戰爭提供了重要的人力、物力支持和地理、軍事上的便利。此後幾年中，前秦對東北邊疆的統治仍然較為穩固。建元十六年（380），苻洛發動叛亂。僅僅兩個月後，前秦就平定這次叛亂，恢復了東北邊疆的穩定。為了加強對東北邊疆的控制，前秦分幽州置平州，以石越為平州刺史，領護鮮卑中郎將，鎮龍城；以中書

〔註10〕　《晉書》卷124《慕容寶載記》。
〔註11〕　《晉書》卷124《慕容盛載記》。
〔註12〕　參見《晉書》卷124《慕容熙載記》。
〔註13〕　《晉書》卷113《苻堅載記上》。
〔註14〕　《晉書》卷113《苻堅載記上》。

令梁讜爲安遠將軍、幽州刺史，鎮薊城。同時，前秦分遣氐族子弟到重要地區鎮守，其中也包括東北邊疆重鎮，目的是希望氐族子弟「爲磐石之宗」〔註15〕，鎮護邊疆。總之，通過苻洛叛亂事件，前秦對東北邊疆的控制進一步加強。建元十八年（382），幽州發生嚴重的蝗災，災情「廣袤千里」，苻堅「遣其散騎常侍劉蘭持節爲使者，發青、冀、幽、并百姓討之」，積極控制災情。後來，「所司奏劉蘭討蝗幽州，經秋冬不滅，請徵下廷尉詔獄。堅曰：『災降自天，殆非人力所能除也。此自朕之政違所致，蘭何罪焉！』」〔註16〕由此可知，前秦雖然未能有效地去除災情，但應對災情的積極態度以及苻堅責己而不濫罰大臣的清醒態度都是值得肯定的，前秦在東北邊疆的統治基本穩固。建元十九年（383）前秦大舉伐晉的大軍中，就有不少「幽、冀之眾」。〔註17〕建元二十年（384），慕容垂起兵復國，史稱後燕。前秦幽州刺史王永、平州刺史苻沖爲後燕所敗，乃焚燒和龍、薊城宮室，放棄幽州、平州之地，率眾三萬內徙，〔註18〕前秦對東北邊疆的統治就此結束。這與前秦整個統治的分崩離析大勢也是一致的。

　　北燕政權統治時期，與高句麗、契丹、庫莫奚等族發生了密切聯繫，北燕採取以羈縻懷柔爲主的政策，與之進行朝貢往來與互市。史載，馮跋統治時期，「契丹庫莫奚降，署其大人爲歸善王。」「庫莫奚虞出庫眞率三千餘落請交市，獻馬千匹，許之，處之於營丘。」〔註19〕同時，北燕加強了對高句麗的控制。史載，北燕亡國後，國君馮弘逃入高句麗，受到高句麗王璉的羞辱，原因是「文通素辱高麗，政刑賞罰，猶如其國。」馮弘對此十分憤怒，「稱制讓之。」〔註20〕由此可見，北燕亡國之前，與高句麗形成了藩屬關係，對高句麗具有一定的控制權。有的學者認爲，「燕王馮文通把高句麗納入了慕容鮮卑的統治區域，其對高句麗採取的統治方式和對慕容鮮卑本地的方式一樣。」〔註21〕這是有道理的。同時也要注意到，高句麗不僅與北燕建立了藩

〔註15〕《晉書》卷113《苻堅載記上》。

〔註16〕《晉書》卷114《苻堅載記下》。

〔註17〕《晉書》卷114《苻堅載記下》。

〔註18〕參見《晉書》卷115《苻丕載記》。

〔註19〕《晉書》卷125《馮跋載記》。

〔註20〕《資治通鑒》卷123，宋文帝元嘉十五年（438）；（古朝鮮）金富軾：《三國史記》卷18《高句麗本紀》，吉林大學出版社2015年版，第226頁。

〔註21〕參見李大龍：《高句麗與兩漢至南北朝中央王朝的關係》，馬大正等著：《古代中國高句麗歷史論叢・政治篇》，黑龍江教育出版社2001年版，第211頁。

屬關係，而且與北魏、東晉等其他政權也建立了藩屬關係。史載，高句麗長壽王元年（413，東晉義熙九年），「遣長史高翼入晉奉表，獻赭白馬。安帝封王高句麗王、樂浪郡公。」長壽王二十三年（435，北魏太延元年），「遣使入魏朝貢，且請國諱」，北魏「拜王為都督遼海諸軍事、征東將軍、領護東夷中郎將、遼東郡開國公、高句麗王。」〔註22〕可見這一時期高句麗政權擁有較大的外交權與獨立性，與周邊各政權都保持緊密的政治聯繫。根據前燕、後燕、北燕對高句麗政權控制程度逐步遞減的事實，可以清晰地看到高句麗在十六國時期北方大亂的局勢中借機一步步發展壯大的軌跡。

　　綜上所述，十六國政權對東北邊疆採取軍事震懾與羈縻綏撫相結合的政策，力圖加強在東北邊疆的控制力與影響力。十六國前期，前燕政權初步完成了對東北邊疆的統一與穩定，促進了東北邊疆的經略開發。從慕容盛統治開始，後燕對東北邊疆的控制力大為減弱，對經略東北邊疆逐漸力不從心。諸燕政權對北部邊疆的經略狀況從總體上說亦是如此。值得特別注意的是，諸燕政權與高句麗政權的較量，構成十六國時期東北邊疆政局演變的主線。兩大政治勢力為爭奪對東北邊疆的控制權，經歷了長期的拉鋸戰。在長期的較量中，高句麗控制的地域範圍逐漸擴大，在十六國時期時期佔據了今天遼河以東以南、漢江以北的廣大區域。〔註23〕這是中國歷史上東北邊疆發展史上的一個重大變局。另外值得注意的是，前秦對東北邊疆的統治雖然僅有十四年，但是取得了較為理想的成效，其經略政策與措施值得充分肯定。

二、十六國政權對北部邊疆的經略

　　十六國時期，北部邊疆是鮮卑、匈奴、烏桓、丁零、柔然、漢人等各民族生息繁衍之地，前趙、後趙、前燕、前秦、後秦、赫連夏、代國、北魏等政權先後統治過北部邊疆地區。生活在北部邊疆的各族人民以及統治過北部邊疆的諸多政權，均對北部邊疆進行了一定的經略與開發。後趙、前秦、後秦等中原政權在朝貢藩屬名義下維繫對北部邊疆的統治權，對北部邊疆地區採取羈縻與武力討伐相結合的經略方針。

　　十六國時期諸政權對北部邊疆主要採用羈縻懷柔政策，在北部邊疆政權或各族部族勢力主動歸附的名義下，通過冊封、控制邊疆各政權或各族首領

〔註22〕《三國史記》卷18《高句麗本紀》，第225頁。
〔註23〕參見王冬芳：《高句麗疆域沿革考辨》，《中國邊疆史地研究》1997年第3期。

來維繫北部邊疆的穩定。西晉末年，以劉宣、劉淵為首的南匈奴貴族反晉，建立漢趙政權，歷史上亦稱為「前趙」政權。前趙國君劉聰在位時期，冊封宗室劉武為「樓煩公」，拜「安北將軍、監鮮卑諸軍事、丁零中郎將。」後趙石虎統治時期，冊封劉武后裔劉豹之子為「平北將軍、左賢王、丁零單于。」〔註24〕以鮮卑首領郁鞠等十三人為「親通趙王」，皆封列侯。〔註25〕前燕光壽元年（357），塞外匈奴單于賀賴頭率部落三萬五降附於前燕，慕容俊把他們安排在代郡平舒城，封賀賴頭為「寧西將軍、雲中郡公」。〔註26〕西晉末年，拓跋鮮卑以盛樂（今內蒙古和林格爾縣）為中心，在塞外建立代國。石趙通過扶持、控制代國國君及其親屬的方式，獲得對代國的控制權與影響力。史載，代王翳槐在位時，「石勒遣使求和，帝遣弟昭成皇帝（即什翼犍）如襄國（今河北邢臺），從者五千餘家。」石虎統治時，翳槐被政敵煬皇帝紇那擊敗，失利南奔，投靠後趙，「出居於鄴，石虎奉第宅、伎妾、奴婢、什物。」〔註27〕三年後，石虎遣將護送翳槐北歸，在後趙的軍事、政治支持下，翳槐得以復位。翳槐一年後去世，遺命什翼犍繼位。什翼犍自鄴歸國，被立為王。〔註28〕由此可知，翳槐、什翼犍都是在石趙政權的扶持、庇護下登上國君之位，作為交換，翳槐兄弟主持的代國則向後趙稱臣納質。什翼犍率五千餘家居於襄國，顯然就是質子的性質。由此可見，後趙通過扶持、羈縻代國統治者的一方，獲得代國名義上的臣服以及對代國一定的控制權。翳槐、什翼犍主持下的代國政權都是親趙政權。前秦建元九年（373），苻堅滅代國，將代國所在地域及其部眾分為東、西兩部分，以南匈奴貴族劉衛辰為「西單于」，管理河西部眾，屯於代來城。〔註29〕同時，苻堅以另一位南匈奴貴族劉庫仁為「陵江將軍、關內侯，」管理河東部眾，繼而以劉庫仁為「廣武將軍」，給予「給幢麾鼓蓋，儀比諸侯」的禮遇，賜妻公孫氏並「厚其資送」，不久再次升遷為「振威將軍。」〔註30〕後秦政權擬借助鐵弗匈奴劉衛辰之子勃勃經略北部邊疆，對從河套逃亡至後秦的勃勃予以大力支持，幫助勃勃重回朔方。史曰：「（姚

〔註24〕 參見《晉書》卷130《赫連勃勃載記》。
〔註25〕 參見《晉書》卷106《石季龍載記》。
〔註26〕 本段材料參見：《十六國春秋輯補・前燕錄》卷5。
〔註27〕 《魏書》卷1《序紀》。
〔註28〕 參見《魏書》卷1《序紀》。
〔註29〕 參見《晉書》卷130《赫連勃勃載記》。
〔註30〕 《魏書》卷23《劉庫仁傳》。

興）以勃勃爲持節、安北將軍、五原公，配以三交五部鮮卑及雜虜二萬餘落，鎮朔方。」〔註31〕十六國北方諸政權對北部邊疆各族首領的冊封政策，突出體現了歷代中原王朝「羈縻而治」和「以夷制夷」的邊疆經略思路。

同時，十六國諸政權對北部邊疆實行討伐、掠奪政策，通過發動戰爭、強制遷徙等途徑，大肆掠奪人口、牲畜，達到補充兵源與財富的目的。石勒在位時，遣石虎討伐河西鮮卑日六延，在朔方擊敗河西鮮卑首領日六延，「斬首二萬餘級，俘三萬人，獲牛馬十餘萬。」〔註32〕後又遣石虎討託候部掘咄哪於岍北，「俘獲牛馬二十餘萬。」不久，石虎再次受命討鮮卑鬱粥於離石，「俘獲及牛馬十餘萬，鬱粥奔烏丸，悉降其眾城。」〔註33〕石勒兩次遣太子石宣擊朔方鮮卑斛摩頭、斛谷提，斬俘甚眾。〔註34〕前燕光壽元年（357），前燕國主慕容儁發動了一場進攻塞外丁零、敕勒的戰爭，「遣其撫軍慕容垂、中軍慕容虔輿護軍平熙等率步騎八萬討丁零、敕勒於塞北，大破之，俘斬十餘萬級，獲馬十三萬匹，牛羊一餘萬。」〔註35〕前秦滅亡代國後，採取強制遷徙人口的方式，加強對代國舊人的監管和剝削，「散其部落於漢鄀邊故地，立尉、監行事，官僚領押，課之治業營生，三五取丁，優復三年無稅租。其渠帥歲終令朝獻，出入行來爲之制限。」〔註36〕「三五取丁」是大量掠取代國人口資源和戰鬥力資源的措施。十六國政權對北部邊疆各族的軍事征討、強制遷徙措施具有軍事征服和經濟掠奪的雙重目的，給北部邊疆各族帶來深重的災難。

赫連夏政權對北部邊疆的經略也有一定建樹。龍昇元年（407），劉衛辰之子勃勃建立大夏國，自名爲赫連氏，定都於統萬（今陝西靖邊縣內），史稱「赫連夏」。赫連夏政權主要統治地域爲河套地區，漢代在此設置朔方、雲中、上郡、五原等郡。漢末以後，河套諸郡成爲鮮卑、匈奴等族活動地域，諸中原政權對此進行羈縻統治，郡縣建置徒有虛名，統治力度較爲薄弱。赫連夏政權建立後，在河套地區設置州、城兩級地方行政體制，加強了對境內各族的統治力度。赫連夏政權漢化較爲明顯，不但仿照中原政權確立年號，設置

〔註31〕《晉書》卷130《赫連勃勃載記》。
〔註32〕《晉書》卷104《石勒載記》。
〔註33〕《晉書》卷105《石勒載記》。
〔註34〕參見《晉書》卷106《石季龍載記》。
〔註35〕本段材料參見：《十六國春秋輯補·前燕錄》卷5。
〔註36〕《晉書》卷113《苻堅載記上》。

百官，而且有不少漢族知識分子在政權中位居要職，如王買德。〔註37〕同時，赫連勃勃以大禹後裔自居，曰：「我皇祖大禹以至聖之姿，當經綸之會，鑿龍門而闢伊闕，疏三江而決九河，夷一元之窮災，拯六合之沉溺，鴻績侔於天地，神功邁於造化，故二儀降祉，三靈葉贊，揖讓受終，光啓有夏。」赫連勃勃對「大一統」政治有強烈認同，統萬城建成後，赫連勃勃「名其南門曰朝宋門，東門曰招魏門，西門曰服涼門，北門曰平朔門。」〔註38〕這表達兼併諸國、統一天下的志向，反映了河套地區政治文化上的進步。

　　代國與早期北魏對北部邊疆的經略具有突出的歷史貢獻。代國建立於塞外，是十六國時期北部邊疆的重要政權之一。拓跋鬱律在位時，影響範圍大為擴張，「西兼烏孫故地，東吞勿吉以西，控弦上馬將有百萬」，〔註39〕控制北部邊疆大部分地區。在什翼犍統治時期，代國實力進一步壯大，「東自濊貊，西及破落那，南距陰山，北盡沙漠，率皆歸服。有眾數十萬人。」〔註40〕代國對北部邊疆的經略活動主要包括以下幾個方面。首先是加強政權建設，逐步完善政治制度，客觀上推動北部邊疆地區的國家化進程。什翼犍統治時期，設置百官，制定法律制度。史載，什翼犍即位第二年（339），「始置百官，分掌眾職」〔註41〕，使代國政權初具封建政權雛形；同時「始制反逆殺人奸盜之法，號令明白，政事清簡，無繫訊連逮之煩，百姓安之。」〔註42〕其次是推行睦鄰聯姻政策，與石趙、前燕保持朝貢藩附關係，為北部邊疆的經略與開發創造相對穩定的政治環境。代國與石趙的朝貢、冊封關係前已有述。代國與前燕政權建立通婚關係，什翼犍先後聘慕容廆之妹及其宗女為皇后，慕容廆、慕容俊也先後向什翼犍請女為婚。〔註43〕雙方的通婚關係貫穿什翼犍執政始終。再次是對活躍於河套地區的鐵弗匈奴劉虎父子的勢力採取以拉攏為主，以打擊相結合的政策。一方面，代國對鐵弗匈奴實行聯姻、和好與安撫政策，先後與劉務桓、劉衛辰通婚姻之好，並對劉務桓之子闟頭多次反覆無常的反叛與歸附予以包容安撫。例如什翼

〔註37〕參見《晉書》卷130《赫連勃勃載記》。
〔註38〕《晉書》卷130《赫連勃勃載記》。
〔註39〕《魏書》卷1《序紀》。
〔註40〕《資治通鑒》卷96，晉成帝咸康四年（338）。
〔註41〕《魏書》卷1《序紀》。
〔註42〕《資治通鑒》卷96，晉紀18，咸康四年（338）。
〔註43〕參見《魏書》卷1《序紀》。

犍二十一年（358），關頭反叛代國，最終「窮而歸命」，而什翼犍「待之如初。」〔註44〕另一方面，代國對鐵弗劉氏的來犯或歸順後的反叛活動進行武力鎮壓。什翼犍第四年（341），劉虎寇代國西境，什翼犍遣軍打敗劉虎。什翼犍二十八年（365），劉衛辰反叛，向東渡河，欲滅代國。什翼犍於擊退劉衛辰，並於三十年（367）率軍西向渡河，大敗劉衛辰勢力，「俘獲生口及馬牛羊數十萬頭。」〔註45〕縱觀劉虎父子對代國的態度，時服時叛，反覆無常；而什翼犍對劉虎父子則儘量以拉攏和撫為主。從上述情況看，什翼犍一度臣服了劉虎父子，勢力滲透到河套地區，但由於雙方的關係並不穩定，因此對河套地區的控制程度有限。此外，對北面的高車，什翼犍採取征討掠奪為主的政策，先後於二十六年（363）、三十三年（370）出兵大破高車，俘獲甚眾。〔註46〕

北魏政權是代國的延續。什翼犍在位三十九年（376），代國為前秦苻堅所滅。登國元年（386），什翼犍之孫拓跋珪復立代國，定都故定襄郡之盛樂（今內蒙和林格爾），不久改國號為「魏」，史稱「北魏」。早期北魏政權（386～423年，即拓跋珪、拓跋嗣統治時期）屬於十六國時期諸多政權之一。直到拓跋燾統治時期，北魏才逐漸消滅周邊政權，統一北方，取得與南方政權對峙的地位。因此筆者把早期北魏政權納入十六國時期北方諸政權範疇，把拓跋燾即位以後的北魏政權納入南北朝時期的政權範疇，對於北魏邊疆經略的探討，將按照這兩個歷史分期分別敘述，這裡僅探討早期北魏政權對北部邊疆的經略。

早期北魏政權奠基於北部邊疆，經歷拓跋珪、拓跋嗣兩代國君統治，經歷國都從盛樂遷徙到平城和疆域範圍從北部邊疆地區擴展到中原地區的重大變動，其北部邊疆經略政策具有鮮明的自身特點。

首先，作為奠基於北部邊疆、不斷擴展疆土併入主中原的政權，早期北魏政權對北部邊疆的經略突出表現為對周邊各族頻繁發動軍事征討。在西面，拓跋珪頻繁與劉衛辰勢力作戰，登國六年（391）大破劉衛辰，斬劉衛辰並其子弟宗黨五千餘人，控制河套地區，「簿其珍寶畜產，名馬三十餘萬匹，牛羊四百餘萬頭。」〔註47〕劉衛辰之子勃勃被迫藏匿逃亡他鄉。在北面與高

〔註44〕《魏書》卷1《序紀》。
〔註45〕《魏書》卷1《序紀》。
〔註46〕《魏書》卷1《序紀》。
〔註47〕《魏書》卷2《太祖紀》。

車、柔然、庫莫奚等族作戰。高車、柔然是游牧於蒙古高原的少數民族，大致興起於四至五世紀。高車有六部、十二姓，十六國時期高車尚未建立統一的政權，各部之間互不統屬。柔然乃「東胡之苗裔」，早期役屬於拓跋鮮卑，世祖拓跋燾「以其無知，狀類於蟲，故改其號為蠕蠕。」〔註 48〕高車、柔然自四世紀中葉以來在漠北發展壯大。拓跋珪統治時期，北魏多次征討高車。其中規模較大的有四次。一是登國四年（389）正月，拓跋珪率軍大破高車諸部，二月征討高車叱突鄰部。二是登國五年，拓跋珪征討高車，北至鹿渾海（今蒙古國烏蘭巴托西），西至狼山（今內蒙臨河市以北），大敗高車袁紇部、豆陳部，虜獲大量人口、牲畜。三是天興二年（399），拓跋珪親率諸將大襲高車。這是拓跋珪對高車最大的一次軍事行動，北魏大軍東、西、中三道併發北上，最後三道會合，「破高車雜種三十餘部，獲七萬餘口，馬三十餘萬匹，牛羊百四十餘萬。」衛王拓跋儀又「督三萬騎別從西北絕漠千餘里，破其遺迸七部，獲二萬餘口，馬五萬餘匹，牛羊二十餘萬頭，高車二十餘萬乘，並服玩諸物。」〔註 49〕北魏在這次征討中大獲全勝。第四次是天興六年（403）十月，拓跋珪命將軍伊謂率騎二萬北襲高車。十一月，伊謂大破高車。北魏對被擊敗的高車部落人口大量遷徙至北魏本土加以控制和役使。拓跋珪「以所獲高車眾起鹿苑，南因臺陰，北距長城，東包白登，屬之西山，廣輪數十里。」〔註 50〕除此以外，拓跋珪對庫莫奚、柔然也發動了大規模的征討。登國三年（388），拓跋珪北征庫莫奚，「獲其四部雜畜十餘萬。」登國六年（391），拓跋珪北征柔然，遠追至大磧南床山下，俘獲柔然主縕紇提的子侄宗黨數百人，後又降服了縕紇提之兄匹候跋。〔註 51〕拓跋珪時期征討北部邊疆各族主要目的是軍事征服和財富掠奪。戰爭掠奪是早期北魏政權的重要財富來源之一。

其次，巡視是早期北魏政權經略北部邊疆的重要措施之一。根據統計，拓跋珪、拓跋嗣在位時親自巡視北部邊疆共有十六次之多，平均每兩三年就有一次。北巡足跡遍及西至參合陂（盛樂之東，今內蒙古集寧附近）、東至赤城（今河北赤城）、南至黑鹽池（今寧夏鹽池附近）、北及漠北的遼闊地域，重點巡視地點則為參合陂、濡源、大寧、赤城等地，均在長城沿線，為柔然

〔註 48〕《魏書》卷 103《蠕蠕傳》。
〔註 49〕《魏書》卷 2《太祖紀》。
〔註 50〕《魏書》卷 2《太祖紀》。
〔註 51〕參見《魏書》卷 103《蠕蠕傳》。

南侵之要衝地帶。魏主親巡北部邊疆的目的是多重的，一是魏主個人目的，滿足魏主本人遊山玩水和畋獵的興致，二是國家政治軍事目的，為適應軍國政治形勢的需要。從總體上看，後者是主要的。根據魏主北巡的政治背景和活動內容，可以看出其北巡的政治目的主要有以下幾個方面。一是加強對新征服地區的控制。登國七年（392）正月開始，拓跋珪親巡河朔地區，蒞木根山（今寧夏鹽池北）、黑鹽池（今寧夏鹽池附近）、美水（今內蒙古鄂托克前旗之西）等地，之後又行幸漠南，整個行程前後長達半年之久。〔註52〕這次巡視顯然是為了加強對新被征服的河朔地區的瞭解、安撫和監控，因為登國六年（391）十二月河朔地區剛剛發生了一場惡戰，拓跋珪大敗劉衛辰勢力，將北魏的疆域擴展到這裡。新納入版圖的河朔地區自然需要很多善後工作。二是加強對柔然的防備。強大的柔然政權對北魏北部邊疆構成嚴重威脅。魏主的多次北巡，都與柔然內侵事件直接相關。天興五年（402）柔然內侵，柔然兵深入到北魏都城盛樂（今內蒙古和林格爾）東面的參合陂，〔註53〕對北魏震動很大。在多次追擊柔然武功而返的情況下，通過巡幸加強守備似乎成為北魏更為現實的選擇。天興六年（403），拓跋珪親自北巡，所巡之處「東北逾嶠嶺，出參合陂、代谷」，〔註54〕這正是前一年柔然所侵之地。神瑞元年（414）十二月至第二年正月，拓跋嗣北伐蠕蠕，同年四月北巡。〔註55〕泰常八年（423）正月柔然犯塞，常山王拓跋遵追擊不得，六月拓跋嗣北巡，親至參合陂。這幾次魏主北巡，都是發生在柔然南侵而北魏追擊無效之後，說明魏主北巡乃是對柔然打擊不力的重要防範補救措施。三是撫慰人心，強化統治。北部邊疆雲集了大量少數民族，其中很多人口還在部落首領的率領下過著部落生活，部落首領的政治向背直接決定北魏對北部邊疆的控制力度。此外，各族人民的擁護更是北魏維護北部邊疆統治的根本。魏主親巡便於北魏政權有效籠絡北部邊疆各族首領，贏得北部邊疆各族人民的擁戴。撫慰人心既是魏主親巡北部邊疆的重要目的，也是巡幸的重要活動內容之一。拓跋嗣在位時，在這方面尤其突出。永興四年（412），拓跋嗣「幸北部諸落，賜以繒帛。」永興五年（413），拓跋嗣巡行至雲中舊宮，其後「西南巡諸部落，

〔註52〕參見《魏書》卷2《太祖紀》。
〔註53〕參見《魏書》卷103《蠕蠕傳》。
〔註54〕《魏書》卷2《太祖紀》。
〔註55〕參見《魏書》卷3《太宗紀》。

賜其渠帥繒帛各有差。」神瑞二年（415）拓跋嗣北巡，「親見長老，問民疾苦，復租一年。南次石亭，幸上谷，問百年，訪賢俊，復田租之半。」泰常七年（422），拓跋嗣「自雲中西行，幸屋竇城，賜……蕃渠帥繒帛各有差。」〔註56〕由此可見，借巡行之機籠絡北部邊疆各族酋領的做法集中出現在拓跋嗣時期。這可能與天興元年（398）以後北魏遷都平城有關。拓跋嗣即位時，北魏遷都已經十年。都城南遷後，北魏統治者與北部邊疆各族首領的直接接觸機會減少，統治力度存在削弱的潛在風險。拓跋嗣時期對北部邊疆的密集巡視，應是對這種潛在風險的一種及時補救措施。

再次，早期北魏政權採取修築防禦工程的措施，加強對柔然擾邊的防備。登國七年（392）拓跋珪巡幸漠南之際修築「巡臺」。〔註57〕泰常八年（423），柔然犯塞，北魏追擊無獲，於是「築長城於長川之南，起自赤城，西至五原，延袤二千餘里，備置戍衛。」〔註58〕此次修築長城規模浩大，地域遼闊，投入了巨大的人力物力。這表明北魏入主中原後，在邊疆經略思想上有所變化，在繼續延續游牧民族主動進攻、征討與掠奪周邊少數民族的基礎上，以防守為主的邊疆經略思想開始形成。在早期北魏統治時期，這一點還不是十分突出，但此後不斷得到發展。

綜所上述，十六國時期北方諸政權採取羈縻綏撫與軍事討伐相結合的政策，對北部邊疆進行經略。十六國政權一方面沿襲傳統邊疆經略思路，力圖對北部邊疆加強統治，穩定邊疆統治秩序；另一方面又與傳統中原王朝有所區別，最顯著的區別，是十六國時期北方諸政權通過大規模軍事征討，對北部邊疆地區進行野蠻掠奪，掠奪對象包括人口與牲畜及其他物質。這種行為對北部邊疆造成了嚴重的破壞，影響了北部邊疆的穩定與發展。形成這種現象，部分原因是由於十六國時期政局分裂動盪，各政權統治者眼光短淺、只顧一時，期望通過掠奪戰爭快速補充兵源和物資，以滿足迅速壯大實力的需要；另一個重要原因是十六國時期北方諸政權大多由北方少數民族所創建，其統治者具有一定的草原游牧民族特徵，對於掠奪戰爭有一定的習慣性與依賴性。總之，這種對邊疆地區赤裸裸的掠奪戰爭具有濃厚的十六國時期的時代特點。

〔註56〕《魏書》卷3《太宗紀》。
〔註57〕參見《魏書》卷2《太祖紀》。
〔註58〕《魏書》卷3《太宗紀》。

三、十六國政權對西北邊疆的經略

　　十六國時期的西北邊疆地區，先後興起了前涼、後涼、北涼、西涼、南涼五個政權，通常被簡稱爲五涼政權；前秦、西秦、吐谷渾、仇池等諸多政權也統治過西北邊疆地區。這些政權交錯更迭，此起彼伏，演繹十六國時期西北邊疆既充滿衝突鬥爭又不乏和平與融合的生動歷程，譜寫了西北邊疆地區在這特殊時期曲折艱難發展的歷史樂章，共同推動了西北邊疆的發展。其中關於吐谷渾政權的活動，由於它的興盛時期主要在南北朝時期，因此將在關於南北朝時期邊疆經略的後文中進行探討。

　　在十六國時期西北地區諸政權中，以前涼存續時間最長，影響最大。從張軌出任西晉涼州刺史之年永寧元年（301）開始，至東晉升平二十年（376）被前秦滅亡爲止，前涼政權共存在了七十五年之久，占十六國時期一半以上的時間。〔註59〕前涼最盛時的疆域，南至河湟地區，與吐谷渾交界，東至關中西部，與前秦接境，西北至西域，基本上覆蓋了整個西北邊疆地區。前涼在經略和開發西北邊疆上取得了突出的成就，爲此後諸政權經略開發西北邊疆打下了堅實的基礎，開創了良好的開端。西涼雖然存續時間較短，〔註60〕由於西涼開國君主李暠對文化事業的高度重視，因而也在歷史上留下了深遠的影響。北涼、南涼、西秦均爲少數民族貴族建立的政權，他們的建國活動和治國政策，表明西北邊疆地區在經濟、文化方面均取得了較大的進步，人口、民族等諸多方面也發生了重大的變化。總體來說，十六國時期的西北邊疆得到了進一步經略，在統治的力度等方面超過前代。然而，後涼的統治相對混亂薄弱，南涼、西秦也引發了不少地區性的戰亂，對西北邊疆的經略與開發造成了一定的破壞。十六國時期北方政權對西北邊疆的經略，表現爲建樹與破壞並存、在矛盾中曲折推進的複雜特徵。

　　十六國時期北方諸政權對北方邊疆的經略，已有相關學術專著進行了系統介紹。〔註61〕筆者在前人研究基礎上，就其對邊疆經略有突出意義的幾個

〔註59〕十六國時期的起止時間有多種算法，以最長的時間算，起於西晉永寧元年
　　　　（301）前涼建立之時，止於北魏消滅北方最後一個地方政權赫連夏即北魏太
　　　　延五年（439），共存續138年，而前涼存續75年，故曰占十六國時期一半以
　　　　上的時間。
〔註60〕西涼始建於西涼庚子元年（400），亡於西涼永建二年（421），共存續21年。
〔註61〕參見：齊陳駿等著：《五涼史略》，甘肅人民出版社1988年版；洪濤著：《五
　　　　涼史略》，中國社會科學出版社1992年版；周偉洲：《南涼與西秦》，陝西人

方面作一些補充。

　　首先，前涼、西涼的「保境安民」政策維護了西北邊疆地區的相對穩定。「保境安民」政策在前涼對西北邊疆地區的統治中十分突出。保境安民的實質是保全一方免於戰亂，維護區域性的社會穩定和發展。張軌出任涼州刺史後，通過一系列政治軍事鬥爭，削平了河隴地區境內及周邊各股反對勢力，牢牢確立了張氏家族在河隴地區的統治。此後，張軌制訂的系列內政外交政策，均以「保境安民」爲核心。洛陽陷落、懷帝被押往平陽以後，太府主簿馬魴對張軌說：「四海傾覆，乘輿未反，明公以全州之力徑造平陽，必當萬里風披，有征無戰。未審何憚不爲此舉？」張軌既沒有採納馬魴的建議，也沒有解釋原因。不過，張軌內心對這個問題是過深思熟慮的，所以他回答說：「是孤心也。」〔註 62〕根據當時的情況來看，張軌沒有出兵平陽，主要是不願意在河隴地區興師動眾，消耗自身實力，也不願意因爲出師平陽而與漢趙政權正面衝突，影響河隴地區的安定，造成河隴地區邊界壓力。張寔統治時期，焦崧、陳安起兵反叛，欲與前涼爭奪隴右，對前涼在河隴地區的統治構成威脅。張寔立即令金城太守竇濤率兵二萬東向挺進，阻擋焦崧、陳安勢力。焦崧、陳安在秦州、雍州引起嚴重的騷亂，造成巨大的社會動盪和人員傷亡，但是由於張寔及時派兵有效阻擊，焦崧、陳安之亂沒有波及到前涼所控制的河隴地區，正如永嘉年間一首民謠所言：「秦川中，血沒腕，惟有涼州倚柱觀。」〔註 63〕張茂統治時期，前趙劉曜進攻前涼東南邊境的冀城、桑壁，意欲向西擴張，引起了前涼政權的震動。事關前涼政權危亡，張茂採納了親征的建議，迅速擊退劉曜，維護了河隴地區的穩定。〔註 64〕張駿統治時期，先後名義上臣屬於前趙、後趙。張重華在位時，遣使稱藩於後趙。張玄靚在位期間，向前秦遣使稱藩。〔註 65〕這些臣服從於周邊政權的措施，使前涼盡可能地避免了戰亂。前涼還十分重視與周邊政權發展和平友好關係，爲前涼政權營造安

民出版社 1987 年版；周偉洲：《三國兩晉南北朝時期的邊疆形勢與邊疆政策》一文中「在西北邊疆立國的諸國」部分，馬大正主編：《中國古代邊疆政策研究》，中國社會科學文獻出版社 1990 年版，第 114～117 頁；吳廷禎主編：《河西開發史研究》第三章《十六國時期河西經濟與文化的繁榮》，甘肅教育出版社 1996 年版，第 101～132 頁。

〔註 62〕 《晉書》卷 86《張軌傳》。

〔註 63〕 《晉書》卷 86《張軌傳附張寔傳》。

〔註 64〕 參見《晉書》卷 86《張軌傳附張茂傳》。

〔註 65〕 參見《晉書》卷 112《苻生載記》。

定的政治環境。張駿統治時期，遣使通聘於成漢政權李雄，以修鄰好。〔註66〕
但是，在前涼政權安全受到威脅的情況下，君臣上下一心，奮不顧身地予以
反擊。張重華統治時，後趙石虎令手下將領王擢、麻秋西攻枹罕，意在吞滅
前涼。前涼君臣頑強抵抗，打敗了後趙的進攻。〔註67〕總之，前涼政權一方
面多次向周邊政權稱臣納貢，努力維持和平穩定局面，另一方面奮起抵禦試
圖兼併前涼政權的軍事進攻。不論是戰是和，目的都是爲了「保境安民」，維
護河隴地區的安定局面。張軌、張駿等人臨終遺言充分反映了「保境安民」
思想在前涼統治者心目中的重要性。張軌臨終遺令曰：「文武將佐咸當弘盡忠
規，務安百姓，上思報國，下以寧家。」〔註68〕張茂臨終曰：「吾遭擾攘之運，
承先人餘德，假攝此州，以全性命，上欲不負晉室，下欲保完百姓。」〔註69〕
可見「保境安民」思想從一開始就深深紮根於張軌頭腦中，並被歷代前涼國
君所傳承。

　　西涼政權在開國君主李暠統治時期同樣把「保境安民」政策奉爲圭臬。
李暠在位時期，與周邊政權如南涼、北涼保持和平友好關係，例如與南涼「遣
使報聘」，以示友好；遷都酒泉後，北涼主蒙遜「每年侵寇不止」，但是李暠
「志在以德撫其境內，但與通和立盟，弗之校也。」〔註70〕李暠之妻尹氏教
誨後主李歆曰：「知足不辱，道家明誡也」，又曰：「且先王臨薨，遺令殷勤，
志令汝曹深慎兵戰，俟時而動」〔註71〕可見「保境安民」、「深慎兵戰」是李
暠治國的基本政策。李歆剛繼位之初較好地執行了乃父的遺囑，與北涼儘量
避免交兵。就在李歆繼位的第二年，蒙遜伐西涼東境，「士業將出距之，左長
史張體順固諫，乃止。蒙遜大芟秋稼而還。」〔註72〕

　　前涼、西涼的「保境安民」政策具有積極的歷史意義。首先，這項政策
最大限度地保障了前涼、西涼本地域的穩定與發展；其次，由於前涼、西涼
較好地保持了本地域的穩定，爲河隴地區的經濟開發和文化發展提供了較好
的政治、地理空間，爲河隴地區此後的經略開發打下了堅實的基礎。

〔註66〕參見《晉書》卷86《張軌傳附張駿傳》。
〔註67〕參見《晉書》卷86《張軌傳附張重華傳》。
〔註68〕《晉書》卷86《張軌傳》。
〔註69〕《晉書》卷86《張軌傳附張茂傳》。
〔註70〕《晉書》卷87《李暠傳》。
〔註71〕《晉書》卷96《列女傳·李暠妻尹氏》。
〔註72〕《晉書》卷87《李暠傳附李歆傳》。

　　其次，前秦對河隴地區的鎮撫政策值得充分肯定。建元十二年（376），前秦滅前涼，疆域拓展至河隴地區與西域。前秦對河隴地區採取了系列鎮撫措施。如以大將梁熙爲持節、西中郎將、涼州刺史，領護西羌校尉，鎮姑臧，統領前涼舊境軍政事務，遷徙河西豪族七千餘戶至關中，以張天錫爲「歸義侯」，安置於長安。「餘皆安堵如故」，且「以涼州新附，復租賦一年。」〔註73〕在人事安排上，前秦很注意籠絡和重用河西大族勢力，如重用敦煌冠族索泮爲涼州別駕，參與前涼舊境的管理。梁熙對河西的統治一直持續到前秦崩潰、後涼興起爲止。在前秦對河隴地區實行統治的十餘年內，河隴地區局勢穩定，並未因政權更迭引起政局動盪與混亂。

　　再次，十六國時期北方諸政權在西北邊疆地區大量增設地方性行政機構，加強了對西北邊疆的統治密度與力度。十六國時期，由於諸多政權立國於河隴地區，河隴地區的地方性行政機構顯著增加，行政網絡密度加大，相應的是統治力度大爲增強。張軌統治時期，在河隴地區增設武興郡、晉興郡和廣武郡，用以安置內地湧入河隴地區的流民；張駿統治時期，將其統治下的原涼州行政區域由西北至東南依次劃分爲沙州、涼州、河州。〔註74〕李暠統治的西涼也增加了行政設置，在原前涼時期的敦煌郡、酒泉郡地域內增設會稽、廣夏、武威、武興、張掖五郡。這些行政點的設置，最初的主要目的是安置中原流民，但從總的效果來看，加大了對河隴地區各民族的控制，促進了該地區各民族的交流交往融合。

　　最後，十六國時期北方諸政權對西域的統治力度有所加強。兩漢以來內地政權對西域的統治，歷來通過長史府和校尉府對西域各國國君的監督控制，實行間接統治。前涼、西涼、北涼、前秦統治時期，不僅沿襲慣例設置了西域長史府和戊己校尉府，而且開創了在西域設置郡縣、實行直接統治的先例。前涼很重視對西域的經營。史載，東晉咸康元年（335），「西域長史李柏請擊叛將趙貞，爲貞所敗。」〔註75〕這說明前涼依照魏晉以來舊例，在西域設置了西域長史，管轄西域諸國事務。樓蘭出土的西域長史李柏文書證實，前涼西域長史對西域的管轄是積極有效的。〔註76〕張駿統治時期，派楊宣率

〔註73〕《晉書》卷113《符堅載記上》。
〔註74〕參見《晉書》卷14《地理志上》。
〔註75〕《晉書》卷86《張軌傳附張駿傳》。
〔註76〕參見林梅村：《樓蘭尼雅出土文書》，文物出版社1985年版，第81頁。

眾越流沙，伐龜茲、鄯善，「於是西域並降」，「焉耆前部、于闐王並遣使貢方物。」〔註77〕張駿在原魏晉戊己校尉管轄地設置高昌郡。高昌郡的設置，使前涼的直屬管轄地區由河隴地區向西擴展到西域高昌地區。高昌地區成為前涼疆土的重要組成部分。這一開創性的成就為後來的西北諸政權所繼承。西涼將西域隸屬於敦煌郡的管轄之下。李暠在一份上奏給東晉的表文中稱：「又敦煌郡大眾殷，制御西域，管轄萬里，為軍國之本，輒以次子讓為寧朔將軍、西夷校尉、敦煌太守，統攝昆裔，輯寧殊方。」〔註78〕1963年吐魯番出土的西涼文書「建初十四年（418）韓渠妻隨葬衣物疏」表明，西涼在高昌郡設有縣、鄉、裏，行政系統與內地並無二致。〔註79〕唐長孺認為，北涼吞滅西涼之後，繼承了西涼對高昌的統治，北涼統治時期「高昌郡行政制度遠承漢魏，近同晉宋，從鄉里組織直到郡和軍府機構完全和內地郡縣相一致。」〔註80〕高昌郡的設立，表明十六國時期北方諸政權對西域的控制力度較之前代有所加強。

　　前秦對西域的經略值得充分肯定。前秦滅前涼後，積極經略西域。涼州刺史梁熙在任期間，遣使至西域，宣揚前秦威德，並「以繒綵賜諸國王」。在他的經略下，西域各國遣使到前秦朝貢，「於是朝獻者十有餘國」，鄯善、車師前部及大宛等國均「遣使貢其方物。」〔註81〕後車師前部王彌寘、鄯善王休密馱又親至長安向苻堅朝覲，並請求此後每年向前秦貢獻，希望前秦發兵討定西域、依漢舊制置西域都護。〔註82〕建元十九年（383），苻堅派呂光等率兵七萬大軍征討西域。呂光出師前，苻堅誡之曰：「西戎荒俗，非禮義之邦。羈縻之道，服而赦之，示以中國之威，導以王化之法，勿極武窮兵，過深殘掠。」〔註83〕從中可以看出，前秦以中原正統王朝自居，其經略西域之術，在理論上強調儒家的羈縻之道，在行動上注重征與撫的有機結合，雖付諸武力而並不濫用武力，這在十六國時期諸政權興滅無常、動盪混亂的局勢中十

〔註77〕　《晉書》卷86《張軌傳附張駿傳》。

〔註78〕　《晉書》卷87《李暠傳》。

〔註79〕　參見余太山：《兩漢魏晉南北朝與西域關係史研究》，中國社會科學出版社1995年版，第143頁。

〔註80〕　參見唐長孺：《吐魯番文書中所見高昌郡縣行政制度》，載《山居存稿》第344～361頁，中華書局1989年版。

〔註81〕　《晉書》卷113《苻堅載記上》。

〔註82〕　參見《晉書》卷114《苻堅載記下》。

〔註83〕　《晉書》卷114《苻堅載記下》。

分難得。呂光率兵西渡流沙，襲擊龜茲，從而「討平西域三十六國，所獲珍寶以萬萬計」，取得了豐碩的經略成果。符堅任命呂光為使持節、散騎常侍、都督玉門以西諸軍事、安西將軍、西域校尉。〔註84〕呂光征討和鎮撫西域的措施繼承了兩漢以來內地政權對西域的管轄權，維護了兩漢以來「絲綢之路」的暢通，加強了西域與內地的經濟文化交流，具有重要的歷史意義。著名西域高僧鳩摩羅什就是跟隨呂光的軍隊到達河西的，鳩摩羅什東來對佛教在中國內地的傳播和發展具有深遠的歷史影響。蔣福亞先生認為，呂光征西域「既是一次龐大的軍事行動，又是一次規模盛大的經濟文化交流」，〔註85〕這種看法是非常深刻的。

第二節　東晉王朝對南方邊疆的經略

東晉王朝是在西晉宗室、江東士族和流徙到南方的北方士族等多方力量共同努力下建立起來的。建武元年（317），西晉愍帝為前趙國君劉曜所殺，出鎮建康（今江蘇南京）的琅琊王司馬睿在王導等人策劃協助下登基稱帝，建立東晉政權。東晉政權以江東地區為核心，最盛時的疆域東南至海，西南領有西晉時期的益、寧二州，南部邊界與新興的小國林邑（位於今越南中部）接壤，佔有西晉王朝統一時期的半壁江山。東晉的南方邊疆，包括益、寧二州和嶺南地區兩大區域。

東晉王朝由門閥士族把持政權，形成了具有時代特色的「東晉門閥政治」。〔註86〕這一時期的士族處於積極向上的發展階段，在國家治理方面有諸多值得肯定之處，例如東晉初年王導主張「鎮之以靜」的基本政策，〔註87〕為南方的社會穩定、經濟文化發展營造了相對安定的政治環境。與北方的十六國政權頻繁交戰、民不聊生相比，在士族主導下的東晉王朝總體上政治穩定，為南方邊疆的經略開發奠定了重要基礎。不過，東晉王朝是一個偏安政權，北方各政權對東晉北方邊境所造成的巨大壓力，以及東晉士族安於一隅的保守心態和內部的權力爭奪鬥爭，造成東晉政權內憂外患，在經略邊疆的問題上力不從心。因此東晉時期南方邊疆地區的經略與開發雖然取得了一些

〔註84〕《晉書》卷114《符堅載記下》。
〔註85〕蔣福亞：《前秦史》，北京師範學院出版社1993年版，第171頁。
〔註86〕參見田餘慶：《東晉門閥政治》，北京大學出版社1996年版。
〔註87〕《晉書》卷65《王導傳》。

進展，但總體上進步不大，特別是對西南邊疆控制能力比較薄弱，甚至一度對西南邊疆失去控制權。

一、東晉對益州、寧州的爭奪與控制

　　東晉的西南邊疆包括益州與寧州兩個行政區域，所涉及地域範圍包含但大於蜀漢、西晉前期所稱的「南中」。東晉益州設八郡，包含蜀郡、犍爲郡、汶山郡、漢嘉郡、江陽郡、朱提郡、越巂郡、牂柯郡，即今四川和雲南北部、貴州西部部分地區。寧州始設於晉武帝統治時期。太始七年（271），西晉在益州行政區域中分出建寧、興古、雲南三郡，從交州分出永昌郡，合四郡爲寧州，大致包括雲南南部、貴州部分地區。〔註88〕此後寧州經歷多次興廢。太安二年（303），秦、雍流民在氐人李特及其族人李雄等人率領下割據巴蜀，建立成漢政權，定都於成都。爲加強對西南邊疆的控制，永安元年（304），西晉在寧州建置已廢棄多年的情況下，再次復置寧州，以原南夷校尉李毅兼任寧州刺史。〔註89〕

　　東晉王朝先後與成漢、前秦爭奪益州和寧州。成漢是十六國政權中最早創立的政權，也是十六國政權中唯一建立於南方的政權，疆域大致爲兩晉時期的梁州、益州、寧州。東晉王朝爲獲得益州、寧州控制權，與成漢進行了長期、激烈的較量，時間長達三十餘年。雙方爭奪最激烈的地區是寧州。西晉末，成漢擊敗西晉南夷校尉、寧州刺史李毅，在寧州取得一定戰略優勢，同時取得越巂郡。繼任的寧州刺史王遜繼西晉經略之末，開東晉經略之先，在任期間取得了一定的成就。王遜去世後，尹奉接任寧州刺史。尹奉統治寧州期間，派人刺殺了保據盤南〔註90〕的建寧大姓爨量，在盤南設置西平郡。爨量在李毅統治寧州時就向成漢「蒙險委誠」，王遜統治寧州時曾多次興軍而不能討平，王遜去世後爨量即「寇掠州下，吏民患之」。〔註91〕尹奉殺爨量而設新郡，加強了東晉在寧州的統治。但是尹奉爲政「威刑緩鈍，政治不

〔註88〕參見《晉書》卷14《地理志》。

〔註89〕參見《晉書》卷121《李雄載記》。

〔註90〕根據《華陽國志》卷4《南中志》，盤南在興古郡，位於今雲南文山壯族苗族自治州境內。

〔註91〕《華陽國志》卷4《南中志》。另外，《華陽國志》卷4《南中志》載：「建寧爨量與益州太守李易、梁水太守董懂，保興古盤南以叛。」而《晉書》卷6《明帝紀》則曰，太元二年（324）「梁水太守爨亮、益州太守李逿以興古叛，降於李雄。」從活動時間和地域上看，爨量、爨亮疑爲同一人。

理」，〔註92〕最終難以抵擋成漢的進攻。咸和八年（333），李雄遣大將李壽攻取寧州，尹奉與建寧太守霍彪同降於李壽，成漢「遂有南中之地」。〔註93〕此後東晉一直試圖奪回寧州，咸康二年（336）、咸康五年（339），東晉廣州刺史鄧嶽先後兩次進攻寧州，〔註94〕都未成功。成漢統治時期，對益州、寧州實行了有效統治。史稱「夷夏安之，威震四土，時海內大亂，而蜀獨無事，故歸之者相尋。」〔註95〕李雄去世後，成漢政權經歷激烈的內訌，繼任者李壽、李勢奢侈腐化，政治黑暗，成漢政權迅速衰敗。永和三年（347），桓溫率軍滅亡成漢，包括益州、寧州在內的成漢政權整個統治區域都進入東晉王朝的疆域範圍。

東晉統治下的益州、寧州既是新附之地，又與強鄰前秦相接，境內及周邊地區的反晉勢力眾多，形勢複雜，局勢動盪，叛亂蜂起，桓溫稱之為「多寇」之地。〔註96〕出身寒門武將世家的周撫被任命為監巴東諸軍事、益州刺史、督寧州諸軍事等職，鎮守益州三十餘年。在其任內，先後平定成漢政權殘餘勢力隗文、鄧定之亂、東晉官員征西督護蕭敬文之亂。周撫之子周楚「從父入蜀」，擔任犍為太守，在周撫去世後繼任父職，「監梁、益二州、假節，襲爵建城公」，〔註97〕任職期間平定東晉官員梁州刺史司馬勳之亂、巴蜀本地勢力李金銀與李弘之亂、隴西人李高之亂。周楚之子周瓊為梁州刺史、建武將軍，領西戎校尉；周瓊之子周虓為西夷校尉、梓潼太守；周虓之子周仲孫為督寧州軍事、振武將軍、寧州刺史，稍後為監益、豫、梁州之三郡。〔註98〕周撫及其子孫五代人任職於西南邊疆，位居顯職，威震一方，除周仲孫之外，其餘周氏子弟皆功勳卓著，為維護了東晉王朝在西南邊疆的統治作出了重要貢獻。史稱周撫家族「世在梁、益，甚得物情」，又稱周氏「著稱寧、益，自訪以下，三世為益州四十一年。」〔註99〕由此可知，周撫家族鎮守西南邊疆的二十餘年間，〔註100〕雖然叛亂迭起，形勢動盪，但東晉王朝總體上能夠控

〔註92〕《華陽國志》卷4《南中志》。
〔註93〕《晉書》卷121《李雄載記》。
〔註94〕參見《晉書》卷7《成帝紀》。
〔註95〕《晉書》卷121《李雄載記》。
〔註96〕《晉書》卷58《周訪傳附周撫傳》。
〔註97〕《晉書》卷58《周訪傳附周撫傳》。
〔註98〕《晉書》卷58《周訪傳附周撫傳》。
〔註99〕《晉書》卷58《周訪傳附周撫傳》
〔註100〕上引周氏傳記所云「三世為益州四十一年」是以周撫咸康七年（332）出任巴

制局勢。但是，東晉寧康元年（373），前秦攻打梁、益二州，周仲孫棄州奔潰，梁、益失守。此後梁、益二州被前秦統治十餘年，直到東晉太元十年（385），東晉才趁機收回。

東晉從前秦手中奪回梁、益二州後，桓玄部將郭銓曾任益州刺史，治理情況不詳。太元十年（385），毛璩接任益州刺史，毛氏家族勢力開始鎮撫西南邊疆。早在桓溫平蜀後，毛璩之父毛穆之於升平初（357）出任督寧州諸軍事、揚威將軍、寧州刺史，但為時不長。寧康元年（373）符堅攻梁益二州、益州刺史周仲孫委戍奔潰後，毛穆之被東晉任命為益州刺史，繼續與前秦作戰。毛璩出任益州刺史，可以視作毛氏家族力量在西南邊疆的延續和擴展。此後，他的幾個弟弟均先後擔任西南邊疆地區軍政要職，如弟毛璠、毛瑗先後為寧州刺史，弟毛瑾為西夷校尉，各督境內軍事。〔註101〕毛氏家族勢力在西南邊疆盛極一時。史稱：「自寶至璩三葉，擁旄開國者四人，將帥之家，與尋陽周氏為輩，而人物不及也。」〔註102〕史官將毛璩家族與周撫家族相提並論，從兩個家族在西南邊疆的影響來講，這種比較是允當的。毛璩家族對西南邊疆的經略狀況史書記載闕如。可以肯定的是，毛璩家族忠於晉室。元興二年（403），桓玄作亂，毛璩家族成員誘殺桓玄，為平定桓玄之亂立下功勳，受到東晉朝廷的表彰。毛璩家族對西南邊疆的鎮撫結束於義熙元年（405）譙縱叛亂之際。譙縱是巴蜀本土人士，本為毛璩的下屬，於義熙元年（405）為士卒所推，起兵反晉。毛璩家族成員在這次叛亂中遭遇滅門之禍，「璩及瑗，並子姪之在蜀者，一時殄沒。」〔註103〕譙縱據蜀稱王，遣使稱藩於後秦姚興。八年後，即義熙九年（413），東晉派大將朱齡石平定了譙縱之亂，東晉王朝再次確立對西南邊疆的統治。

在益州、梁州動盪不安、幾易其主的狀況下，東晉對寧州的統治十分薄弱。寧州本土大姓在動盪的政局中，逐漸掌握了對寧州的實際控制權，他們名義上尊奉東晉王朝，接受東晉的官職、封爵，實際上自行其是。東晉王朝只能通過授官、賜爵，對寧州實行羈縻統治。寧州大姓發軔於漢魏時期，最

東監軍、益州刺史為起點來計算的，但實際上此時東晉益州刺史尚屬「遙授」，寄治於荊州西境，並未真正統治益州，故本文認為以桓溫平蜀（347年）為起點，至周仲孫棄州（373）為止，周撫家族實際鎮撫西南邊疆為26年。

〔註101〕毛穆之、毛璩及其兄弟事蹟參見《晉書》卷81《毛寶傳附子穆之傳》。
〔註102〕《晉書》卷81《毛寶傳附子穆之傳》。
〔註103〕《晉書》卷81《毛寶傳附子穆之傳》。

初有雍、李、毛、董、焦、婁、霍、孟、爨等多家大姓，由於各姓爲爭奪統治權而互相吞併，能夠影響寧州時局的大姓的數目不斷減少。至東晉時期，只剩下霍、孟、爨三姓鼎足而立。至東晉末年，霍、孟二姓亦在相互火並中兩敗俱傷，實力大爲削弱，爨氏一姓獨霸寧州。〔註104〕霍氏之祖霍弋在蜀漢、西晉統治時期被任命爲南中軍政首腦，擔任西晉南中都督等職，其勢力影響逐漸發展壯大，成爲當地大姓。1963 年，在雲南昭通發現了霍弋後裔霍承嗣的墓地，該墓壁畫上有墓主霍承嗣的畫像及介紹墓主身份的銘文，文中稱霍承嗣爲「晉故使持節、都督江南交寧二州諸軍事、建寧越嶲興古三郡太守、南夷校尉、交寧二州刺史、成都縣侯霍使君」。〔註105〕由此可見霍氏在寧州的重要政治地位，也說明霍氏是借助東晉王朝的名義統治本土，在統治中襲用東晉王朝的官職與爵號。根據流傳於世的東晉《建寧太守爨寶子碑》，爨寶子在東晉時期擔任振威將軍、建寧太守，義熙元年（405）去世於任上，年僅二十三歲。〔註106〕以如此年輕的年齡擔任建寧太守要職，充分反映了東晉時期爨氏家族在寧州的重要政治地位。南朝統治時期，爨氏在寧州的地位與影響進一步上升。

綜上所述，東晉王朝雖然積極爭奪與經略益州、寧州，但是十六國政權對當時政治全域的深遠影響，客觀上對東晉王朝的基本國策與邊疆經略形成較大掣肘，整個東晉時期，西南邊疆政局動盪，幾次易主。從主觀上看，「門閥政治」統治下的東晉王朝中央皇權不振，王、庾、謝、桓、殷等門閥大族輪流執政，彼此制衡，忙於爭權奪利，熱衷於控御荊州、揚州、江州等對中央朝廷命運有決定性影響的地區，對遐遠的西南邊疆既無暇顧及，缺乏長遠規劃和持續關注。例如桓溫雖然率軍滅亡成漢政權，但是意不在經略西南，而是爲了給自己篡權添加砝碼。而且東晉君臣因躲避北方戰亂而南渡，在治國理政上具有明顯的守成、偏安心理，缺乏開拓精神。以上主觀、客觀原因，使得東晉時期對西南邊疆地區的經略力不從心，僅能勉強維持統治，控制力度總體上比較薄弱，特別是對寧州的統治徒有空名。

〔註104〕 參見何斯強：《三國、兩晉、南北朝時期的南中「大姓」與「夷帥」》，范建華主編：《爨文化論》，雲南大學出版社 1991 年版，第 183 頁。

〔註105〕 雲南省文物工作隊：《雲南省昭通後海子東晉壁畫墓清理簡報》1963 年第 12 期。

〔註106〕 國家圖書館善本金石組編：《先秦秦漢魏晉南北朝石刻文獻全編》，北京圖書館出版社 2003 年版，第 85 頁。

二、嶺南政局與東晉王朝的鎮撫措施

　　隨著西晉統治在全國的土崩瓦解，在西晉末和東晉初，嶺南政局一度陷入割據混亂之中。西晉永嘉六年（312），長沙人王機憑藉父兄任廣州刺史時期培養的親信勢力擊敗現任刺史郭訥，自立爲廣州刺史。〔註107〕與此同時，新昌太守梁碩「專威交土」，成爲交州的實際控制者。〔註108〕對於嶺南的割據狀況，奄奄一息的西晉朝廷無能爲力，只好默認。建興三年（315），西晉任命王機爲交州刺史，陶侃爲廣州刺史。梁碩以武力阻攔王機上任，王機被迫停駐於鬱林。而此時陶侃已在赴任途中。王機既失去了廣州刺史的職位，又不能赴任交州刺史，兩頭落空，於是與杜弘、溫邵、劉沈等人結謀公開反叛東晉，抵制陶侃上任，希冀重新控制廣州。但是陶侃迅速進入廣州，打敗了王機等人，平定了叛亂，結束了廣州的混亂局面。〔註109〕但是交州仍爲梁碩所據。梁碩成功阻止王機上任後，自迎前交州刺史修則之子修湛「行州事」，即行使交州刺史職權。自西晉末以來，交州一直控制在梁碩手中。梁碩在交州的統治「兇暴酷虐，一境患之」，大失人心。〔註110〕晉元帝太興初年（318），陶侃加「都督交州軍事」之職，顯示了東晉消滅交州割據勢力的意圖。永昌元年（322），東晉任命武昌太守王諒爲交州刺史。太寧元年（323），王諒爲梁碩所敗，陶侃遣部將高寶入交州，消滅梁碩，攻取交州。東晉以陶侃兼領交州刺史。陶侃自建興三年（315）入嶺南，到太寧三年（325）離職，在嶺南共有十年之久。他在嶺南的主要功績是先後平定了廣州、交州的各種割據勢力，確立了東晉王朝對嶺南的實際統治，穩定了嶺南政局，爲東晉王朝在嶺南的統治開創了良好的開端。

　　陶侃調離嶺南後，王舒任廣州刺史、〔註111〕阮放任交州刺史，〔註112〕此後歷任交、廣刺史均由東晉政權直接任命，其中不乏滕含、鄧嶽兄弟、吳隱之等有才乾和清名的官吏。滕含於咸和二年（327）出任廣州刺史，「在任積年，甚有威惠。」〔註113〕鄧嶽擔任廣州刺史期間，以廣州爲基地積極收復

〔註107〕參見《資治通鑒》卷88，晉永嘉六年（312）條。
〔註108〕參見《晉書》卷89《忠義傳·王諒傳》。
〔註109〕參見《晉書》卷66《陶侃傳》，卷100《王機傳》。
〔註110〕《晉書》卷89《忠義傳·王諒傳》。
〔註111〕參見《晉書》卷66《陶侃傳》。
〔註112〕參見《晉書》卷49《阮籍傳附阮放傳》。
〔註113〕《晉書》卷57《滕修傳》。

寧州，先後於咸康二年（336）、咸康五年（339）兩次進攻成漢。鄧嶽去世後，繼任的廣州刺史即鄧嶽之弟鄧逸「亦有武幹。」〔註114〕吳隱之於元興元年（402）出任廣州刺史，在任期間「清操逾屬，常食不過菜及乾魚而已，帷帳器服皆付外庫」，〔註115〕以廉潔自律聞名。總之，自陶侃平定嶺南以後的幾十年中，嶺南政局基本平穩。

東晉後期，嶺南再次陷入割據混亂之中。太元五年（380），九眞太守李遜反叛。史稱，「初，九眞太守李遜父子勇壯有權力，威制交土，聞刺史滕遁之當至，分遣二子斷遏水陸津要。」〔註116〕第二年，交趾太守杜瑗平定叛亂。〔註117〕元興三年（404），廣州爆發盧循之亂，盧循侵寇廣州，俘虜廣州刺史吳隱之，「自攝州事，號平南將軍，遣使獻貢」。〔註118〕盧循是東晉「叛賊」孫恩的餘部。由於剛剛平定桓玄之亂，東晉王朝無力顧及嶺南，對盧循的舉動不僅不予譴責和討伐，反而「權假循征虜將軍、廣州刺史、平越中郎將」，使盧循的作亂行爲合法化。義熙六年（410），劉裕北攻南燕慕容超，盧循乘機與始興太守徐道覆在廣州起兵，出五嶺，直搗都城建康。義熙七年（411），盧循被劉裕打敗，退回廣州，但廣州已爲劉裕經海道南下而捷足先登，盧循轉而攻交州，被交州刺史杜慧度所破。〔註119〕盧循從據有廣州到兵敗身死共七年。戰亂使嶺南社會秩序和經濟生產遭到極大的破壞。史載，「既兵荒之後，山賊競出，攻沒城郭，殺害長吏。」〔註120〕

盧循之亂平定後，嶺南政局逐漸穩定。劉裕的得力幹將沈田子「隨宜討伐，旬日平殄」，〔註121〕迅速穩定了嶺南政局。出身名門的褚叔度受命出任都督交廣二州諸軍事、建威將軍、領平越中郎將、廣州刺史。褚叔度在任期間，發生了桓玄族人「開山聚眾，謀掩廣州」的事件，不久又發生盧循餘黨劉敬道的反叛事件，均在褚叔度的指揮下得以平定。褚叔度雖然在任四年間「廣營賄貨，家財豐積」，有貪財的污名，但是對維護嶺南一方的政局穩定是有功

〔註114〕《晉書》卷81《鄧嶽傳》。
〔註115〕《晉書》卷92《良吏傳・吳隱之傳》。
〔註116〕《晉書》卷92《良吏傳・杜慧度傳》。
〔註117〕參見《晉書》卷92《良吏傳・杜慧度傳》。
〔註118〕《晉書》卷100《盧循傳》。
〔註119〕盧循事蹟參見《晉書》卷10《安帝紀》，卷92《良吏傳・杜慧度》，卷100《盧循傳》。
〔註120〕《宋書》卷100《自序・沈田子傳》。
〔註121〕《宋書》卷100《自序・沈田子傳》。

的。〔註122〕此後繼任的廣州刺史張茂度在任期間「綏靜百越，嶺外安之」。〔註123〕杜慧度從東晉義熙七年（411）到劉宋景平元年（423）擔任交州刺史，他「爲政纖密，有如治家」。在他的治理下，交州境內「威惠沾洽，奸盜不起，乃至城門不夜閉，道不拾遺。」〔註124〕這些文字雖然有史家虛譽的嫌疑，但反映了杜慧度在任時期交州政局平穩、社會安定的基本情況。總之，東晉後期，嶺南雖然一度再次出現了割據混亂局面，但由於所選用的嶺南地方官吏得力，主政者劉裕決策正確，東晉成功地控制局勢，迅速掃除戰亂陰影，恢復嶺南的安定。

東晉統治時期，嶺南邊境鄰國林邑（今越南中部）對交州進行長期侵擾，這是東晉時期南方邊疆的新問題。林邑「本漢時象林縣」，東漢末年開始獨立建國，與中國保持疏遠、和平的關係，「自孫權以來，不朝中國。至武帝太康中，始來貢獻。」〔註125〕建元二年（344），林邑進攻東晉的交州邊界，導致這些地區「百姓奔迸，千里無煙」，〔註126〕這是林邑侵擾交州數十年戰爭的開端。永和三年（347），林邑攻陷交州最南邊的日南郡，殺日南太守夏侯覽及督護劉雄，「告交州刺史朱蕃，求以日南北鄙橫山爲界」，〔註127〕被東晉王朝拒絕。第二年林邑繼續北侵，寇九德郡，「多所殺害」。〔註128〕當時東晉的主政者桓溫遣將討伐林邑，爲林邑所敗。在雙方較量中，林邑把握了主動出擊的優勢，東晉則處於被動還擊的不利處境。直到升平末年（361），廣州刺史勝含率軍討伐林邑，才扭轉了東晉在雙方關係中的不利地位，雙方「與盟而還」，暫時中止了多年的戰爭。〔註129〕此後林邑一方面向東晉遣使貢物，另一方面仍然寇擾交州。自簡文帝即位始（371）到東晉滅亡的近半個世紀，林邑向東晉遣使朝獻的記錄有六次，寇擾交州的記錄有三次。太元五年（380）以後交州刺史滕遁之在任的十餘年間，林邑與東晉之間「累相攻伐」。隆安三年（399）林邑趁滕遁之離任之際攻陷日南、九眞，且欲北上攻取交趾，被交趾

〔註122〕《宋書》卷52《諸叔度傳》。
〔註123〕《晉書》卷53《張茂度傳》。
〔註124〕《晉書》卷92《良吏傳‧杜慧度》。
〔註125〕《晉書》卷97《四夷傳‧林邑國》。
〔註126〕（北魏）酈道元：《水經注》卷36《溫水》，北京書同文電腦技術有限公司：《文淵閣四庫全書》電子版，1999年出品。
〔註127〕《晉書》卷8《穆帝紀》，卷97《四夷傳‧林邑國》。
〔註128〕《晉書》卷97《四夷傳‧林邑國》。
〔註129〕參見《晉書》卷97《四夷傳‧林邑國》。

太守杜瑗擊退。義熙年間（405～418），林邑「每歲又來寇日南、九眞、九德等諸郡，殺傷甚眾，交州遂致虛弱，而林邑亦用疲弊。」〔註130〕林邑對交州的侵擾成爲長期困擾東晉南方邊疆的一個棘手問題，直到東晉滅亡始終沒有解決。林邑的侵擾對嶺南的社會穩定、經濟開發造成一定破壞。但是，由於在對待林邑的問題上東晉從朝廷大臣到地方官吏、從政府到民眾團結一心，一致對外，因而並未影響到嶺南政局的穩定。

林邑對交州的侵擾，從事件緣起來看，東晉政權負有主要責任。史載曰：「初，徼外諸國嘗齎寶物自海路來貿貨，而交州刺史、日南太守多貪利侵侮，十折二三。至刺史姜壯時，使韓戢領日南太守，戢估較太半，又伐船調枹，聲云征伐，由是諸國恚憤。且林邑少田，貪日南之地，戢死絕，繼以謝擢，侵刻如初。及覽至郡，又耽荒於酒，政教愈亂，故被破滅。」〔註131〕據此可知，交州刺史和日南太守的腐敗統治，是導致林邑侵擾交州的重要原因，東晉政權應該承擔用人失誤的責任。不過，從東晉的應對來看，雖然很長時間內處於被動反擊狀態，統治不夠牢固，且日南、九眞等郡，地在偏遠，管控不易，但東晉王朝畢竟沒有輕言放棄交州，極力維護了孫吳、西晉以來的嶺南邊界現狀，是值得肯定的。

東晉後期對交州的鎮撫，突出特點是對交州地方勢力的利用。交趾杜氏家族由於才幹、名望俱備，無論是鎮撫本境還是堪平外亂都功勳卓著，在維護地方社會安定等方面發揮了舉足輕重的作用，因而逐漸壟斷了交州地方要職，在交州形成了杜氏家族統治。杜氏在交州的統治自東晉後期到劉宋初年，前後歷近半個世紀。杜瑗「仕州府爲日南、九德、交趾太守」，太元五年（380），因平定李遜之亂而在嶺南聲名鵲起。隆安三年（399），杜瑗因有效阻擊林邑而升爲交州刺史；杜瑗之子杜慧度爲九眞太守，後襲父職爲交州刺史，慧度之弟慧期爲交趾太守、章民爲九眞太守。杜慧度去世後，其子弘文承襲父職，擔任交州刺史，直到元嘉四年（427）爲止。在太元五年至元嘉四年（380～427）的四十餘年間，杜氏家族逐漸壟斷了交州地方要職，形成了一個以杜氏家族爲核心的軍政網絡。東晉後期對交州的統治，依靠交趾杜氏才得以維繫。杜氏經略有方，「寬和得眾」，對中央朝廷始終忠心耿耿。〔註132〕但是地方勢

〔註130〕《晉書》卷8《穆帝紀》，卷97《四夷傳·林邑國》。
〔註131〕《晉書》卷8《穆帝紀》，卷97《四夷傳·林邑國》。
〔註132〕交趾杜氏任職及活動狀況參見《宋書》卷92《良吏傳·杜慧度》。

力的坐大對中央政權統治者始終是一種潛在的威脅，引起了南朝統治者的注意，從而結束了杜氏在交州的統治。

東晉王朝對嶺南的經略總體上獲得成功。在東晉統治時期，嶺南政局基本保持平穩，爲東晉王朝抵制、抗擊北方政權的向南擴張提供了相對穩定的後方。東晉王朝對嶺南的經略一方面留下了值得肯定的歷史經驗，另一方面也存在一定不足。東晉王朝派遣到嶺南的大多數地方官吏德才兼備，有助於加強對嶺南的統治。但是在東晉初年、東晉末年等政權交替轉換之際，東晉統治者對反叛勢力存在姑息、縱容的態度，例如任命王機爲交州刺史、承認盧循爲廣州刺史等。

第五章　北朝的北方邊疆經略

　　十六國時期北方混亂不休的局面，隨著北魏的興起而逐漸走向終結。北魏在拓跋珪、拓跋嗣統治時期，僅僅是北方眾多分裂政權之一。到了拓跋燾統治時期，北魏逐漸翦滅群雄，統一北方，疆域東至海，西達鄯善，北接大磧，南與劉宋相持於河淮之間，成爲一個強大的政權，與南方政權形成長達百餘年的對峙局面。在南北對峙時期，南、北各政權疆域基本定型，僅在南北政權交界線上有微小的盈縮。歷史上把北魏及其分裂後的東魏、北齊與西魏、北周統稱爲北朝，把宋、齊、梁、陳四個南方政權統稱爲南朝。

　　北魏對北方的基本統一，使得北方人民獲得了一個相對安定的環境從事生產，有利於維護北方的社會穩定、經濟發展和民族融合，爲邊疆經略與開發創造了相對穩定的條件，有利於北方邊疆經略的深入推進。早期北魏政權，即拓跋珪、拓跋嗣統治下的北魏政權屬於十六國時期眾多北方政權之一，因此有關早期北魏政權的邊疆經略，已在前文第三章進行探討。本章主要探討北魏中後期邊疆經略，即從拓跋燾即位以後北魏王朝的邊疆經略。

第一節　北魏對東北邊疆的鎭撫與羈縻政策

　　北魏對東北邊疆的不同地域，根據歷史傳統和社會經濟水平的差異，採取了區別對待的政策。對被征服地北燕舊地，設立軍鎮和州郡進行直接統治；對東北邊疆外沿的高句麗政權及庫莫奚、勿吉、契丹、地豆於等族採取羈縻之策，以建立和維護藩附關係、保持東北邊疆各股政治勢力的平衡與政局穩定爲主要目的。

一、北魏對北燕舊地的鎭撫措施

　　拓跋燾統治時期，開啓了消滅周邊政權、統一北方地區的系列軍事行動。延和元年至太延二年（432～436），北魏連續五年每年大舉興師，征討北燕。太延二年（436）北魏滅北燕，對北燕舊地實施了系列鎭撫措施，主要包括以下兩個方面：一是增設軍鎭和州郡，加強統治密度；二是選派較有才幹的官吏擔任邊吏，增強統治力度。

　　北魏平定北燕的當年，在北燕舊地設置和龍軍鎭，以宗室拓跋渾爲首任和龍鎭將，加強對該地的軍事震懾與政治統治。與此同時，州郡行政管理體制不僅沒有廢棄，而且得到充實與強化。最初北魏在北燕舊地僅設平州，拓跋渾身兼數任，爲和龍鎭將、平州刺史、護東夷校尉。〔註1〕後來，北魏又在北燕舊地增設了營州與安州。史曰：「營州，治和龍城（今遼寧省朝陽市）。太延二年（436）爲鎭，眞君五年（444）改置。」同卷又載，「平州，晉置。治肥如城（今河北盧龍縣北劉家營附近），領郡二」；「安州，皇興二年（468）置，治方城（今河北隆化）」。〔註2〕由此可知，太平眞君五年（444）北燕舊地由初置之平州分置爲營州和平州，營州治所在和龍，平州治所南遷至肥如，領遼西、北平二郡。皇興二年（468），又於營州之西增設安州，治所在方城。至此北燕舊地設置三州。

　　北魏前期和中期，派往北燕舊地的官吏大多較有才幹，取得出色的政績。如首任和龍鎭將、平州刺史拓跋渾「在州綏導有方，民夷悅之。」〔註3〕繼拓跋渾之後，名將之後于洛拔「出爲使持節，散騎常侍，寧東將軍，和龍鎭都大將，營州刺史。以治有能名，進號安東將軍。」〔註4〕孝文帝太和初年（477）擔任平州刺史的薛道標也在任「治有聲稱」。〔註5〕太和五年（481），安豐王元猛出任和龍鎭都大將、營州刺史，元猛「寬仁雄毅，甚有威略，戎夷畏愛之。」〔註6〕宣武帝元恪統治時期，出身名門博陵崔氏家族的崔敬邕出任營州刺史，其墓誌銘曰：「永平初（508），聖主以遼海戎夷，宣化佇賢，肅愼契丹，必也綏接，於是除君持節營州刺史，將軍如故。君軒鑣始邁，聲猷以先，麾

〔註1〕 參見《魏書》卷16《道武七王傳・南平王渾》。
〔註2〕 《魏書》卷106《地形志上》。
〔註3〕 《魏書》卷16《道武七王傳・南平王渾》。
〔註4〕 《魏書》卷31《于栗磾傳附子洛拔傳》。
〔註5〕 《魏書》卷61《薛安都傳》。
〔註6〕 《魏書》卷8《文成五王・安豐王猛》。

蓋踐疆，而溫膏均被，於是殊俗知仁，荒岷識澤，惠液途於逋遐，德潤潭於
邊服。延昌四年（515），以君清政懷柔，宣風自遠，徵君爲征虜將軍太中大
夫。」〔註7〕墓誌銘文雖有虛譽浮詞之嫌，但崔敬邕能擔任營州刺史長達七年
之久，可見在位時期還是取得了一定成就，獲得朝廷和營州本地吏民的認可。
在這同一時期，宗室元法壽出任安州刺史，亦有所作爲。史曰：「法壽先令所
親微服入境，觀察風俗，下車便大行賞罰，於是境內肅然。更滿還朝，吏人
詣闕訴乞，肅宗嘉之，詔復州任。」〔註8〕以上所述事例，從時間上看從太武
帝拓跋燾至宣武帝元恪統治時期的各個階段、從地點上看北燕舊地三州均有
發生，這說明北魏前期和中期北燕舊地的吏治總體良好。

　　作爲被征服地區，北燕舊地本來可能潛藏著種種動亂因素，但是北魏前
期、中期北燕舊地局勢非常平穩，幾乎沒有發生過動盪。與頻頻發生變亂的
北部邊疆相比，這種平穩令人深思。形成這種狀況，主要有以下三個因素：

　　第一，北燕舊地不存在北部邊疆那樣尖銳的民族矛盾與文化隔閡。北燕
舊地雖然是被征服地區，但其民族性與北魏卻有較大的一致性，不僅都是鮮
卑民族，而且漢化程度都很高。北魏進入中原地區後，逐漸以「華夏」自居，
其政治制度、民族心態等各方面均漢化較深。同樣，北燕舊地自前燕慕容廆
統治以來，深受漢文化浸染，其生產方式、心理特徵已與內地無異。所以北
魏徵服北燕沒有導致較大的民族衝突與文化衝突，雙方在心理結構上非常接
近。而北部邊疆安置了很多敕勒、高車、柔然等來自漠北草原的戰爭俘虜，他
們與漢化較深的北魏統治者有明顯的心理隔閡，因此民族矛盾比較容易激化。

　　第二，北魏對北燕舊地的管理機制比對北部邊疆更爲寬鬆，避免了社會
矛盾的激化。北部邊疆長期實行較爲嚴厲的軍鎮管理制度，州郡行政管理體
制非常薄弱，直到北魏末年才迫於六鎮起義的壓力而將大量軍鎮改置爲州
郡。而北燕舊地在平定之初就實行軍鎮、州郡雙重管理機制，而且州級設置
由一個增設到三個，說明州郡行政體制是北魏統治北燕舊地的主要方式。這
顯然比對北部邊疆的統治方式要寬鬆得多。而和龍鎮將在北燕舊地管理事務
中的作用與影響卻有下降的趨勢。史書所見擔任和龍鎮將職務的時間最晚的
官員是安豐王元猛，時間是在孝文帝太和年間（477～499），這是此後和龍鎮

〔註7〕趙超：《漢魏南北朝墓誌彙編》，《魏故持節龍驤將軍督營州諸軍事營州刺史征
　　　虜將軍太中大夫臨青男崔公之墓誌銘》，天津古籍出版社 1990 年版，第 98～
　　　99 頁。
〔註8〕《魏書》卷 16《道武七王·陽平王熙》。

將職位撤除或者職權削弱的跡象。北魏末年城人劉安定、就德興叛亂時，首先殺營州刺史李仲遵、平州刺史王買奴，也從一個側面說明州郡行政首腦是北燕舊地的最高權威，和龍鎮將之職或者已經撤除，或者實際地位影響在刺史之下，所以沒有首當其衝。實際上在這場動亂中，和龍鎮將之職根本沒有出現。據此大致可以推斷至少在六鎮起義之前和龍軍鎮就已經被撤銷了，時間上要比北鎮的改鎮爲州要早。較早撤除軍鎮，推行與內地一致的州郡管理制度，有利於緩和被征服地區的社會矛盾，穩定政治局勢。

第三，北燕舊地的外部環境比北部邊疆要好。北魏的北部邊疆始終強敵壓境，直到北魏末年才略有緩解，而北燕舊地外與高句麗、庫莫奚相接。高句麗雖在兩晉時期實力大增，獨立性增強，但仍臣屬北魏，雙方關係友好穩定，很少兵戎相見，這爲北燕舊地的穩定政局造就了較好的外部條件。

北魏後期，胡太后和權臣元叉交替執政，吏治大壞，政以賄成，北燕舊地同樣深受其害，一向良好的吏治狀態一去不返，選派的官員多是貪婪之輩。如營州刺史元泛「性貪殘，人不堪命，相率逐之，泛走平州。」〔註9〕以貪穢狼籍聞名的濮陽太守鄭雲，通過賄賂宦官劉騰升遷爲安州刺史，他得到任命書的當天，就迫不及待地打聽如何聚斂搜刮，曰：「我爲安州，卿知之否？彼土治生，何事爲便？」〔註10〕邊吏的貪婪激化了社會矛盾，孕育了社會不穩定因素，致使一向政局平穩的北燕舊地深受北鎮起義風潮的影響。正光五年（524）十月，發生了營州城人劉安定、就德興之亂。隨著動亂的進一步擴展，至建義元年（528），北燕舊地三州完全失控，北魏政權在風雨飄搖中走向滅亡。北魏時期北燕舊地的政局變化具有極大的歷史啓示，既體現了邊疆吏治與邊疆治亂的直接關係，也體現了邊疆治亂與國家興衰的互動關係。北燕舊地的政局變化，與北魏政權的總體政局始終是一脈相承的。

二、北魏對高句麗、庫莫奚諸族的羈縻政策

北魏東北邊疆有高句麗、地豆於、庫莫奚、契丹、勿吉等民族。高句麗在兩晉時期實力大增，在東北邊疆諸族中勢力最爲強勁。南北朝時期，高句麗實力進一步向四周擴張，使其西鄰勿吉、地豆於等族感受到威脅。勿吉、地豆於、庫莫奚、契丹等民族在兩晉時期就已形成，但就其社會總體發展水

〔註9〕 《魏書》卷 19 上《景穆十二王・汝陰王天賜》。
〔註10〕 《魏書》卷 20《封懿傳》，又參見卷 56《鄭義傳》。

平來說遠遠落後於高句麗。北魏根據兩漢以來治理沿邊各族的歷史傳統，對東北邊疆各族施以羈縻之策，將高句麗、庫莫奚諸族置於藩臣之列，與之建立朝貢通使關係，在禮儀上予以約束，政治上予以扶持，並在遇到侵擾時予以庇護安置，但對這些民族內部的具體事務並不過多干涉。這種鬆弛的統治方式，與對北燕舊地的直接統治截然不同。

　　高句麗在東北邊疆諸族中實力最強，是北魏在東北邊疆最重要的羈縻對象。在消滅北燕之前，北魏已經與高句麗建立使節往來關係。太延元年（435），高句麗遣使入魏，北魏冊封高句麗長壽王爲都督遼海諸軍事、領護東夷中郎將等官銜，〔註11〕標誌雙方確立了正式的藩屬關係。此後由於高句麗拒絕向北魏交出北燕亡國之君馮弘，雙方關係陷入僵局，直到和平三年（462）才恢復朝貢往來。此後雙方關係迅速升溫。自孝文帝即位以來，高句麗基本上每年都向北魏遣使朝貢，其中不少年份中一年遣使兩次甚至三次。根據粗略統計，在獻文帝拓跋弘、孝文帝元宏在位的三十四年間（465～499），高句麗向北魏遣使朝貢共有四十一次之多。〔註12〕同時，高句麗作爲藩附之國，其歷任國君也要得到北魏的認可。高句麗王璉、雲、安、延等都得到北魏所冊封的征東將軍、護東夷中郎將（或護東夷校尉）、遼東郡開國公、高句麗王等系列官銜和爵稱以及象徵王者權力與地位的衣冠服物、車旗之飾；在高句麗王去世之際，北魏朝廷按慣例爲之舉哀、贈謚。北魏按照中原傳統的藩屬觀念，以正朔自居，通過上述禮儀上的厚遇，來施加對高句麗的政治影響，是中原王朝羈縻之策的傳承。同時，北魏通過藩屬禮儀的約束加強對高句麗的控制。例如獻文帝拓跋弘在位時期，要求高句麗王璉送女以備後宮；孝文帝在位時期，北魏得知高句麗遣使通貢於蕭齊，譴責高句麗「越境外交，遠通篡賊」，不符合「藩臣守節之義」；高句麗王雲不願完全遵照北魏詔令遣世子入侍，孝文帝「嚴責之」。〔註13〕高句麗對上述北魏所要求的種種藩臣之禮往往消極抵制，而北魏的態度則是適可而止，保持克制。因此，雙方雖然有一些不愉快的細節，但雙方關係並沒有受到嚴重衝擊。從這裡可以看出北魏對高句麗的控制是非常鬆弛的。

〔註11〕　參見《三國史記》卷18《高句麗本紀》，第225頁。此處「高句麗長壽王」即《魏書》、《北史》等中國古籍中所記「高句麗王璉」。
〔註12〕　《魏書》卷6《顯祖紀》，卷7《高祖紀》。
〔註13〕　參見《魏書》卷100《高句麗傳》。

　　南北朝時期是高句麗向四周擴張的重要時期。高句麗向南欲吞併百濟、新羅，向北欲佔據勿吉、地豆於等族的活動地域。作爲北魏王朝在東北邊疆唯一正式冊封的藩屬國，高句麗的擴張活動得到北魏的政治支持。受到高句麗打擊的百濟、勿吉都曾請求北魏支持或配合他們征討高句麗，但被北魏婉拒。延興二年（472），百濟遣使北魏，請求與北魏共同征討高句麗，北魏以「高麗稱藩先朝，供職日久，於彼雖有自昔之釁，於國未有犯令之愆」〔註14〕的理由予以拒絕。太和初年（477），勿吉打算與百濟從水道共同征討高句麗，遣使請求北魏的政治支持，北魏「詔敕三國同是藩附，宜共和順，勿相侵擾」。〔註15〕北魏拒絕勿吉的理由是勿吉、百濟、高句麗三國同是北魏的藩附之國，故應和睦相處，不能互相攻擊。但是正始年間（504～508）高句麗使者透露打算攻打勿吉與百濟的時候，北魏卻給予熱情的支持與鼓勵。史曰：「正始中，世宗於東堂引見其使芮悉弗，悉弗進曰：「高麗係誠天極，累葉純誠，地產土毛，無愆王貢。但黃金出自夫餘，珂則涉羅所產。今夫餘爲勿吉所逐，涉羅爲百濟所并，國王臣雲惟繼絕之義，悉遷於境內。二品所以不登王府，實兩賊是爲。」世宗曰：「高麗世荷上將，專制海外，九夷黠虜，實得征之。瓶罄罍恥，誰之咎也？昔方貢之愆，責在連率。卿宜宣朕旨於卿主，務盡威懷之略，揃披害群，輯寧東裔，使二邑還復舊墟，土毛無失常貢也。」〔註16〕可見，所謂同是藩附、故當和睦云云不過是北魏的託詞，眞正的原因是由於高句麗在東北邊疆實力最爲強勁，又是北魏在東北邊疆唯一正式冊封的藩國，故而在政治上極力維護高句麗的利益。基於同樣的原因，太和三年（479），高句麗密謀與柔然瓜分地豆於的活動地域，北魏明明得知動靜，卻沒有採取任何阻撓高句麗的措施，任由高句麗在東北邊疆擴張地盤，唯一的措施是接納和安置了因害怕受到連帶侵擾而南遷的契丹部眾。〔註17〕由於北魏對高句麗的大力支持，因此高句麗才有超乎常規的朝貢熱情，朝貢頻率乃至多達一年三次。北魏對高句麗的羈縻與後撫一直持續到北魏末年。

　　除高句麗外，北魏對勿吉、庫莫奚、地豆於等族也實行羈縻政策。北魏雖未對這些民族的首領進行正式冊封，政治上亦未見有明顯的扶持措施，但這些民族均主動向北魏朝貢，以藩臣自處，史曰：「及開遼海，置戍和龍，諸

〔註14〕《魏書》卷100《百濟傳》。
〔註15〕《魏書》卷100《勿吉傳》。
〔註16〕《魏書》卷100《高句麗傳》。
〔註17〕參見《魏書》卷100《契丹傳》。

夷震懼，各獻方物。」〔註18〕北魏盡力施以安撫籠絡，除回報豐厚的賞賜外，對他們所提出的經濟要求均盡量滿足。北魏滅北燕後，居於東北邊塞，「與安、營州邊民參居，交易往來」，後來又屢次要求入塞正式與民交易，宣武帝元恪在位時，同意庫莫奚的請求，在和龍、密雲等地正式設立交易場所，「交市之日，州遣上佐監之。」〔註19〕款附在東北邊塞的契丹向北魏「告饑」，北魏「聽其入關市糴」，〔註20〕幫助其度過難關。

　　由於對高句麗及其他東北諸族較好地實行了羈縻與安撫政策，東北邊疆各族與北魏大多保持良好的關係，很少兵戎相向，史籍僅見太和十四年（490）、太和二十二年（498）地豆於、庫莫奚分別「犯塞」，北魏迅速將其擊退，〔註21〕衝突的規模和影響較小，而且不久後都恢復了朝貢往來。總之，由於北魏對北燕舊地和東北邊疆沿邊各族統治政策得當，因此東北邊疆政局平穩，民族融合加強，經濟文化得到交流和發展，與北魏對北部邊疆和西北邊疆的經略相比，成就是較爲突出的。

第二節　北魏對北部邊疆的征討、防禦與懷柔羈縻政策

　　與東北邊疆的相對平穩的局勢相比，北魏北部邊疆局勢可謂波瀾起伏。北魏的北部邊疆與游牧民族柔然相接，拓跋燾即位以後，柔然成爲北魏王朝在北部邊疆的主要防禦對象。北魏對柔然的政策，構成北魏王朝北部邊疆經略的主線。北魏前期，北魏與柔然發生過幾次大規模的交戰。太武帝拓跋燾在位時，雙方的爭奪趨向白熱化，交戰雙方互有勝負，平分秋色。文成帝拓跋濬即位後，戰爭逐漸減少，朝貢通使在雙方關係中所佔比重逐漸增加。孝文帝拓跋宏統治中期，雙方關係的親熱度達到頂峰，柔然幾乎每年向北魏遣使朝貢，甚至一年中三次遣使朝貢。宣武帝元恪統治時期，雙方關係急劇降溫，宣武帝屢次拒不召見柔然使者，雙方無正式官方往來。這種狀況到宣武帝末年才略有改變的動向。孝明帝元詡在位時期，由於柔然主阿那瓌來降，雙方朝貢通使關係進入新一輪高潮。此後北魏因朝政混亂，國力日下，在雙方的關係中，柔然逐漸佔據上風，成爲末代北魏王朝各股政治勢力爭相籠絡、

〔註18〕《魏書》卷100《庫莫奚傳》。
〔註19〕《魏書》卷100《庫莫奚傳》。
〔註20〕《魏書》卷100《契丹傳》。
〔註21〕參見《魏書》卷7《高祖紀下》。

示好的對象。雙方關係的顛倒，標誌著北魏的衰微與沒落。

　　針對北部邊疆多民族共處和瞬息變化的局勢，早期北魏統治者已經採取征討、巡視、建立軍事防禦體制等措施，對北部邊疆進行經略。拓跋燾即位以後，面對疆域不斷擴大、南北對峙日漸成型、政治局勢更加複雜的狀況，北魏統治者在早期北部邊疆經略措施基礎上，採取了更加全面、複雜、靈活、多元的經略政策與措施，既組織了大量軍事征討，又在不斷地完善軍事防禦體制，同時採取懷柔政策，利用通使、朝貢、和親等措施，加強與柔然官方的和平往來，同時妥善安置來自戰爭中的俘虜、降附部族，吸引邊疆各族的歸附。在經略過程中，上述幾項政策往往同時並用、交疊進行，共同構成北魏王朝對北部邊疆的經略體制。

一、北魏對柔然、高車的軍事征討行動

　　早期北魏王朝對柔然、高車發動了系列征討戰爭。太武帝拓拔燾統治時期（423～451），北魏對柔然、高車的軍事征討進入到一個新的高發階段，其中對柔然的軍事征討尤爲激烈、頻繁。拓拔燾發動的大規模征討柔然戰爭多達五次。

　　第一次大舉征討柔然是始光二年（425）。戰爭緣起於前一年柔然對北部邊疆的侵擾。始光元年（424）七月，柔然主大檀趁北魏國有大喪、新主登位之際，率領六萬人攻進雲中，殺掠吏民，攻陷盛樂宮。拓拔燾親自率軍征討，被大檀包圍五十餘重，「騎逼馬首，相次如堵焉。」〔註22〕這次危機促使拓跋燾事後組織人馬，對柔然進行還擊。始光二年（425）十月，拓拔燾大舉興兵，親自北討柔然，「東西五道並進：平陽王長孫翰等從黑漠，汝陰公長孫道生從白黑兩漠間，車駕從中道，東平公娥清次西從栗園，宜城王奚斤、將軍安原等西道從爾寒山。諸軍至漠南，捨輜重，輕騎齎十五日糧，絕漠討之，大檀部落駭驚北走。」〔註23〕這次戰爭北魏未能與大檀直接交戰，但大敗大檀之弟匹黎，「斬其渠帥數百人」，〔註24〕「大獲而還」。〔註25〕

　　第二次大舉征討柔然是神䴥二年（429）。這次戰爭同樣與前一年柔然侵擾北部邊疆有密切關係。神䴥元年（428）八月，「大檀遣子將騎萬餘人入塞，殺

〔註22〕　《魏書》卷103《蠕蠕傳》。
〔註23〕　《魏書》卷103《蠕蠕傳》。
〔註24〕　《魏書》卷26《長孫翰傳》。
〔註25〕　《魏書》卷26《尉古眞傳》。

掠邊人而走。附國高車追擊破之。自廣寧還，追之不及。」〔註26〕神䴥二年（429）四月，拓拔燾率眾親討柔然，「車駕出東道向黑山，平陽王長孫翰從西道向大娥山，同會賊庭。五月，次於沙漠南，捨輜重輕襲之，至栗水，大檀眾西奔。」這次征討，柔然受到毀滅性打擊，大檀為之震怖，「將其族黨，焚燒廬舍，絕跡西走，莫知所至。於是國落四散，竄伏山谷，畜產布野，無人收視」，不久大檀在驚恐憂傷中病逝。魏軍在柔然境內「分軍搜討，東至瀚海，西接張掖水，北渡燕然山，東西五千餘里，南北三千里。」〔註27〕原本役屬於柔然的高車諸部有三十多萬人歸降於魏軍，稍後又有屯於巳尼陂的高車諸部數十萬人迫於軍事壓力而投降魏軍。北魏大獲全勝。這是北魏徵討柔然的屢次戰爭中戰果最為輝煌的一次。由於在這次戰爭中所受的沉重大擊，此後幾年柔然無力侵擾北魏邊境，柔然與北魏維持了短暫的和平相處，雙方展開和親及朝貢往來。

　　第三次大舉征討柔然是太延四年（438）。太延二年（436），柔然「絕和犯塞」，再度引發了北魏與柔然間的戰爭。太延四年（438），拓拔燾分軍數道親征柔然，「樂平王丕、河東公賀多羅督十五將出東道，永昌王健、宜都王穆壽督十五將出西道，車駕出中道。至濬稽山，分中道復為二道，陳留王崇從大澤向涿邪山，車駕從濬稽北向天山。」這次征討魏軍沒有見到柔然人眾，不但無功而返，而且因漠北大旱，「軍馬多死」，〔註28〕遭受了很大損失。太延五年（439），柔然趁魏軍主力征討北涼之際，大舉進犯北魏，軍至平城西南的七介山，「京邑大駭，爭奔中城」，〔註29〕留守大臣穆壽「不知所為，欲築西郭門，請恭宗避保南山。」〔註30〕形勢一度十分危急。後柔然退走，魏軍追之不及。

　　太平真君四年（443），拓拔燾第四次大舉征討柔然，「車駕幸漠南，分四道：樂安王範、建寧王崇各統十五將出東道，樂平王督十五將出西道，車駕出中道，中山王辰領十五將為中軍後繼。車駕至鹿渾谷，與賊將遇，吳提遁走，追至頹根河，擊破之。」〔註31〕這次征討取得了一定的戰績，但沒有構成對柔然的致命性打擊。

〔註26〕《魏書》卷 103《蠕蠕傳》。
〔註27〕《魏書》卷 103《蠕蠕傳》。
〔註28〕《魏書》卷 103《蠕蠕傳》。
〔註29〕《魏書》卷 103《蠕蠕傳》。
〔註30〕《魏書》卷 27《穆壽傳》。
〔註31〕《魏書》卷 103《蠕蠕傳》。

　　太平眞君十年（449），拓拔燾對柔然發動第五次大規模征討，發兵數道，親征柔然。史曰：「高涼王那出東道，略陽王羯兒出中道，與諸軍期會於地弗池。」這次作戰不但與柔然主吐賀眞交戰，大敗柔然主力，而且使吐賀眞大爲驚懼，「棄輜重，逾穹隆嶺遠遁」，魏軍「盡收其人戶畜產百餘萬。」這是自神䴥二年（429）以來北魏對柔然戰爭的再次輝煌戰績，也是拓拔燾在位時期對柔然的最後一次戰爭。柔然在這次戰爭中受到沉重打擊，「自是吐賀眞遂單弱，遠竄，邊疆息警矣。」〔註32〕北魏北部邊疆贏得了階段性的平靜。

　　由上可知，拓拔燾統治時期，對柔然的政策以軍事征討爲主，和親等和平往來只是作爲輔助性政策短暫採用。在這個時期，北魏對柔然的軍事征討經年不息，規模空前。皇帝親征、數道並進、深入漠北是這一時期征討柔然的常態。而考察這些戰爭發生的背景，可知柔然對北魏北部邊疆的侵擾往往是北魏大規模用兵的先聲。可見北魏大舉征討柔然的主要原因是北部邊疆受到柔然的侵犯，而接近北部邊疆的京師平城也受到柔然的強大壓力。北魏對柔然的大舉征討，是將被動還擊、消極防禦變爲主動進攻、積極防禦的政策。從政策的效果上講，雖然多次戰爭都是柔然主力遠遁，魏軍無功而返，但神䴥二年（429）、太平眞君十年（449）的兩次戰爭都使柔然遭受了致命性的打擊。尤其是太平眞君十年（449）的戰爭給予柔然沉重打擊，北部邊疆由此息警，北魏得以從連年的戰爭中脫離出來，與民休息，整頓內務。史稱，「世祖征伐之後，意存休息，蠕蠕亦怖威北竄，不敢復南。」〔註33〕

　　在北部邊疆，除了柔然之外，還有大量高車部族人口，他們長期受柔然的役使，從屬於柔然汗國。北魏早期，拓拔珪、拓拔嗣曾大舉興兵征討在漠南一帶游牧的高車。北魏中期，高車基本上被柔然控制在漠北，與北魏疆土不再直接相接，故雙方的戰事較少。高車役屬於柔然，居住地與柔然犬牙交錯。因此每次北魏深入大漠征討柔然之際，高車部眾大多望風披靡，主動降附北魏。例如神䴥二年（429）拓拔燾大舉征討柔然之際，「高車諸部殺大檀種類，前後歸降三十餘萬，俘獲首虜及戎馬百餘萬匹。八月，世祖聞東部高車屯已尼陂，人畜甚眾，去官軍千餘里。遂遣左僕射安原等往討之。暨已尼陂，高車諸部望軍降者數十萬。」〔註34〕太和十一年（487），高車酋帥副伏

〔註32〕《魏書》卷103《蠕蠕傳》。

〔註33〕《魏書》卷103《蠕蠕傳》。

〔註34〕《魏書》卷103《蠕蠕傳》。

羅阿伏至羅與弟窮奇率領所部脫離柔然統治，西奔至前車師地，建立高車國，與柔然長期爭奪西域、漠北，對北魏北部邊疆和西北邊疆局勢產生重要影響。

拓跋燾去世之後，北魏王朝對柔然的大規模征討次數大爲減少，史書所見僅有三次。一是太安四年（458），文成帝拓跋濬親征柔然，「騎十萬，車十五萬兩，旌旗千里，遂渡大漠。吐賀眞遠遁，其莫弗烏朱駕頹率眾數千落來降，乃刊石記功而還。」〔註35〕二是皇興四年（470），由於柔然犯塞，獻文帝拓跋弘率眾親征。魏軍分爲東、西兩道，會師於女水，大破柔然。史曰：「虜眾奔潰，逐北三十餘里，斬首五萬級，降者萬餘人，戎馬器械不可稱計。旬有九日，往返六千餘里，改女水曰武川，遂作《北征頌》，刊石紀功。」〔註36〕三是太和十六年（492），孝文帝拓跋宏下令出師征討柔然，「遣陽平王頤、左射陸叡江爲都督，領軍斛律桓等十二將七萬騎討豆侖。」〔註37〕魏軍「出漠北擊蠕蠕，大獲而還。」〔註38〕此後，雖然柔然犯塞的事件仍然時有發生，但北魏王朝均實行來者擊之、去者不追的政策，再無大舉興兵、深入漠北追擊柔然的舉動了。例如正始元年（504）九月，柔然犯塞，宣武帝元恪僅命大將源懷擊退柔然，任由其「亡遁」。〔註39〕

綜上所述，軍事征討自始至終是北魏王朝應對柔然侵擾、維護北部邊疆安全與穩定的重要政策之一。但是其地位與作用具有較爲明顯的階段性。拓跋燾統治時期，大規模的軍事征討是北魏應對柔然的主要政策，和平交往僅僅是短暫的、輔助性的。在世祖統治時期，軍事征討既有被動反擊柔然入侵的情況，也有在擊退入侵的柔然軍之後，變被動爲主動、變消極防禦爲主動進攻的情況，而且以後者居多。拓跋燾去世以後，北魏的大規模深入柔然境內征討的次數顯著減少，對付柔然犯塞的政策以來者擊之、去者不追的政策爲主。伴隨這種政策出現的是增強軍事防禦體制的呼聲日漸高漲，以防禦爲目的的軍鎮與長城日漸完備成熟。

二、北魏北部邊疆軍事防禦體制的形成與發展

北魏建國以來，長期與柔然發生衝突，其中不乏大規模的戰爭。到拓拔

〔註35〕　《魏書》卷103《蠕蠕傳》。
〔註36〕　《魏書》卷6《顯祖紀》。
〔註37〕　《魏書》卷103《蠕蠕傳》。
〔註38〕　《魏書》卷58《楊播傳》。
〔註39〕　參見《魏書》卷41《源懷傳》。

燾統治時期，戰爭的頻率和規模都達到空前的程度。這些戰爭既有北魏統治者出於掠奪柔然人口、馬匹及其他財富的目的而發動的，也有因柔然寇擾北魏邊塞、危及北魏安危而引起的，總的來講後一種情況居多。北魏對柔然的戰爭雖然取得了幾次較大的勝利，但也經常面臨戰爭失利，受到沉重打擊。漠北草原遼闊，柔然作爲游牧民族善於作戰和遷徙，所以北魏有時候舉國北討，卻因蠕蠕「遠遁」，根本就沒有找到柔然的主力部隊，而不得不無功而返，甚至因爲漠北惡劣的自然環境而導致損兵折將，得不償失。例如太延四年（438）拓跋燾北討柔然，不但沒有找到柔然軍隊，而且「漠北大旱，無水草，軍馬多死」。〔註40〕太平眞君四年（443），拓跋燾兵分四路大舉襲擊柔然，並與柔然主力相遇於鹿渾谷，但柔然主吳提率眾成功逃脫，魏軍「不及而還」。在回師途中，魏軍「師次漠中，糧盡，士卒多死。」〔註41〕興師動眾不但無功而返，而且損兵折將，這促使統治者調整對柔然的戰略方針，逐漸減少軍事進攻舉措，努力構築和完善軍事防禦體制。戰略防禦逐漸成爲北魏應對柔然軍事壓力的主要政策方向。從拓跋嗣、拓跋燾在位時期始，北魏王朝已經開始對北部邊疆軍事防禦體制的構建，並在此後不斷對之進行鞏固。

拓跋燾在位時期雖然對柔然的政策以征討爲主，但是對增強防禦能力、構築北部邊疆的軍事防禦體制也是十分重視的。拓跋燾爲北魏中期北部邊疆的軍事防禦體制奠定了重要基礎，建構了基本框架。北魏史上僅見的兩次修築長城，其中一次就發生在太平眞君七年（446）。史載，此年北魏「發司、幽、定、冀四州十萬人築畿上塞圍，起上谷，西至於河，廣袤皆千里」。〔註42〕而更爲重要的是，作爲北部邊疆軍事防禦體制重要組成部分之一的六鎮，根據鮑桐先生的考證，就是設置於拓跋燾在位時期的延和年間（432～434）。〔註43〕

北魏建立後，承十六國以來軍鎮制度之淵源，在境內遍設軍鎮。周一良先生通過對文獻的考察梳理，列舉了史冊記載甚詳的北魏軍鎮有三十一個，廢置不詳的軍鎮有四十三個，並且指出，「北魏設鎮主意在於南北邊境；次或地屬新附，立鎮以資威懾；或勢同犬牙，則鎮所以防寇盜。故北魏鎮戍遍四

〔註40〕《魏書》卷 103《蠕蠕傳》。

〔註41〕《魏書》卷 28《劉潔傳》。

〔註42〕《魏書》卷 4《世祖紀下》。

〔註43〕參見鮑桐：《北魏北疆幾個歷史地理問題的探索》，《中國歷史地理論叢》1999
年第 3 期。

境，而以北面西北面及南面諸鎮爲重。」〔註44〕六鎮就是周一良先生所舉眾多軍鎮中的一部分。關於六鎮的名稱、分佈，自唐以來聚訟紛紜。牟發松綜理各家之說，認爲世祖之初，六鎮係指由西向東依次爲懷朔、武川、撫冥、柔玄、懷荒、赤城六個軍鎮的總稱，至世祖以後太和十年（486）以前沃野鎮取代赤城鎮而予六鎮之列，正始年間（504～508）源懷又將禦夷鎮納入六鎮防線，自此以後，六鎮與北鎮概念幾乎等同。〔註45〕北魏六鎮的方位，「除沃野鎮外，共他五鎮，皆在陰山之北的平原或丘陵地帶上，皆位於北緯 41°南北，略呈弓形，控制從漠北南下的幾條主要交通要道。」〔註46〕從地圖上看，六鎮皆在北魏及此前修築之長城以北。〔註47〕梁偉基則對包括六鎮在內的北魏軍鎮的建置原因、鎮民成分、軍鎮性質、軍鎮的衰微與變化等系列問題進行了探討，認爲北魏軍鎮建置之原因是多方面的，包括強化佔領區之軍事控制、安置歸附之少數民族、國防治安之考慮；鎮民非一般之編戶齊民，乃是隸屬軍籍的，包括鮮卑拓拔部成員、各地之移民、罪犯、少數民族部族四大類型，鎮民之成分，既是良賤混雜的，亦是胡漢混雜的；軍鎮之性質，可以說是具有軍事性與羈縻性之二重性格。〔註48〕本文在吸收前人成果的基礎上，著重探討六鎮在北魏北部邊疆軍事防禦體制中的具體地位與作用。

　　眾所周知，六鎮在防禦柔然侵擾上具有重要作用。以六鎮所處方位而言，正當柔然南下的要衝，六鎮連成一線，則與游牧區、農耕區之間的自然分界大致吻合。這說明六鎮乃是北魏抵禦柔然的前沿陣地。從史書記載來看，六鎮官兵多次抗擊侵擾邊塞的柔然軍隊，北魏對柔然的反擊、追擊和進攻，也經常以六鎮將領來擔任指揮、作戰職責。孝文帝拓跋宏統治時期，懷朔鎮將、陽平王頤及其部下屢次受命抗擊柔然入侵及率眾征討柔然。史載，「蠕蠕侵掠，高祖詔懷朔鎮將、陽平王頤率眾討之。頤假樹生鎮遠將軍、都將，先驅有功。」〔註49〕太和十六年（492），陽平王頤又與左僕射陸睿受命「督十二

〔註44〕周一良：《北魏鎮戍制度考及續考》，《魏晉南北朝史論集》，中華書局 1963 年版，第 219 頁。

〔註45〕參見牟發松：《「六鎮」新釋》，《爭鳴》1987 年第 6 期。

〔註46〕鮑桐：《北魏北疆幾個歷史地理問題的探索》，《中國歷史地理論叢》1999 年第 3 期。

〔註47〕參見譚其驤：《中國歷史地圖冊》第 4 冊，中國地圖出版社 1982 年版，第 19～20 頁。

〔註48〕梁偉基：《中央民族大學學報》1998 年第 2 期。

〔註49〕《魏書》卷 32《高湖傳附高樹生傳》。

將七萬騎北討蠕蠕。」〔註50〕太和十一年（487），「蠕蠕頻來寇邊，柔玄鎮都將李兜討擊之。康生性驍勇，有武藝，弓力十石，矢異常箭，為當時所服。從兜為前驅軍主，頻戰陷陳，壯氣有聞」。〔註51〕此外六鎮還是鎮撫北部邊疆的柔然、高車等降附勢力的主要力量。拓跋燾統治時期，陸俟「出為平東將軍、懷荒鎮大將。未期，諸高車莫弗訟俟嚴急，待下無恩，還請前鎮將郎孤。世祖詔許之，徵俟還京。既至朝見，言於世祖曰：『陛下今以郎孤復鎮，以臣愚量，不過週年，孤身必敗，高車必叛。』」這說明六鎮鎮將對鎮撫降附的邊境高車部眾負有重大責任。後來情況果如陸俟所料，「明年，諸莫弗果殺郎孤而叛。」〔註52〕史書又載，「初，顯祖世有蠕蠕萬餘戶降附，居於高平、薄骨律二鎮。太和之末，叛走略盡，惟有一千餘家。太中大夫王通、高平鎮將郎育等，求徙置淮北，防其叛走。」〔註53〕高平、薄骨律鎮雖然位於河西，不予北疆六鎮之列，但從中可知鎮將對轄區內降附的柔然部眾具有鎮撫之責，六鎮將領應當也不例外。總之，六鎮既是抵抗柔然入侵的前沿陣地，又是鎮撫邊境降附勢力的主要力量，在北部邊疆軍事防禦體制中具有重要地位。孝明帝元詡統治時期，「澄以北邊鎮將選舉彌輕，恐賊虜窺邊，山陵危迫，奏求重鎮將之選，修警備之嚴。詔不從。賊虜入寇，至於舊都，鎮將多非其人，所在叛亂，犯逼山陵，如澄所慮。」〔註54〕這則材料從側面反映了六鎮在抗擊柔然、鎮撫柔然高車等歸附勢力、安定北部邊疆等各方面的重要作用。

在北部邊疆防禦柔然入侵的除了六鎮官兵之外，還有朝廷直接派遣的機動部隊，即漠南屯軍。孝文帝即位初年，大臣源賀受命「都督三道諸軍，屯於漠南」，以備柔然。源賀督大軍屯於漠南之舉，並非特殊形勢之下的時宜之策，而是北魏中後期在北部邊疆的常規部署。史曰：「是時，每歲秋冬，遣軍三道並出，以備北寇，至春中乃班師。」源賀認為這樣每年興師動眾屯兵漠南不但「勞役京都」，且「非禦邊長計」，「令朝庭恒有北顧之慮」，建議朝廷將臨時性機動遣兵備敵改為「並戍並耕」形式的常駐部隊，但「事寢不報」。〔註55〕由此可見，派遣漠南屯軍的做法已經存在了很長時間，而且此後還持

〔註50〕《魏書》卷7《高祖紀上》。
〔註51〕《魏書》卷73《奚康生傳》。
〔註52〕《魏書》卷40《陸俟傳》。
〔註53〕《魏書》卷58《楊播傳》。
〔註54〕《魏書》卷19中《景穆十二王傳‧任城王澄》。
〔註55〕《魏書》卷41《源賀傳》。

續保留，具體後來有沒有取消、什麼時候取消，史未明載，不得而知。那麼，既然有六鎮戍守，爲什麼北魏還要每年不勝其煩地另遣大軍在漠南備防呢？這可能是因爲六鎮的力量尚不足以完全防禦柔然，需要靠臨時機動的部隊來予以補充。根據源賀的言談還可以知道，漠南屯軍的規模很大，在北部邊疆軍事防禦體制中的地位與作用不可低估。漠南屯軍的部署，是根據柔然的生活特性和軍事進攻規律而作出的安排。因爲柔然的特點是根據氣候的變化游牧於漠北與漠南，「夏則散眾放畜，秋肥乃聚，背寒向溫，南來寇抄。」〔註56〕源賀關於「並戍並耕」的建議看上去很周到，但並不適應柔然的這種遷徙規律。在春夏之間，柔然多在漠北放牧，六鎮官兵足以抵抗柔然的小股力量侵擾，另增備戍力量似無必要；而到秋冬之時，柔然大規模聚集於漠南，不但六鎮不足以應付柔然的進攻，即使按照源賀的設計，常規的駐軍也難以抵禦可能發生的柔然大規模南侵。所以漠南屯軍的作用，不僅是用於補充六鎮兵力不足。在柔然大量聚集於漠南的秋冬之際，大規模的機動部隊是抵擋柔然南下的一道堅實屏障，對柔然具有極大的震懾作用。北魏中後期，柔然在北部邊疆發起的小規模侵塞事件雖然接連不斷，但大舉南侵事件則較爲少見，這應當就是屯備於漠南的機動部隊發揮震懾作用的結果。此外，漠南屯軍和六鎮具有分工不同、互爲補充的性質。六鎮的主要職責在於鎮守，所以在入侵者北逃的情況下，六鎮官兵一般就不再追擊了。而漠南屯軍則可以在柔然發動進攻的情況下不但抵禦入侵，鎮遏邊境，還可以窮追敵寇，深入敵庭，從根本上打擊敵人。所以二者各有所長，不可偏廢。張金龍認爲源賀的建議沒有被北魏朝廷採納的原因是由於此時太上皇獻文帝拓拔弘與馮太后之間的爭權奪利鬥爭正好非常激烈，「或許正是由於統治集團內部矛盾鬥爭激烈而無暇他顧的緣故。」〔註57〕但根據史料的記載可知，拓跋弘與馮太后在對待國家大政方針的問題上並無重大分歧，對政事十分勤勉負責，因私廢公的事情很少發生。因此上述原因固然難以完全排除，但應當不是主要原因，柔然的遷徙特性以及六鎮與機動部隊之間的互補關係，更有可能是北魏王朝統治者否決源賀提議的根本原因。根據漠南屯軍的出兵規模和季節性調遣的特點，漠南屯軍的位置應當是以六鎮爲依託和後盾，位於六鎮之北。這樣推測

〔註56〕 《魏書》卷35《崔浩傳》。
〔註57〕 張金龍：《北魏中後期的北邊防務及其與柔然的和戰關係》，《西北民族研究》1992 年第 2 期。

的原因，是考慮到漠南屯軍的主要目的是防範柔然的大規模進攻，所以絕無龜縮在六鎮之內的道理。

六鎮是防禦柔然的「常駐軍」，秋冬之際的漠南屯軍則是敏感時期的「臨時軍」，二者均為北魏中期北部邊疆軍事防禦體制中的重要組成部分。除此以外，長城也是北魏北部邊疆防禦體制中的重要組成部分。北魏早在明元帝拓拔嗣時期已修築東起赤城、西到五原的延綿二千餘里的長城。史曰：「（泰常）八年（423）正月丙辰，……蠕蠕犯塞。二月戊辰，築長城於長川之南，起自赤城，西至五原，延袤二千餘里，備置戍衛。」〔註58〕長城位於六鎮之南，是北魏北部邊疆抵禦柔然的最後一道防線，軍事意義十分重大。不過就北魏的實際情況來看，長城的利用率並不是很高，或者說，長城發揮的實際作用是十分有限的。這是因為在它的北面既有六鎮鎮守，秋冬之際又有朝廷大軍在漠南備戍，作為抵禦柔然的最後一道防線，不到情況十分緊急，一般不會派上用場。有的學者根據遊記和實地考察指出，北魏的長城修築得十分粗糙，「修築牆體很不講究，土石混雜，就地取材，夯土層很難分清，走向上也多走山坡、溝壑。」〔註59〕其原因正在於此。孝文帝統治中期，大臣高閭上表建議在六鎮之北修築長城，以進一步加固北部邊疆的軍事防禦體制，更好地防禦柔然。他還列舉了在六鎮之北修築長城的好處，「計築長城，其利有五：罷遊防之苦，其利一也；北部放牧，無抄掠之患，其利二也；登城觀敵，以逸待勞，其利三也；省境防之虞，息無時之備，其利四也；歲常遊運，永得不匱，其利五也。」高閭的建議與孝文帝即位初年源賀關於用「並戍並耕」取代每年秋冬之際在漠南的屯軍的提議如出一轍，其中高閭所言「罷遊防之苦」、「息無時之備」即明確針對每年秋冬屯兵漠南而言。但秦漢以來舊長城以及北魏兩度修築修繕的長城均在六鎮之南，如在六鎮之北另築長城，將是一個費時費力的巨大工程，而且正如上面所述，「並戍並耕」對於抵禦柔然侵擾並不適合。所以孝文帝的答覆是「覽表，具卿安邊之策。比當與卿面論一二」，〔註60〕意為此事還需討論，實際上沒有了下文。正始元年（504）柔然對沃野、懷朔諸鎮的一次大規模侵擾使得加強北部邊疆軍事防禦工程的要求再次提上日程。源懷在世宗元恪的支持下整頓邊防，加強戍衛，取得了很大

〔註58〕《魏書》卷3《太宗紀》。

〔註59〕 張敏：《論北魏長城—軍鎮防禦體制的建立》，《中國邊疆史地研究》2003年第2期。

〔註60〕《魏書》卷54《高閭傳》。

的成果。但他並不是另起爐灶新修了一道長城，而是在六鎮建設的基礎上，增置了「北鎮諸戍東西九城」而已。〔註61〕

修築長城的提議一再擱置，並不是表明北魏不重視北部邊疆的軍事防禦建設，而是表明北魏的北部邊疆軍事防禦體制以六鎮爲前沿、基礎和核心，以漠南屯軍爲補充和調節，以長城爲後盾。長城在整個體制中是居於次要、後方的地位的。至此，北魏中期北部邊疆軍事防禦體制的結構已經非常清楚，漠南屯軍、六鎮守軍和長城戍軍由北向南依次構成三道防線，其中六鎮既是漠南屯軍的依託和後方，又是長城戍軍的藩屏，成爲整個防禦體制的基礎與核心。這三條防線並不是各自孤立的，而是互相補充、互爲表裏、渾然一體的，有的學者將其概括爲「北魏長城一軍鎮防禦體制」，〔註62〕是十分有道理的，不過如果概括爲「北魏軍鎮－漠南屯軍－長城防禦體制」，可能會更爲直觀和貼近北魏北部邊疆軍事防禦體制的內涵與格局。

但是，以太和十九年（495）孝文帝遷都洛陽爲分界點，北魏北部邊疆形勢發生了明顯的變化，六鎮的地位、作用及其內部狀況也相應發生了相應的轉變。太和十九年（495）以前，由於京師平城臨近北部邊疆，容易受到柔然南下的侵襲，所以北部邊疆在軍事上、政治上具有相當重要的地位，北部邊疆的防務受到北魏統治者的高度重視，六鎮官兵享有較高的政治地位。遷都以後，北部邊疆在軍事、政治意義上的重要性大爲下降，客觀上造成了六鎮官兵地位的下降以及六鎮內部社會矛盾的激化。這種變化，北魏宗室元深在正始年間的上表中做過深刻的分析總結，他在上表中說：

> 邊豎構逆，以成紛梗，其所由來，非一朝也。昔皇始以移防爲重，盛簡親賢，擁麾作鎮，配以高門子弟，以死防遏，不但不廢仕宦，至乃偏得復除。當時人物，忻慕爲之。及太和在曆，僕射李沖當官任事，涼州土人，悉免廝役，豐沛舊門，仍防邊戍。自非得罪當世，莫肯與之爲伍。征鎮驅使，但爲虞候白直，一生推遷，不過軍主。然其往世房分留居京者得上品通官，在鎮者便爲清途所隔。或投彼有北，以禦魑魅，多復逃胡鄉。乃峻邊兵之格，鎮人浮遊在外，皆聽流兵捉之。於是少年不得從師，長者不得遊宦，獨爲匪人，

〔註61〕《魏書》卷41《源懷傳》。
〔註62〕參見張敏：《論北魏長城一軍鎮防禦體制的建立》，《中國邊疆史地研究》2003年第2期。

言者流涕。

> 自定鼎伊洛，邊任益輕，唯底滯凡才，出爲鎮將，轉相模習，
> 專事聚斂。或有諸方奸吏，犯罪配邊，爲之指蹤，過弄官府，政以
> 賄立，莫能自改。咸言奸吏爲此，無不切齒憎怒。〔註63〕

元深上表之時，六鎮已經發生起義，元深所率前往鎮壓的軍隊頻頻失利，故不能排除其言辭有爲自己征戰失利開脫的心理因素。但這份上表的重點在於追溯六鎮起義的根源，提出改鎮爲州以提高六鎮官兵地位、從根本上解決六鎮危機的方案，其上表中的分析，基本上屬於客觀事實。從這份上表的內容可以清楚的看到，六鎮危機萌生於太和年間「定鼎伊洛」之後，由於遷都洛陽，六鎮失去拱衛京師的軍事政治意義，客觀上導致六鎮將領和鎮兵均失去了以往的政治優勢和政治前途，激化了六鎮內部的社會矛盾，引發了六鎮官兵的普遍不滿。另外，遷都以後的北魏政權進一步漢化，統治者熱衷於儒學、門閥和文治，這使得遠離新都、向以武勇爲榮的六鎮社會與主流社會逐漸格格不入，六鎮官兵與北魏王朝之間的離心力逐漸增長。不過，由於孝文帝和宣武帝元恪皆爲勤於政務的有爲之君，對北部邊疆還比較關注，採取了系列政策和措施來緩和六鎮內部矛盾。

孝文帝雖然定鼎伊洛，以經略中原和向南拓展爲第一要務，但對北部邊疆仍然高度重視。遷都前夕，孝文帝對北部邊疆作了一次大規模的巡視。史載太和十八年（494）七月，孝文帝「車駕北巡」，親臨朔州、陰山及懷朔、武川、撫冥、柔玄四鎮，「所過皆親見高年，問民疾苦，貧窘孤老，賜以粟帛」，旋即又「詔六鎮及禦夷城人，年八十以上而無子孫兄弟，終身給其廩粟；七十以上家貧者，各賜粟十斛。又詔諸北城人，年滿七十以上及廢疾之徒，校其元犯，以準新律。事當從坐者，聽一身還鄉，又令一子撫養，終命之後，乃遣歸邊；自餘之處，如此之犯，年八十以上，皆聽還。」〔註64〕孝文帝此次北巡，目的是非常明確的，就是要安撫六鎮民心，穩定北部邊疆形勢。爲了達到目的，孝文帝重點關注了六鎮普通鎮民的疾苦，頒佈了一些改善鎮民處境的詔令。對北部邊疆的降附部眾，孝文帝也改變了北魏以往以鎮壓爲主的策略，改用綏撫政策。太和二十二年（498）八月，即遷都三年之後，北部邊疆的高車降附部眾因不願隨孝文帝南行伐齊，在酋帥袁紇樹者的帶領下舉

〔註63〕 《魏書》卷18《太武五王傳·廣陽王建》。
〔註64〕 《魏書》卷7《高祖紀下》。

兵反魏。孝文帝採納了江陽王繼的建議，「斬愆首一人，自餘加以慰喻」，〔註65〕於是叛者「相率而降」。〔註66〕由於孝文帝政策得當，也由於遷都為時尚短，六鎮內部矛盾及與朝廷之間的矛盾尚未顯露，所以在遷都之後的幾年內，北部邊疆基本穩定。

　　宣武帝元恪即位後，一方面由於遷都帶來的六鎮矛盾日漸累積，粗露端倪，另一方面一個重要的新情況是包括北部邊疆在內的北魏全境連年水旱災害，形成大量饑民。尤其是到宣武帝統治後期，災害情況已十分嚴重，宣武帝在詔書中承認，「頃水旱互侵，頻年飢饉，百姓窘弊，多陷罪辜。」〔註67〕另一個突出現象是邊鎮官吏貪婪聚斂的情況也越來越嚴重。大臣袁翻憂心忡忡地指出：「自比緣邊州郡，官至便登，疆場統戍，階當即用。或值穢德凡人，或遇貪家惡子，不識字民溫恤之方，唯知重役殘忍之法。廣開戍邏，多置帥領；或用其左右姻親，或受人財貨請屬，皆無防寇禦賊之心，唯有通商聚斂之意。其勇力之兵，驅令抄掠。若值強敵，即為奴虜；如有執獲，奪為己富。其羸弱老小之輩，微解金鐵之工，少閑草木之作，無不搜營窮壘，苦役百端。」〔註68〕袁翻之論是針對全國各地邊鎮而言，六鎮也不例外。自然災害加上官吏盤剝，可謂天災人禍，雪上加霜，激化了北部邊疆尤其是六鎮內部的社會矛盾，鎮民怨怒情緒激烈高漲。面對這種情況，宣武帝採取了以下幾項措施來緩和形勢。（一）加強巡視撫慰。景明四年（503），宣武帝派遣大臣源懷「撫勞代都、北鎮，隨方拯恤。」〔註69〕源懷是以尚書行臺的官職巡行北部邊疆時的，這說明宣武帝對北部邊疆的問題是非常重視的。源懷到達北部邊疆後，彈劾貪官污吏，精簡主帥吏佐隊伍，加強邊鎮戍衛，奏請依均田令分給鎮民土地，這些措施，都得到了元恪的肯定和贊許。通過源懷的努力，「時細民為豪強陵壓，積年枉滯，一朝見申者，日有百數」；〔註70〕源懷的下屬宋世景「巡察州鎮十有餘所，黜陟賞罰莫不咸允」，〔註71〕這樣北部邊疆的社會矛盾得以大為緩和，北魏對北部邊疆的控制大大加強。時隔三年之後，即正始三年

〔註65〕　《魏書》卷7《高祖紀下》，卷16《道武七王傳‧江陽王繼》。
〔註66〕　《魏書》卷103《蠕蠕傳》。
〔註67〕　《魏書》卷8《世宗紀》。
〔註68〕　《魏書》卷69《袁翻傳》。
〔註69〕　《魏書》卷8《世宗紀》。
〔註70〕　《魏書》卷41《源懷傳》。
〔註71〕　《魏書》卷88《良吏傳‧宋世景傳》。

（506），宣武帝再次「詔遣使者巡慰北邊酋庶。」〔註72〕這次遣使的目的是爲了鞏固源懷巡撫的成果，進一步穩定北部邊疆形勢。（二）開倉賑恤饑民。在全國各地水旱災害頻頻發生的情況下，元恪先後遣使到各地開倉賑濟災民，京師太倉也開倉賑恤，延昌元年（512）六月，一次就「詔出太倉粟五十萬石，以賑京師及州郡饑民。」〔註73〕六鎮也在開倉賑恤之列。根據世宗本紀記載，永平二年（509），宣武帝令開倉賑恤武川鎮的饑民。延昌二年（513），又「以六鎮大饑，開倉賑贍」。源懷受命巡撫北部邊疆，也帶有賑濟饑民的使命。政府的積極賑濟，對緩解六鎮災情、緩和六鎮社會矛盾、穩定北部邊疆統治秩序起到了一定的作用。（三）詔令富人出粟出資緩解饑情。面對連年水旱災害的嚴重形勢，宣武帝下達了系列詔令，要求富人參與災情賑恤，以緩解災情，穩定社會。延昌元年（512）六月，宣武帝「詔天下有粟之家，供年之外，悉貸饑民」。第二年八月，又下詔曰：「今秋輸將及，郡縣期於責辦，尚書可嚴勒諸州，量民資產，明加檢校，以救艱弊。」〔註74〕這兩份詔令的目的，都在於加強對富人的財產統計，讓富人與國家分擔救濟災民的責任。而這樣做的結果，一方面達到了緩解災情的目的，另一方面緩解了富人與饑民之間的社會矛盾，有利於社會的穩定。這些詔令並不是單獨針對六鎮而下達的，而是全國性的，但作爲災情比較嚴重的六鎮地區自然也包括在內。這些詔令的下達和執行對緩解六鎮災情、緩和六鎮社會矛盾是有一定幫助的。

通過這些措施，以六鎮爲核心的北部邊疆地區雖然在遷都以後軍事政治地位不斷下降，雖然遭遇了嚴重的自然災害，但是在孝文帝和宣武帝統治時期，六鎮社會的內部矛盾以及六鎮官兵與北魏王朝之間的矛盾維持在一定程度內，沒有發生嚴重的事件，更沒有對北魏政治產生全域性的影響。但是，從以上分析中也可以看到，北魏在北部邊疆的統治危機日漸滋盛，這些危機與矛盾雖然由於孝文帝、宣武帝的強有力的統治和妥善的安撫政策而暫時緩解了，但沒有從根本上得到消除。一旦失去強有力的君主或中央政權，北部邊疆的局勢就不可避免地急劇惡化。

〔註72〕《魏書》卷8《世宗紀》。
〔註73〕《魏書》卷8《世宗紀》。
〔註74〕《魏書》卷8《世宗紀》。

三、北魏對柔然、高車的懷柔政策

對北疆各族實行羈縻懷柔，是北魏經略北部邊疆的重要方針政策之一。
這一政策始於道武帝統治時期，盛於孝文帝在位時期，貫穿北魏王朝統治的
始終。主要措施包括建立和維護通使、朝貢關係，厚賜朝貢國國君和來使，
優待歸附北魏的北疆各族上層人物，如賜婚、賜物、賜官，給予優渥的生活
待遇等。隨著入主中原與北方統一的基本完成，北魏漢化的程度日益加深。
在邊疆和民族觀念上，北魏統治者逐漸表現出以「華夏」、「中國」自居的心
態，視邊疆民族爲「夷狄」，在邊疆政策中，懷柔政策逐漸佔據一席之地。

北魏對北部邊疆柔然、高車的懷柔政策，首先體現爲北魏與柔然汗國官
方的通使、和親等和平交往活動增多。通使與和親是北魏對柔然、高車等北
部邊疆民族實行懷柔羈縻政策的重要途徑。北魏與北疆各族的通使、朝貢關
係始於拓拔燾統治時期，主要是北魏與柔然的通使、朝貢往來，後來高車、
契丹、庫莫奚等族也加入與北魏通使往來的隊伍。北魏前期，柔然作爲役屬
於北魏的游牧部落，曾與北魏有過朝貢往來關係，柔然「歲貢馬畜、貂豽皮」。
〔註75〕但是柔然首領社崙自稱「可汗」、建立政權以後，北魏與柔然汗國之間
開始了長期連綿不斷的互相攻擊，雙方鮮有和平往來。直到神麚二年（429）
拓跋燾大破柔然主大檀之後，雙方始有短暫的和親通使時期。史曰：「（神麚）
四年（431），遣使朝獻。先是，北鄙候騎獲吳提南偏邏者二十餘人，世祖賜
之衣服，遣歸。吳提上下感德，故朝貢焉。世祖厚賓其使而遣之。延和三年
（434）二月，以吳提尚西海公主，又遣使人納吳提妹爲夫人，又進爲左昭儀。
吳提遣其兄禿鹿傀及左右數百人來朝，獻馬二千匹，世祖大悅，班賜甚厚。
至太延二年（436），乃絕和犯塞。」〔註76〕但和親與通使僅僅存續五年就結
束了。此後雙方又開始了大規模的征戰。文成帝拓跋濬統治時期，由於北魏
連年征戰，國力損耗嚴重，柔然也在北魏打擊下勢力嚴重減弱，雙方停止了
大規模的攻戰，但也沒有和平往來的記載。直到獻文帝拓跋弘皇興三年
（469），始見有柔然汗國向北魏「遣使朝貢」的記載。〔註77〕也就是說，自
太延二年（436）以來，北魏與柔然之間有三十多年的交往空白。

拓跋弘即位以後，北魏與柔然有戰有和。孝文帝即位初年，情況大致相

〔註75〕《魏書》卷 103《蠕蠕傳》。
〔註76〕《魏書》卷 103《蠕蠕傳》。
〔註77〕參見《魏書》卷 6《顯祖紀》。

同。承明元年（476）以後，北魏與柔然的關係發生了明顯的變化，雖然柔然小規模侵寇邊塞的事件仍然時有發生，但柔然向北魏遣使朝貢的次數、頻率呈明顯的上升趨勢。自承明元年（476）至太和六年（482）的六年間，柔然每年遣使朝貢，其中承明元年（476）、太和元年（477）兩年中，連續每年朝貢次數高達三次。如此頻繁密集的朝貢往來，一方面說明柔然改變了以往大規模南侵的一貫做法，試圖改善與北魏關係，另一方面說明北魏對柔然政策作了較大調整，從拓跋燾時期的攻戰爲主、拓跋濬時期的不相往來，逐漸過渡到以和平交往爲主，高度重視雙方的使者往來，試圖用懷柔政策來安撫、籠絡柔然，穩定北部邊疆。北魏對與柔然通使的高度重視，從幾個歷史細節得到印證。延興五年（475），「有司以予成數犯邊塞，請絕其使，發兵討之。」〔註78〕這個提議遭到拓跋弘的否決。太和元年（477），柔然使者莫何去汾比拔等求觀北魏府藏珍寶，「乃敕有司出御府珍玩金玉、文繡器物，御廐文馬、奇禽、異獸，及人間所宜用者列之京肆，令其歷觀焉。比拔見之，自相謂曰：「大國富麗，一生所未見也。」〔註79〕北魏此舉的目的是通過向柔然使者炫耀本國的富有，來提升北魏形象，擴大北魏聲威，起到威懾柔然的作用。北魏還很注意保護柔然使節。孝文帝曾言於大臣高閭曰：「蠕蠕使牟提小心恭慎，甚有使人之禮，同行疾其敦厚，每至陵辱，恐其還北，必被謗誣。昔劉準使殷靈誕每禁下人不爲非禮之事，及其還國，果被譖醞，以致極刑。今爲旨書，可明牟提忠於其國，使蠕蠕主知之。」〔註80〕由此可知，孝文帝之所以要竭力保護牟提，是因爲牟提對北魏朝廷比較敬重，對維護雙方關係比較有利，符合孝文帝的心意和北魏的政策導向。可見北魏試圖扶持柔然使者中的親魏勢力，通過使者往來滲透對柔然的影響，增強北魏在與柔然關係中的主動地位。根據上下文中所言「於時蠕蠕國有喪」以及「昔蠕蠕主敦崇和親，其子不遵父志，屢犯邊境」之語推斷，此事發生在柔然可汗予成去世、其子豆侖即位之際，即太和九年（485）或太和十年（486）。除了通使朝貢以外，北魏與柔然還一度議及和親。柔然主予成先後於延興五年（475）、太和二年（478）兩度向北魏「求通婚聘」，〔註81〕北魏對此也是積極配合的，不過因

〔註78〕《魏書》卷103《蠕蠕傳》。
〔註79〕《魏書》卷103《蠕蠕傳》。
〔註80〕《魏書》卷54《高閭傳》。
〔註81〕《魏書》卷103《蠕蠕傳》。

爲予成缺乏誠意，和親之議最終不了了之。自拓跋弘即位至孝文帝太和初年，北魏與柔然和平通使較爲頻繁密集，雙方關係越來越密切。這個時期與柔然可汗予成的在位時間大致相當。可見這種狀況的出現，是獻文帝、孝文帝兩代君主與柔然可汗予成共同調整政策的結果。

北魏與柔然的良好通使關係在柔然可汗豆崙繼位後走入低谷。豆崙對內「殘暴好殺」，〔註82〕對外「不遵父志，屢犯邊境。」〔註83〕豆崙內外政策的重大改變，直接影響北魏與柔然的通使關係。太和十一年（487），豆崙發動對北魏的侵擾戰爭。太和十六年（492）北魏對柔然進行大規模征討。這次征討活動中，北魏遣七萬兵力深入漠北，「至居然山而還。」〔註84〕柔然受到沉重打擊。此後，那蓋、伏圖、丑奴相繼爲柔然可汗。這幾位柔然可汗在位時多次遣使向北魏朝貢，要求恢復通使往來。宣武帝元恪「不報其使」，拒絕與柔然汗國建立通使關係，理由是：「蠕蠕遠祖社崙是大魏叛臣，往者包容，暫時通使。今蠕蠕衰微，有損疇日，大魏之德，方隆周漢，跨據中原，指清八表。正以江南未平，權寬北掠，通和之事，未容相許。若修籓禮，款誠昭著者，當不孤爾也。」〔註85〕北魏與柔然的通使關係，直到孝明帝元詡即位以後才得以恢復。元詡在位時期，自延昌四年至神龜元年（515～518），柔然連年遣使朝貢北魏。

由上可知，北疆各族與北魏的通使、朝貢活動時斷時續，受政治形勢的變化而產生一定波動，但是總體來說通使、朝貢交往狀態是主流。這種交往有的是真正意義上的朝貢關係，有的只是在朝貢名義下的經濟往來，有的明明白白是關係對等的政權往來，對此大多數的北魏統治者都給予包容。故而元恪有「往者包容，暫時通使」之語。〔註86〕

總之，通使與和親作爲一項基本政策，在北魏制御柔然的策略中很早就被採用，而且發揮了一定作用。但是就總體狀況而言，北魏運用這項政策的經歷並不是一帆風順。歸納起來原因有以下三個方面：（一）柔然內部政局變幻，不同首領的政策相差較大；（二）北魏與柔然雖然都願意通使和親，但各有目的，難以達成一致。（三）柔然國力雖然大爲削弱，但北魏並沒有處於絕

〔註82〕　《魏書》卷 103《蠕蠕傳》。
〔註83〕　《魏書》卷 54《高閭傳》。
〔註84〕　《魏書》卷 58《楊播傳》。
〔註85〕　《魏書》卷 103《蠕蠕傳》。
〔註86〕　《魏書》卷 103《柔然傳》。

對優勢，難以對柔然形成強大壓力。正光元年（520），柔然主阿那瑰因爲內亂而投奔北魏，雙方實力才發生根本性轉變，只有在這種情況下，阿那瑰才被迫暫時以藩臣之禮面見肅宗，雙方的通使與和親關係取得了進展，但隨著形勢的變化，其通使與和親關係的性質也在不斷發生變化。

其次，北魏對北部邊疆柔然、高車的懷柔政策體現爲對柔然、高車歸附民的妥善安置。北魏前期及世祖統治時期，對柔然、高車發動了多次大規模的征討，在戰爭中擄掠、降服了不少人口，在統一北方的戰爭以及與南朝的戰爭中，也形成了爲數眾多的戰俘。這些人口被稱爲「降附民」或「新民」。但本文要談的柔然、高車歸附民不同於上述降附民或新民。作爲歸附民，他們與戰俘及被擄掠而來的人口有著很大區別。降附民或新民是被迫屈從的，而歸附民是由於政策感召和政治影響而主動歸附的。北魏對來自柔然、高車的歸附民採取了以下基本政策和措施。

第一，北魏對歸附民中的上層人士高度重視，實行了系列優待政策，不但封賜高官厚爵，而且與之聯姻。拓跋珪統治時期率戶內附於北魏的高車酋帥倍候利，其子孫在拓跋燾、拓跋濬時期都擔任要職，其子幡地斤爲殿中尚書，其孫大那瑰爲光祿大夫、第一領民酋長。〔註87〕拓跋燾時期自柔然汗國來降的柔然人閭毗，在拓跋濬統治時期被封爲河東王，領侍中、評尚書事等要職，其家族中「賜爵爲王者二人、公五人、侯六人、子三人」，〔註88〕顯赫一時。閭毗家族如此顯赫，似可歸因於閭毗之妹郁久閭氏貴爲高宗生母，閭毗即爲高宗舅舅。但是閭毗作爲來自柔然的投奔者，其妹能夠選中爲太子之妃，〔註89〕決不是偶然的，而是反映了拓跋燾對柔然歸附民中上層人士的重視和優待。崔浩曰：「蠕蠕子弟來降，貴者尚公主，賤者將軍、大夫，居滿朝列」。〔註90〕這段話爲閭毗家族的境遇作了很好的注解。閭毗家族的顯赫富貴，雖然與他們貴爲外戚有關，但主要還是他們作爲柔然歸附者的身份引起了北魏統治者的重視。那些沒有成爲外戚的「蠕蠕子弟」，在北魏的境遇照樣也是非常優厚的。閭毗家族的境遇，反映的是北魏對待柔然歸附者中的上層人士採取優待甚至寵遇的基本政策。

〔註87〕 參見《北齊書》卷17《斛律金傳》。

〔註88〕 《魏書》卷83《外戚傳上・閭毗》。

〔註89〕 《魏書》卷13《皇后傳・郁久閭氏》載：「景穆恭皇后郁久閭氏，河東王毗妹也。少以選入東宮，有寵。真君元年，生高宗。」

〔註90〕 《魏書》卷35《崔浩傳》。

第二，設立專門處所安置歸附人員。招徠邊疆民族歸附，是北魏懷柔政策的一項重要內容。由於歸附民的政治意義與文化影響，北魏對此十分重視，爲此在洛陽專門設立了「四夷館」和「四夷里」，以招徠四方邊疆民族歸附。史曰：「永橋以南，圓丘以北，伊、洛之間，夾御道有四夷館。道東有四館，一名金陵，二名燕然，三名扶桑，四名崦嵫。道西有四里：一曰歸正，二曰歸德，三曰慕化，四曰慕義。吳人投國者處金陵館，三年以後，賜宅歸正里。……北夷來附者處燕然館，三年以後，賜宅歸德里。……北夷酋長遣子入侍者，常秋來春去，避中國之熱，時人謂之『雁臣』。東夷來附者處扶桑館，賜宅慕化里。西夷來附者處崦嵫館，賜宅慕義里。」〔註91〕其中燕然館、歸德里是專門爲柔然、高車等族設立的。

但是，北魏對歸附民中的中下層勢力並沒有給予足夠的重視。北魏中後期，高車、柔然別部酋帥率眾歸附的事件陸陸續續發生了不少，如太平眞君十年（449），「蠕蠕渠帥爾綿他拔等率其部落千餘家來降。」〔註92〕太安四年（458），「（蠕蠕）別部烏朱賀頹、庫世頹率眾來降。」〔註93〕延興二年（472），「（蠕蠕）別帥阿大幹率千餘落來降。」〔註94〕太和五年（481）、太和十二年（488）、太和十三年（489）均有柔然別帥率眾內附。〔註95〕關於這些率眾內附有功的酋帥以及有關內附時情況，史書僅有簡略的記載，對於他們得到怎樣的安置，則不得而知。僅孝文帝時期高車酋帥窮奇的部眾投奔北魏者的安置略有跡可尋。史載窮奇爲厭噠所殺後，「其眾分散，或來奔附，或投蠕蠕。詔遣宣威將軍、羽林監孟威撫納降人，置之高平鎮。」〔註96〕根據這個事例，可知柔然、高車歸附者可能是被安置在北部、西北部邊疆的緣邊州鎮。由此可見，安置到燕然館和歸德里的歸附者畢竟是少數人，是歸附者中地位較高、影響較大的上層人士的專利。有關柔然、高車中下層酋帥、部民投奔北魏後的境遇的相關史料如此稀缺，原因有兩方面，第一是這些歸附的酋帥既然多爲「別帥」，可能與柔然汗國帝系的血緣關係相當疏遠，在當時的北魏、柔然關係中影響不太；第二是歸附的總人數不是很多，一般在千餘家左右，對時

〔註91〕 范祥雍校注：《洛陽伽藍記校注》，上海古籍出版1958年版，第160～161頁。
〔註92〕 《魏書》卷4《世祖紀下》。
〔註93〕 《魏書》卷5《高宗紀》。
〔註94〕 《魏書》卷7《高祖紀上》。
〔註95〕 參見《魏書》卷7《高祖紀下》。
〔註96〕 《魏書》卷103《高車傳》。

局的影響有限。

由上可知，雖然北魏統治者意識到吸納邊境歸附者、分化瓦解敵國內部勢力的重要性，但其政策具有明顯的偏重，對歸附者上層人士過於重視，而對中下層歸附者又過於忽略，這是北魏北部邊疆政策中的失誤。由於文化因素和利益關係，柔然汗國上層人士中的歸附者畢竟是少數，而對中下層酋帥、部民的歸附採取冷漠的態度，打擊了邊疆歸附者的積極性，影響了懷柔政策的整體效用。

四、北魏後期的北部邊疆形勢與邊疆政策的失誤

孝明帝元詡即位以後至北魏滅亡的歷史時期（515～534），是北魏國力急劇衰退、政局動盪混亂時期。本文稱之為北魏後期。北魏後期的北部邊疆形勢風雲變幻，危機四伏。特徵之一是柔然實力驟衰、驟興，而北魏則正好與之相反，從盛極一時逐漸走向衰亡。北魏在對待柔然問題上，採取了系列扶持、縱容政策，導致了嚴重的後果，加速了自身的滅亡。特徵之二是六鎮的社會危機全面爆發，而統治者未作任何積極緩和矛盾的努力，終於導致了聲勢浩大的六鎮起義，拉開了北魏亡國的序幕。在對待六鎮問題上，北魏的主要政策是錯誤的，事後雖有部分改革善後政策，但明顯被動和滯後，有名無實。其最終結果是北部邊疆防禦體制的崩潰和北魏王朝的滅亡。

高車建國事件是柔然實力的轉折點。太和十一年（487），高車酋帥阿伏至羅與弟窮奇率眾西走，建立高車國，脫離柔然的長期控制與奴役。新建的高車國與柔然長期攻伐，此後的柔然幾代可汗都因與高車戰敗而不得善終。豆崙因為兇殘，且在追擊高車的戰爭中屢次大敗，被國人殺死。伏圖被高車王彌俄突戰敗殺死。醜奴因為沒有處理好家庭矛盾及與高車交戰失敗而被母親和大臣鳩殺。總之，高車國的建立和壯大嚴重牽制和削弱了柔然的實力，並成為柔然內亂的重要誘因。這使得柔然在與北魏的較量中處於不利地位，儘管北魏的態度冷漠而傲慢，柔然還是多次虔誠遣使，希望與北魏建立友好關係，以緩解來自南部的壓力。元詡即位後，柔然仍然奉行與北魏友好通使的政策，多次遣使朝貢。史載，延昌四年（515）、熙平二年（517）、神龜元年（518），柔然連年向北魏遣使朝貢。〔註97〕

正光元年（520），柔然國內再度發生政變，新立的可汗阿那瑰為族兄俟

〔註97〕 參見《魏書》卷9《肅宗紀》。

力發示發所伐，被迫輕騎南投北魏。北魏對阿那瓌的到來高度重視，接待和安置規格相當高。史曰：「九月，阿那瓌將至，肅宗遣兼侍中陸希道爲使主，兼散騎常侍孟威爲使副，迎勞近畿；使司空公、京兆王繼至北中，侍中崔光、黃門郎元纂在近郊，並申宴勞，引至門闕下。十月，肅宗臨顯陽殿，引從五品以上清官、皇宗、藩國使客等列於殿庭，王公以下及阿那瓌等入，就庭中北面。位定，謁者引王公以下升殿，阿那瓌位於藩王之下，又引將命之官阿那瓌弟並二叔位於群官之下。……尋封阿那瓌朔方郡公、蠕蠕王，賜以衣冕，加之軺蓋，祿從、儀衛，同於戚藩。」〔註98〕根據《洛陽伽藍記》所載，阿那瓌被安置在洛陽城南四夷館中的燕然館。〔註99〕

在如何接待和安置阿那瓌的問題上，北魏朝廷上下意見基本一致，但是隨後阿那瓌向北魏提出的系列請求，則在北魏朝廷引起了激烈的爭論，最終北魏對阿那瓌採取大力扶持、縱容爲主的政策，對北魏的北部邊疆局勢及北魏王朝命運產生了深遠的影響。阿那瓌初次覲見元詡，懇求北魏「賜借兵馬」，助其「還向本國」，以「誅翦叛逆，收集亡散」。北魏朝臣對此「意有同異，或言聽還，或言不可」，〔註100〕爭議甚大。左將軍、大中大夫尉慶賓及尙書右丞張普惠等人上表極力反對。〔註101〕張普惠陳述了反對扶持阿那瓌返國的兩大理由：第一，「先自勞擾，艱難下民，興師郊甸之內，遠投荒塞之外，救累世之勍敵，可謂無名之師。」意即從理論和道義上北魏沒有必要爲仇敵興師動眾。第二，「況今旱酷異常，聖慈降膳，乃以萬五千人使楊鈞爲將而欲定蠕蠕，忤時而動，其可濟乎？阿那瓌投命皇朝，撫之可也，豈容困疲我兆民以資天喪之虜？」〔註102〕意即從客觀情況來說旱災使北魏自救不暇，出師是困己而資敵的愚蠢之舉。應該說反對派的意見是比較中肯的。

此時實際主持朝政的北魏宰相元乂，已經接受了阿那瓌的百斤黃金賄賂，對阿那瓌採取大力扶持、縱容的政策，主要有以下幾項措施：（一）正光二年（521）正月，以平北將軍、光祿大夫、假員外常侍孟威爲使主，命懷朔鎮將楊鈞率兵五千人護送阿那瓌返國。楊鈞上表認爲五千兵力不夠，又增至

〔註98〕《魏書》卷103《蠕蠕傳》。

〔註99〕參見范祥雍校注：《洛陽伽藍記校注》，上海古籍出版1958年版，第160～161頁。

〔註100〕《魏書》卷103《蠕蠕傳》。

〔註101〕參見《魏書》卷28《尉古眞傳》，卷78《張普惠傳》。

〔註102〕《魏書》卷78《張普惠傳》。

萬人。臨行前，元詡親自接見阿那瓌一行，賞以豐厚的軍資糧仗、牲畜布帛及豪華的起居用具。〔註103〕但是這次行動極為不順，阿那瓌鑒於柔然國內的形勢於己不利，滯留在邊界上。（二）同年七月，柔然國內形勢朝著有利於阿那瓌的方向變化，阿那瓌請求北魏以原護送人馬助其返回漠北，北魏慨然應允，「詔兼散騎常侍王尊業馳驛宣旨慰阿那瓌，並申賜齎。」〔註104〕（三）同年十月，柔然可汗婆羅門被高車國擊敗，投奔北魏，柔然局勢再次動盪，北魏朝廷採納元叉、元雍、李崇、盧同等大臣的意見，將阿那瓌部眾安置在懷朔鎮北的無結山吐若奚泉，厚資糧仗，遣沃野、懷朔、武川諸鎮鎮兵協助安頓。正光三年（522）十二月，「阿那瓌乞粟為田種，詔給萬石。」〔註105〕（四）正光四年（523），阿那瓌部眾因饑入塞寇抄，並向北魏朝廷請求賑給。北魏以尚書左丞元孚為北道行臺，至北鎮賑恤撫慰阿那瓌部眾。元孚到達北鎮後，根據對形勢的觀察，向朝廷提出三點建議，第一是反對將阿那瓌部眾遷徙到沿邊七州的措施，認為應當「給賑雜畜」，使其主動返回故土漠北；第二是除朝廷賑恤之外，還應允許邊境上的民間「市易」即貿易；第三是加強對阿那瓌部眾的管理與防範，防止突發事件，具體措施是：「宜準昔成謨，略依舊事。借其所閒地，聽使田牧；粗置官屬，示相慰撫；嚴戒邊兵，以見保衛。馭以寬仁，縻以久策。使親不至矯詐，疏不容叛反。」〔註106〕元孚還指出由於賑濟物資轉輸困難，賑恤艱難，北部邊疆形勢微妙緊張，山雨欲來，阿那瓌部眾發動暴亂的危機時刻存在，北魏朝廷在這種局勢中進退兩難。元孚的預見非常深刻準確，建議也比較務實合理。但是，已經被阿那瓌收買的北魏主政者元叉對元孚的合理建議及危機警告全然置之度外。結果正如元孚所料，阿那瓌發動叛亂，扣押元孚，「驅掠良口二千，公私驛馬牛羊數十萬」，〔註107〕對北疆六鎮進行了一次空前規模的搶劫後返回漠北。北魏雖遣大軍追擊，但不及而還。

　　由上可知，在元叉主持下的北魏朝廷對阿那瓌有求必應，不遺餘力。在扶持阿那瓌的過程中，北魏消耗了大量的人力、物力，這些人力、物力的主要部分都是由臨近的六鎮、尤其是懷朔、武川、沃野等鎮來承擔的。這對本

〔註103〕參見《魏書》卷44《孟威傳》，卷103《蠕蠕傳》。
〔註104〕《魏書》卷103《蠕蠕傳》。
〔註105〕《魏書》卷103《蠕蠕傳。
〔註106〕《魏書》卷18《太武五王傳‧臨淮王譚》。
〔註107〕《魏書》卷103《蠕蠕傳》。

來已經連年遭受水旱災害、饑民遍地的六鎮地區來講，無疑是雪上加霜。北魏扶持阿那瑰的政策加重了六鎮邊民的負擔，激化了六鎮內部的社會矛盾，加重了北部邊疆的動盪與危機。而面對阿那瑰部眾寇掠邊塞的行徑，北魏竟然繼續賑濟和遣使「慰喻」，實質上就是縱容包庇，姑息養奸。但阿那瑰並不領情，反而公然扣押行臺，大肆搶掠，然後揚長而去。被高車國的攻伐和內訌等內外夾擊所拖垮的柔然汗國，藉此得以迅速恢復壯大。對北魏統治者來說，完全是養虎遺患，自食其果。此後柔然勢力的發展更是證實了這點。阿那瑰叛返漠北後的第二年，即正光五年（524），北部邊疆六鎮先後爆發鎮民起義，北魏統治者借助阿那瑰的力量鎮壓了起義，阿那瑰借機進一步壯大實力，「部落既和，士馬稍盛，乃號敕連頭兵豆伐可汗，魏言把攬也。」〔註108〕柔然與北魏之間實力的較量已經發生根本性改變，柔然轉衰爲盛，而北魏則在扶持、縱容柔然的過程中自我消耗，自我削弱，再加上朝政腐敗，統治集團爭權奪利，在雙邊關係中轉爲劣勢。建義元年（528），孝莊帝元子攸在詔書中對阿那瑰進行了一番阿諛式的恭維之後，給予阿那瑰「自今以後，贊拜不言名，上書不稱臣」的特殊禮遇，〔註109〕阿那瑰與北魏之間的藩附關係名存實亡，表明自宣武帝元恪以來北魏王朝試圖臣服柔然的意圖除了在阿那瑰落難南奔時獲得短暫成功之外，至此已徹底失敗。北魏對柔然的扶持與縱容政策最終起到的是自掘墳墓的作用，加速了北魏王朝的滅亡。

　　六鎮問題在孝文帝遷都之後已經隱藏醞釀，至北魏後期全面爆發。元恪統治末年，由於水旱災害連年發生，六鎮問題被激化。由於元恪對北部邊疆還是比較重視，對六鎮出現的問題及時採取了系列措施，大大緩和了六鎮社會矛盾，維護了六鎮的相對穩定。元恪去世以後，年幼的孝明帝元詡即位，政權掌握在其生母胡太后手中。胡太后的注意力主要集中在如何通過宮廷權術，形成自己的親信集團，牢牢把持政權，對於眞正關係國家、百姓命運的問題，她並不關心。對於遠離京師洛陽的六鎮地區，胡太后的關心程度比元恪時期差得多。當時輔臣任城王元澄敏感地意識到了六鎮潛伏的危機，「以北邊鎮將選舉彌輕，恐賊虜窺邊，山陵危迫，奏求重鎮將之選，修警備之嚴。」結果卻是「詔不從」。〔註110〕胡太后不但在六鎮問題上無所作爲，而且由於她

〔註108〕　《魏書》卷 103《蠕蠕傳》。
〔註109〕　《魏書》卷 103《蠕蠕傳》。
〔註110〕　《魏書》卷 19 中《景穆十二王傳・任城王澄》。

的奢侈腐化，崇信佛法，加重了人民負擔，使得六鎮問題更加嚴重。尚書右丞張普惠指出當時百姓的處境為「幾臨危壑，將赴水火」，認為「天下民調，幅度長廣，尚書計奏，復徵綿麻，恐其勞民不堪命」，且「肅宗不親視朝，過崇佛法，郊廟之事，多委有司」，希望胡太后能略作改革，減輕人民負擔。胡太后答曰：「小小細務，一一翻動，更成煩擾。」〔註111〕反映出胡太后對於百姓處境完全麻木不仁、置之度外的態度。胡太后控制下的北魏朝廷的做法，對於北部邊疆形勢顯然是雪上加霜。正光元年（520），領軍元乂發動政變，幽禁胡太后，專制朝政，胡太后以來的弊政更加嚴重，六鎮鎮將、鎮民社會地位進一步低落，鎮將更加腐敗，六鎮社會問題進一步激化。史曰：「景為武衛將軍。謀廢元乂，乂黜為征虜將軍、懷荒鎮將。及蠕蠕主阿那瑰叛亂，鎮民固請糧廩，而景不給。鎮民不勝其忿，遂反叛。」〔註112〕從這段史料可以看到，原本為「親賢」、「高門子弟」視為榮耀的鎮將職位，至此已經淪為黜置政敵的去所。所以大多數鎮江到任後唯一熱衷的就是搜刮鎮民。於景不肯頒給鎮民糧廩，就是出於私欲。而這樣的做法，最終導致的是六鎮社會矛盾激化，鎮民揭竿而起。再加上元乂執政時期對柔然主阿那瑰勢力的扶持與放縱，使得六鎮社會危機更加突顯，從而使得六鎮問題很快以鎮民起義的形勢全面暴露和擴展開來。總之，六鎮起義既有歷史、地理方面的因素，更是元詡統治時期北魏統治者腐敗政治與錯誤決策的必然結果。

關於六鎮起義的經過，有關論著已有詳盡論述，〔註113〕現綜合文獻和各種論著概括如下：六鎮起義首先於正光四年（523）在懷荒鎮爆發，正光五年（524）沃野鎮人破六汗拔陵將起義推向高潮，起義軍迅速奪取了懷朔、武川二鎮，不久又奪取了柔玄鎮。起義軍控制了六鎮大部分地區。隨即西北地區的高平鎮、薄骨律鎮以及東北邊疆的和龍鎮等邊防軍鎮紛紛起義，北魏在整個北方邊疆的統治陷入癱瘓。

面對嚴峻的形勢，北魏統治者坐立不安，其應對政策首先是毫不留情的軍事鎮壓。朝廷先後派臨淮王彧、廣陽王深（本名淵，史書避唐朝李淵諱改稱深）、尚書令李崇等督統大軍北討。但是鎮壓很不順利，「王師屢北，賊黨

〔註111〕《魏書》卷 78《張普惠傳》。

〔註112〕《魏書》卷 31《於栗磾傳》。

〔註113〕例如，韓國磐：《魏晉南北朝史綱》，人民出版社 1983 年版，第 480 頁～493
　　　　頁；白壽彝主編，何茲全著：《中國通史·第五卷 中古時代——三國兩晉南
　　　　北朝時期（上冊）》，上海人民出版社 1995 年版，第 331～334 頁。

日盛。」〔註114〕在鎮壓失利的情況下，北魏王朝一方面追加兵力，繼續鎮壓，另一方面重新考慮一項此前被人提出但沒有予以採納的改革措施：改鎮爲州。

關於改鎮爲州的建議，最早提出者是魏蘭根。正光四年（523）二月，魏蘭根作爲尚書令李崇的屬員，隨軍北討阿那瓌部眾。他在這次行軍中看到了北魏在六鎮存在嚴重的統治危機，向李崇進言道：「緣邊諸鎮，控攝長遠。昔時初置，地廣人稀，或徵發中原強宗子弟，或國之肺腑，寄以爪牙。中年以來，有司乖實，號曰府戶，役同廝養，官婚班齒，致失清流。而本宗舊類，各各榮顯，顧瞻彼此，理當憤怨。更張琴瑟，今也其時，靜境寧邊，事之大者。宜改鎮立州，分置郡縣，凡是府戶，悉免爲民，入仕次敘，一准其舊，文武兼用，威恩並施。此計若行，國家庶無北顧之慮矣。」〔註115〕李崇採納了魏蘭根的建議，「上表求改鎮爲州，罷削舊貫」，但是朝廷「以舊典難革，不許其請。」〔註116〕正光五年（524）三月，沃野起義爆發後，督討大將廣陽王深重提改鎮爲州的改革方案，但朝廷仍然「不納其策」。直到稍後又爆發了東西二部敕勒的反叛，朝廷才「更思深言，遣兼黃門侍郎酈道元爲大使，欲復鎮爲州，以順人望。」〔註117〕這年八月，北魏正式下令「諸州鎮軍貫，元非犯配者，悉免爲民，鎮改爲州，依舊立稱。」〔註118〕史書又載：「肅宗以沃野、懷朔、薄骨律、武川、撫冥、柔玄、懷荒、禦夷諸鎮並改爲州，其郡縣成名令準古城邑。詔道元持節兼黃門侍郎，與都督李崇籌宜置立，裁減去留」。〔註119〕但是此時「六鎮盡叛，不得施行」，〔註120〕改鎮爲州淪爲空名。

北魏朝廷中的有識之士，對於六鎮問題的癥結較早就有認識，元恪統治時期的源懷可謂先覺之士。但是源懷所採取的措施，主要還是在舊的管理框架下做些修修補補的工作，雖然在當時起到了一定的作用，但不能解決根本問題。魏蘭根對六鎮問題的認識及解決問題的方案都較前者更爲深刻。如果他的主張被及時採用的話，對解決六鎮危機、穩定邊疆局勢必然會起到相當大的作用。然而，這個對症下藥的解決方案卻一再被否決，直到迫不得已才

〔註114〕《魏書》卷18《太武五王傳·廣陽王建》。
〔註115〕《北齊書》卷23《魏蘭根傳》。
〔註116〕《魏書》卷66《李崇傳》。
〔註117〕《魏書》卷18《太武五王傳·廣陽王建》。
〔註118〕《魏書》卷9《肅宗紀》。
〔註119〕《魏書》卷89《酷吏傳·酈道元傳》。
〔註120〕《魏書》卷18《太武五王傳·廣陽王建》。

被當政者施行，但因一再錯過時機，到統治者決定採用的時候，已經無法真正實行了。當時不僅六鎮起義風起雲湧，全國各處的起義風暴的序幕也已全面拉開。這項本可以挽救北魏統治危機的改革政策，因為統治者的態度和反應一再滯後而落空了。最後，北魏統治者無法撲滅起義的烈火，只好借助正在強大起來的柔然可汗阿那瑰的軍隊來鎮壓起義。孝昌元年（525）五月，北魏才借助阿那瑰的力量將起義鎮壓下去。

六鎮起義對北魏統治的影響是相當深遠的。首先，它標誌自拓跋燾以來逐步建立的以六鎮為核心的北部邊疆軍事防禦體制完全崩潰。正如史書所載：「是時，北鎮紛亂，所在峰起，六鎮蕩然，無復蕃捍」。〔註 121〕由於失去了穩固的軍事防禦體制，而柔然汗國則在阿那瑰的統治下重新強大起來，因此北魏末年北部邊疆承受巨大壓力，對柔然不得不作出種種讓步。建義元年（528），孝莊帝下詔「褒揚」阿那瑰「鎮衛北落，禦侮朔表」的「功績」，特許阿那瑰「自今以後，贊拜不言名，上書不稱臣。」〔註 122〕從表明上看，阿那瑰仍然為北魏的「藩臣」，只不過在禮節上獲得了特殊待遇，實質上卻表明北魏與柔然之間短暫的藩附臣屬關係已經結束，柔然重新有了與北魏抗衡的實力。其次，六鎮起義使得六鎮豪族有了發跡的機會，他們或者參與起義，從而得以借起義群眾之力壯大自身實力，或者聽從朝命鎮壓起義，借鎮壓之名擴充軍隊，形成以家族、地域為核心的利益集團，最後合併為以高歡家族為首的懷朔豪強集團和以宇文泰家族為首的武川豪強集團。這兩大集團的形成，是促使北魏分裂滅亡的重要因素。此後的東魏、北齊、西魏、北周就是建立在這兩大豪強集團的基礎之上的。〔註 123〕北魏在六鎮問題上，為後世留下了沉重而深刻的歷史教訓。

第三節　北魏對西北邊疆的經略

太延五年（439），北涼國君沮渠牧犍出降北魏，意味著北魏統一了除吐谷渾以外的河隴地區，開始了對西北邊疆的全面經略。依據各地與北魏王朝的不同政治關係，可將西北邊疆大致分為三個地區，針對政治關係之

〔註 121〕《魏書》卷 14《神元平文諸帝子孫傳・高涼王孤傳》。
〔註 122〕《魏書》卷 103《蠕蠕傳》。
〔註 123〕谷川道雄先生指出，西魏、北周政權的政治核心就是北魏末年形成的武川鎮軍集團，參見谷川道雄著、李濟滄譯：《隋唐帝國形成史論》，上海古籍出版社 2004 年版，第 279～299 頁。另參見劉精誠：《北魏末年人民起義與六鎮豪強》，《華東師範大學學報》1982 年第 2 期。

差異，北魏相應採取了靈活多樣的邊疆政策。其一為河隴地區，它們曾為赫連夏、北涼統治區，已納入北魏直接統治區的範圍，因此，北魏採取鎮撫結合的政策；其二為吐谷渾，它與北魏保持若即若離的關係，同時向南北兩朝稱臣納貢，表面上是北魏的「藩臣」，實際上基本獨立，北魏對之採取羈縻與征討相結合的政策；其三是西域，它是柔然、北魏、嚈噠、吐谷渾幾個政權共同爭奪的焦點，北魏的西域政策經歷了由積極開拓到無奈放棄的過程。

一、北魏對河隴地區的武力兼併與鎮撫政策

北魏前期，河隴地區政局變幻，地域性政權興廢無常，頻繁分合。拓跋燾即位之初，河隴地區有赫連夏、北涼和吐谷渾等政權。北魏王朝對河隴地區的經略，經歷了從武力兼併、爭奪統治權到鎮撫結合、實行統治的前後兩個階段。

北魏對河隴地區的武力兼併，首先從攻打赫連夏政權開始。赫連夏政權由鐵弗匈奴首領赫連勃勃創立，定都統萬（今陝西靖邊縣），主要統治地域為河套、關中和隴右。赫連夏存續時間較短，僅二十餘年。赫連勃勃在位末年統治殘暴，不得民心，成為北魏王朝在河隴地區首先採取武力攻取的對象。北魏大臣崔浩曰：「赫連屈丐，〔註124〕土宇不過千里，其刑政殘虐，人神所棄，宜先討之。」〔註125〕始光四年（427），赫連勃勃去世，諸子爭權，關中大亂。拓跋燾趁機出兵征討赫連夏，攻佔都城統萬，擒獲國君赫連昌，消滅赫連夏主力，佔據赫連夏北部大部分疆土。赫連夏政權南部地區，即關中、隴右仍在赫連昌之弟赫連定的控制之下。赫連昌被俘後，赫連定在平涼（今甘肅平涼南）稱帝。神䴥四年（431），拓拔燾親率部眾攻打平涼，擊敗赫連定，徹底消滅赫連夏政權殘餘勢力。北魏的西北疆域拓展至隴右地區，與北涼接壤。

北涼政權為匈奴支系盧水胡首領沮渠蒙遜創立，先後定都於張掖（今甘肅張掖市）、姑臧（今甘肅武威市）。沮渠蒙遜在位時期攻滅南涼、西涼等周邊政權，統一了涼州，成為十六國時期河西走廊一支重要的政治勢力。其子

〔註124〕即赫連勃勃，「屈丐」，又名「屈子」，是拓跋嗣對赫連勃勃的污辱性稱呼，意
　　　　為「卑下」。參見《魏書》卷95《鐵弗劉虎傳附衛辰子屈子傳》。
〔註125〕《魏書》卷25《長孫嵩傳》。

沮渠牧犍在位時期，向北魏、劉宋等政權遣使朝貢、示好，與北魏聯姻，以加強與周邊政權的聯繫，維護北涼統治。北魏因忙於對北燕的連年征討，對北涼暫時採取聯姻、籠絡和安撫政策，冊封蒙遜爲「假節，加侍中，都督涼州、西域羌戎諸軍事，太傅，行征西大將軍，涼州牧，涼王」；後以拓跋燾之妹武威公主和親，嫁沮渠牧犍，〔註126〕以沮渠牧犍爲「使持節，侍中，都督涼沙河三州、西城羌戎諸軍事，車騎將軍，開府儀同三司，領護西戎校尉，涼州刺史，河西王。」〔註127〕北魏滅北燕之後，改變對北涼政策。太延五年（439），北魏藉口北涼「雖稱蕃致貢，而內多乖悖」，親率大軍征討北涼，攻佔姑臧，結束了北涼政權在河西地區的統治。通過這次戰爭，北魏兼疆域擴展至河西地區，基本完成北方的統一。

北魏對赫連夏、北涼的戰爭，是十六國北朝時期諸地域性政權之間的兼併戰爭，北魏在戰爭中取得的一系列勝利，爲北魏經略開發河隴地區奠定了政治基礎。北魏對河隴地區的經略，由武力兼併階段轉入鎮撫結合的統治階段。

北魏統治下的河隴地區形勢非常複雜。一是赫連夏、北涼等政權殘餘勢力仍是潛在的動亂因素；二是北魏政權在河隴地區處於三面受敵的窘境，柔然、高車、嚈噠、吐谷渾從北面、西北、西南三個方向對河隴地區形成半包圍圈，這使河隴地區始終處於強敵壓境的高度緊張之中。爲了加強對河隴地區的統治，北魏採取了系列鎮撫政策。主要有以下三個方面。

首先，爲了加強對河隴地區的控制，震懾赫連夏、北涼政權殘餘政治勢力，北魏在河隴地區廣泛設置軍鎮，對軍鎮所轄地域實行軍政合一的管理，直到北魏中後期才改鎮爲州。滅赫連夏后，在統萬城設置統萬鎮，以大將莫雲、常山王拓拔素留鎮統萬，統轄赫連夏舊疆。莫雲對原赫連夏各種政治勢力實行綏撫政策，「撫慰新舊，皆得其所」，〔註128〕鞏固了北魏在赫連夏舊疆的統治。此外在河隴地區還設置了薄骨律鎮、高平鎮、安定鎮、枹罕鎮、涼州鎮、敦煌鎮。〔註129〕這些鎮的級別相當於州，鎮將的級別則與刺史略同。軍鎮鎮將與刺史不同的是，鎮將兼有統御軍隊和管理民政的雙重職責，其地位和作用較之一般刺史略重。此外，在河隴地區，還有一

〔註126〕《魏書》卷99《沮渠蒙遜傳》。
〔註127〕《魏書》卷99《沮渠蒙遜傳》。
〔註128〕《魏書》卷23《莫含傳》。
〔註129〕參見《魏書》卷106《地形志》（上、下）。

批軍鎮的地位略次於上述軍鎮，它們是吐京鎮、杏城鎮、李潤鎮、武興鎮、雍城鎮、長蛇鎮、固道鎮、仇池鎮、循城鎮、隆城鎮等。〔註130〕有的學者認爲這些軍鎮在級別上與郡相同。〔註131〕這些軍鎮在史籍上出現的頻率較低，主要集中在氐、羌、胡等各族聚居地區，可能主要是爲了加強對聚居的氐、羌、胡各族的控制。通過設立大大小小的軍鎮，北魏在河隴地區建立起軍事、行政一體化的統治體制。就河隴地區複雜的歷史背景、民族結構和動盪的外圍環境而言，以軍鎮來實行統治有迫不得已的客觀原因。軍鎮統治方式是對新兼併的地區統治不夠成熟、穩固而採取的暫時性、過渡性的措施，在十六國時期諸政權中普遍存在。隨著統治日臻成熟、穩定，改鎮爲州提上日程並付諸實施。孝文帝太和年間（477～499），涼州鎮、統萬鎮、仇池鎮先後改鎮爲州。宣武帝元恪統治時期，武興鎮初立不久就改爲東益州。孝明帝元詡統治時期，下令境內所有軍鎮改鎮爲州。北部邊疆各鎮因已陷入起義軍的控制下，改鎮爲州徒有虛名。在西北邊疆，改鎮爲州政策得到落實，枹罕鎮改爲河州，薄骨律鎮改爲靈州，高平鎮改爲原州，敦煌鎮改爲瓜州。〔註132〕

其次，北魏對新兼併的地區實行大規模強制性徙民政策。例如北魏滅亡北涼後，將河西地區的人口大量遷到國都平城。史載，北魏滅北涼後對當地人口進行了大規模、強制性遷徙，「徙涼州民三萬餘家於京師。」〔註133〕在這批徙民中，既有北涼王族及其後裔，如沮渠牧犍及其子孫；也有不少河西士人和普通民眾。大規模遷徙人口的目的是爲了削弱沮渠王族和河西大族的政治影響，消除政治分裂因素，加強統治力度。在這批龐大的徙民中，河西士人的作用與際遇值得關注。河西士人對北魏的政權建設、文化建設及民族融合產生了重大影響。〔註134〕然而，由於北魏王朝對於河

〔註130〕 以上軍鎮名稱見諸《魏書》各志、傳。卷 112《靈徵志上》見吐京鎮、仇池鎮，卷 94《閹官傳》見李潤鎮，卷 101《氐傳》及卷 104《自序》見武興鎮，卷 30《安同傳》、《尉拔傳》及卷 45《韋閬傳》見杏城鎮，卷 19《景穆十二王・任城王澄》見循城鎮、固道鎮，卷 24《張袞傳》、卷 28《和跋傳》及卷 70《劉藻傳》見雍城鎮，卷 30《陸眞傳》見長蛇鎮，卷 101《獠傳》見隆城鎮。
〔註131〕 參見田德新、公維章：《北魏對西北地區的統治措施》，《發展》1998 年第 2 期。
〔註132〕 參見《魏書》卷 106《地形志》。
〔註133〕 《魏書》卷 4《世祖紀上》。
〔註134〕 參見陳寅恪：《隋唐制度淵源略論稿》，生活・讀書・新知三聯書店 2001 年版；施光明：《五涼政權「崇尚文教」及其影響述論》，《蘭州學刊》1985 年第 6 期；齊陳駿等：《五涼史略》。

西大族勢力的刻意抑制，遷徙到平城的河西士人及其後裔政治地位總體較低。〔註135〕從大量河西士人在北魏中後期的政治沉浮來看，北魏的徙民政策達到抑制河西大族勢力的目的。除了平城，北部邊疆地區也是北魏強制遷徙河西人口的重要流向。史載，「段榮，字子茂，姑臧武威人也。祖信，仕沮渠氏，後入魏，以豪族徙北邊，仍家於五原郡。」〔註136〕「孫騰，字龍雀，咸陽石安人也。祖通，仕沮渠氏爲中書舍人，沮渠滅，入魏，因居北邊。」〔註137〕「司馬子如，字遵業，河內溫人也。八世祖模，晉司空、南陽王。模世子保，晉亂出奔涼州，因家焉。魏平姑臧，徙居於雲中，其自序云爾。」〔註138〕根據以上史料，遷徙河西豪族至北部邊疆的做法並非偶發或者個案，而是北魏平定北涼後的一項基本政策，涉及面比較廣泛。史書沒有明確記載這些豪族在北部邊疆的社會角色和處境，只含糊地說在當地安家，對於他們的狀況，只能根據史書中的雪鴻泥爪進行大致推測。太和年間，李衝出於鄉土情結，爲改善北部邊疆涼州徙民的處境而作過努力。史曰：「及太和在曆，僕射李沖當官任事，涼州土人，悉免廝役，豐沛舊門，仍防邊戍。」〔註139〕由此可知，被強制遷徙至北部邊疆的「涼州土人」不少淪爲承擔「廝役」的普遍鎮民，地位極爲卑微，而且直到孝文帝統治時期還沒有什麼起色，需要依賴李沖的解救。可見遷徙到北部邊疆的河西大族總體生存狀況同樣不佳。

由於北魏對河西人口的大規模強制遷徙政策，尤其是對河隴豪族的遷徙政策，北涼舊地的反魏政治力量被基本消除，大大減少了河隴地區的分裂、動盪隱患，鞏固了北魏在河隴地區的統治地位。北魏中後期，河隴地區發生過不少反叛事件，但沒有一起事件與北涼王室舊政治勢力或者河隴豪族相關。

再次，北魏對已經亡國的南涼、西涼王族後裔採取籠絡、安撫、利用的政策。南涼亡於西秦，亡國之君禿髮傉檀的子孫先投奔北涼，後投奔北魏。北魏賜予傉檀子孫高官厚爵。史曰：「傉檀少子保周、臘於破羌、俱延子覆龍、鹿孤孫副周、烏孤孫承缽皆奔沮渠蒙遜。久之，歸魏，魏以保周爲張掖王，

〔註135〕參見張金龍：《河西士人在北魏的政治境遇及其文化影響》，《蘭州大學學報》1995 年第 2 期。
〔註136〕《北齊書》卷 16《段榮傳》。
〔註137〕《北齊書》卷 18《孫騰傳》。
〔註138〕《北齊書》卷 18《司馬子如傳》。
〔註139〕《魏書》卷 18《《太武五王傳・廣陽王建》。

覆龍酒泉公，破羌西平公，副周永平公，承缽昌松公。」〔註140〕在兼滅北涼的戰爭中，北魏充分利用了南涼王室後裔的影響。拓跋燾以傉檀之子臘於破羌（後改名源賀）爲作戰時期的地理嚮導，並向他諮詢攻戰之計。源賀表示：「姑臧城外有四部鮮卑，各爲之援。然皆是臣祖父舊民，臣願軍前宣國威信，示其福禍，必相率歸降。外援既服，然後攻其孤城，拔之如反掌耳。」〔註141〕由於源賀兄弟的協助，北魏順利攻下姑臧。此後，源賀與其兄禿髮保周協同龍驤將軍穆羆等「分略諸部」，拓跋燾撤離姑臧之際，又命禿髮保周「諭諸部鮮卑」。〔註142〕這表明禿髮氏所創建的南涼政權雖然已經滅亡，但其政治影響仍然很大，是一支不容忽視的力量。北魏對南涼王室後裔的籠絡與利用，有利於加強對河隴地區的統治。西涼亡於北涼，西涼王族李氏與沮渠氏有世仇。北魏對西涼王族後裔等人也採取了籠絡、利用政策。北魏授予李寶使持節、侍中、都督西垂諸軍事、鎮西大將軍、開府儀同三司、領護西戎校尉、沙州牧、敦煌公的官爵，命鎮守敦煌，四品以下聽其承制假授，授其弟李懷達爲散騎常侍、敦煌太守，目的是讓李寶牽制北涼殘餘勢力，防止沮渠氏捲土重來，同時借助李寶在西部邊陲民眾中的影響，穩定西北邊疆局勢。〔註143〕太延五年至太平眞君五年（439～444），李寶鎮守敦煌，爲北魏西北邊疆樹立藩屏，使北魏在西北邊疆數年無後顧之憂。

由於上述政策的實行，北魏時期的河隴地區雖然經歷了北涼亡國前後的混亂，而且始終處於三面受敵的不利形勢中，但是北魏在河隴地區的統治基本保持穩定，控制逐步加強。雖然發生了幾起小規模的反叛事件，但是都被迅速平定。對於北魏經略河隴地區的政策，應予充分肯定。

二、北魏對吐谷渾的征討與羈縻

北魏對吐谷渾的政策前後變化較大。獻文帝拓跋弘在位時期及其以前，北魏一直運用各種方式，包括封官賜爵和武力征討，試圖加強對吐谷渾的控

〔註140〕《晉書》卷126《禿髮傉檀載記》。此處需要注意的是，根據《魏書》卷4《世祖紀上》，禿髮保周爲張掖王、臘於破羌爲西平公均是在北魏兼滅北涼當年（439），距其投奔北魏已有四年，投奔之初保周的爵號爲張掖公；根據《魏書》卷41《源賀傳》，臘與破羌（即源賀）投奔北魏之初得到的爵號是西平侯。《晉書》的記載沒有對此作細緻區分。

〔註141〕《魏書》卷41《源賀傳》。

〔註142〕《魏書》卷4《世祖紀上》。

〔註143〕李寶事蹟參見《魏書》卷39《李寶傳》。

制，乃至兼併吐谷渾，對其地實行直接統治，但是遭到吐谷渾持續頑強的抵制。到孝文帝時期，北魏改變策略，開始對吐谷渾實行以羈縻安撫爲主的政策，實現名義上的統治，雙方友好共處。

　　北魏與吐谷渾發生官方關係的最早時間是太延元年（431），當年吐谷渾王慕璝擒獲北涼王室殘餘政權首領赫連定，獻捷於北魏，拓跋燾冊封慕璝爲大將軍、西秦王。在此之前，慕璝已經向南朝的劉宋稱臣，接受了劉宋冊封的「隴西公」封號。因此慕璝在政治上騎牆於南北政權之間，對北魏王朝頗爲傲慢。慕璝在上奏北魏的表文中，公開抱怨「爵秩雖崇而土不增廓，車旗既飾而財不周賞」。北魏試圖通過冊封、籠絡和武力征討等多種措施來加強對吐谷渾的控制。一方面，北魏對吐谷渾歷代統治者進行冊封，如冊封慕璝爲惠王，慕利延爲鎮西大將軍、儀同三司、西平王，拾寅爲鎮西大將軍、沙州刺史、西平王。另一方面，由於吐谷渾對北魏態度不恭順，不但「貢獻頗簡」，而且「居止出入竊擬王者」，爲北魏向吐谷渾大舉興師提供了藉口。北魏前後四次大規模興師征討吐谷渾。太平眞君五年（444），北魏借吐谷渾王室內訌之機，派兵征討吐谷渾王慕利延。慕利延先逃至白蘭，後又逃入于闐。吐谷渾有一萬三千餘落的人口歸降北魏。這次征討使吐谷渾受到沉重打擊，但並沒有能夠消滅吐谷渾。兩年後，慕利延返回故土，重整旗鼓。和平元年（460），北魏分南、北兩道，大舉進攻吐谷渾，慕利延逃走，但北魏因軍士疲病而不得不引軍退還。皇興四年（470）、延興三年（473），北魏又先後兩次征討吐谷渾，戰況對吐谷渾不利，又加上境內遭遇自然災害，「部落大饑」，拾寅內憂外患，被迫向北魏「表求改過」，遣送質子。〔註144〕

　　考察北魏與吐谷渾的四次戰爭可知，雖然北魏在戰爭中略佔優勢，但不能從根本上控制或消滅吐谷渾，同時北魏爲戰爭付出了昂貴的代價，得不償失。這四次戰爭時期是北魏與吐谷渾雙邊關係的磨合期。戰爭增進了雙方的相互瞭解，從而基於務實的考慮，作出政策調整。吐谷渾改變對北魏的傲慢態度，遣送質子，盡藩臣之禮。北魏則放棄武力兼併吐谷渾的構想，接受吐谷渾名義上稱藩、實際上完全獨立的現狀，轉而對吐谷渾採取羈縻籠絡政策。自此以後，雙方進入相對和平友好時期，雖然還偶有一些小摩擦，由於雙方都秉著克制的態度，問題最終都順利解決。在這一時期，雙方保持著密切的使節往來。自延興三年至北魏滅亡爲止（473～534），吐谷渾向北魏朝貢共56

〔註144〕《魏書》卷 101《吐谷渾傳》。

次，其中有一年朝貢達三次之多。密切的使節往來有利於各民族間的經濟文
化交流，對吐谷渾的發展壯大也起到了促進作用。〔註145〕

　　北魏對吐谷渾的政策調整，是雙方經過長期較量、瞭解不斷加深後相
互妥協的結果。由於吐谷渾的全力抵制，北魏最終未能吞滅吐谷渾。這對
北魏在西北邊疆的經略形成深遠影響。吐谷渾始終佔據河隴地區的部分地
區，對北魏形成掣肘之勢，影響了北魏對西域的經略，使得北魏在與柔然、
高車爭奪西域的鬥爭中缺乏直接可靠的後方基地，最終被迫改變對西域的
經略方針，由主動征討改爲消極保守的羈縻政策。吐谷渾乘機將勢力擴展
到西域東部的鄯善、且末，在北魏末年又乘西北各鎮起義之機將勢力直接
伸入河西。〔註146〕

三、北魏對西域政策從積極開拓到消極保守的演變及其原因

　　有關北魏經略西域始末，余太山先生和不少學者已有詳盡考訂和精彩論
述。根據余太山先生的梳理，北魏對西域的經略，大體經歷了四個階段，即
通使階段、極盛階段、消極被動階段和恢復通使階段。〔註147〕本文在前賢研
究基礎上，對目前學界尚未充分關注的問題，即北魏經略西域政策的演變特
點及其原因進行重點探討。梳理北魏經略西域的歷程可知，北魏經營西域的
四個階段，正是北魏對西域的政策從積極開拓到消極觀望轉變的過程。

　　拓跋燾統治時期是北魏積極開拓西域的時期。太延年間（435～439），拓
跋燾以王恩生、許綱爲使者，遣往西域諸國，途中被柔然所俘，未能完成使
命。拓跋燾又以董琬、高明等爲使者，遣往西域。董琬等人「過九國，北行
至烏孫國」，並到達破洛那、者舌。歸國之時，西域諸國遣使跟隨至北魏朝貢，
「烏孫、破洛那之屬遣使與琬俱來貢獻者十有六國」，開啓了西域諸國與北魏
朝貢通使的序幕。史曰：「自後相繼而來，不間於歲，國使亦數十輩矣。」〔註
148〕太平眞君六年（445），由於鄯善國斷絕北魏通往西域諸國的道路交通，拓
跋燾命萬度歸率軍征討鄯善。鄯善王眞達主動投降。北魏以韓拔爲假節、征
西將軍、領護西戎校尉、鄯善王，設立鄯善鎮，對鄯善實行直接統治，「賦役

〔註145〕參見周偉洲：《吐谷渾史》，寧夏人民出版社1985年版，第31～44頁。

〔註146〕參見周偉洲：《吐谷渾史》，第31～44頁。

〔註147〕參見余太山：魏晉南北朝與西域關係史研究》，中國社會科學出版社1995年
　　　　版，第151～176頁。

〔註148〕《魏書》卷102《西域傳》。

其人，比之郡縣。」〔註149〕此後，萬度歸繼續率軍征討焉耆、龜茲，魏軍大獲全勝。〔註150〕隨後北魏在西域設置鄯善、焉耆二鎮，並利用西涼舊勢力唐和及焉耆東部帥車伊洛來控御西域。總之，拓跋燾統治時期，北魏對西域的經略十分順利，滅鄯善，破焉耆，攻龜茲，設二鎮，戰果輝煌。鄯善鎮設立後，成為北魏經略西域的重要軍事據點。擔任鄯善鎮將的有高車部人乞伏保、拓跋氏宗室拓跋怡、代人王安都與樓毅等。〔註151〕

北魏拓跋燾時期積極開拓西域，主要有以下幾個原因。一是北魏完成北方統一的政治大局的需要。這一時期，北魏的戰略重心是完成北方統一併鞏固北魏在北方的地位，對南朝的作戰才剛剛拉開序幕，在整個國家戰略中還未上升到主要位置。北魏積極開拓西域正是為了進一步完成北方統一，鞏固在北方的統治。二是北魏與柔然戰略較量的需要。由於北魏在北部邊疆設立六鎮，柔然南下難度加大，柔然的戰略重點由北魏北部邊疆轉向西域，北魏與柔然之間較量的戰場，由北部邊疆向西北邊疆尤其是西域地區轉移，從而引發雙方在西域的激烈較量。為了應對柔然的威脅，北魏必須加強對西域的經略。北魏在西域展開的積極進攻，與抵制柔然的需要是密切相關。三是經略西北邊疆的需要。積極向西域開拓是北魏經略西北邊疆總體戰略中非常重要的組成部分。河隴地區與西域有唇齒相依的密切關係，開拓西域是北魏統一河隴地區政策的繼續，是加強對河隴地區外圍控制、鞏固北魏在河隴地區統治的戰略措施之一，也是北魏向西北邊疆深入推進的最後一步。

然而北魏經略西域的盛況並未得以維繫長久。在與柔然、高車、沮渠氏殘餘勢力和吐谷渾政權等多種政治勢力對西域的共同角逐中，北魏逐漸處於被動。以五世紀七十年代鄯善鎮的向內地撤退為標誌，北魏對西域的政策由積極開拓轉向消極保守。具體情況及原因有以下幾個方面。

首先，柔然始終在西域保留強大的優勢，是北魏在西域中最強勁的對手。在雙方的長期較量中，北魏逐漸居於下風。與柔然相比，北魏進軍西域缺乏穩定的後方基地和充足的後繼力量，因此對西域的統治難以持久。北魏雖然在鄯善設置軍鎮，對當地實現了直接統治，但是無力與柔然爭奪西域的其他

〔註149〕《魏書》卷102《西域傳》。
〔註150〕《魏書》卷4《世祖紀下》。
〔註151〕參見《魏書》卷19《南安王楨傳附英弟怡傳》，卷30《王建傳附孫度傳》、《樓伏連傳附從曾孫毅傳》，卷86《乞伏保傳》。

更爲遼闊遙遠的地區。而柔然則控制了高昌這個西域樞紐，從而擁有進取西域的廣闊後方，在與北魏爭奪西域的較量中逐漸佔據上風。和平元年（460），柔然兼併了沮渠氏控制的高昌，以親附柔然的闞伯周爲高昌王。高昌作爲柔然進取西域諸國的前哨和連接柔然漠北草原的樞紐，在柔然攻取西域的過程中發揮了重大作用。借助佔領高昌國的地理優勢，加上柔然一直以來在西域的經略基礎，柔然逐漸控制了北魏大部分地區。史載，獻文帝拓跋弘統治末年，柔然寇于闐，于闐國遣使向北魏求援，上表曰：「西方諸國，今皆已屬蠕蠕，奴世奉大國，至今無異。今蠕蠕軍馬到城下，奴聚兵自固，故遣使奉獻，延望救援。」可見當時柔然已控制除于闐之外的西域諸國。面對于闐的緊急求助，北魏君臣以「遐阻」爲由拒絕了于闐的請求。〔註152〕柔然控制西域後，具有攻取河隴地區的地理便利條件，故而延興二年至四年（472～474），柔然連年進攻北魏最西軍事重鎮——敦煌鎮。〔註153〕由於柔然攻勢兇猛，北魏甚至打算放棄敦煌鎮。〔註154〕在柔然咄咄逼人的形勢下，北魏在河隴地區的統治一度岌岌可危，對經略西域無能爲力，只能改爲消極觀望。

　　其次，吐谷渾的起死回生、發展壯大是北魏西域政策由積極轉爲消極的重要原因。萬度歸攻取鄯善等輝煌戰績，是建立在吐谷渾衰弱的基礎之上的。當時，吐谷渾政權受到北魏的進攻，在交戰中失利，處於潰敗四散狀態，吐谷渾王慕利延率眾西逃，攻佔于闐，在于闐停留了兩年。〔註155〕兩年後慕利延率眾返回故土，吐谷渾再度興盛，成爲北魏經略西域的重要障礙。吐谷渾雖然不在北魏通往西域的必經之途，但它西連西域，北接河隴，對北魏在河隴地區的統治和對西域的經略形成極大掣肘。和平元年（460）、皇興四年（470）、延興三年（473），北魏曾多次征討吐谷渾，〔註156〕意在吞滅吐谷渾政權，完成河隴地區的統一，爲經略西域掃除後患。然而，北魏雖然在戰爭中略占上風，但終究不能吞滅、也不能眞正臣服吐谷渾。這就給北魏帶來雙重的不利後果，一是河隴不能統一，受到吐谷渾的直接威脅，二是難以在西域有所作爲，西域政策不得不轉入被動消極狀態。正是在這種情形下，吐谷渾得到進一步壯大，孝文帝拓跋宏、宣武帝元恪統治時期，吐谷渾「內修職

〔註152〕《魏書》卷102《西域傳》。
〔註153〕參見《魏書》卷7《高祖紀下》。
〔註154〕參見《魏書》卷42《韓秀傳》。
〔註155〕參見《魏書》卷102《西域傳》。
〔註156〕《魏書》卷101《吐谷渾傳》。

貢，外並戎狄，塞表之中，號爲強富。」〔註157〕

再次，北魏完成北方統一後，以兼併南朝政權、結束南北分裂、完成政治統一爲首要任務，戰略重心由北方轉移到南方，南北之間的緊張對峙與戰爭佔據了北魏政治生活的中心位置，對西域的關注程度有所下降。拓跋燾在位後期，對南朝的戰爭已經拉開序幕。太平眞君十一年（450），拓跋燾親率大軍，南下進攻劉宋政權，一路所向披靡，渡過黃河、淮河，兵鋒直達長江北岸，「車駕臨江，起行宮於瓜步山。」〔註158〕劉宋舉國震動。孝文帝遷都洛陽之後，完成統一大業的願望更加強烈，對經略南方的重視程度遠遠超過北方。但是北魏對南朝的兼併戰爭進展很不順利，雙方互有勝敗，難分高下，使南北戰爭曠日持久，進入膠著對峙狀態，雙方都消耗了大量財力精力。南北對峙的大局決定了北魏統治者優先重點考慮南方事務和統一大業，從而影響了北魏對西域的經略。在財力有限的情況下，北魏對西域的政策不得不轉變爲保守內斂。自鄯善鎭於五世紀七十年代內撤到西平以後，北魏在西域罕有作爲。

儘管北魏對吐谷渾、西域的經略遭遇挫折，但是北魏一直對西北邊疆實行羈縻政策，努力維繫與吐谷渾、西域諸國的冊封與朝貢關係，保持與西北邊疆各族的政治、經濟文化交往交流。太和五年（481），吐谷渾王伏連籌遣世子向北魏朝貢，北魏對吐谷渾極盡禮遇，「禮錫有加，拜伏連籌使持節、都督西垂諸軍事、征西將軍、領護西戎中郎將、西海郡開國公、吐谷渾王，麾旗章綬之飾皆備給之。」吐谷渾投桃報李，對北魏極盡恭謹之禮。孝文帝拓跋宏去世後，吐谷渾「遣使赴哀，盡其誠敬。」而且「終世宗世至於正光，聲牛蜀馬及西南之珍無歲不至。」〔註159〕北魏與西域諸國的朝貢往來也得到維護和發展，自拓跋燾在位以後，車師、于闐、龜茲、烏孫、悅般、嚈噠等國與北魏形成穩定的朝貢關係。魏收對此評論曰：「西域雖通魏氏，而中原始平，天子方以混一爲心，未遑征伐。其信使往來，深得羈縻勿絕之道耳。」〔註160〕

總之，北魏在經略西北邊疆過程中，遭遇內憂外患各種不利因素。五涼政權殘留的歷史影響、民族發展的參差不齊，導致河隴地區的民族融合遠未達到政治一統的要求；吐谷渾的發展壯大影響北魏在河隴地區的統治，並制

〔註157〕《魏書》卷 101《吐谷渾傳》。
〔註158〕《魏書》卷 4《世祖紀下》。
〔註159〕《魏書》卷 101《吐谷渾傳》。
〔註160〕《魏書》卷 102《西域傳》。

約北魏向西域開拓的戰略；鄰境強敵柔然、高車及嚈噠不僅制約北魏在西域的活動，而且影響北魏對河隴地區的統治；南北對峙的局面不允許北魏在西北一隅傾注全部的國力。以上這些因素最終導致北魏不僅失去對西域的控制，而且在河隴地區的統治大受影響。歷經十六國時期長期分裂動亂的西北邊疆，在北魏時期雖然得到一定的恢復和發展，但遠未達到復興的狀態。不過也要看到，北魏對西北邊疆的經略取得了一定成就，對此應予充分肯定。首先，北魏在河隴地區的統治雖然一再受到柔然、吐谷渾政權的軍事衝擊，但總體上確立了相對穩固的統治地位。其次，北魏雖然沒有真正臣服吐谷渾和西域諸國，但是與這些政權長期保持朝貢往來，有利於發展西北邊疆地區與中原的經濟文化聯繫，促進各民族的交流交往交融，為此後的中原王朝經略西北邊疆奠定了基礎。

第四節　東魏、北齊、西魏、北周對北方邊疆的經略

北魏王朝在經歷六鎮起義的打擊後，驟然走向衰落，而一批出身於北部邊疆的武人則趁機發展壯大了自身實力，形成大大小小的眾多武裝分裂勢力，其中以高歡為首的懷朔集團和以宇文泰為首的武川集團發展尤為迅猛。他們各據一方，最終構成對北魏王朝的致命性打擊，導致北魏的分裂和滅亡。天平元年（534），高歡將都城從洛陽遷往鄴，扶植孝靜帝元善見為帝，開始了東魏政權的統治。大統元年（535），宇文泰以長安為都，扶植文帝元寶炬為帝，開始了西魏政權的統治。自北魏以來已近百年的北方統一局面被打破，北方重新陷入多個政權長期紛爭、對峙的局面。這一重大變局，直接導致北方邊疆局勢的深刻變化，影響東魏、西魏及後來北齊、北周的邊疆經略。

一、東魏、北齊對北方邊疆的經略

東魏與北齊雖是兩個不同的政權名號，實則完全為同一個政權，實際掌權者始終是高歡及其子孫。因此本文在探討邊疆經略問題時，將東魏、北齊政權視為一個整體。

這一時期，東北邊疆有高句麗（北齊時改稱為「高麗」）、契丹、庫莫奚、地豆於、豆莫婁、烏洛侯、失韋等民族的政權或政治實體。東魏、北齊對東北邊疆基本沿襲北魏王朝政策，採取冊封、厚賜民族首領、維繫朝貢往來等方式，實行羈縻而治。東魏對高句麗的政策與北魏如出一轍。史曰：「出帝初，

詔加延使持節、散騎常侍、車騎大將軍、領護東夷校尉、遼東郡開國公、高句麗王，賜衣冠服物車旗之飾。天平中，詔加延侍中、驃騎大將軍，餘悉如故。延死，子成立。訖於武定末，其貢使無歲不至。」〔註161〕北齊統治時期，同樣與高句麗維持冊封、朝貢關係。史曰：「及齊受東魏禪之歲，遣使朝貢於齊。齊文宣加成使持節、侍中、驃騎大將軍，領東夷校尉、遼東郡公、高麗王如故。」大約從這一時期開始，在中國史籍中，以「高麗」之名稱取代原來的「高句麗」的名稱。天保三年（552），文宣帝高洋至營州（治所在今遼寧省朝陽市），遣使者崔柳至高麗，希望高麗王成同意遣送北魏末年流徙到高句麗境內的流民。崔柳遭到成拒絕後，「張目叱之，拳擊成墜於床下，成左右雀息不敢動」，最終崔柳帶領五千戶流民返回。由此可見，北齊對高麗的態度有較為強硬的一面。此後北齊繼續對高麗實行冊封與羈縻政策。史曰：「乾明元年（560），齊廢帝以湯為使持節、領東夷校尉、遼東郡公、高麗王。訖於武定已來，其貢使無歲不至。」〔註162〕東北邊疆的其他民族如契丹、庫莫奚、烏洛侯等同樣與東魏、北齊保持朝貢關係。

這一時期的北部邊疆先後有柔然、突厥等民族政權。應對柔然、突厥成為東魏、北齊政權經略北部邊疆的主要內容。由於在不同歷史階段，柔然、突厥、東魏、北齊和西魏、北周各政權的實力變化較大，因此東魏、北齊對柔然、突厥的政策呈現階段性的調整變化，前後有較大差異。東魏、北齊對柔然的政策以忍辱求和開始，中間經歷了武裝扶持的階段，以武力追剿告終。

北魏末年，柔然可汗阿那瑰投奔北魏王朝，得到北魏王朝的扶持，逐步恢復實力；又由於六鎮之亂導致北部邊疆混亂，柔然趁機得以復興。北魏分裂為東魏、西魏後，形成東、西對峙狀態，雙方均欲借助柔然的軍事力量來兼併對方。柔然利用這種形勢，趁機從中漁利，成為東魏、北齊和西魏、北周共同討好的對象。東魏、北齊迫於形勢，不得不對柔然採取忍辱求和的政策。史載東魏元象年間（538～539），「時茹茹寇鈔，屢為邊害，高祖撫納之。」〔註163〕興和三年（541），高歡親自巡視北部邊疆，且「使使與蠕蠕通和。」〔註164〕武定三年（545），在東魏的努力下，東魏與柔然和親，高歡娶阿那瑰

〔註161〕《魏書》卷100《高句麗傳》。
〔註162〕（唐）李延壽：《北史》卷94《高麗傳》，中華書局1974年版。
〔註163〕《北齊書》卷20《步大汗薩傳》。引文中「茹茹」為柔然的另一同名音譯名稱，參見《魏書》卷103《蠕蠕傳》校勘記〔三〕。
〔註164〕《北齊書》卷2《神武帝高歡紀下》。

之女蠕蠕公主爲妻，又爲其子高湛娶阿那瑰之孫女鄴和公主。史曰：

> 蠕蠕公主者，蠕蠕主郁久閭阿那瑰女也。蠕蠕強盛，與西魏通和，欲連兵東伐。神武病之，令杜弼使蠕蠕，爲世子求婚。阿那瑰曰：「高王自娶則可。」神武猶豫，尉景與武明皇后及文襄並勸請，乃從之。武定三年（545），使慕容儼往娉之，號曰蠕蠕公主。八月，神武迎於下館，阿那瑰使其弟禿突佳來送女，且報聘，仍戒曰：「待見外孫，然後返國。」公主性嚴毅，一生不肯華言。神武嘗有病，不得往公主所，禿突佳怨恚，神武自射堂輿疾就公主。其見將護如此。〔註165〕

> 神武逼於茹茹，欲娶其女而未決。后曰：「國家大計，願不疑也。」及茹茹公主至，后避正室處之。神武愧而拜謝焉，曰：「彼將有覺，願絕勿顧。」〔註166〕

> 神武方招懷荒遠，乃爲帝聘蠕蠕太子庵羅辰女，號「鄴和公主。」
〔註167〕

由此可知，高歡本來是爲其子高澄求親，結果被逼自己迎娶，並且不得不忍痛割愛，冷落患難與共的結髮妻子婁氏。阿那瑰之弟禿突佳送親之後長駐鄴都，嚴格監視高歡，乃至插手高歡與蠕蠕公主的私人生活。可見在這場和親中，柔然高高在上，東魏委曲求全。高氏與柔然和親，主要目的是減少柔然對北部邊疆的威脅，同時借柔然的聲威挾制西魏，增強自己在東、西對峙中的分量。和親以後的幾年中，柔然對北部邊疆的侵擾有所減少，雙方通使的次數大爲增加，東魏的目的部分實現。不過，由於西魏也與柔然和親，所以借柔然以挾制、打擊西魏的效果不佳。

數年之後，北方邊疆形勢發生重大變化，突厥興起於漠北，並逐漸取代柔然在漠北的地位。關於突厥，史曰：「突厥者，其先居西海之右，獨爲部落，蓋匈奴之別種也。」又曰：「或云突厥本平涼雜胡，姓阿史那氏。魏太武皇帝滅沮渠氏，阿史那以五百家奔蠕蠕。世居金山之陽，爲蠕蠕鐵工。金山形似兜鍪，俗號兜鍪爲突厥，因以爲號。」〔註168〕至六世紀中葉，突厥部落發展

〔註165〕《北史》卷14《后妃傳下·蠕蠕公主郁久閭氏》。
〔註166〕《北齊書》卷9《后妃傳·神武婁后》。
〔註167〕《北齊書》卷7《武成帝高湛紀》。
〔註168〕《北史》卷99《突厥傳》。

壯大，「部落稍盛，始至塞上市繒絮，願通中國。」〔註169〕西魏率先與突厥建立聯繫。大統十一年（545），周文帝遣使通突厥。大統十二年（546），土門遣使至北周「獻方物。」第二年，突厥進攻柔然，降其眾五萬餘落，「大破之於懷荒北。阿那瑰自殺，其子庵羅辰奔齊。」〔註170〕柔然餘眾立鄧叔子爲主。突厥實力大增，與柔然在漠北展開激烈角逐。大統十七年（551），西魏以魏長樂公主配土門，西魏與突厥和親。天保四年（553）十二月，突厥滅柔然，柔然殘餘勢力南逃，分別投奔北齊、西魏。木杆可汗俟斤統治時期，突厥「西破獻噠，東走契丹，北并契骨，威服塞外諸國。其地東自遼海以西，西至西海萬里，南自沙漠以北，北至北海五六千里，皆屬焉」，〔註171〕取代柔然在漠北的統治地位，突厥汗國進入強盛時期。

突厥周旋於東魏、北齊和西魏、北周之間，在與西魏、北周通使的同時，「亦與齊通使往來。」〔註172〕根據形勢，東魏、北齊對突厥的政策也呈階段性變化。由於高歡父子兩代人與柔然聯姻，因此在柔然受到突厥重創之後，北齊最初對前來投奔的柔然貴族採取大力扶持政策，用武力護送他們返國復國，同時派兵與柔然的敵國突厥交戰，以給予柔然政治和軍事支持。天保三年（552）阿那瑰兵敗自殺後，「其太子庵羅辰及瑰從弟登注俟利發、注子庫提並擁眾來奔」。天保四年（553），北齊送登注、庫提等人返國。同年十二月，柔然再次遭到突厥進攻，柔然舉國南奔。北齊廢原柔然主庫提，以庵羅辰爲柔然主，安置在馬邑川，「給其稟餼繒帛。」〔註173〕文宣帝高洋親自率軍征討突厥，追至朔州。

但是北齊對柔然殘餘勢力的支持沒有維持多久。天保五年（554）三月，即在安置庵羅辰於馬邑的三個月之後，庵羅辰率部叛齊，不久庵羅辰父子北奔舊土，餘部寇略肆州。這一事件促使北齊對柔然的政策發生根本性改變，由武力扶持改爲武力追剿。高洋親自追討柔然，獲庵羅辰妻子、生口三萬餘人。天保六年（555）六月至七月，高洋再次親征柔然。這次征討柔然的原因是「以茹茹爲突厥所破，種落分散，慮其犯塞，驚撓邊民」。〔註174〕不過從征

〔註169〕《北史》卷99《突厥傳》。
〔註170〕《北史》卷99《突厥傳》。
〔註171〕《周書》卷50《異域傳下·突厥》。
〔註172〕《北史》卷99《突厥傳》。
〔註173〕《北齊書》卷4《文宣帝高洋紀》。
〔註174〕《北齊書》卷17《斛律金傳》。

戰之地主要在懷朔鎮、沃野鎮來看，這次征討的對象除了從原柔然境內南奔之柔然餘眾外，可能還有前一年庵羅辰叛齊後滯留在北齊境內的殘餘力量。北齊在征討中大獲全勝，獲人口二萬餘，牛羊數十頭，並俘獲柔然部落首領俟利藹焉力妻阿帝、吐頭發郁久閭狀延等人，另一柔然部落首領俟利郁久閭李家提懾於北齊聲威，率部人數百降附。〔註175〕北齊對柔然由扶持改爲追剿，主要原因有兩個方面。一是柔然在突厥的一再打擊下，已經土崩瓦解，原來扶持庵羅辰等既是鑒於以往的和親關係，也是因爲柔然尚有利用價值，可以借所扶持的柔然傀儡來對抗突厥和西魏。但是，隨著局勢越來越明朗，柔然的復興已經不可能，扶持柔然對北齊來說失去利用價值；二是庵羅辰叛齊北逃，使北齊忍無可忍，正是這點直接導致了北齊對柔然政策的大轉變。此時西魏在突厥的威逼下，向突厥交出了前來投奔的柔然主鄧叔子等三千餘人，突厥將鄧叔子等人殺害於長安青門外。〔註176〕這樣，在突厥、西魏、北齊三方面的共同圍剿下，柔然汗國滅亡，柔然作爲民族稱呼逐漸從歷史上消失。

　　東魏、北齊對突厥的政策以防守和戰爭開始，以委曲求全終結。東魏與突厥的接觸較西魏晚。六世紀中葉突厥蓬勃興起之時，東魏正在竭力巴結柔然，在武定二年（544）、三年（545）短短兩年間迎娶了兩位柔然公主。突厥與柔然結怨，在大力進攻柔然之際，兵鋒延伸到東魏、北齊境內，因此北齊對突厥等政策以征戰、防守開始。自武定五年（547年）突厥首次伐柔然以來，東魏加強了對北方邊疆的防守。武定六年（548）三月至六月間，東魏權相、高歡之子高澄北巡，「令朝臣牧宰各舉賢良及驍武膽略堪守邊城，務得其才，不拘職業」，〔註177〕並親巡北邊城戍。武定八年（550），北齊以宗室高睿爲北朔州刺史、都督北燕、北蔚、北恒三州，及庫推以西黃河以東長城諸鎮諸軍事。北朔州即朔州，治於馬邑城。史曰：「郡縣志〔註178〕：高齊文宣於馬邑城置朔州。汾水介休縣後魏孝靜立爲南朔州，故謂馬邑爲北朔州。」〔註179〕北朔州的北面即是突厥之地。高睿在任期間，「慰撫新遷，量置烽戍，內防外禦，備有條法，大爲兵民所安。」由於高睿有防守突厥的經驗，太寧元年（561）武成帝高湛親征突厥時，「六軍進止皆令取睿節度。」〔註180〕

〔註175〕參見《北齊書》卷4《文宣帝高洋紀》。
〔註176〕參見《周書》卷50《異域傳下·突厥》。
〔註177〕《北齊書》卷3《文襄帝高澄紀》。
〔註178〕此處「郡縣志」特指《元和郡縣志》。
〔註179〕（宋）王應麟：《通鑑地理通釋》卷14《東西魏周齊相攻地名考》。
〔註180〕《北齊書》卷13《趙郡王琛傳附子睿》。

爲了有效阻擋突厥對北部邊疆的侵擾，北齊耗費大量人力、物力修築長城，加強防守。天保六年（555），北齊發夫 180 萬人修築長城，自幽州北夏口至恆州綿延九百餘里。〔註 181〕此後北齊在此基礎上不斷擴大長城規模，史載，「先是，自西河總秦戍築長城東至於海，前後所築東西凡三千餘里，率十里一戍，其要害置州鎮，凡二十五所。」天保八年（557），又「於長城內築重城，自庫洛拔而東至於塢紇戍，凡四百餘里」〔註 182〕，建立雙重軍事防線。長城、重城加上十里一戍的密集鎮戍之所，在北方邊疆形成了一道堅固的軍事防禦體制，爲防禦突厥侵擾發揮了重要作用。儘管北齊初年與突厥關係很不友好，但卻很少發生突厥侵擾北齊邊境的事件。這與長城防禦體制的建立是分不開的。長城防禦體制的建立，對穩定北齊的北部邊疆具有積極意義。不過，長城在威懾突厥、減少小規模侵擾事件上非常有效，但在抵禦大規模軍隊進攻上作用十分有限。河清三年（564），北周與突厥聯兵大舉伐齊，突厥的軍隊兩次從北面長驅直入，「寇幽州，入長城，虜掠而還。」〔註 183〕

河清二年至三年（563～564）前後是北齊對突厥政策的轉折點。在一年多的時間裏，北齊兩次遭到北周與突厥的聯合進攻。這兩次戰爭雖以北齊勝利而告終，但是給北齊承受了巨大壓力。因此北齊加緊破壞北周與突厥的聯盟，積極謀求與突厥建立友好關係。戰爭爆發前，北齊遣使突厥，試圖說服突厥與北周毀棄婚約，改爲與北齊和親。史載，「時與齊人交爭，戎車歲動，故每連結之，以爲外援。初，魏恭帝世，俟斤許進女於太祖，契未定而太祖崩。尋而俟斤又以他女許高祖，未及結納，齊人亦遣求婚，俟斤貪其幣厚，將悔之。至是，詔遣涼州刺史楊薦、武伯王慶等往結之。慶等至，諭以信義。俟斤遂絕齊使而定婚焉。仍請舉國東伐。」〔註 184〕北齊破壞北周與突厥和親的目的雖然沒有達到，但從此與突厥建立了通使關係，改變了以前單純防禦備敵的狀態，爲後來對突厥政策的轉變打下了基礎。

天統元年（565），即北周、突厥聯軍兩次伐齊失敗後的次年，突厥首次向北齊遣使，「自是朝貢歲時不絕。」〔註 185〕北齊與突厥的關係由此前的敵對狀態轉向友好狀態。武平五年（574），陳朝進攻淮南，大臣王紘擔心全力以

〔註 181〕參見《北齊書》卷 4《文宣帝高洋紀》。
〔註 182〕《北齊書》卷 4《文宣帝高洋紀》。
〔註 183〕《北齊書》卷 7《武成帝高湛紀》。
〔註 184〕《周書》卷 50《異域傳下・突厥》。
〔註 185〕《北齊書》卷 17《斛律金傳附斛律羨傳》。

赴保淮南的話，將導致突厥與北周乘虛而入，主張棄守淮南。高緯沒有採納他的建議，遣將奮力守禦淮南，突厥並沒有乘機出兵威脅北齊的北境。〔註186〕武平七年（576）十二月，北周興兵滅齊，高緯在驚恐絕望中，打算從北朔州投奔突厥。〔註187〕雖然由於群臣諫阻，並未成行，但由此可見北齊與突厥的親密關係以及北齊對突厥的信任。這是北齊調整對突厥政策、以友好通使政策代替敵對防守政策的結果。

北齊與突厥的友好通使關係並不是建立在平等基礎上，而是以北齊委曲求全、傾財奉獻為前提。史曰：「齊人懼其寇掠，亦傾府藏以給之。他缽彌復驕傲，至乃率其徒屬曰：『但使我在南兩個兒孝順，何憂無物邪。』」〔註188〕北齊與北周一樣，對突厥低聲下氣，試圖用金銀財帛滿足突厥可汗的貪欲，換取北部邊疆的安定和突厥的大力支持，實際上為佗缽可汗坐收漁利製造了良機。隆化元年至二年（576～577），北周大舉伐齊，突厥並沒有出兵幫助北齊禦敵，而是坐視北齊滅亡。

二、西魏、北周的北方邊疆政策

大統元年（535），宇文泰殺害北魏出帝元修，立元寶炬為帝，標誌西魏統治的開端。西魏有文帝、廢帝、恭帝三代皇帝。孝閔帝元年（557），宇文覺稱帝，建立北周政權。開皇元年（581），北周為隋所代。西魏和北周的實際統治者均為宇文氏，因此我們在研究中把二者視作一個整體。西魏立國之初僅有關中，後來逐步將統治擴展到河隴地區，西北邊疆與柔然、突厥、吐谷渾相接。廢帝二年（553），西魏取蜀，疆域擴展到西南地區。建德六年（577），北周滅北齊，統一北方，疆域進一步擴展至東北和東面至海。西魏、北周雖然立國只有四十六年，但其發展歷程總的趨勢是蒸蒸日上，治國方略和邊疆政策均有諸多值得稱道之處，比東魏、北齊更勝一疇，且其制度和政策對後世影響頗深。隋統一中國就是建立在西魏、北周近半個世紀的經營基礎上的，隋唐的繁榮強盛與西魏、北周的經營有密切聯繫。

北周取得西南邊疆和東北邊疆的時間較晚、統治時間較短，因此北周邊疆經略的重點內容是北方邊疆，主要包括兩個方面，一是對北方邊疆地區政權——柔然、突厥、吐谷渾的經略；二是對北周政權直接控制下的河隴地區的經略。

〔註186〕參見《北齊書》卷25《王紘傳》。
〔註187〕參見《北齊書》卷8《後主高緯紀》。
〔註188〕《周書》卷50《異域傳下・突厥》。

　　西魏、北周對柔然、突厥政策以委曲求全的和親政策爲主。西魏、北週期望以和親和財帛換取北方邊疆的安寧，並期望與柔然、突厥結成政治同盟，共同制御東魏、北齊。史載，「時與東魏爭衡，戎馬不息，蠕蠕乘虛，屢爲邊患。朝議欲結和親。」〔註189〕時爲大統初年（535）。大統三年（537），魏文帝娶阿那瓌長女爲妻，是爲悼后。爲了迎合悼后的要求，魏文帝被迫廢黜結髮妻子乙弗氏，立悼后爲皇后。大統六年（540），悼后難產去世，柔然以此爲藉口舉國討伐西魏，魏文帝被迫將乙弗氏賜死後，柔然才算罷休。〔註190〕在這場和親中，柔然高高在上，頤使氣指；西魏俯首帖耳，惟命是從。這種狀況持續了很長時期，直到六世紀中葉柔然衰敗亡國之際才發生改變。西魏的委曲求全一定程度上減輕了柔然對北方邊疆的壓力，換取了北方邊疆的相對穩定。廢帝元年（551），突厥大破柔然，阿那瓌自殺，國人立鄧叔子爲主。廢帝三年（553），突厥再破柔然，鄧叔子率眾南逃到西魏，西魏遣大臣李弼率軍迎接鄧叔子等入境。柔然餘眾崩散，大量人馬進至西魏的西北邊疆，造成西魏西北邊疆的動盪和騷亂。恭帝元年（554），柔然寇廣武（今甘肅蘭州西北）。西魏不得不對柔然亂軍進行鎮壓，斬柔然酋帥郁久閭是發，俘獲大量人口牲畜。〔註191〕這標誌西魏對柔然政策的根本性轉變，說明西魏開始與突厥、北齊共同圍剿柔然殘部。正是在突厥、北齊、西魏的三方圍剿中，柔然政權被滅亡。恭帝三年（555），在突厥的強大壓力下，西魏向突厥使者交出鄧叔子及所率部眾三千餘人，聽任突厥使者將之殺害於西魏都城長安的青門外。〔註192〕

　　柔然滅後，突厥繼而興起。西魏較早注意到突厥的興起，在大統十一年（546），就曾遣使突厥。大統十七年（551），西魏以長樂公主嫁突厥可汗土門，實現了西魏與突厥的首次和親。此時突厥尚未完全吞併柔然，還沒有進入極盛時期，和親雙方地位平等。柔然被滅亡後，突厥稱雄漠北，對北齊、西魏、北周構成強大壓力，雙方爭著與突厥和親。北周經過艱苦漫長的努力爭取，迎娶了突厥木杆可汗俟斤之女，是爲阿史那皇后。史曰：

〔註189〕《周書》卷33《庫狄峙傳》。

〔註190〕參見《北史》卷14《后妃傳上・文帝悼皇后郁久閭氏》，《后妃傳上・文帝文皇后乙弗氏》。

〔註191〕參見《周書》卷15《李弼傳附李標傳》，卷16《趙貴傳》，卷29《王勇傳》，卷30《竇熾傳》。

〔註192〕參見《周書》卷50《異域傳下・突厥》。

　　武帝阿史那皇后，突厥木杆可汗俟斤之女。突厥滅茹茹之後，盡有塞表之地，控弦數十萬，志陵中夏。太祖方與齊人爭衡，結以爲援。俟斤初欲以女配帝，既而悔之。高祖即位，前後累遣使要結，乃許歸后於我。保定五年（565）二月，詔陳國公純、許國公宇文貴、神武公竇毅、南（陽）〔安〕公楊薦等，奉備皇后文物及行殿，並六宮以下百二十人，至俟斤牙帳所，迎后。俟斤又許齊人以婚，將有異志。純等在彼累載，不得反命。雖諭之以信義，俟斤不從。會大雷風起，飄壞其穹廬等，旬日不止。俟斤大懼，以爲天譴，乃備禮送后。（及）純等設行殿，列羽儀，奉之以歸。天和三年（568）三月，后至，高祖行親迎之禮。后有姿貌，善容止，高祖深敬焉。〔註193〕

由此可知，這是一場以北周忍辱求全爲前提的不平等和親。北周的目的一是爲西北邊疆贏得安定局面，二是借突厥之力征討北齊，實現北方的重新統一。因此木杆可汗允婚時對北周使者楊薦曰：「當共平東賊，然後發遣我女。」〔註194〕

　　北周與突厥聯姻後，結成政治、軍事同盟，在563～564年短短一年多的時間裏，先後兩次聯合發兵討伐北齊，但均告失敗。此後突厥的政策逐漸有所調整，對北齊也給予相當的重視。爲了獲得突厥的支持，北周與北齊競相以財帛結好突厥，史云：「朝廷既與和親，歲給繒絮錦綵十萬段。突厥在京師者，又待以優禮，衣錦食肉者，常以千數。」〔註195〕北周以屈辱和物質財富，換取與突厥的和平相處及政治結盟。在北方地區，形成了北周、北齊與突厥三國鼎立、互相牽制的局面。建德六年（577），北周滅北齊，打破了三國鼎立局面，形成北周與突厥在北方邊疆南北對峙的形勢。因此突厥與北周的關係也發生了變化，由原來的政治聯盟轉變爲對峙的敵國。在北周兼併北齊以後，突厥先後侵寇幽州、酒泉、并州等地，從東北、北部、西北三個方向對北周發起進攻。宣政元年（578）春，突厥寇幽州，幽州鎮將劉雄臨陣戰歿。〔註196〕同年十一月，突厥圍酒泉，殺掠吏民。大象元年（579）五月，突厥寇并州。〔註197〕另外，突厥扶持北齊皇室餘裔、北營州刺史高紹義建立傀儡政權，試圖借高紹義的力量牽制北周。面對形勢的變化，周武帝宇文邕試圖改

〔註193〕《周書》卷9《皇后傳》。
〔註194〕《周書》卷33《楊薦傳》。
〔註195〕《周書》卷50《異域傳下·突厥》。
〔註196〕參見《周書》卷29《劉雄傳》。
〔註197〕參見《周書》卷7《宣帝宇文贇紀》。

變對突厥的委曲求全政策，部署大舉興兵，正面迎擊突厥的軍事侵擾，但因宇文邕驟然病逝而罷。此後，北周對突厥的政策再次恢復到公主和親、忍辱求全的老路。大象二年（580）二月，北周千金公主與突厥沙鉢略可汗結爲婚姻。次年，北周爲隋所取代。由上可知，西魏、北周對待柔然、突厥的政策，始終以屈辱求和爲主。這主要是受制於東魏、西魏與北齊、北周東西對峙形勢和柔然、突厥強大的軍事實力。

西魏、北周統治時期，吐谷渾政權一直試圖向東面滲透和擴張勢力。天平元年（534）四月，涼州發生民亂，涼州刺史李叔仁爲事變民眾所執，宕昌羌引吐谷渾寇金城。〔註198〕恭帝二年（555），羌東念姐率部落反叛西魏時，「結連吐谷渾，每爲邊患。」〔註199〕西魏大統末年（556）、北周明帝元年（557）、武成元年（559），吐谷渾多次侵擾河隴地區邊緣地帶，導致西魏、北周「緣邊多被其害」〔註200〕，極大地影響了西魏、北周對西北邊疆的統治。吐谷渾與西魏、北周爲敵的同時，採取遠交近攻的策略，結好東魏、北齊。東魏興和、武定年間（539～550），吐谷渾連年向東魏遣使。〔註201〕武定三年（545），吐谷渾與東魏和親，吐谷渾王夸呂以其從妹爲東魏孝靜帝妃，東魏以宗室女廣樂公主嫁予夸呂。〔註202〕雙方由此建立了共同對付西魏、北周的政治聯盟。

基於吐谷渾政權屢爲邊患的狀況以及吐谷渾和東魏、北齊結盟的形勢，西魏、北周對吐谷渾政權採取了征討爲主的政策。大統末年（556），吐谷渾寇西平，西魏遣尚書兵部郎中王子直大破吐谷渾於長寧川。〔註203〕恭帝二年（555），北周與突厥聯合出兵吐谷渾，破樹敦、賀真二城，俘獲吐谷渾征南王和夸呂妻子兒女，大獲珍寶雜畜。〔註204〕武成元年（559）三月，吐谷渾侵逼涼州，涼州刺史是雲寶失利陣亡。北周遣賀蘭祥、宇文貴討吐谷渾，攻佔吐谷渾的洮陽、共和二城，吐谷渾王夸呂遁走。保定元年（561），北周於洮陽、共和設洮州。〔註205〕後兩次戰爭使吐谷渾受到沉重打擊，元氣大傷，無

〔註198〕參見《周書》卷1《文帝宇文泰紀上》。
〔註199〕《周書》卷15《于寔傳》。
〔註200〕《周書》卷50《異域傳下‧吐谷渾》。
〔註201〕參見《北史》卷96《吐谷渾傳》，《魏書》卷12《孝靜帝紀》。
〔註202〕參見《北史》卷96《吐谷渾傳》。
〔註203〕參見《周書》卷39《王子直傳》。
〔註204〕參見《周書》卷28《史寧傳》，卷50《異域傳下‧吐谷渾》。
〔註205〕參見《周書》卷卷4《明帝宇文毓紀》，卷19《宇文貴傳》，卷20《賀蘭祥傳》，卷50《異域傳下‧吐谷渾》。

力繼續與北周對抗。保定二年（562），北周遣王慶出使吐谷渾，「與共分疆，仍論和好之事」，〔註206〕吐谷渾接受北周的提議，遣使者隨王慶朝貢於北周，雙方開始了短暫的和平相處時期。天和元年（566），吐谷渾龍涸王莫昌率戶內附，北周以其地設扶州。建德五年（576），北周趁吐谷渾內亂之機，遣皇太子宇文贇率眾征討吐谷渾，周軍渡過青海湖，至吐谷渾都城伏俟城，夸呂遁走，周軍虜其餘眾而還。不過，北周與吐谷渾在戰爭的空隙，仍然保持了一定的同時往來。據周偉洲先生統計，在西魏、北周存續的四十七年中，吐谷渾一共九次遣使。〔註207〕這些使者往來使得西魏、北周與吐谷渾的經濟文化交流並未因戰爭而完全中斷。

比較西魏、北周對柔然、突厥和對吐谷渾的政策可知，西魏、北周對柔然和突厥委曲求全，而對吐谷渾窮追猛打。這種政策差異，除了有地理位置的因素外，主要是實力較量的結果。柔然、突厥稱雄漠北，地域廣闊，軍事力量強大，而西魏、北周僅佔有關中、河隴地區，無法與柔然、突厥抗衡。然而西魏、北周與吐谷渾相比，則綜合實力處於明顯的優勢。

西魏、北周對河隴地區的經略有兩個階段，第一個階段是削平叛亂、確立統治，第二個階段是選派良吏、鞏固統治。西魏之初，由於北魏末年的動盪局勢以及東、西魏的分裂，河隴地區陷入各自為戰的混亂當中，宇文泰僅僅據有關中之地，對於河隴地區的混亂狀況無能為力。史曰：「時涼州刺史李叔仁為其民所執，舉州騷擾。宕昌羌梁企定引吐谷渾寇金城。渭州及南秦州氐、羌連結，所在蜂起。南岐至於瓜、鄯，跨州據郡者，不可勝數。」〔註208〕又曰：「居河西者，多恃險不賓。時方與齊神武爭衡，未遑經略。」〔註209〕河隴地區對西魏來說至關重要。西魏的東面、北面、南面分別為東魏、柔然、梁包圍，如果不能控制河隴地區，西魏將陷入四面被包圍的狀態，無法拓展生存空間。河隴地區與關中唇齒相依，沒有河隴地區，西魏的統治很難形成氣候。因此宇文泰非常重視對河隴地區的經略。大統六年（540），宇文泰以獨孤信為秦州刺史，出鎮隴右。「太祖初啓霸業，唯有關中之地，以隴右形勝，故委信鎮之。既為百姓所懷，聲振鄰國。」獨孤信在秦州任職十年，大統十六年（550）離任。在任職期間，獨孤信受命征討涼州反叛勢力宇文仲和，震

〔註206〕《周書》卷33《王慶傳》。
〔註207〕參見周偉洲：《吐谷渾史》，寧夏人民出版社1985年版，第52頁。
〔註208〕《周書》卷1《文帝宇文泰紀上》。
〔註209〕《周書》卷49《異域志上》。

儡吐谷渾和梁朝，爲維護西魏政權在河隴地區的統治發揮了重要作用。獨孤信善於經營，在州期間，「示以禮教，勸以耕桑，數年之中，公私富實。」〔註210〕從北魏末年以來陷入混亂的隴右地區開始進入相對穩定和恢復時期。在獨孤信之後，先後有宇文廣、尉遲運等出任秦州刺史。宇文廣於明帝宇文毓即位之年（557）出任秦州刺史，鎮於隴右，後來又擔任秦州總管，保定三年（563）離任。宇文廣「性明察，善綏撫，民庶畏而悅之」〔註211〕保定四年至天和五年（564～570），尉遲運爲隴州刺史，「地帶汧、渭，民俗難治。運垂情撫納，甚得時譽。」〔註212〕總之，通過派遣得力的官吏著力經營，西魏、北周時期對隴右的統治總體上保持穩定。

在河西地區，西魏初年發生了數起變亂，但是都在河隴大族的協助下得以平定。北魏孝明帝孝昌年間（525～527），改敦煌鎮爲瓜州。西魏初，瓜州刺史元榮卒於任上，其女婿劉彥自代瓜州刺史之職，不服從西魏政府，而且南通吐谷渾。此時西魏政權處於草創階段，不遑征討，只得聽之任之。大統十年（544），西魏以申徽爲河西大使，試圖解決問題。申徽在瓜州大族令狐整的協助下擒劉彥，瓜州從此直接控制在西魏手中。大統十二年（546），涼州刺史宇文仲和反叛，瓜州城民張保殺刺史成慶以應之。西魏遣獨孤信、史寧前往征討，擒宇文仲和。此前曾經協助擒劉彥的瓜州大族令狐整再立新功，逐張保，平瓜州。〔註213〕新就任的涼州刺史史寧和瓜州刺史申徽均爲才德雙全的官吏，他們在任期間，竭力維繫河西的安定和發展，抵禦境外勢力的侵擾，使得河西進入到一個新的發展歷史時期。史寧爲涼州刺史前後共十年（546～556）。史曰：「寧先在涼州，戎夷服其威惠，遷鎮之後，邊民並思慕之。」史寧爲涼州刺史期間，平定宕昌叛羌獠甘之亂，邀擊柔然殘部，獲數萬人，又與突厥木杆可汗征討吐谷渾，給吐谷渾以沉重打擊。由於史寧爲維護河隴安定所作的突出貢獻，宇文泰遣使以自己所服冠履衣被及弓箭甲矛等賜給史寧，以示鼓勵和恩寵，並對使者說：「爲我謝涼州，孤解衣以衣公，推心以委公，公其善始令終，無損功名也。」〔註214〕申徽爲瓜州刺史前後共六年（546～550）。史曰：「徽在州五稔，儉約率下，邊人樂而安之。」又曰：「徽性勤

〔註210〕《周書》卷16《獨孤信傳》。
〔註211〕《周書》卷10《宇文廣傳》。
〔註212〕《周書》卷40《尉遲運傳》。
〔註213〕參見《周書》卷28《史寧傳》，卷32《申徽傳》，卷36《令狐整傳》。
〔註214〕《周書》卷28《史寧傳》。

敏，凡所居官，案牘無大小，皆親自省覽。以是事無稽滯，吏不得爲奸。」〔註215〕申徽之後，王子直爲持節、大都督、行瓜州事，實際上行使瓜州刺史的職責。史稱王子直「性清靜，務以德政化民，西土悅附。」〔註216〕王子直任職時間是魏廢帝元年至魏恭帝初年（551～554）。此後繼任的瓜州刺史韋瑱「雅性清儉，兼有武略。蕃夷贈遺，一無所受。胡人畏威，不敢爲寇。公私安靜，夷夏懷之」，「秩滿還京，吏民戀慕，老幼追送，留連十數日，方得出境。」〔註217〕根據韋瑱本傳的記載，他任職在恭帝三年至武成二年（559～560）之間。與瓜州緊鄰的西涼州也呈現繁榮面貌。史曰：

> （大統）十二年（546），除（韓褒）都督、西涼州刺史。羌胡
> 之俗，輕貧弱，尚豪富。豪富之家，侵漁小民，同於僕隸。故貧者
> 日削，豪者益富。褒乃悉募貧人，以充兵士，優復其家，蠲免徭賦。
> 又調富人財物以振給之。每西域商貨至，又先盡貧者市之。於是貧
> 富漸均，戶口殷實。十六年（550），加大都督、涼州諸軍事。魏廢
> 帝元年（551），轉會州刺史。〔註218〕

關於西涼州，史曰：「大統十二年（546），分涼州以西張掖之地爲西涼州。至廢帝二年（553），更名甘州。」〔註219〕又曰：「廢帝三年（554）春，改西涼州爲甘州。」〔註220〕據此可知，韓褒是首任西涼州刺史，他的任職時間是大統十二年至廢帝元年（546～551），前後共五年。西涼州的設置以及韓褒的有效治理，使得該州經濟得到迅速發展，不但縮短了貧富分化，而且增加了國家直接控制的編戶。這對於鞏固西魏、北周在河隴地區的統治、對於進一步開發河西經濟，都具有重大意義。

　　縱觀西魏、北周對河隴地區的經略，有以下幾個突出特點：一是西魏、北周戰略上非常重視河隴地區，在宇文泰以親信獨孤信、尉遲迥等人鎮守隴右以及「解衣謝史寧」等事例中得到充分反映。二是西魏、北周對河隴地區的經略所取得的成果超過北魏。三是西魏、北周時期河隴地區湧現了大批深得民心的良吏，如獨孤信、宇文廣、史寧、申徽、韋瑱等。這既是由於西魏、

〔註215〕《周書》卷32《申徽傳》。
〔註216〕《周書》卷39《王子直傳》。
〔註217〕《周書》卷39《韋瑱傳》。
〔註218〕《周書》卷37《韓褒傳》。
〔註219〕《太平寰宇記》卷152《隴右道·涼州》。
〔註220〕《周書》卷2《文帝宇文泰紀下》。

北周戰略上非常重視河隴地區，精心選擇官吏，也是由於西魏、北周總體上政治清明，統治者知人善用。四是被任命的河隴地方官吏中，有不少人是「衣錦還鄉」，任職於本州，如敦煌太守令狐休、河州刺史劉雄〔註221〕、洮州總管李賢等。這反映了西魏、北周借助河隴大族本土勢力加強統治的思路。本土士人如果運用得當，可以大力加強統治力度。西魏、北周對河隴地區士人的重用是成功的案例。

對比東魏、北齊與西魏、北周的邊疆政策，可以看到二者的異同。相同的是對待柔然、突厥等強大北方民族政權均以委曲求全爲主，以和親與奉獻巨額財物換取和平。不同的是東魏、北齊對於東北、北部邊疆缺乏突出的建設性成就，而西魏、北周對西北邊疆河隴地區的經略則是費盡苦心，且成就凸顯。

此外，西魏、北周於廢帝二年（553）取蜀，疆域擴展至西南邊疆，又於建德六年（577）滅齊，向東北、東部拓境至海。西魏、北周取得這些地區後，進行了一定的經略。但是，西魏取蜀以後，名義上獲得了寧州的統治權，但是寧州實際上控制在當地大姓手中，對西魏、北周僅僅貢獻菲薄的特產。而滅齊之後，雄武有謀的周武帝宇文邕在次年去世，新君宇文贇腐敗無能，不問政務，對東北邊疆的關注寥寥無幾。所以西魏、北周對東北邊疆和西南邊疆所採取的措施很少，而且收效甚微，在西魏、北周邊疆政策中所佔分量極輕，乃至可以忽略不計。

開皇元年（581），隋朝取代北周。開皇九年（589），隋文帝平定南方陳朝，統一中國，結束了自東漢末年以來三百多年的分裂割據局面。隋朝在建立政權之後短短的八年後就能夠完成統一大業，與西魏、北周的經略是分不開的。西魏、北周對北方邊疆、尤其是對河隴地區的妥善經營，爲西魏、北周的逐漸強盛、逐步擴展和隋朝最終完成統一大業奠定了基礎。

〔註221〕 《周書》卷29《劉雄傳》載：「建德二年（573），轉內史中大夫，除（侯）〔候〕
正。高祖嘗從容謂雄曰：『古人云：富貴不歸故鄉，猶衣錦夜遊。今以卿爲本
州，何如？』雄稽首拜謝。於是詔以雄爲河州刺史。雄先已爲本縣令，復有
此授，鄉里榮之。」

第六章　南朝的南方邊疆經略

　　永初元年（420），劉裕廢晉恭帝，自立為帝，國號「宋」，史稱劉宋。劉宋疆域繼承東晉末年格局，其最盛時北界至淮、泗流域及山東半島，東南至海，西南守有梁、益、寧諸州，與雄踞北方的北魏政權形成對峙。此後南方先後出現齊、梁、陳三個王朝的更迭。歷史上把這四個王朝合稱為「南朝」，將北方的北魏及其後分裂出來的東魏、北齊、西魏、北周合稱為「北朝」。南朝與北朝的存續時間大致相當，南北政權交界線雖有一定變動，但基本維持在淮河、長江一線，這種局面史稱為「南北對峙」。南北對峙期間，南北雙方政權雖然有過幾次大規模的戰爭，但總體來說比十六國時期安定得多。開皇九年（589），隋王朝兼滅陳朝，統一中國，結束了一百六十餘年的南北對峙、分裂局面。

　　在南北對峙局勢中，南朝疆域不斷向南退縮，諸政權偏安於南方，呈守國之勢，經略重心一是江淮沿線等與北朝交界的地區，這裡面臨外部勢力、特別是北朝勢力的威脅；二是都城建康的周邊地區即長江中下游地區，這裡面臨內部權臣勢力反叛、挾制的威脅。這兩個地區關係到南朝政權的生死存亡，牽制了南朝統治者的大量精力。由於始終面臨北方政權南下的強大壓力和內部爭權奪利的激烈紛爭，南朝對邊疆地區的經略重視不夠，再加上政權實力不足，因此對邊疆地區經略不足，以羈縻、鎮撫政策為主。南朝所轄邊疆地區包括寧州與嶺南兩大區域。以下分兩個部分對此進行詳盡論述。

第一節　南朝對寧州的羈縻統治

　　由於南北長期對峙的政治局勢與南朝統治者的偏安心理，南朝在邊疆經略方面既缺乏足夠的財力、物力，也缺乏足夠的精神動力，對寧州總體上採

取羈縻政策。寧州與中原政權的關係更加鬆弛，地方勢力進一步發展膨脹。
正史與碑刻資料從不同側面反映並互相印證了這一狀況。

一、正史所見南朝對寧州的羈縻統治

關於南朝對寧州的統治，正史留下的資料有限。根據對《宋書》、《齊書》、
《梁書》、《陳書》、《南史》的統計，南朝任命的寧州刺史有姓名可考者共十
五位，分別被任命於宋、齊、梁三個朝代的各個時期，總體上前後相繼，流
動有序。正史所見南朝寧州刺史名單如下表。

姓名	任命時間	此前官職	資料來源
應襲	劉宋永初二年（421）	員外散騎侍郎	《宋書》卷 3《武帝紀下》
周籍之	劉宋元嘉五年（427）	安陸公相	《宋書》卷 5《文帝紀》
徐循	劉宋元嘉十五年（438）	陳、南頓二郡太守	《宋書》卷 5《文帝紀》
垣閬	劉宋元嘉三十年（453）	沛郡太守	《宋書》卷 6《孝武帝紀》
杜叔文	劉宋大明二年（458）	強弩將軍	《宋書》卷 6《孝武帝紀》
苻仲子	劉宋大明三年（459）	建寧太守	《宋書》卷 6《孝武帝紀》
費景緒	劉宋大明四年（460）	員外散騎侍郎	《宋書》卷 6《孝武帝紀》
孔玉	劉宋太始六年（470）	奉朝請	《宋書》卷 8《明帝紀》
劉延祖	劉宋元徽二年（474）	征虜行參軍	《宋書》卷 9《後廢帝紀》
柳和	劉宋元徽五年（477）	建寧太守	《宋書》卷 9《後廢帝紀》
程法勤	南齊永明二年（484）	寧朔將軍	《南齊書》卷 3《武帝紀》
董仲舒	南齊永明三年（485）	驃騎中兵參軍	《南齊書》卷 3《武帝紀》
李慶宗	南齊延興元年（494）	車騎板行參軍	《南齊書》卷 5《海陵王紀》
徐文盛	蕭梁大同（535～546）末	不詳	《梁書》卷 46《徐文盛傳》
陳知祖	蕭梁大清二年（548）以後	不詳	《南史》卷 53《梁武諸子傳·武陵王紀》

僅從以上列表信息來看，宋、齊、梁三朝對寧州進行了正常統治。但是
值得注意的是，在上表十五位寧州刺史中，只有劉宋時期的徐循、蕭梁時期
的徐文盛有在任期間的事蹟可考。徐循於元嘉十五年（438）被任命為寧州刺
史，元嘉十八年（441），「晉寧太守爨松子反叛，寧州刺史徐循討平之。」〔註1〕
徐文盛「大同（535～546）末，以為持節、督寧州刺史。先是，州在僻遠，

〔註 1〕《宋書》卷 5《文帝紀》。

所管群蠻不識教義，貪欲財賄，劫篡相尋，前後刺史莫能制。文盛推心撫慰，示以威德，夷獠感之，風俗遂改。……太清二年（548），聞國難，乃召募得數萬人來赴。」〔註2〕可見徐循、徐文盛在任期間，宋、梁二朝對寧州實行有效統治。不過這些史料也反映了南朝對寧州統治中的問題。徐循事蹟表明，劉宋在寧州的統治遭到寧州本土大姓爨氏的抵制。徐文盛事蹟表明，在徐文盛上任以前，寧州局勢十分動盪，前後刺史都不能正常行使職權。這些都反映了南朝在寧州的統治權威受到削弱。而列表中的其餘十三位寧州刺史則根本沒有在史書上留下在任期間的事蹟，僅留下任命為寧州刺史的時間和任命之前的官職名稱。這令人對南朝是否正常統治寧州產生懷疑。

關於南朝在寧州的統治，正史中還有還有一些相關材料，例如劉宋時期的相關材料有：

《宋書》卷 3《武帝紀下》：「寧州嘗獻虎魄枕，光色甚麗。時將北征，以虎魄治金創，上大悅，命搗碎分付諸將。」

《南史》卷 14《宋宗室及諸王下》：「初，東陽公主有奴陳天興，鸚鵡養以為子而與之淫通。鸚鵡、天興及寧州所獻黃門慶國並與巫蠱事，劭以天興補隊主。」

《南史》卷 34《周朗傳》：「朗尋丁母憂，每哭必慟，其餘頗不依居喪常節。大明四年（460），上使有司奏其居喪無禮。詔曰：『朗悖禮利口，宜合剮戮，微物不足亂典刑，特鎖付邊郡。』於是傳送寧州，於道殺之。」

《南史》卷 3《宋本紀第三》載宋明帝太始四年（468）秋九月戊辰，「詔定黥刖之制。有司奏：『自今凡劫竊執官仗、拒戰邏司、攻剽亭寺及傷害吏人，並監司將吏自為劫，皆不限人數，悉依舊制斬刑。若遇赦，黥及兩頰『劫』字，斷去兩腳筋，徙付交、梁、寧州。」

《宋書》卷 87《蕭惠開傳》：「（蕭惠開）改督益寧二州刺史，持節、將軍如故。惠開素有大志，至蜀，欲廣樹經略，善於述事，對賓察及士人說收牂柯、越嶲以為內地，綏討蠻、濮，闢地徵租；聞其言者，以為大功可立。」

〔註 2〕《梁書》卷 46《徐文盛傳》。

根據上述資料，劉宋王朝對寧州進行有效統治，這不僅爲徐循平定寧州叛亂的記載所證實，也在上述關於劉宋時期的寧州資料中得到反映。劉宋時期寧州向劉宋王朝獻琥珀、獻人（如黃門慶國），劉宋中央政權把寧州作爲發配罪犯的地區之一，說明劉宋在寧州具有政治影響力和支配權。不過，蕭惠開一身兼任益州、寧州二刺史，且「對賓寮及士人說收牂柯、越巂以爲內地」，這說明劉宋對寧州的統治是有限度的，寧州刺史對牂柯、越巂等地並不能很好地行使職權。益州、寧州爲大州，益、梁北部與北朝鄰近，具有重要、敏感的軍事戰略地位，蕭惠開卻能一身兼益州、寧州刺史，說明寧州事務並不多，兼領即可，這從一個側面反映了劉宋對寧州的控制力有不逮。

正史所見南齊統治時期與寧州相關的材料有：

> 《南齊書》卷 2《高帝紀下》：「建元元年（479）五月，丙辰，詔遣大使分行四方，遣兼散騎常侍十二人巡行。以交寧道遠，不遣使。」

> 《南齊書》卷 15《州郡志下》：「寧州，鎮建寧郡，本益州南中，諸葛亮所謂不毛之地也。道遠土瘠，蠻夷眾多，齊民甚少。諸爨、氐強族，恃遠擅命，故數有土反之虞。」

由上可知，南齊對寧州的統治極爲薄弱，與劉宋相比呈嚴重下滑之勢。南齊在改朝換代、新帝登基後，遣使者「分行四方」，是新王朝建立後的常規動作，目的是將改朝換代的信息以權威方式告知全國各地官吏和民眾。因此，以「交寧道遠」爲理由不向交州、寧州遣使，理由十分牽強，不遣使的眞正原因可能是「諸爨、氐強族，恃遠擅命，故數有土反之虞」，使新王朝的統治者有所顧忌。以此觀之，南齊雖然任命了寧州刺史，但能否到任並行使行政職責值得懷疑。

正史所見蕭梁及其以後關於寧州的記載有：

> 「出爲益州刺史，開通劍道，克復華陽，增邑一千戶，加鼓吹。」
> 〔註3〕

> 「紀在蜀，開建寧、越巂，貢獻方物，十倍前人。」「在蜀十七年，南開寧州、越巂，西通資陵、吐谷渾。內修耕桑鹽鐵之功，外通商賈遠方之利，故能殖其財用，器甲殷積。」〔註4〕

〔註 3〕《梁書》卷 22《鄱陽王蕭恢傳附蕭範傳》。
〔註 4〕《南史》卷 53《梁武諸子‧武陵王紀》。

「梁武帝除暴寧亂，奄有舊吳，……其後務恢境宇，頻事經略，開拓閩、越，克復淮浦，平俚洞，破牂柯，又以舊州遐闊，多有析置。」〔註5〕

「至偽梁南寧州刺史徐文盛，被湘東征赴荊州，屬東夏尚阻，未遑遠略。土民爨瓚遂竊據一方，國家遙授刺史。其子震，相承至今。而震臣禮多虧，貢賦不入，每年奉獻，不過數十匹馬。」〔註6〕

由上可知，梁武帝在位時期，梁朝國力強盛，梁武帝本人雄心勃勃，故「平俚洞，破牂柯」，部分恢復了對寧州的統治。梁武帝經略寧州的具體措施，一是以宗室子弟蕭範爲益州刺史，「開通劍道，克服華陽」，二是以皇子蕭紀爲益州刺史。蕭紀善於經略，不但在益州鼓勵耕植，扶持商貿，數年後財富殷積，而且開通建寧、越巂諸郡。徐文盛就是在這種背景下順利赴任寧州刺史且取得相應成就的。徐文盛能夠在寧州樹立「威德」，使蠻夷感動悅服，除了他本人「推心撫慰」、政策得當之外，梁朝前期的總體國力、梁武帝的經略部署以及蕭紀在益州任上的積極經略不可忽視。但是蕭梁在寧州的良好經略進程被「侯景之亂」打斷。「侯景之亂」使蕭梁王朝的統治陷於崩潰，對寧州的經略深受影響。寧州刺史徐文盛率眾東赴國難，使得寧州統治空虛，爨氏勢力東山再起，稱雄於南中；益州刺史蕭紀借赴國難之名參與角逐帝位被擊敗，身敗名裂，在益州的多年經營付之一炬。承聖二年（553），西魏遣大將尉遲迥率兵南下，奪取益州。〔註7〕此後西魏、北周遙受爨瓚爲南寧州刺史，名義上統治寧州，自此南朝失去對寧州的控制。

根據以上正史所見記載，可知南朝對寧州的統治粗略情況，劉宋時期對寧州正常實行統治，但權威已受到嚴重削弱；南齊時期完全失去對寧州的控制；蕭梁時期一度恢復對寧州部分地區的統治，但在「侯景之亂」以後遭到徹底破壞，最終對寧州完全失去控制，寧州在名義上轉隸於西魏、北周和隋。但是寧州地方政治勢力對北方政權只是敷衍了事，「每年奉獻，不過數十匹馬」，所謂藩臣之禮徒有虛名。寧州實際上完全在本土大姓爨氏控制之下。

〔註5〕《隋書》卷29《地理志上》。
〔註6〕《隋書》卷37《梁睿傳》。
〔註7〕參見《梁書》卷5《元帝紀》。

二、碑刻所見南朝對寧州的羈縻統治

根據正史資料，南朝對寧州的總體控制力度較之前代大爲削弱，乃至在梁朝末年對寧州完全失去控制，但是南朝的寧州刺史仍然由南朝中央朝廷任命，且流動有序，以爨氏爲首的地方勢力的反叛，但叛亂既然旋即平定。但是，碑刻材料《爨龍顏碑》所提供的內容，與正史既有相互印證、吻合之處，又略有差異。

《爨龍顏碑》碑銘全稱爲《宋故龍驤將軍護鎮蠻校尉寧州刺史邛都縣侯爨使君之碑》。據考證，最早記敘此碑內容的是元代大德年間（1297～1306）李京《雲南志略》，此後記敘此碑之書甚眾，清代嚴可均《全宋文》、袁文揆《滇南文略》及眾多金石錄如王言《金石萃編補略》、陸增祥《八瓊室金石補正》等均有著錄。〔註 8〕該碑正文近千字，敘述爨氏姓氏源流、先祖事蹟、爨龍顏父祖官職及龍顏本人的仕途經歷，落款有龍顏之後代子孫共十二人，碑陰列龍顏生前僚佐姓名共四十八人。《爨龍顏碑》爲研究晉、宋時期寧州政治、文化與社會狀況的珍貴資料，可印證或彌補正史之相關內容，故歷來爲治史者所重視。根據該碑文的敘述，龍顏之祖父、父親（或者是祖輩、父輩）與龍顏本人均爲建寧、晉寧二郡太守、寧州刺史（碑文言其父或父輩之刺史名號爲身後所追認）、鎮蠻校尉。那麼由此可知，爨氏實際統治寧州已有三世。從碑陰僚佐題名來看，爨龍顏權力機構中的重要職務如長史、司馬、主簿、別駕等職務，均爲爨氏家族成員把持。結合正史的相關記載，可知南朝對寧州地區的管轄力度確實有所減弱，大姓爨氏在寧州的實際統治權威不容置疑。上引《南齊書》所言「諸爨、氏強族，恃遠擅命」不爲虛言。

但是此碑與正史的記載也有不少矛盾。按照正史的記載，宋、齊、梁三朝前後連貫地任命寧州刺史，且此職人員基本上流動有序。但是在有姓名可考的十五位朝廷所任命的寧州刺史中，卻不見爨龍顏之名，也不見其他爨氏成員。這難道是史官的疏漏？顯然不是。因爲根據《爨龍顏碑》所敘，爨氏至爨龍顏已三代爲建寧、晉寧二郡太守、寧州刺史、鎮蠻校尉，可是正史明確記載這個時期晉、宋兩朝分別任命了其他人爲太守、刺史。即以爨龍顏爲例，碑文明確說他在壬申年即元嘉九年（432）因「肅清邊嶠」有功而由試守

〔註 8〕參見平建友：《南碑瑰寶——大小爨碑研究》，雲南大學出版社 1992 年版，第35～36 頁。

建寧太守榮升爲龍驤將軍、護鎮蠻校尉、寧州刺史、邛都縣侯，並擔任此職一直到丙戌年去世之時即元嘉二十三年（446）年爲止，共十四年。然而正史明確記載這個時期劉宋派遣徐循爲寧州刺史。徐循於元嘉十五年（438）年上任，元嘉十八年（441）鎮壓晉寧太守爨松子的反叛。可見徐循是抵達任所併有效行使職權的。針對爨氏爲寧州刺史不見於正史記載，學術界有有兩種解釋，一種認爲爨氏官職是自封的，「合理但不合法」，沒有得到朝廷的認可，故史官不錄。〔註9〕另一種認爲爨氏官職「合理合法」，得到了朝廷的承認，但畢竟源於自封，故史官不錄。〔註10〕可見學術界在爨氏官職源於自封這個認識上是基本一致的。方國瑜先生也認爲東晉南朝爨氏官職是「自相承襲」的。〔註11〕但是爨氏官職到底有沒有得到朝廷認可即是否「合法」，學術界存在較大爭議。筆者認爲爨氏官職源於自封，沒有得到南朝政權的承認。如果東晉南朝認可爨氏自封官職的合法地位，則斷無另外任命流官爲寧州刺史的可能。朝廷不可能在同一時期認可兩個刺史。爨氏之官職是否得到朝廷之承認，看起來似乎無關緊要，因爲僅就正史的材料就可以得知爨氏稱雄於寧州，行使實際統治權力。但是南朝政權是否認可爨氏的官職，直接反映南朝的統治權威在寧州到底被削弱到了什麼程度。根據爨龍顏父祖三代稱雄於寧州、自相置署、朝廷儘管不予承認卻無可奈何等情況來看，劉宋王朝在寧州的統治權威已受到爨氏的嚴重削弱，至南齊則蕩然無存，蕭梁時期雖然略有起色，但好景不長，隨著梁朝的亂亡而消失殆盡。

　　南朝在寧州的統治雖然受到嚴重削弱，乃至梁朝末年以後喪失對寧州的控制，但南朝始終沒有放棄對寧州的統治名分，始終堅持任命寧州刺史，宣示對寧州的統治權。這種做法保留了南朝政權對寧州的法理統治權，有利於南朝根據形勢變化調整經略策略，在形勢有利的情況下加強對寧州的統治。爨氏雖然累世自襲寧州地方要職，但沒有打出稱王割據的旗號，而是始終奉東晉、南朝（侯景之亂以後則改爲北朝）爲正朔。爨氏的官職儘管並沒有得到朝廷的認可，但並不妨礙他們用朝廷的名義統治地方。所以爨氏並不是分

〔註9〕平建友：《南碑瑰寶——大小爨碑研究》，第180頁。

〔註10〕參見任寧雲：《爨氏任官沒有世襲——兼論與此相關的幾個問題》，范建華主編：《爨文化論》，雲南大學出版社1991年版，第217頁。

〔註11〕方國瑜：《中國西南歷史地理考釋》（上），中華書局1987年版，第245頁。

裂勢力，而寧州也仍然在南朝、北朝和隋的版圖之內。正如方國瑜先生所言：「爨氏稱霸以後，自相承襲，而南朝雖未能切實統治其地，仍不斷任命寧州刺史，……至北周始遙受爨氏爲刺史。從此以後至唐天寶初年之爨守隅，王朝任命爨氏爲刺史、爲都督，亦凡二百年。此政權形式前後不同，蓋南朝沿襲西漢以來之邊郡制度，而北周、隋唐則邊州稱爲羈縻州，其官職有不同。此種改變，僅其政權形式，而國家主權則無差別。」〔註12〕

　　綜上所述，正史資料與碑刻資料均反映了南朝對寧州統治十分薄弱的狀況，但對於統治薄弱的具體程度，二者的反映有一定差別。正史沒有言明爨氏稱雄於寧州、自相置署地方官府的實際情形，而碑文則虛張聲勢，自表「忠誠於帝室」且「遠感天朝」，扮演受命於南朝政權的形象。綜合正史與碑刻兩方面的資料可知，南朝對寧州實際政治權威嚴重下滑，但是在思想、觀念、文化等諸多方面對寧州仍有深遠影響，正是後者使得南朝在政治、軍事控制十分薄弱的情況下，仍能將寧州留在疆域之內，對南朝的邊疆經略發揮出積極的作用。

　　總之，南朝諸政權對寧州實行羈縻統治，對爨氏自封的官職雖不予以承認，但也沒有與爨氏公開決裂，宣佈其爲「篡逆」，而是採取曖昧和觀望的態度，一方面照舊派遣刺史及部分郡太守（劉宋時期有建寧太守苻仲子、柳和，二人後來均遷轉爲寧州刺史，見上表），另一方面所遣刺史、郡守大多「遙受」而不赴任，僅停駐在寧州的周邊地區。從益州刺史多兼任督益、寧軍事的情況來看，南朝被任命的寧州刺史可能大多駐於益州。寧州刺史停駐於周邊地區，有利於製造輿論氛圍，對爨氏形成牽制、要挾之勢，從而維繫南朝對寧州的政治影響力。在始終面臨巨大外部壓力和內部壓力的情況下，南朝對寧州採取羈縻之策和保守觀望態度，是當時南北對峙大局及南朝統治者保守偏安心態決定的。

第二節　南朝在嶺南的征討與鎮撫〔註13〕

　　三國兩晉以來，嶺南在政治、經濟等領域的重要性不斷提升，開發程度逐步提高，但是在統治者的心目中，嶺南仍舊是邊遠地區荒蠻煙瘴之地，是

〔註12〕方國瑜：《中國西南歷史地理考釋》（上），第249頁。
〔註13〕本節已作爲階段性成果發表，參見拙文《南朝嶺南民族政策新探》，《民族研究》2004年第5期。

朝廷發配罪犯、貶謫官吏以及寒門小戶以身家性命爲代價換取財富的地域。南朝以後,這種發生了轉變,嶺南在政治、經濟等方面的地位日益爲統治者所認識和重視。在南北緊張對峙、政權內部長期存在上、下游之爭即荊、揚之爭、西南邊疆又動盪不穩的情況下,嶺南的地理、政治優勢更加明顯。嶺南與內地之間有五嶺爲天然屏障,內地的動亂不容易波及到嶺南,嶺南由此成爲動盪局勢中一塊難得相對安穩的「淨土」。嶺南地區的諸多少數民族如俚、僚、蠻等各族雖然實力有所發展,但總體看,各部族、民族之間缺乏有機的整合,各自爲政,力量分散,社會發展處於從原始部落向階級社會過渡的早期階段,還沒有形成強大實力,對南朝在嶺南的統治尚未根本性威脅。上述諸多因素爲南朝成功鎮撫以及開發嶺南創造了良好的環境。

孫吳和兩晉時期,嶺南一直分設廣州、交州兩大行政區域。劉宋太始七年（471）,在廣州西南部增設越州。〔註 14〕南朝經略嶺南主要採取兩方面的措施:一是對嶺南地區少數民族實行以武力征討和鎮壓爲主的政策,加強對嶺南政治、軍事統治;二是籠絡支持南朝中央政權的勢力,遏制分離勢力,鎮壓叛亂勢力,抵禦林邑侵擾,維護邊疆穩定與疆土完整。

一、南朝對嶺南少數民族的征討、鎮壓與羈縻綏撫政策

南朝嶺南主要爲俚、僚、蠻等少數民族聚居地,史書中有大量他們在嶺南活動的記載。史曰:「廣州諸山並俚、僚,種類繁熾。」〔註 15〕又曰:「廣州,鎮南海。濱際海隅,委輸交部,雖民戶不多,而俚僚猥雜,皆樓居山險,不肯賓服。」「越州,鎮臨漳郡,本合浦北界也。夷獠叢居,隱伏岩障,寇盜不賓,略無編戶。」〔註 16〕蠻人在廣州北境也有少量分佈。史書記隸屬廣州的始興郡直到梁朝仍然「邊帶蠻俚,尤多盜賊」。〔註 17〕俚、僚、蠻等少數民族在族系、族源、文化特徵、分佈範圍等方面既有相同又有不同。〔註 18〕不過,南朝統治者對他們並不嚴加區分,往往俚、僚並稱,夷、蠻混用,或者籠統稱之爲「山洞」、「山賊」、「部民」、「夷獠」、「百越」等等。

〔註 14〕 《宋書》卷 8《明帝紀》。
〔註 15〕 《宋書》卷 97《南夷傳》。
〔註 16〕 《南齊書》卷 14《州郡志》。附注:「獠」是古代封建文人對嶺南部分少數民族的歧視性稱呼,含有類同禽獸之意,今統稱爲「僚」。
〔註 17〕 《梁書》卷 13《范雲傳》。
〔註 18〕 參見白翠琴:《魏晉南北朝民族史》,第 431～444 頁。

　　南朝對嶺南少數民族的政策有溫和、寬鬆的一面，一定程度上實行了羈縻綏撫政策。首先，南朝沿襲歷代中原王朝對待邊疆民族首領的政策，對嶺南少數民族酋豪實行羈縻籠絡政策，授予官爵名號。不過籠絡對象所獲得的官品一般較低，大多為縣級以下官吏，其職權和影響局限於本部族所在鄉、裏等基層組織。史曰：「時南州守宰多鄉里酋豪。」〔註 19〕南朝一百多年間，被敕封為郡守級以上的嶺南酋豪可考者僅有三姓六人，他們是：劉宋前期的陳檀（他被拜為龍驤將軍、高興太守）〔註20〕，梁陳時期出於高涼冼氏的冼挺和冼夫人及其子馮僕（冼挺在梁代被命為南梁州刺史，冼夫人在陳代被封中郎將、石龍太夫人，馮僕為陽春太守、石龍太守）〔註21〕，以及出於欽州甯氏的甯逵、甯猛力父子（甯逵在梁武帝時為南定州刺史、陳宣帝時甯逵父子相繼為安州刺史）。〔註 22〕其次，南朝在嶺南根據因地制宜、因俗而治的原則，對少數民族採取靈活的徵收稅賦的措施。史曰：「諸蠻陬俚洞，沾沐王化者，各隨輕重，收其賧物，以裨國用。又嶺外酋帥，因生口翡翠明珠犀象之饒，雄於鄉曲者，朝廷多因而署之，以收其利。歷宋、齊、梁、陳，皆因而不改。其軍國所須雜物，隨土所出，臨時折課市取，乃無恒法定令。」〔註23〕不過，這種表明寬鬆的賦稅政策，實際上使嶺南少數民族賦稅負擔很重。例如梁朝末年，高州刺史李遷仕阻撓陳霸先領兵北上，冼夫人欲窺李遷仕實情，「將千餘人，步擔雜物，唱言輸賧，得至柵下。」〔註24〕冼夫人率千人輸賧卻沒有引起李遷仕的懷疑，可見這樣龐大的輸賧隊伍和數額巨大的賧物乃是輸賧常規。更兼嶺南各級官吏巧取豪奪，貪婪成性，在任期間拼命收刮錢財，使嶺南少數民族深受其害。再次，南朝在嶺南少數民聚居地區設置左郡左縣，採取不同於普通郡縣的統治方式，這是實行羈縻綏撫政策另一個重要表現。不過左郡左縣在整個嶺南行政體制中，始終處於次要的、補充的地位，其數量、規模和影響都是十分有限的。例如，根據有關學者的統計，南齊嶺南有郡五十五，縣三百二十。〔註25〕但是其中左郡僅為八個，左縣二十三個。〔註26〕因此，我們不能過高估計這項措施的實際作用。

〔註 19〕　《陳書》卷 20《華皎傳》。
〔註 20〕　參見《宋書》卷 97《蠻夷傳》。
〔註 21〕　參見《隋書》卷 80《譙國夫人傳》。
〔註 22〕　參見《隋書》卷 56《令狐熙傳》、卷 68《何稠傳》。
〔註 23〕　《隋書》卷 24《食貨志》。
〔註 24〕　《隋書》卷 80《譙國夫人傳》。
〔註 25〕　參見胡阿祥：《六朝政區增置濫置述論》，《中國歷史地理論叢》1993 年第 3 期。
〔註 26〕　參見白翠琴：《魏晉南北朝民族史》，第 448 頁。

　　總之，南朝對嶺南少數民族實行了有限度的羈縻綏撫政策，但是這在南朝對嶺南少數民政策體制中，僅居於次要位置，佔據主要位置的是武力征討與鎮壓。南朝對嶺南少數民族的征討，突出特點是嶺南地方官吏自行決策、組織征討活動，具有很大隨意性。從史書記載的情況看，大規模的、由朝廷決策組織的征討嶺南少數民族的戰爭在南朝僅占少數。劉宋大明年間劉勔伐陳檀之舉是經朝廷決策的征討活動之一。〔註27〕蕭梁時期蘭欽對「長樂諸洞」及「西江俚帥陳文徹兄弟」〔註28〕的征討，也是受命於朝廷。另外，韋粲討伐「湘衡之界五十餘洞」〔註29〕的不賓之民以及裴之平討伐「相聚寇抄」的「衡州部民」的戰役，〔註30〕是受敕令或詔書而爲之。大部分征討嶺南少數民族的軍事行動，都是嶺南地方官吏自行發動的。南朝嶺南地方官吏，上至州刺史，下至郡太守（或內史）和諸督護等嶺南各級地方官吏，均積極策劃和參與征討當地少數民族的活動，有的刺史和太守甚至親自率兵參戰。史載，劉宋廣州刺史羊希「以沛郡劉思道行晉康太守，領軍伐俚」，就在同一時間前後，「龍驤將軍陳伯紹」也受羊希之命「率軍伐俚」。〔註31〕陳朝沈恪出兵伐俚乃是受命於廣州刺史蕭映。史曰：「梁新渝侯蕭映……遷廣州，以恪兼府中兵參軍，常領兵討伐俚洞。」〔註32〕陳朝廣州刺史馬靖「每年深入俚洞，又數有戰功，朝野頗生異議。」〔註33〕這是南朝廣州刺史策劃指揮乃至親自上陣伐俚的例證。越州刺史也十分熱衷於伐俚。史曰：「元徽二年，以伯紹爲刺史，始立州鎮，穿山爲城門，威服俚獠。刺史常事戎馬，唯以戰伐爲務。」〔註34〕另外還有郡內史決策組織的征討少數民族活動。例如史載，「梁始興內史蕭介之郡，度從之，將領士卒，征諸山洞，以驍勇聞。」〔註35〕南朝的郡內史與太守地位相當。由此可見，南朝在嶺南的各個層次的地方官，如廣州刺史、越州刺史、始興內史等都捲入討伐俚、僚等少數民族的活動中。

〔註27〕陳檀身份參見《宋書》卷97《夷蠻傳》。
〔註28〕《梁書》卷32《蘭欽傳》。
〔註29〕《陳書》卷9《歐陽頠傳》。
〔註30〕《陳書》卷25《裴忌傳》。
〔註31〕《宋書》卷54《羊玄保傳附羊希傳》。
〔註32〕《陳書》卷12《沈恪傳》。
〔註33〕《陳書》卷21《蕭允傳附蕭引傳》。
〔註34〕《南齊書》卷12《州郡志》「越州」條。
〔註35〕《陳書》卷12《徐度傳》。

綜合各種史料，南朝對嶺南少數民族的武力征討，具有如下特點：（一）長期性。從時間上看，從劉宋初期到陳朝後期均有軍事征討，其中地方政府的征討活動幾乎貫穿南朝始終。尤其值得注意的是，越州刺史、西江督護和南江督護幾乎是專門爲討伐和鎮壓俚、僚等族而設置的固定官職，討伐俚、僚等族是他們長期的、主要的公務活動，討伐活動與這些官職的存在相始終。（二）地方性。軍事征討的主流表現爲嶺南各級地方長官組織的地方性討伐活動，地方政府很大意義上淪爲討伐機構。中央決策領導的大規模討伐戰爭雖然也占一定比例，但處於次要地位。（三）高頻率。由於地方長官對人口和財富的貪婪追求，討伐的頻率非常之高。最典型的事例是廣州刺史羊希，竟然在同一時間前後就派出劉思道、陳伯紹率領的兩支伐俚隊伍。（四）分散性。各地官吏通常在自己的轄區內討伐俚、僚等族，相互之間既不連兵作戰，也無消息互通，他們長期地、高頻率地分散出兵，雖每次出兵規模有限，但積累的征討規模總量驚人。其中特別值得注意的是軍事討伐的長期性和地方性，它們形成了征討政策的基本特徵。需要特別說明的是，我們所指的地方性，就總體來講是針對征討活動組織者的官職屬性而言。嶺南地方官員的征討活動，雖然不是朝廷所組織策劃，卻是得到朝廷認可和支持的，歷史上沒有任何一位嶺南官員因爲征討當地少數民族而受到朝廷懲罰。所以嶺南地方官員的征討，是南朝中央政權的民族政策的一部分。

不僅如此，南朝政權設置了系列行政機構和軍事機構，加強對嶺南少數民族的威懾與鎮壓，這是南朝經略嶺南的另一項重要措施。越州、高州、新州以及西江督護、南江督護、東江督護的設置，都是以武力震懾嶺俚、僚反抗、維護南朝統治爲目的。史書明載越州設置的目的是「威服俚僚」。〔註36〕關於高州的設置，史載蕭勱「以南江危險，宜立重鎮，乃表臺於高涼郡立州。敕仍以爲高州」，〔註37〕目的完全是爲了防禦、震懾南江俚民。梁代杜僧明「頻征俚僚有功，爲新州助防」〔註38〕之語間接反映出新州的設置目的也是「防」，即武力震懾。新州地處西江干流下游地區，乃俚民聚居活動之地，所「防」之民，應是針對該地的俚民。

〔註36〕 《南齊書》卷 14《州郡志》越州條。
〔註37〕 《南史》卷 51《梁宗室上・吳平侯景傳附子勱傳》。
〔註38〕 《陳書》卷 8《杜僧明傳》。

　　由此可見，南朝對嶺南少數民族實行以軍事征討和鎮壓爲主的政策。由於深受儒家「德政」思想浸染，中原王朝民族政策總體上秉承儒家精神，以羈縻懷柔爲主，愼用武力。南朝統治者在根本統治並未受到威脅的情況下，以討伐嶺南少數民族爲長期政策，這在中國歷史上比較少見。南朝統治者將虜獲人口與物資視爲戰利品和國家重要經濟來源。蕭勱將俚人「生口」和戰利品送交國庫後，梁武帝欣慰感歎曰：「朝廷便是更有廣州。」〔註39〕歐陽頠爲陳朝廣州刺史時期，「又多致銅鼓、生口，獻奉珍異，前後委積，頗有助於軍國焉。」〔註40〕從皇帝到臣僚，都把對嶺南少數民族的征討與國家財政收入緊密聯繫起來，對於用這種方式來塡補國家財政收入心安理得，顯示了南朝在嶺南經略中的掠奪性、野蠻性。

　　通過上述考察我們發現，南朝對嶺南少數民族採取了敕封酋豪、靈活徵收賦稅及設置左郡左縣等羈縻綏撫措施，其積極意義是不容否認的。但是，從實施的範圍和影響來看，其作用和地位又是十分有限的。南朝對嶺南少數民族的政策總體上以征討和鎮壓爲主，以羈縻綏撫爲輔，武力色彩十分強烈。造成這種狀況有多種原因。南北對峙情況下，南朝諸政權面臨土宇日蹙、財政緊張、兵源缺乏等困難，必須加大對邊疆地區的掠奪才能勉強維持統治。嶺南少數民族總體實力弱小，在與南朝統治者較量時處於極端弱勢，使得南朝統治者無須過多忌憚。而更重要的原因，是南朝寒人的興起以及南朝派往嶺南的官吏多爲寒人。

　　在魏晉南北朝時期，寒人作爲與士族相對的概念而出現。南朝社會結構大致可分爲士族和寒人兩大階層，在士族內部，則又有高門士族和次門士族之分。唐長孺先生指出，「門閥貴族被稱爲士族，此外便都是寒人或庶族。因而士庶之別一方面是階級區分的等級形式，所有一切被壓迫階級都是庶族、寒人，另一方面又是統治階級內部上下層的等級區分，不管是原有的地方豪強，新興的各樣地主在他們沒有取得士族稱號以前也只能是庶族、寒人。」〔註41〕

　　寒人在南朝的悄然興起，早已成爲史學界的共識。唐長孺、陳長琦等人

〔註39〕　《南史》卷51《梁宗室傳上·吳平侯景傳附子勱傳》。
〔註40〕　《陳書》卷9《歐陽頠傳》。
〔註41〕　唐長孺：《南朝寒人的興起》，《魏晉南北朝史論叢續編》，生活、讀書、新知三聯書店，1959年版，第93頁。

對此都有精當的論述。〔註 42〕近年來對寒人興起現象的研究還在不斷深入，越來越多的學者注意到，寒人的家世背景對寒人總體綜合素質產生了深刻的影響，除少數人外，大多數寒人綜合素質偏低，而且各項素質嚴重失衡，他們或者善於機謀，或者擅長武略，但普遍欠缺政治文化修養，心理狀態有一定程度的扭曲。〔註 43〕這對南朝政治產生了深遠的影響。另外，寒人的出仕途徑也引起了學者們的關注。陳長琦指出，「在寒人對政治發生重要影響，走入政治中心的諸多途徑中，除上述（文吏）之外，尚有一條最重要的途徑，那就是以行伍出身，軍人入仕」，「在世族高門掌握政權，官界布滿世族，寒門被擠到角落的時候，以軍人入仕，是寒門最寬廣的仕途。」〔註 44〕因此，南朝政壇中逐漸形成所謂的「寒人武夫集團」。〔註 45〕值得注意的是，嶺南各級地方官吏中，有一大批人出身於寒人，且多從軍人入仕，使得「寒人武夫集團」在政治文化修養、心理素質等方面的弱點在嶺南得到聚積、強化和擴散，從而使南朝嶺南民族政策呈現以徵為主、以撫為輔的格局。

　　嶺南地處邊疆，又有「煙瘴」之害，一般人皆視赴嶺南為畏途，高門士族更是不屑一顧，所以南朝的嶺南地方官吏中湧現大批寒人。我們對《宋書》、《齊書》、《梁書》、《陳書》、《南史》等史籍中有姓名可考的廣州、越州、交州、衡州四州刺史的出身作了粗略統計，發現士族在嶺南地方高級官吏中僅占 17%。按最保守的估計，即使把特殊身份及出身不明者全部假設為士族，士族比例也就是百分之30.4%，還不到總數的三分之一。而寒人卻佔據了69.6%的比例，是絕大多數。嶺南地方官吏中的最高層級官吏的情況尚且如此，中、下層官吏中的寒人比例應當更高。

〔註42〕 參見唐長孺：《南朝寒人的興起》，《魏晉南北朝史論叢續編》，生活、讀書、新知三聯書店，1959 年版；陳長琦：《兩晉南朝政治史稿》，河南大學出版社，1992 年版。

〔註43〕 參見夏毅輝：《未及整合的政治群體——南朝寒門、寒人入政心態剖析》，《許昌學院學報》，2003 年第 1 期；袁濟喜：《論六朝文學精神的演化》，《中國人民大學學報》2001 年第 1 期；李瓊英：《劉宋時期宗室內亂原因之我見》，《許昌師專學報》2001 年第 1 期。

〔註44〕 陳長琦著：《兩晉南朝政治史稿》，第 243 頁。

〔註45〕 夏毅輝：《未及整合的政治群體——南朝寒門、寒人入政心態剖析》，《許昌學院學報》，2003 年第 1 期。

南朝廣、越、衡、交四州刺史出身統計表〔註46〕

官職	總人數	士族出身者姓名及所佔比例	寒人出身者姓名及所佔比例	特殊身份及出身不明者姓名
廣州刺史	52人	王琨，王鎮之，王詡，王思遠，張茂度，劉湛，羊希，羊南，陸徽，王翼之，樂藹，范雲，沈恪，沈君高，共14人，占26.9%	徐豁，袁曇遠，孔默之，陶愍祖，柳惲，劉道錫，劉悛，鄧元起，胡元進，沈徽孚，張辯，張辨，蕭元簡，劉敕，江恒，韋郎，程道惠，沈景德，何恢，蘭欽，蕭季敞，陳顯達，王琳，蕭勃，歐陽頠，劉謙之，蕭惠休，蕭譽，蕭勱，陳叔堅，蕭勉，蕭映，馬靖，周盤龍，共34人，占65.4%	特殊身份者：元景仲、元景隆（北朝降將）身份不明者：劉繪。顏翻 共4人
越州刺史	8人	無	陳伯紹，孫曇瓘，胡羨生，費延宗，駱文牙，陳僧，共6人，占75%	出身不明者：沈陵，陳侯，共2人
衡州刺史	14人	王沖，占7%	魯斐，元慶和，韋粲，蕭昌，蕭勱，歐陽頠，歐陽紇，歐陽邃，周迪，錢道戢，共10人，占71%	出身不明者：王懷明，譚世遠 特殊身份者：元景隆共3人
交州刺史	38人	沈恪，王徽之，沈煥，劉敳，共4人，占10.5%	李凱，李叟，蕭諮，陳霸先，歐陽盛，李幼榮，杜慧度，李秀之，李耽之，苟道覆，徐森之，檀和之，檀翼之，蕭景憲，費淹，垣閎，垣閬，申希祖，趙超民，孫奉伯，臧靈智，阮彌之，房法乘，伏登之，吳喜，袁曇緩，杜弘文，李叔獻，共28人，占73.7%	出身不明者：楊薔，王弁，沈景德，張牧，劉勃，劉楷共6人
四州刺史總體情況	111人	共計19人，占17%	共計78人，占69.6%	共計 15 人，占13.4%

〔註46〕 說明：（一）本表確認士庶出身的標準有姓氏、地望、婚媾、交遊、起家官的官品、傳記所敘早年經歷、當時人的認可評價等綜合因素。（二）梁陳開國君主均起自寒人，且梁陳享祚短促，寒人身世於梁陳宗室成員時隔不遠，梁陳宗室成員雖在當時政治和法律意義上已上升到士族，但其政治文化修養、心理素質則與寒人接近，故將其列爲寒人出身。（三）有的人擔任過上述四州的兩州以上刺史職務，考慮到並非同時任職，爲全面反映當時官僚情況，故重複計算。

在出身寒人的上述嶺南四州刺史中，有一大批官吏具有鮮明的武人特徵，如袁曇遠，柳悍，劉道錫，鄧元起，胡元進，沈景德，蘭欽，蕭季敞，陳顯達，王琳，蕭勃，歐陽頠，劉謙之，蕭勷，蕭映，馬靖，周盤龍，陳伯紹，孫曇瓘，胡羨生，費延宗，駱文牙，陳僧，魯斐，韋粲，蕭勉，歐陽紇，歐陽邃，歐陽盛，周迪，錢道戢，李凱，陳霸先，檀和之，蕭景憲，垣閬，垣閎，阮彌之，伏登之，共 39 人。〔註47〕武人在上述嶺南四州寒人出身刺史總數中剛好佔據半數。而實際上，由於南朝地方政府往往具有軍政合一的特點，刺史既是行政長官，又是軍事統帥，大部分爲持節都督，故嶺南最高層地方官吏，絕大部分都有武人特徵，只是程度略有差異而已。故嶺南最高層地方官吏中寒人兼武人出身者，實際上應該遠遠超過上面的統計結果。在中、下級地方官吏中更是如此。

綜上所述，把嶺南各級地方官吏群體總體上概括爲「寒人武夫集團」，應該是比較恰當的，把南朝嶺南政治概括爲「寒人武夫政治」，也是接近歷史眞相的。南朝對嶺南各民族征討活動的長期性、地方性、高頻率、分散性等特點，可以說就是「寒人武夫政治」的高度體現，充分展現了「寒人武夫集團」政治上的粗暴、野蠻和幼稚。

二、南朝在嶺南遏制分裂、維護邊疆穩定的政策

南朝是嶺南獲得較大開發的時期，也是嶺南政治、經濟地位上升以及境內各股政治勢力取得較大發展的時期。其中突出的表現的是嶺南地方勢力的壯大。嶺南地方勢力的形成由來已久，但在南朝以前沒有得到充分發育。東漢末、孫吳初士燮家族勢力一度控制嶺南，後被孫吳所鎮壓。兩晉時期不見有嶺南地方勢力的顯著活動，嶺南政局亦因此而顯得較爲穩定。隨著嶺南開發的深入發展，南朝地方勢力亦隨之而壯大，其中交趾李氏、高涼冼氏、欽州甯氏、歐陽頠家族較爲知名。

南朝政權對嶺南地方勢力的分裂、反叛活動實行武力鎮壓。南朝統治期間，版圖南端的交州發生多次土著勢力反叛事件，反映了這一時期中央王朝在交州面臨的統治危機。其中影響較大的有李長仁、李叔獻兄弟之亂和李賁之亂。

劉宋太始四年（468），交州刺史張牧卒於任上，交趾土著李長仁據交州

〔註47〕判斷上述人員的武人出身的資料來源同上表。

叛亂，攻陷廣州，在嶺南引起政局動盪。劉宋派軍鎮壓失利。史曰：「交州人李長仁據州叛。妖賊攻廣州，殺刺史羊希，龍驤將軍陳伯紹討平之。」〔註48〕而事實上，李長仁勢力只是被劉宋將領陳伯紹趕出廣州，回到交州，並沒有徹底平定叛亂。數年後李長仁病逝，交州實權轉入從弟李叔獻之手。李叔獻「號令未行，遣使求刺史。」劉宋被迫默認李叔獻在交州的統治，以南海太守沈煥爲交州刺史，以李叔獻爲煥寧遠司馬、武平新昌二郡太守。李叔獻得到劉宋任命的官職後，「人情服從，遂發兵守險不納煥，煥停鬱林病卒。」建元元年（479），宋、齊禪代，蕭道成爲穩定政局，暫時默認李叔獻在交州的權力與地位，任命其爲交州刺史。李叔獻受命後，「既而斷割外國，貢獻寡少。」南齊統治者對此非常不滿。永明三年（485），南齊決定發兵結束交州的事實割據狀態，「以司農劉楷爲交州刺史，發南康、廬陵、始興郡兵征交州。」李叔獻被迫主動放棄交州，「間道自湘川還朝。」〔註49〕李氏實際割據交州的狀況得以結束。李長仁兄弟的所作所爲表明他們屬於地方分裂勢力。由於分裂行爲難以得到交州民眾的普遍認可，因此需要獲得南朝中央王朝的「朝命」來遮掩，只有得到「朝命」才能「人情服從」。李叔獻最終狼狽歸命朝廷，正是由於他後來公開不服朝命、專斷割據而喪失民心的必然結果。

　　梁朝大同七年（541），交州發生李賁叛亂事件。李賁爲「交州土民」，〔註50〕也有史書稱其爲「交州土豪」，〔註51〕爲嶺南土著勢力。史稱李賁「世爲豪右，仕不得志」，與另一位交州土著並韶均懷才不遇，二人在仕途失意後「還鄉里，謀作亂。」〔註52〕恰逢交州刺史蕭諮「裒刻失眾心」，交州民眾怨恨情緒高漲。大同七年（541），李賁、并韶利用民眾對蕭諮的不滿發起叛亂，「連結數州豪傑同時反」，進而「僭亂數州，彌歷年稔」，〔註53〕對梁朝在交州的統治造成嚴重破壞。大同八年（542），梁朝派越州刺史陳侯、羅州刺史寧巨、安州刺史李智、愛州刺史阮漢等人會同新任交州刺史楊𦕞，數路大軍同時征討李賁。大同九年（543），林邑配合梁朝從交州南面進攻李賁，但以失敗告終。梁朝對李賁的圍剿則艱難持續數年。大同十年（544），李賁「自稱越帝，

　　〔註48〕　《宋書》卷8《明帝紀》。
　　〔註49〕　《南齊書》卷58《東南夷傳》。
　　〔註50〕　《梁書》卷3《武帝紀下》。
　　〔註51〕　《陳書》卷8《杜僧明傳》。
　　〔註52〕　《資治通鑒》卷158，梁武帝大同七年（541）。
　　〔註53〕　《陳書》卷1《武帝紀》。

置百官，改元天德」，正式建立政權，〔註 54〕定國號爲「萬春」，越南史書稱之爲「萬春國」。〔註 55〕中大同元年（546）春，交州刺史楊蒨在西江督護、交州司馬陳霸先的協助下，攻克交趾嘉寧城，李賁逃入屈僚洞。太清二年（548）三月，屈僚洞斬李賁，傳首京師。同年陳霸先平定李賁之兄李天寶在九眞的叛亂。至此，李賁之亂前後歷經七年後，才算勉強平定。〔註 56〕根據越南史籍記載，陳霸先平定李賁叛亂後，由於梁朝發生「侯景之亂」，被迫大量撤軍，只留下少量軍隊駐守交州，李賁的將領趙光復等人趁機反撲，再次佔領龍編（今越南河內）。直到仁壽二年（602），「萬春國」才被隋軍滅亡。〔註 57〕

　　李賁之亂規模大，時間長，顯示了交州土著的強大實力，對梁朝在交州的統治產生了極大的破壞，並對中國疆域演變產生了深遠影響。從李叔獻兄弟叛亂到李賁之亂，可以清楚地看到交州土著勢力的膨脹和政治分離傾向的形成。梁朝平定李賁之亂，具備反對分裂、維護邊疆穩定與國家統一的性質，具有積極的歷史意義，值得充分肯定。「萬春國」直到隋朝才被消滅的史實再次充分表明，中央政權的統一與強大是維護邊疆穩定與疆土安全的前提和基礎。

　　南朝政權對擁護中央政權的嶺南地方勢力實行籠絡、利用政策，以換取地方勢力的更多支持，維護邊疆穩定。其中較爲知名的有歐陽頠家族和高涼冼氏。歐陽頠本爲「長沙臨湘人」，梁末、陳初活躍於嶺南地區，其家族成員也集中在嶺南地區，到陳朝統治時期已經演變爲嶺南地方勢力。梁太平二年（557），陳霸先掌握了梁朝實權後，授予歐陽頠「都督廣、交、越、成、定、明、新、高、合、羅、愛、建、德、宜、黃、利、安、石、雙十九州諸軍事、鎮南將軍、平越中郎將、廣州刺史，持節、常侍、侯並如故。」陳朝統治時期，歐陽頠家族「合門顯貴，名振南土。」同時，歐陽頠家族也積極向梁、陳中央政權表達政治忠誠。梁末陳初，王琳割據荊湘，切斷嶺南與內地的陸路西路交通要道，歐陽頠「自海道及東嶺奉使不絕。」天嘉年間（560～566），歐陽頠家族「多致銅鼓、生口，獻奉珍異，前後委積，頗有助於軍國焉。」〔註 58〕

〔註 54〕《資治通鑒》卷 158，梁武帝大同十年（544）。
〔註 55〕參見（越）明崢著，范宏科、呂谷譯：《越南史略》（初稿），生活・讀書・新知三聯書店 1958 年版，第 25～30 頁。
〔註 56〕參見《陳書》卷 1《武帝紀》。
〔註 57〕參見（越）明崢著，范宏科、呂谷譯：《越南史略》（初稿），第 27 頁。
〔註 58〕《陳書》卷 9《歐陽頠傳》。

可見歐陽氏不僅在形式上完全與中央保持一致，而且在財政上大力支持中央，這是陳朝籠絡、優待歐陽頠家族的重要前提。陳朝統治穩定後，對歐陽氏家族勢力的膨脹感到擔憂。太建元年（569），陳朝下令歐陽紇調離嶺南，最終釀成歐陽紇的反叛。

高涼冼氏是南朝重點籠絡、利用的另一著名嶺南地方勢力。冼氏是嶺南少數民族首領之一，「世爲南越首領，跨據山洞，部落十餘萬家。」梁、陳、隋三朝先後對冼氏封賜各種官職，例如冼夫人之兄冼挺在梁代被命爲南梁州刺史；冼夫人之子馮僕年僅九歲，被陳朝任命爲陽春太守，後又封信都侯，加平越中郎將，轉任石龍太守；陳朝對冼夫人本人更是竭盡尊崇禮遇，「詔使持節冊夫人爲中郎將、石龍太夫人，賫繡幡油絡駟馬安車一乘，給鼓吹一部，並麾幢旌節，其鹵簿一如刺史之儀。」南朝對冼氏的優寵禮遇，主要是基於冼氏對南朝的忠誠。冼氏歷事梁、陳、隋三朝，在冼夫人的率領下始終忠誠於中央王朝。歐陽紇受到陳朝懷疑後，招誘、扣留冼夫人之子馮僕，欲挾持馮僕及冼氏共同謀反。冼夫人得知後不爲所動，堅持忠於陳朝，拒絕謀反，曰：「我爲忠貞，經今兩代，不能惜汝輒負國家。」〔註59〕南朝對冼氏的籠絡、禮遇與冼氏對南朝中央政權的忠誠構成良好互動，共同維護了嶺南的政局與社會穩定。

南朝政權在嶺南面臨的一個重大困擾，是林邑對嶺南的長期侵擾。自東晉以來，林邑國不斷侵擾交州南部邊境，東晉與林邑進行了長期的戰爭，雙方各有勝負。劉宋初年，林邑「頻遣貢獻，而寇盜不已，所貢亦陋薄。」〔註60〕據統計，劉宋時期林邑朝貢次數總共有十一次，其中最頻繁的是元嘉時期，元嘉十五年（438）至十八年（441）間甚至連年朝貢。但是林邑對交州的侵襲一直沒有停止。永初元年（420），交州刺史杜慧度「率文武萬人南討林邑，所殺過半」，杜慧度大獲全勝。〔註61〕劉宋元嘉初年（424），林邑「侵暴日南、九德諸郡。」元嘉八年（431），林邑國君范陽邁再次寇邊，「遣樓船百餘寇九德，入四會浦口」，交州刺史阮彌之遣兵討伐林邑，不克而還。〔註62〕林邑的寇邊活動嚴重影響嶺南的安定。元嘉二十二年（445），宋文帝不顧大部分朝

〔註59〕參見《隋書》卷80《列女傳・譙國夫人》。
〔註60〕《宋書》卷97《蠻夷傳・林邑》。
〔註61〕《宋書》卷92《良吏傳・杜慧度》。
〔註62〕參見《宋書》卷97《蠻夷傳・林邑》。

臣的反對，〔註 63〕遣交州刺史檀和之大舉討伐林邑。第二年，檀和之率部下攻陷林邑都城區粟，「獲金銀雜物不可勝計。乘勝追討，即克林邑，陽邁父子並挺身奔逃，所獲珍異，皆是未名之寶。」〔註 64〕這次戰役使林邑受到沉重打擊，一勞永逸地解決了長期困擾東晉南朝的問題，自此以後的整個南朝統治時期，都沒有再發生林邑寇邊事件。據史書記載，此後林邑先後向宋、齊、梁三代朝貢，並從這些王朝得到各種封號。孝建二年（455），劉宋冊封林邑王長史范龍跋為揚武將軍；永明九年（491）、永泰元年（498），南齊前後兩次冊封林邑國君為持節（或假節）、都督緣海諸軍事、安南將軍、林邑王；〔註 65〕天監九年（510）、中大通二年（530），蕭梁前後兩次冊封林邑國君為持節、督緣海諸軍事、威南將軍（或綏南將軍）、林邑王。〔註 66〕南齊時，林邑與扶南國交攻，扶南國王遣使到建康求發兵助攻林邑，並且挑撥說「伏聞林邑頃年表獻簡絕，便欲永隔朝廷」，〔註 67〕但南齊不為所動，敷衍扶南而已，並沒有採取軍事行動。這些事實說明，自檀和之討平林邑以後，南朝與林邑保持穩固的友好關係，交州南部邊境長期安定無事。南朝通過先戰後和的方略，徹底解決了林邑對交州南境的侵擾，消除了來自南部邊境的軍事壓力，對於鞏固南部邊疆穩定與疆域統一、促進嶺南開發具有積極意義。

〔註 63〕宋文帝發兵征林邑遭到大部分朝臣反對事見於《宋書》卷 63《沈演之傳》云：「（元嘉）二十年（443），上欲伐林邑，朝臣不同，唯廣州刺史陸徽與演之贊成上意。」

〔註 64〕《宋書》卷 97《蠻夷傳・林邑》。

〔註 65〕參見《南齊書》卷 58《東南夷傳》。

〔註 66〕參見《梁書》卷 54《海南諸國傳・林邑國》。

〔註 67〕《南齊書》卷 58《東南夷傳》。

第七章　魏晉南北朝時期的邊疆開發

　　傳統史學研究對魏晉南北朝時期存在諸多偏見，認為這個時期是中國歷史上的黑暗、倒退時期，毫無成就可言，特別是在邊疆開發方面毫無進步，常常予以忽略。誠然，魏晉南北朝時期政局混亂，諸多政權割據林立且交戰不息，邊疆開發的總體進程與開發深度受到一定影響。但是在各政權統治者和各族人民的共同努力下，邊疆地區的經濟、文化繼續得到發展，邊疆開發取得了一定成就，部分邊疆地區，如河西、遼東和嶺南的發展面貌欣欣向榮，前所未有。

第一節　三國時期的邊疆開發

　　三國時期，各政權都在自己所管轄的邊疆地區進行了積極的開發活動，使得邊疆地區的經濟文化有所發展。

一、曹魏政權對北方邊疆的開發

　　曹魏北方邊疆長期有強敵壓境，邊吏的活動重心是防禦塞外鮮卑、烏桓的侵擾，鎮壓轄區內的鮮卑、匈奴、烏桓等部叛亂，在邊疆經濟開發與文化建設方面所投入的精力有限。而且邊塞內外的鮮卑、烏桓時服時叛，極大地影響了邊疆的安定，一定程度上阻礙了北方邊疆的開發。儘管如此，曹魏北方邊疆的經濟文化建設方面仍然取得了一定成就。

　　在東北邊疆，人口有所增加，經濟、文化得到發展。人口是經濟發展的基礎，牽招任護鮮卑校尉時，很注意招撫流民，增加轄區內的人口。當時，「邊

民流散山澤，又亡叛在鮮卑中者，處有千數。」通過牽招的努力，「建義中郎將公孫集等，率將部曲，咸各歸命」，鮮卑素利、彌加等十餘萬落，也款塞歸附。〔註1〕曹魏在幽州地區所控制的人口有所增加。另外，自東漢末年以來，為了逃避戰亂，由於公孫氏在遼東的有效統治，大量內地移民遷入遼東，為遼東的生產活動補充了勞動力，推動了東北邊疆的經濟開發。農田水利建設是農業發展的重要條件。劉靖為河北都督時，在軍務之餘，致力於水利灌溉和農作物品種的改良，史稱劉靖「修廣戾陵渠大土曷，水溉灌薊南北，三更種稻，邊民利之。」〔註2〕幽州刺史毌丘儉在任期間「穿山灌溉」，〔註3〕邊民從中受益。在文化方面，由於公孫氏採取了尊重吸納知識分子的政策，自漢末以來，遼東吸引了不少著名學者如國淵、邴原、管寧等。他們在遼東授徒，傳播知識文化和儒家的倫理道德，推動了東北邊疆的文化發展。邴原學問品德堪為垂範，很多人慕名前來，「一年中往歸原居者數百家，遊學之士，教授之聲，不絕。」〔註4〕管寧到達遼東後，公孫度「虛館以候之」，管寧遂「講詩、書，陳俎豆，飾威儀，明禮讓，非學者無見也。由是度安其賢，民化其德。」管寧又以身示範，宣揚寬容謙讓美德，收到了「左右無鬥訟之聲，禮讓移於海表」的良好社會效果。〔註5〕

　　曹魏在北部邊疆的開發活動主要有三個方面，一是招撫邊民，增加人口；二是保持與北方游牧民族的牛馬交易；三是勸課農桑，重視農業生產。在招撫人口方面，成就較大的是牽招。牽招在任雁門太守期間「招通河西鮮卑附頭等十餘萬家。」〔註6〕北部邊疆的牛馬交易一直是邊疆地區經濟生活的重要內容。黃初三年（222），曹魏與鮮卑大人軻比能、烏丸大人修武盧一次就交易牛馬七萬餘口。〔註7〕根據《魏略》的材料，梁習為并州刺史時，不僅與邊塞外的鮮卑有牛馬交易，而且還設有「市吏」，作為管理牛馬交易市場的專職人員。〔註8〕這說明北部邊塞的牛馬交易市場具有相對的長期性和穩定性。在發展農業生產方面，梁習的業績十分突出。史稱梁習為并州刺史時，北部邊

〔註1〕參見《三國志》卷26《魏書·牽招傳》。
〔註2〕《三國志》卷15《魏書·劉靖傳》。
〔註3〕《三國志》卷28《魏書·毌丘儉傳》。
〔註4〕《三國志》卷11《魏書·邴原傳》。
〔註5〕《三國志》卷11《魏書·管寧傳》。
〔註6〕《三國志》卷26《魏書·牽招傳》。
〔註7〕參見《三國志》卷30《魏書·烏丸鮮卑東夷傳》。
〔註8〕參見《三國志》卷15《魏書·梁習傳》注引《魏略》。

疆「邊境肅清，百姓布野，勤勸農桑，令行禁止。」梁習在境內設屯田都尉，耕種菽粟，以解決上黨到鄴都沿途差役的糧食問題。〔註9〕

西北邊疆自東漢後期以來，受戰亂影響，經濟文化發展進入歷史低谷。這主要是因為多次爆發羌人起義，東漢政府進行殘酷鎮壓，導致社會動盪，人口銳減，社會生產生活受到極大影響，隨後西北邊疆又陷入割據混戰局面。曹魏鎮壓割據叛亂勢力、在西北邊疆建立統治後，大力進行開發建設，使得西北邊疆的經濟文化逐漸走出低谷，取得了一定進步。為大力開發西北邊疆，曹魏採取了以下幾個方面的措施：

第一，招撫羌胡和流民，增加政府控制人口。由於東漢末年的戰亂，西北邊疆人口大量減少和脫籍，在戰亂頻繁的河西地區問題尤其嚴重。金城郡的在籍人口一度低至不滿五百戶。因此，曹魏初年西北邊疆的地方官很注意採取措施招撫羌胡和流民，增加政府所控制戶口。金城太守蘇則外招懷羌胡，內綏撫流民，「與民分糧而食」，很快使歸附羌胡達三千餘落，直接登記注籍的編戶達數千家。〔註10〕武威太守毋丘儉「內撫吏民，外懷羌、胡，卒使柔附，為官效用。」〔註11〕政府控制人口的增加，為經濟的振興打下了基礎。

第二，擴大農業耕種面積，提高農業耕種技術，大力發展農業生產。西北邊疆為羌胡等少數民族聚居地，游牧經濟占很大比重，但農業亦是重要產業。蘇則「親自教民耕種」，獲得豐收，吸引了更多的流民歸附。明帝時期，敦煌太守倉慈上任之初，郡內「舊大族田地有餘，而小民無立錐之地」，倉慈通過系列措施，使這種不公平的現象有所扭轉，提高了民眾的生產積極性，對敦煌郡的農業生產起到了推動作用。在倉慈之後的太守皇甫隆則在傳授先進農業技術、提高農業產量方面作出了貢獻。史載曰：「初，敦煌不甚曉田，常灌溉滀水，使極濡洽，然後乃耕。又不曉作耬犁，用水，及種，人牛功既費，而收穀更少。隆到，教作耬犁，又教衍溉，歲終率計，其所省庸力過半，得穀加五。」〔註12〕涼州刺史徐邈的興農政策取得了良好成效。徐邈「廣開水田，募貧民佃之」，出現了「家家豐足，倉庫盈溢」的豐收景象。〔註13〕

第三，保障河西走廊的交通暢通，促進中外貿易往來。河西走廊是連接

〔註9〕參見《三國志》卷15《魏書‧梁習傳》。
〔註10〕《三國志》卷16《魏書‧蘇則傳》。
〔註11〕《三國志》卷28《魏書‧毋丘儉傳》。
〔註12〕《三國志》卷16《魏書‧倉慈傳》。
〔註13〕《三國志》卷27《魏書‧徐邈傳》。

內地與西域及廣大中亞地區的咽喉地帶，地理位置十分重要，東漢末年，由於河西戰亂，西域至內地的交通一度幾近斷絕，中外貿易受到極大影響。曹魏政權平定河西叛亂，爲恢復河西走廊的交通暢通和中外貿易往來提供了前提條件。敦煌是西域通往內地的前站，本地大姓豪族爲了壟斷貿易，攫取暴利，常常阻斷西域商人通往內地的路途，強行與之貿易，在貿易活動中「欺詐侮易」，巧取豪奪，西域商人極爲不滿。倉慈大力打擊不法豪強，保護西域商人的通商活動和正當利益，「欲詣洛者，爲封過所，欲從郡還者，官爲平取，輒以府見物與共交市，使吏民護送道路，」倉慈由此獲得了西域商人的衷心愛戴。史曰：「西域諸胡聞慈死，悉共會聚於戊己校尉及長史治下發哀，或有以刀畫面，以明血誠，又爲立祠，遙共祠之。」〔註14〕倉慈的措施保障了河西走廊商路的暢通和商業貿易的正常開展，西域與內地的經濟文化聯繫進一步加強。曹魏時期，西域各城邦國遣使向魏朝貢的記載屢見史冊。史曰：「魏興，西域雖不能盡至，其大國龜茲、于闐、康居、烏孫、疏勒、月氏、鄯善、車師之屬，無歲不奉朝貢，略如漢故事。」〔註15〕西域使者朝貢往往是政治目的和經濟目的兼而有之，其中包括大量以朝貢名義進行的商業貿易。隨著貿易來往的增多，西域至內地的道路交通也得到了發展，由原來的兩道發展到三道。史曰：「從敦煌玉門關入西域，前有兩道，今有三道。從玉門關西出，經若羌轉西，越蔥嶺，經縣度，入大月氏，爲南道。從敦煌玉門關西出，發都護井，回三隴沙北頭，經居盧倉，從沙西井轉西北，過龍堆，到故樓蘭，轉西詣龜茲，至蔥嶺，爲中道。從玉門關西北出，經橫坑，闢三隴沙及龍堆，出五船北，到車師界戊己校尉所治高昌，轉西與中道合龜茲，爲新道。」〔註16〕涼州刺史徐邈採取了系列發展商業貿易的措施。史曰：「河右少雨，常苦乏穀，邈上修武威、酒泉鹽池以收虜穀，」這是涼州政府與羌胡之間以物易物的貿易。羌族有從事農業生產的傳統，徐邈所收「虜穀」可能是指羌族種植的糧食。此外徐邈借助涼州有利的地理位置，利用政府軍用之餘的資金進行商業貿易活動，從中獲取利潤，大大促進了中外貿易往來，史家稱讚他的功績曰：「西域流通，荒戎入貢，皆邈勳也。」〔註17〕

〔註14〕《三國志》卷16《魏書・倉慈傳》。
〔註15〕《三國志》卷30《烏丸鮮卑東夷傳》。
〔註16〕《三國志》卷30《烏丸鮮卑東夷傳》。
〔註17〕《三國志》卷27《魏書・徐邈傳》。

第四，興辦教育，改勵風俗，倡導良好社會風尚。涼州刺史徐邈在任期間，倡導興師重教，發展文化事業，改革落後風俗習慣，使得西北邊疆文化教育事業得到較大發展，社會風尚出現一定改觀。史曰：「（徐邈）率以仁義，立學明訓，禁厚葬，斷淫祀，進善黜惡，風化大行，百姓歸心焉。」〔註18〕上述措施涉及到社會生活的各個層面，對改勵風俗、倡導良好社會風尚起到重要作用。皇甫隆認為敦煌婦女作裙舊俗太浪費布料，禁而改之，「所省復不訾。」〔註19〕總之，通過曹魏政權的開發建設，特別是部分邊疆官吏的用心經略，西北邊疆逐漸修復戰亂創痍，走出了經濟文化發展的低谷，開啓復興的歷程。兩晉時期河西的繁榮發展，就是建立在曹魏對西北邊疆的經營基礎之上。

二、蜀、吳政權對南方邊疆的開發

蜀、吳政權統治期間，對南方邊疆進行了一定的開發，促進了南方邊疆的經濟文化發展。

蜀漢政權平定南中叛亂後，在南中進行了系列開發活動。蜀漢政權很重視南中的農業發展。諸葛亮在南中大力推廣先進農業耕作技術，「命人教打牛，以伐刀耕。」〔註20〕李恢為庲降都督、建寧太守時，曾把永昌郡內的「濮民數千落」遷到建寧、雲南郡界，開墾土地，發展農業生產。〔註21〕蜀漢對南中手工業和商業十分重視。南中有豐富的礦產資源，越嶲郡以富有鹽鐵聞名，太守張嶷打破夷人壟斷鹽鐵的舊狀，將鹽鐵收歸官有，設置專人進行管理。在蜀漢中央政權，也設有專門管理鹽業的官員，史曰：「初，先主定益州，置鹽府校尉，較鹽鐵之利。」〔註22〕王連為司鹽校尉期間，「較鹽鐵之利，利入甚多，有裨國用」。〔註23〕可見經營鹽鐵所獲利潤是蜀漢政權的重要財政來源之一，由此不難推測南中鹽鐵業的繁榮。由成都通往越嶲郡的零關道，自漢末以來為犛牛部落所阻斷，不得不改走既險且遠的道路，嚴重阻礙了南中與內地的經濟文化往來。張嶷到任後，「開通舊道，千里肅清，復古亭驛」，〔註24〕

〔註18〕 《三國志》卷27《魏書·徐邈傳》。
〔註19〕 《三國志》卷16《魏書·倉慈傳》注引《魏略》。
〔註20〕 《華陽國志校注》卷4《南中志》。
〔註21〕 《華陽國志校注》卷4《南中志》。
〔註22〕 《三國志》卷39《蜀書·呂乂傳》。
〔註23〕 《三國志》卷41《蜀書·王連傳》。
〔註24〕 《三國志》卷43《蜀書·張嶷傳》。

便利了南中與內地的商旅往來，加強了南中與內地的經濟文化聯繫，對西南邊疆的開發具有重大意義。此外，在南中地區流傳著許多諸葛亮向當地人民傳授先進農業技術和農業品種的傳說。比如，雲南佤族傳說諸葛亮給他們稻種，基諾族傳說他們種植普洱茶源自諸葛亮給他們茶種，傣族傳說諸葛亮送給他們穀種，教他們打穀和牛耕技術。這些傳說的實質，是在諸葛亮所採取比較開明的和撫政策影響下，南中各民族能夠有更多的機會與漢族接觸，從漢族人民那裡學會種植稻穀、茶樹和蓋房等生產技術，這從一個側面反映了漢族和西南少數民族經濟文化交流和雜居共處所建立的情誼。〔註25〕總之，在蜀漢政權的開發治理之下，南中經濟文化取得了一定的發展進步。

孫吳控制嶺南後，很重視嶺南的開發治理。陸胤為交州刺史時，努力招集遣散流民，增加注籍編戶，發展農業生產，保護商旅往來。在他任職期間，嶺南「風氣絕息，商旅平行，民無疾疫，田稼豐稔。」〔註26〕嶺南是南方邊疆及東南亞地區各種珍奇異寶的重要集散地，自秦漢以來就能「貴致遠珍名珠、香藥、象牙、犀角、玳瑁、珊瑚、琉璃、鸚鵡、翡翠、孔雀、奇物、充備寶玩」。〔註27〕針對這種狀況，孫吳制定了符合嶺南特色的經濟政策，對嶺南以徵收土特產為主，田賦稅收為輔，使嶺南成為珍珠、香料、珍奇動物和水果的交易基地和生產基地。士燮統治嶺南時期，「每遣使詣權，致雜香細葛，輒以千數，明珠、大貝、流離、翡翠、玳瑁、犀、象之珍，奇物異果，蕉、邪、龍眼之屬，無歲不至。」〔註28〕嶺南特產成為孫吳與魏、蜀之間的重要交換物資。黃初二年（221），曹魏向孫吳「遣使求雀頭香、大貝、明珠、象牙、犀角、玳瑁、孔雀、翡翠、鬥鴨、長鳴雞」，嘉禾四年（235），曹魏又遣使以馬匹求與孫吳交換珠璣、翡翠、玳瑁。〔註29〕上述曹魏所求物品，大部分產自嶺南。這種交換豐富了嶺南和內地的經濟生活，促進了嶺南地區的經濟發展。〔註30〕此外孫吳十分重視與海外諸國的交往聯繫。黃武五年（226），大秦商人秦論來到交趾，太守吳邈遣送給孫權，孫權親自問其方土風俗，後又

〔註25〕 參見白翠琴：《論蜀漢「西和諸戎，南撫夷越」之策》，《中國邊疆史地研究》2002年第4期。
〔註26〕 《三國志》卷61《吳書·陸凱傳附陸胤傳》。
〔註27〕 《三國志》卷53《薛綜傳》。
〔註28〕 《三國志》卷49《吳書·士燮傳》。
〔註29〕 《三國志》卷47《吳書·孫權傳》。
〔註30〕 參見方鐵等著：《中國西南邊疆開發史》，雲南人民出版社1997年版，第105頁。

厚賜遣吏護送其回國。〔註31〕孫權派遣宣化從事朱應、中郎康泰出訪東南亞和南海諸國，他們到達了扶南（今柬埔寨）、林邑（今越南中部）和南洋群島等地，先後經歷了一百多國。〔註32〕朱應、康泰回國後，康泰著有《吳時外國傳》，朱應著有《扶南異物志》，這兩部書是描寫這些國家的古代歷史、地理和風俗人情的重要著作，對於孫吳及後世加深對東南亞和南海諸國的認識、加強南部海上貿易具有重要意義。朱應、康泰出訪後，有些國家也遣使回訪，赤烏四年（243），「扶南王范旃遣使獻樂人及方物。」〔註33〕孫吳與東南亞及南海諸國的交往，促進了東南沿海地區的海外貿易，推動了經濟的發展。此後嶺南的海外貿易開始進入興旺發達時期。番禺在漢代已經被稱爲「都會」，〔註34〕商賈雲集，貿易興盛。孫吳從交州分置廣州，治所定於番禺，使番禺成爲嶺南政治、經濟中心，爲番禺及整個嶺南的海外貿易發展提供了有利條件。

　　特別值得一提的是，孫吳曾派人渡海東往夷洲和亶洲。史載，黃龍二年（230），孫吳有過一次大規模越海軍事行動，「遣將軍衛溫、諸葛直，將甲士萬人，浮海求夷洲及亶洲。亶洲在海中，長老傳言：秦始皇帝遣方士徐福，將童女數千人入海，求蓬萊神山及仙藥，止此洲不還。世相承，有數萬家。其上人民，時有至會稽貨布；會稽東縣人海行，亦有遭風，流移至亶洲者。所在絕遠，卒不可得至，但得夷洲數千人還。」〔註35〕關於夷洲、亶洲是今日何地，考證文獻很多，目前較有說服力的說法是夷洲指臺灣，亶洲指日本。根據以上材料可知，孫吳統治時期，亶洲雖遠在夷洲之東，乃至孫吳將士難以到達，但是亶洲之民卻已經到達會稽進行布匹貿易，會稽之民也偶而抵達亶洲，可見孫吳時期南方的海上貿易已經較爲可觀。孫權派遣萬人規模的大部隊前往夷洲和亶洲，這是孫吳政權中的一件大事。史書沒有明言此次出兵的具體目的，據筆者推測，目的之一可能是拓展疆域或掠奪人口，目的之二則可能就是爲拓展海上貿易鋪墊條件。從上述孫吳政權廣泛向大秦、東南亞、南海諸國遣使的現象來看，孫吳統治者對瞭解周邊及海外地區具有濃厚興趣，對海外貿易相當重視。如此來看，則孫吳對夷洲、亶洲的派兵決不是偶然的，而是與其一貫重視瞭解海外狀況的思想一脈相承的。儘管這次軍事行

〔註31〕　參見《梁書》卷 54《海南諸國傳》。
〔註32〕　參見《梁書》卷 54《海南諸國傳》。
〔註33〕　《三國志》卷 47《吳書・孫權傳》。
〔註34〕　《漢書》卷 28《地理志》。
〔註35〕　《三國志》卷 47《吳書・孫權傳》。

動沒有取得理想的結局，僅僅以虜獲夷洲數千人返回而告終，但這是內地政權第一次派兵到達夷洲。這次軍事行動增進了內地與夷洲的相互瞭解，密切了內地與夷洲的政治、經濟聯繫，爲進一步推動南方邊疆與海外各國、各地的貿易往來奠定了良好的基礎。

第二節　兩晉十六國時期的邊疆開發

　　兩晉十六國時期，大部分邊疆地區處於政權頻繁更迭、戰亂接連不斷的狀態，這使邊疆的經略與開發深受影響。但是邊疆開發並非完全停滯，有的地區還實現了突破，成爲這一動亂時期中的經濟、文化中心，例如河隴地區在前涼時期取得了很大的進步，又如前燕所統治的遼東，經濟、文化發展突飛猛進。北部邊疆雖然屢遭兵燹，但代國政權下的畜牧業經濟十分興旺。兩晉十六國時期的邊疆開發，無論是與同時期的中原地區進行橫向比較，還是與兩晉十六國之前的邊疆地區進行縱向比較，都取得了明顯進步。

　　需要特別補充說明的是，西晉王朝雖然存續五十二年，但平穩繁榮時期極其短暫，僅存於晉武帝在位二十四年間，且這一時期是多事之秋，西晉王朝忙於鞏固統治、鎮禦邊疆，無暇顧及邊疆開發。晉惠帝繼位以後，西晉王朝朝政混亂，內訌激烈，邊患頻繁，統治者更加無暇、無能顧及邊疆開發。故西晉王朝雖有「太康之治」的盛世景象，卻在邊疆開發方面成績平平，乏善可陳。因此本文關於西晉王朝邊疆開發的內容不單列章節，而是在相關整理、追溯環節順便論及。

一、十六國政權對北方邊疆的開發成就

　　兩晉十六國時期北方邊疆的開發成就主要包括四個方面，一是邊疆人口的大量增長，二是農業生產的進一步推廣，三是畜牧業經濟的進一步壯大，四是文化教育的進一步發展。

　　人口是邊疆開發的前提和基礎。兩晉十六國時期，邊疆人口大量增長，爲這一時期的邊疆開發創造了有力條件。西晉前期，由於晉武帝採取吸引、招徠並妥善安置歸附少數民族的政策，使得大量北方游牧民族聚集南下，它們大部分被安置在西北、北部邊疆地區，使得地廣人稀的北方邊疆得到充實，從而爲北方邊疆的經濟開發與民族融和奠定了基礎。十六國時期，前燕、前涼、西涼、北涼等邊疆政權的建立，又使得它們的疆域之內、尤其是都城所

在地，成為邊疆局部地區的政治、經濟、文化中心，從而推動了人口的大量聚集與增長。再者，兩晉十六國時期中原大亂，大量內地的自發流民呈輻射狀流入邊疆地區，其中社會秩序相對安定的東北邊疆和西北邊疆成為流民遷徙的主要方向，進一步促進了邊疆人口的增長。

邊疆各政權的吸納、安置流民政策，加強了邊疆人口增長的趨勢。前燕政權很重視招撫流民，在東晉冊封慕容廆的系列官銜中，就有「都督遼左雜夷流人諸軍事」的官職。〔註36〕為了積極招撫和妥善安置流民，慕容廆政權採取了三項措施，第一是為流民設置僑郡。史曰：「時二京傾覆，幽、冀淪陷，廆刑政修明，虛懷引納，流亡士庶多繈負歸之。廆乃立郡以統流人，冀州人為冀陽郡，豫州人為成周郡，青州人為營丘郡，并州人為唐國郡。」〔註37〕第二是重用流民中的士大夫，吸納他們中的優秀分子到政權中來。慕容廆設立流民僑郡後，在流民中「推舉賢才，委以庶政，以河東裴嶷、代郡魯昌、北平陽耽為謀主，北海逢羨、廣平遊邃、北平西方虔、渤海封抽、西河宋奭、河東裴開為股肱」。〔註38〕第三是舉「勤王」之名，尊奉晉室，以收攬人心，吸引流民。通過慕容廆、慕容皝兩代人的經營，前燕所控制下的部分東北邊疆地區人口大量增加，出現了「流亡歸附者日月相繼」的景象，甚至於「流人之多舊土十倍有餘。」封裕在上書中指出，通過吸納流民，前燕已經「開境三千，戶增十萬。」〔註39〕前涼、西涼也增添了不少地方行政建置，用以專門安置中州流民。另外強制性移民也是十六國時期北方邊疆地區人口增加的渠道之一。赫連夏政權國君赫連勃勃把大量戰爭俘虜和牲畜擄至境內諸地，甚至一次性俘虜人口數量達一萬三千多人，馬萬匹，一次性遷徙到大城（今內蒙杭錦旗東南）的人口有一萬六千多家，前後遷徙入境的人口至少有十六萬人之多。〔註40〕強制性移民雖然行為野蠻落後，不值得肯定，但是客

〔註36〕 參見《晉書》卷108《慕容廆載記》。
〔註37〕 《晉書》卷108《慕容廆載記》。
〔註38〕 《晉書》卷108《慕容廆載記》。
〔註39〕 《晉書》卷109《慕容皝載記》。
〔註40〕 據《晉書》卷130《赫連勃勃載記》所載赫連勃勃俘虜和遷徙人口均是通過與姚興部將爭戰所獲，大致如下：（1）與齊難戰，「俘其將士萬有三千，戎馬萬匹。」（2）與金洛生、彌姐豪地戰，「徙七千餘家於大城」。與姚壽戰，「徙其人萬六千家於大城。」（3）與楊佛嵩戰，「降其眾四萬五千，獲戎馬二萬匹。」與黨智隆戰，「徙其三千餘戶於貳城。」其中明確提到強制遷徙至赫連夏境內的有三萬三千餘家，以每家約五人計算，故所遷人口約十六萬多人。

觀上增加了河朔地區的人口和財富，有利於北部邊疆地區的經濟恢復與發展。

　　兩晉十六國時期，北方邊疆的農業生產得到進一步推廣，一些本以畜牧經濟爲主的邊疆民族政權的農業經濟所佔比重有顯著增加。慕容鮮卑本居遼東塞外，以游牧、漁獵經濟爲主，農業爲輔。佔據遼西、遼東之後，慕容鮮卑逐漸向農業定居生產、生活模式過渡。慕容廆、慕容皝兩代統治者都很重視農業生產，慕容廆認爲「稼穡者，國之本也，不可以不急。」〔註41〕慕容皝「躬巡郡縣，勸課農桑」〔註42〕永寧年間（301～302），幽燕地區發生嚴重水災，慕容廆「開倉振給，幽方獲濟。」〔註43〕這說明慕容廆政權的糧食不但足以自給，而且還有豐富的儲餘，反映了慕容廆政權統治區內農業生產的重大進步。北涼國君盧水胡沮渠蒙遜曾下令「蠲省百徭，專功南畝，明設科條，務盡地利。」〔註44〕十六國時期仍然保留濃厚游牧習性的南涼國君禿髮烏孤「務農桑，修鄰好」，〔註45〕把發展農業生產擺到了顯著位置。北燕、前涼、西涼三個漢族所建的邊疆政權對農業生產尤爲重視。北燕君主馮跋非常重視農業生產，史稱，「跋勵意農桑，勤心政事，乃下書省徭薄賦，墮農者戮之，力田者褒賞，命尚書紀達爲之條制。」〔註46〕前涼因爲人口增長迅速，原有土地不夠耕植，大膽採用「徙石爲田，運土植穀」〔註47〕即在武威周邊戈壁上人工造田的方法來增加耕地。西涼統治者李暠在政權初立、偏居敦煌時，「屯玉門、陽關，廣田積穀，爲東伐之資。」遷都酒泉後，李暠「息兵按甲，務農養士」、「敦勸稼穡。」〔註48〕十六國時期北方政權的政策與活動，使得北方邊疆的農業生產得到發展，不僅擴大了種植面積，增加了糧食產量。

　　代國及早期北魏政權鼓勵農業墾殖，採取了系列推廣農業生產的政策，對北部邊疆的農業生產發揮了十分重要的推動作用。拓跋鮮卑本以游牧爲主，拓跋珪建立北魏後，在北部邊疆部署屯田，移民墾殖。登國元年（386），拓跋珪下令「息眾課農」。登國九年（394），拓跋珪令東平儀於北部邊疆大興

〔註41〕 《晉書》卷 108《慕容廆載記》。
〔註42〕 《晉書》卷 109《慕容皝載記》。
〔註43〕 《晉書》卷 108《慕容廆載記》。
〔註44〕 《晉書》卷 129《沮渠蒙遜載記》。
〔註45〕 《晉書》卷 126《禿髮烏孤載記》。
〔註46〕 《晉書》卷 125《馮跋載記》。
〔註47〕 《魏書》卷 97《張駿傳》。
〔註48〕 《晉書》卷 87《李暠傳》。

屯田。〔註49〕元儀屯田的地點，為「五原（今內蒙古包頭西）至於稒陽（今內蒙古土默特右旗西）塞外」，不久又「田於河東」〔註50〕，即黃河以東，即今山西西北與內蒙古交界附近地區。這些地區在北魏都城盛樂的西南面，便於北魏政權對屯田進行管理監督。屯田的收效應當是不錯的，史稱元儀「分農稼，大得人心。」〔註51〕天興元年（398）正月，拓跋珪擊敗後燕慕容寶，取得并州，「徙山東六州民吏及徒何、高麗雜夷三十六萬，百工伎巧十萬餘口，以充京師。」〔註52〕北魏遷都平城（今山西大同）是在稍後七月的事，因此，此處所言「京師」應仍指盛樂。此次移民總數達四十六萬餘人，全部安置在盛樂城內及四周地區，所遷之人口均漢化程度較高、已熟悉農業生產或掌握了較高的手工業製造技術，這批移民不僅為盛樂周圍地區的經濟發展提供了充足的勞動力，而且以較大的技術優勢帶動盛樂周圍地區的經濟發展，尤其是農業生產的發展。同年二月拓跋珪下詔，「給內徙新民耕牛，計口受田。」〔註53〕所謂「新民」就是指上述強制遷徙到盛樂及周圍地區的內地人口。唐長孺先生指出，「這些新民是以俘虜的身份被遷移的，可是他們卻是『民』，這不但在身份上不算奴隸，甚至也與一般的『隸戶』有別。」〔註54〕同年七月，北魏遷都平城，對平城內外作出規劃部署。史曰：「天興初，制定京邑，東至代郡（今山西蔚縣），西及善無（今山西右玉縣），南極陰館（今山西代縣西北），北盡參合，〔註55〕為畿內之田；其外四方四維置八部帥以監之，勸課農耕，量校收入，以為殿最。」〔註56〕此處所言「畿內之田」完全在西晉

〔註49〕參見《魏書》卷2《太祖紀》。
〔註50〕《魏書》卷2《太祖紀》。
〔註51〕《魏書》卷15《昭成子孫傳》。另參見唐長孺在《拓跋國家的建立及其封建化》一文中的論述，唐長孺：《魏晉南北朝史論叢》第220～221頁，生活‧讀書‧新知三聯書店1955年版。
〔註52〕《魏書》卷2《太祖紀》。
〔註53〕《魏書》卷2《太祖紀》。
〔註54〕唐長孺：《魏晉南北朝史論叢》，第223頁。
〔註55〕譚其驤注參合於今內蒙古涼城西南，唐長孺注參合為今山西陽高縣。參見譚其驤主編：《中國歷史地圖集》第四冊第52頁，中國地圖出版社，1982年版；唐長孺著：《魏晉南北朝史論叢》第222頁，生活‧讀書‧新知三聯書店，1955年版。拓跋珪定都平城，意在向南拓展，今內蒙古涼城一帶，為舊都盛樂周邊之地；另以理度之，所謂「畿內」，應以平城為中心，陽高、代縣、右玉、蔚縣正好以平城為中心形成「四方四維」。因此，參合所在位置似應從唐長孺先生之說，在山西陽高。
〔註56〕《魏書》卷110《食貨志》。

舊并州轄區內，是農業生產比較成熟的地區，而畿田之外的四方四維，則傳統上農業生產相對薄弱。拓跋珪要求對這些地區同樣「勸課農桑」，並以此作為考核官吏的標準之一，有利於推動整個北部邊疆地區的農業發展。拓跋嗣在位時，在北部邊疆又有一次大規模的人口遷入和計口授田措施。史曰：「永興五年（413）七月，奚斤等破越勤倍泥部落於跋那山西，獲馬五萬匹，牛二十萬頭，徙二萬餘家於大寧（今河北張家口市），計口受田。八月癸卯，車駕還宮。癸丑，奚斤等班師。甲寅，帝臨白登，觀降民，數軍實。……置新民於大寧川，給農器，計口受田。」〔註57〕這次計口授田與天興元年授田性質相同，並與天興元年的授田地點形成了從東、西兩個方向羽翼平城的格局，加上五原、稒陽、河東的屯田，恰好在沿長城以北地帶大致形成了一條東自大寧、西至五原的橫貫東西的農業生產帶。這在中國北部邊疆史上是開拓性的成就。

兩晉十六國時期北方邊疆的傳統畜牧經濟地區，畜牧業有所發展。後趙石虎統治時期，「發百姓牛二萬餘頭配朔州牧官。」〔註58〕根據這則史料，可知後趙在河套地區設置國有牧場，並達到一定的經營規模。河隴地區畜牧業經濟也得到發展。魏晉時期的金城大族麴氏與游氏均擁有雄厚的畜牧業產業，當時民謠曰：「麴與游，牛羊不數頭。南開朱門，北望青樓。」〔註59〕代國政權長期活動於漠南地區，隨著代國政權的興盛，畜牧經濟走向繁榮，史曰：「自始祖以來，與晉和好，百姓乂安，財畜富實，控弦騎士四十餘萬。」〔註60〕畜牧業是早期北魏政權重要的經濟組成部分，北魏統治者對游牧業人口非常重視。天興三年（400）和天興四年（401），先後有兩支高車部落在酋帥敕力犍、幡豆建率領下歸附北魏，總人口達三千九百餘戶，以每戶五口計算，約兩萬人左右。拓跋珪「拜敕力犍為揚威將軍，置司馬、參軍，賜穀二萬斛。……亦拜為威遠將軍，置司馬、參軍，賜衣服，歲給廩食。」〔註61〕天興六年（403），又有朔方尉遲部別帥率萬餘家前來歸附，拓跋珪將他們安置在雲中。〔註62〕這對於北部邊疆的安定和畜牧業的持續發展具有積極作用的。

〔註57〕《魏書》卷3《太宗紀》。
〔註58〕《晉書》卷106《石季龍載記》。
〔註59〕《晉書》卷89《忠義·麴允傳》。
〔註60〕《魏書》卷1《序紀》。
〔註61〕《魏書》卷103《高車傳》。
〔註62〕參見《魏書》卷2《太祖紀》。

　　兩晉十六國時期北方邊疆在文化教育方面取得重大進步。西晉末年，大批士人隨著流民浪潮遷徙到東北邊疆，推動了慕容鮮卑政權的漢化和文化教育的發展。慕容鮮卑統治者十分重視文化教育，慕容皝學術造詣很深，不僅設立東庠作爲大臣子弟學習之所，而且親自撰寫著述作爲授課教材，親自講學授徒，學生多至千餘人。他還親自到東庠考核學生，選拔其中「經通秀異者」〔註63〕作爲近侍人員。對於前涼、西涼兩個由漢族人士所建立的政權而言，大力傳播儒家文化既是其政權的文化建設，也是其個人的政治理想。因此前涼、西涼政權均十分重視文化教育，採取了系列發展文化教育、傳播儒學經典的政策。張軌出任涼州刺史後，待時局稍安，便開始恢復和整頓文化教育，「徵九郡冑子五百人，立學校，始置崇文祭酒，位視別駕，春秋行鄉射之禮。」此後又下令有司「推詳立州已來清貞德素，嘉遁遺榮；高才碩學，著述經史；臨危殉義，殺身爲君；忠諫而嬰禍，專對而釋患；權智雄勇，爲時除難；諂佞誤主，傷陷忠賢；具狀以聞。」這項措施包括樹立道德楷模，強化儒家倫理規範和鼓勵學術研究兩個部分，與前一項措施相比，是更深層次的文化建設。這些措施獲得了當地百姓的衷心擁護，「州中父老莫不相慶。」〔註64〕可見前涼的文化政策深得民心。西涼國君李暠「好尙文典，書史穿落者親自補治」，這樣做的目的是「欲人重此典籍」〔註65〕，爲臣民樹立重視文教的榜樣。北涼、南涼雖然是少數民族貴族創立的政權，但統治者都制訂了一定的文化政策，對儒學學者給予特殊尊重，對開辦學校等事十分重視。北涼統治者沮渠牧犍對著名學者劉昞格外禮遇，尊劉昞爲國師，「親自致拜，命官屬以下皆北面受業焉。」〔註66〕南涼統治者禿髮利鹿孤採納祠部郎中史暠的建議，「建學校，開庠序，選耆德碩儒以訓冑子。」〔註67〕可見，十六國政權統治者普遍重視發展文化教育。赫連勃勃喜歡附庸風雅，十分推崇漢文化。劉裕攻滅姚泓，與赫連勃勃通使，赫連勃勃把命人做好的文辭事先暗中背誦，當著來使的面「口授舍人爲書，封以答裕」〔註68〕，以誇示才學。赫連勃勃的喜好對於赫連夏統治地區的文化發展具有一定推動作用。史曰：「世祖破赫

〔註63〕　《晉書》卷109《慕容皝載記》。
〔註64〕　《晉書》卷86《張軌傳》。
〔註65〕　《魏書》卷52《劉昞傳》。
〔註66〕　《魏書》卷52《劉昞傳》。
〔註67〕　《晉書》卷126《禿髮利鹿孤載記》。
〔註68〕　《晉書》卷130《赫連勃勃載記》。

連昌，獲古雅樂。」〔註69〕這說明赫連夏政權在保存和學習、弘揚漢文化方面有一定的成就。總之，兩晉十六國時期北方邊疆的文化教育得到了一定的發展，其中尤其值得重視的河隴地區的文化教育，在某種程度上取代和超過了原來中原的文化中心地位。乃至史官讚歎曰：「區區河右，而學者埒於中原。」〔註70〕河隴地區文化教育的發展，對北朝及隋唐文化產生了深遠的影響。陳寅恪先生對十六國時期河隴地區文化作出高度評價，曰：「秦涼諸州西北一隅之地，其文化上續漢魏西晉之學風，下開魏齊隋唐之制度，承前啓後，繼絕扶衰，五百年間延綿一脈，然後始知此北朝文化系統之中，其由江左發展變遷輸入者之外，尚別有漢魏西晉之河西遺傳。」〔註71〕

二、東晉王朝對南方邊疆的開發措施與不足

　　兩晉十六國時期的南方邊疆處於被緩慢開發的狀態，雖然取得了一定的開發成果，但總的來說不能作過高估計。

　　西晉前期，西晉王朝重用霍弋等蜀漢舊吏，實現了魏、晉之際寧州（今雲南及貴州西部）的平穩過渡。西晉中後期，西晉王朝加重了對寧州的政治控制和經濟剝削，以南夷校尉府取代寧州建置，並大量索取寧州土產物資，「每夷供貢南夷府，入牛、金、旃、馬，動以萬計，皆預作忿毒致校尉官屬；其供那縣亦然。」〔註72〕與此同時，西晉王朝沒有對寧州的採取建設性的開發措施。這種單向索取模式的經略措施激起寧州各族人民的不滿與反抗，削弱了西晉在寧州的統治基礎，是後來寧州轉歸成漢政權的重要原因。東晉滅亡成漢以後，寧州名義上歸東晉所有，但由於寧州土著大姓把持地方，東晉對寧州的開發仍然十分稀少。

　　東晉王朝在嶺南的開發取得了一定成就。西晉前期，陶璜、滕修等孫吳舊吏被西晉政府委以統治嶺南的重任，保持了嶺南的政局穩定，爲嶺南經濟文化的持續發展創造了較好的社會環境。陶璜等人在嶺南爲官多年，對嶺南經濟、政治狀況有深入的瞭解，有利於結合嶺南的經濟特色來制定合適的經濟政策，有利於嶺南的進一步開發。史載陶璜上書晉武帝曰：「合浦郡土地磽

〔註69〕《魏書》卷100《樂志》。
〔註70〕《北史》卷83《文苑傳・序》。
〔註71〕陳寅恪：《隋唐制度淵源略論稿》，三聯書店2001年版，第47頁。
〔註72〕劉琳認爲此處「忿毒」可能爲「份額」之誤，參見劉琳校注：《華陽國志校注》，巴蜀書社1984年版，第364頁。

確，無有田農，百姓唯以採珠爲業，商賈去來，以珠貿米。而吳時珠禁甚嚴，
慮百姓私散好珠，禁絕來去，人以饑困。又所調猥多，限每不充。今請上珠
三分輸二，次者輸一，粗者蠲除。自十月訖二月，非採上珠之時，聽商旅往
來如舊」。〔註73〕這個合理建議被晉武帝採納，對減輕嶺南百姓的經濟負擔、
發展嶺南特色經濟發揮了推動作用。

西晉中後期至東晉時期，嶺南局勢基本穩定，爲嶺南的開發創造了良好
的社會環境。此外來自中原和江東的流民也爲嶺南開發創造了有利條件。史
曰：「時東土多賦役，百姓乃從海道入廣州，刺史鄧嶽大開鼓鑄，諸夷因此知
造兵器。」〔註74〕可見流民不僅給嶺南帶來了勞動人手，而且帶來了先進的
生產技術，帶動了嶺南經濟的發展。不過東晉王朝對嶺南的開發，從政策上
看是零星的、被動的；從效果上看是平緩的、淺層的。

東晉王朝對嶺南的開發主要有兩個方面，首先是東晉政府對流民採取了
一些安置措施。兩晉十六國時期，由於中原地區的政權更迭、民族仇殺等原
因，大量人口由中原呈輻射狀向四周流移，嶺南以遠離中原戰場、政局相對
穩定成爲人口的重要流向之一。西晉末年是一個流民高峰，不少中原人口流
入嶺南。東晉時期，西南邊疆局勢動盪，益州、寧州也有部分人口經嶺南西
部就近流入嶺南。梁碩拒王機入交州時，因爲「恐諸僑人爲機，於是悉殺其
良者。乃自領交趾太守」，〔註75〕說明在交趾的流民已經形成一定的規模和影
響，乃至引起梁碩的注意和擔憂。此外江東也有部分百姓由於難以承受當地
沉重的賦役而逃亡到嶺南，上舉江東百姓從海道入廣州及鑄造兵器即是一
例。東晉王朝對嶺南的流民採取兩項安置措施。措施之一是設置流民督護之
職，專門負責流民的安置。杜慧度曾以州主簿之職兼領流民督護，其子弘文
也曾任此職。從二人的任職情況來看，此職乃受交州刺史的直接任命和指揮，
是隸屬於州級衙門的一個職能部門。但是，由於流民督護之職僅見於杜慧度、
杜弘文二人，此職的詳細狀況尚不得而知，其作用難以推測。安置措施之二
是爲流民增設郡縣，這是東晉王朝在各地安置流民的普遍性措施。所不同的
是，其他地區往往初置僑郡僑縣，經過一段時間後採取「土斷」方式，改「僑」
爲「土」。而在嶺南則最初設置的就是常規郡縣，而非僑郡僑縣。史曰：「元

〔註73〕《晉書》卷57《陶璜傳》。
〔註74〕《晉書》卷73《庾翼傳》。
〔註75〕《晉書》卷100《王機傳》。

帝分鬱林立晉興郡。成帝分南海立東官郡，以始興、臨賀二郡還蜀荊州。穆帝分蒼梧立晉康、新寧、永平三郡。哀帝太和中置新安郡，安帝分東官立義安郡，恭帝分南海立新會郡。」〔註76〕據此可知，東晉王朝建立後，在廣州增置郡縣的措施自始至終都在實行。這些增置的郡縣大多集中在沿海或沿江等水上交通方便之地，這與流民對便利交通的需求十分吻合。當然，並非所有增置的郡縣都是為流民而設。從理論上講，東晉王朝對嶺南土人的控制、征服以及土人的主動歸附，都可能促使增設郡縣。由於史料的缺乏，我們難以一一辨析，在廣州增置的郡縣中哪些是專為流民設置的，哪些是因土人設置的，哪些是二者兼而有之的。但從已有的材料來看，東晉時期，政府與嶺南土人的直接接觸十分稀少，而流民的活動則是有跡可尋的，所以專為土人增設的郡縣可能數量十分有限，大多數應當還是為安置流民而設。一種可能的情形是，流徙至嶺南的流民，大部分停滯於地理位置上相對來說更靠近內地的廣州，因而東晉以增設郡縣作為解決流民安置的主要措施；由於地理、交通等原因，流入更為偏遠的交州的流民相對停留於廣州者的規模來說可能小的多，因而安置的措施以設置隸屬於州衙門的流民督護之職為主。當然，要證實這一點，目前還缺乏充足的材料。

其次，東晉政府任命的嶺南部分地方官吏採取了一些發展經濟文化、整頓社會風俗的措施，取得了一定的成效。陶侃「勤於吏職，恭而近禮，愛好人倫」，任廣州刺史、交州刺史期間，大力整頓吏治，鼓勵農業生產，「有奉饋者，皆問其所由。若力作所致，雖微必喜，慰賜參倍；若非理得之，則切厲訶辱，還其所饋。嘗出遊，見人持一把未熟稻，侃問：『用此何為？』人云：『行道所見，聊取之耳。』侃大怒曰：『汝既不田，而戲賊人稻！』執而鞭之。」陶侃鞭打隨意持稻者的行為，表明了他對農業生產的重視和保護的態度。在他的治理下，交、廣境內「百姓勤於農殖，家給人足」，〔註77〕經濟獲得一定發展。交州刺史杜慧度在任期間，「禁斷淫祀，崇修學校」，致力於整肅風俗、發展教育、賑濟災民、安定社會。在他的治理下，州府所在地區「城門不夜閉，道不拾遺。」〔註78〕部分嶺南地方官吏由於個人宗教信仰的原因，對嶺南的宗教文化持扶持、鼓勵的態度，對嶺南的多元宗教文化發展起到了一定

〔註76〕《晉書》卷15《地理志下》廣州條。
〔註77〕《晉書》卷66《陶侃傳》。
〔註78〕《宋書》卷92《良吏傳・杜慧度》。

作用。范家偉認爲，六朝時期嶺南官吏支持僧人傳教，對佛教在嶺南的傳播和發展起到了重要作用，並舉《法苑珠林》所載東晉義熙年間廣州刺史刁逵以沙門慧邃隨行爲例。〔註 79〕胡守爲指出，東晉廣州刺史鄧嶽「那麼熱心接待道士葛洪，是出於有共同的信仰。」〔註 80〕葛洪是兩晉十六國時期著名的道教人士，在道教發展史上佔有很重要的地位。正是由於部分地方官吏對宗教的熱衷與支持，使得嶺南成爲道教、佛教等多元宗教文化交匯之所，對嶺南的經濟開發與文化發展具有一定的積極作用。

　　總之，嶺南在東晉時期得到進一步開發，經濟、文化均呈現持續發展的勢頭。但是，對於東晉開發嶺南的成效，不可估計過高。陶侃、杜慧度等地方良吏在任時間畢竟有限，他們所採取的措施，往往隨著離任或去世而人亡政息。所以就長遠來講，其影響是有限的。而且像陶侃、杜慧度這樣的良吏在嶺南官吏中是極少數，絕大部分嶺南地方官吏則以貪污腐敗聞名。史曰：「廣州包帶山海，珍異所出，一篋之寶，可資數世，然多瘴疫，人情憚焉。唯貧窶不能自立者，求補長史，故前後刺史皆多黷貨。」〔註 81〕東晉朝廷一度欲扭轉這種狀況，特意派以清廉聞名的吳隱之出任廣州刺史，但「時人頗謂其矯」，似乎吳隱之個人的廉潔自律並沒有取得榜樣的效應，甚至在輿論上都沒有得到時人的肯定，可見嶺南官吏貪污風氣之濃厚。吳隱之的繼任者廣州刺史褚叔度「在任四年，廣營賄貨，家財豐積。……還至都，凡諸舊及有一面之款，無不厚加贈遺」。〔註 82〕可見被派到嶺南的各級官吏大多數營私舞弊，唯利是圖，他們在任上除了拼命搜刮財物之外，非但沒有建設性的開發舉措，而且往往造成嚴重破壞。例如交州刺史、日南太守的貪利侵剝行爲招致林邑等國的憤怒，成爲林邑進攻交州的重要原因之一。

　　東晉時期嶺南開發出現這種局面，除了地方官吏個人品性的原因之外，此外最重要的一點則與東晉王朝的成立背景以及整個南方開發的推進狀況密切相關。東晉政權是在江東僑姓士族和本土大族共同支持下創立的，僑姓士族在東晉王朝中始終佔據絕對優勢。這些僑姓士族乃亡官失守之士，倉惶逃

〔註 79〕　參見范家偉：《六朝時期佛教在嶺南地區的傳播》，《佛學研究》第四期（1995），第 225～234 頁。
〔註 80〕　胡守爲：《嶺南古史》，廣東人民出版社 1999 年版，第 116 頁。
〔註 81〕　《晉書》卷 90《良吏傳・吳隱之》。
〔註 82〕　《宋書》卷 52《褚叔度傳》。褚叔度於平定盧循之亂的當年即東晉義熙七年（411）出任廣州刺史，至義熙十一年（415）離任。

至江東後，第一要務是爲自己開拓安身立命之所，揚州（今江蘇、浙江及安徽東部地區）地鄰都城建康，來往方便，且雖經孫吳、西晉兩朝開發，仍有不少荒蕪之地，開發的餘地很大，成爲僑姓士族創立家業的首選。因此，北來的僑姓士族紛紛以建康爲中心在鄰近地區「求田問舍」，東部沿海地區及今長江三角洲地區成爲兩晉十六國時期開發的熱土。遠隔都城的嶺南被時人視爲畏途。由僑姓大族所支撐和控制的東晉王朝，首先從戰略上沒有重視嶺南的開發，而是把大量精力投注在江東地區的開發上面。其次，中國古代的經濟開發，往往由中原地區向南逐步推進的，就整個開發形勢來講，東晉時期的經濟開發熱潮向南才推進到長江北岸，尚未到達珠江流域。由於上述種種原因，儘管東晉中期嶺南保持了長期的相對穩定，經濟開發的成效卻並不是很突出。正如何茲全先生所指出，「長江以南，是一個多民族居住的地區。到三國兩晉時爲止，漢族和漢族文化在南方的發展，也只是沿長江兩岸，沿海以廣州爲重點的一些點，與從荊州南下，通過湖南、江西逾五嶺而至廣州交通線上疏落的一些點。這以外的廣大區域，還多是少數族居住著。」〔註83〕東晉政權對於嶺南廣闊的少數民族聚居地「乃羈縻而已，未能制服其民。」〔註84〕

第三節　北朝對北方邊疆的開發

　　北朝統治者出於鞏固邊疆、維護統治的需要，對北方邊疆採取了系列開發措施，取得了一定成就，農業、畜牧業和商業得到發展。鑒於北魏王朝在北方邊疆的開發活動和開發成就最爲突出，本文側重對北魏時期的情況進行考察。

一、北朝對北方邊疆的農業開發：以邊疆屯田爲中心

　　兩晉十六國時期，北方邊疆農業已經獲得一定發展。特別是代國及早期北魏政權在北方邊疆地區推廣和發展農業，取得了一定成就。北朝統治者繼續關心重視農業的發展，採取了擴大屯田、增設農官、興修水利等措施，鼓勵和支持在北方邊疆地區發展農業。但是受政治、軍事形勢的影響，北朝在北方邊疆的農業發展既取得了突出成就，也存在一定局限。

〔註83〕白壽彝主編：《中國通史》第五卷《中古時代·三國兩晉南北朝時期》（上），上海人民出版社1995年版，第308頁。

〔註84〕《魏書》卷96《司馬睿傳》。

太武帝拓跋燾統治時期，薄骨律鎮將刁雍在河西地區大力推廣屯田、興修水利，獲得北魏官方的認可和嘉獎。刁雍於太平眞君五年至興光二年（444～455）擔任薄骨律鎮將，鎮於河西。刁雍在任上三次向拓跋燾上表，從中可以瞭解這一時期河西地區農業發展狀況。表文較長，茲將主要內容整理如下：

〔註85〕

第一次上表時間是太平眞君五年（444），彼時刁雍上任不久後，這次上表是因爲他看到該地原來的水渠年久失修，不能滿足官、民墾殖的需要，希望獲准「更引河水，勸課大田」，對原有水利灌溉網絡進行修繕和改進。拓跋燾對刁雍的提議立刻予以批准和褒揚。

第二次上表時間是太平眞君七年（446），即刁雍上任兩年之後，內容爲請求獲准在薄骨律鎮「造船運穀」，以便降低由薄骨律鎮向沃野鎮運送兵糧的成本。這份表文爲我們瞭解同時期北魏北方邊疆地區農業發展狀況提供了很有價值的信息。其文曰：「奉詔高平、安定、統萬及臣所守四鎮，出車五千乘，運屯穀五十萬斛付沃野鎮，以供軍糧。」拓跋燾對刁雍的提議大加讚賞，答曰：「知欲造船運穀，一多即成，大省民力，既不費牛，又不廢田，甚善。非但一運，自可永以爲式。」據此可知，應北魏政權的統一要求，高平、安定、統萬與薄骨律鎮都需向沃野鎮運送軍糧，所運之糧爲「屯穀」，即各鎮屯田所收穫的糧食，運送總量達到五十萬斛之多。可見各鎮屯田產量不僅足以供應屯守本鎮的將士，還有盈餘可供國家調配。拓跋燾所答「非但一運，自可永以爲式」之語則進一步透露，此四鎮屯穀外運並非偶然爲之，而是長期如此，四鎮屯穀的產量應該比較穩定。

第三次上表時間是在太平眞君九年（448）。表文曰：「臣鎮所綰河西，爰在邊表，常懼不虞。平地積穀，實難守獲。兵人散居，無以依恃。脫有妖奸，必致狼狽。雖欲自固，無以得全。今求造城儲穀，置兵備守。」薄骨律鎮北有柔然，刁雍爲了保護屯田收穫的糧食，不得不請求獲准專門修城以儲穀，並派兵看守保護。此事反映了北方邊疆在強敵壓境的情況下發展農業的艱辛。拓跋燾批准了刁雍的請求，並在儲穀之城修建完工以後，命名爲「刁公城」，以示嘉獎。

綜覽刁雍三次上表的內容，每次都與農業生產密切有關，不是運送屯穀，就是興修水利，或造城保護屯穀。可見農業生產在西北邊疆軍鎮守將的日常

〔註85〕刁雍表文及相關內容參見《魏書》卷38《刁雍傳》，下同。

事務中處於非常重要的位置。拓跋燾對刁雍上表的重視與嘉獎，說明屯田在北魏王朝統治者心目具有十分重要的意義。

孝文帝拓跋宏在位時期，對北方邊疆地區的農業生產十分重視。太和十二年（488），大臣李彪向孝文帝提出系列建議，其中包括在州郡增設屯田，招募屯人，設置農官進行專門管理，發生水旱災害時，屯穀用於救濟災民。李彪曰：「又別立農官，取州郡戶十分之一以爲屯人，相水陸之宜，料頃畝之數，以贓贖雜物餘財市牛科給，令其肆力。一夫之田，歲責六十斛，蠲其正課並征戍雜役。行此二事，數年之中，則穀積而人足，雖災不爲害。」李彪的提議被孝文帝採納，「高祖覽而善之，尋皆施行。」〔註86〕這項措施收效良好，「自此公私豐贍，雖時有水旱，不爲災也。」〔註87〕同年，孝文帝「詔六鎮、雲中、河西及關內六郡，各修水田，通渠溉灌。」〔註88〕此條詔令正是對李彪屯田提議的落實措施，在李彪提議之後，北魏下令在六鎮、雲中、河西等人口稀少的北方邊疆地區大規模屯田，與內地頒行均田令形成巨大反差。〔註89〕

宣武帝元恪統治時期，北方邊疆的屯田出現被破壞的跡象，大臣源懷上表，建議對此進行整頓。源懷曰：「景明以來，北蕃連年災旱，高原陸野，不任營殖，唯有水田，少可菑畝。然主將參僚，專擅腴美，瘠土荒疇給百姓，因此困弊，日月滋甚。諸鎮水田，請依地令分給細民，先貧後富。若分付不平，令一人怨訟者，鎮將已下連署之官，各奪一時之祿，四人已上奪祿一周。」源懷所言之水田，應爲北方邊疆各鎮的屯田。由於屯田歸鎮將管理，所以逐漸被鎮將、參僚所吞噬，平民百姓只能得到貧瘠的荒田。源懷受命進行整頓，「一朝見申者，日有百數，所上事宜便於北邊者，凡四十餘條，皆見嘉納。」〔註90〕這一方面說明源懷執法嚴整，深得民心，另一方面說明北方邊疆地區屯田被侵奪的情況很嚴重。由於源懷只是作爲巡行使節進行整頓工作，因此整頓效果難以持久，不能從根本上制止邊疆屯田被侵蝕的現象。孝明帝元詡統治時期，涼州刺史袁翻上書，認爲涼州西海郡位於高車通往內地的交通要

〔註86〕　《魏書》卷 62《李彪傳》。
〔註87〕　《魏書》卷 110《食貨志》。
〔註88〕　《魏書》卷 7《高祖紀上》。
〔註89〕　參見李寶通《北魏太和十二年（488）李彪屯田史實略考》，《中國經濟史研究》 1998 年第 1 期。
〔註90〕　《魏書》卷 41《源賀傳附源懷傳》。

道，具有重要的軍事意義，且「土地沃衍，大宜耕殖」，建議派遣將士進行戍守，「且田且戍」，「一二年後，足食足兵，斯固安邊保塞之長計也。」袁翻的提議獲得朝中官員普遍認可，「時朝議是之。」〔註91〕但孝明帝是否實施不得而知。

北魏分裂後，西魏、北周政權重用蘇綽等漢人，制定了尊儒重農的基本國策，先後下達二十四條新制、十二條詔書和六條詔書。〔註92〕在上述系列政策影響下，西北邊疆農業有所恢復和發展。西魏初，獨孤信出鎮隴右、擔任秦州刺史期間，在境內「勸以耕桑，數年間公私富實。」〔註93〕東魏、北齊統治下的東北邊疆農業生產也得到一定發展。高湛統治期間，幽州刺史斛律羨在境內興修水利，發展農業，收到了一定成效。史曰：「又導高梁水北合易京，東會於潞，因以灌田。邊儲歲積，轉漕用省，公私獲利焉。」〔註94〕但是斛律羨的措施屬於官吏自主在局部地區所採取的措施，因此作用有限。吐谷渾對發展西北邊疆的農業生產也有一定的貢獻。史曰：「（吐谷渾）亦知種田，有大麥、粟、豆，然其北界氣候多寒，唯得蕪菁、大麥。」〔註95〕

綜上所述，北朝諸政權採取以屯田為主的措施，推動北方邊疆的農業生產，取得了一定成效。在北朝統治者的開發組織下，以河西四鎮為中心的西北邊疆屯田區形成了一定規模，所產糧食不僅可以供應本鎮將士，而且有一定盈餘可供外運。孝文帝時期，在李彪的提議下，北魏把屯田區由河西擴展到六鎮、雲中等地，進一步擴大了開發成效。延昌元年（512），北魏境內發生嚴重旱災，宣武帝元恪下詔，令「河北民就穀燕恒二州」，「詔饑民就穀六鎮」。〔註96〕可見邊疆屯田在水旱災害之時，發揮了重要的救急功能。不過，北魏遷都洛陽後，六鎮地位下降，內部社會矛盾尖銳，至宣武帝在位時期，六鎮屯田已經受到鎮將的嚴重侵奪，雖有源懷的種種制約措施，終因未能制度化而作用時效有限。西魏、北周時期，西北邊疆農業生產雖然有一定的發展，由於吐谷渾多次侵擾河隴地區，農業的總體發展情況不容樂觀。張澤咸先生認為：「北魏佔領河西後，有意讓當地發展畜牧業，河西畜牧業由是獲得

〔註91〕　《魏書》卷69《袁翻傳》。
〔註92〕　參見《周書》卷2《文帝宇文泰紀下》，卷23《蘇綽傳》。
〔註93〕　《周書》卷16《獨孤信傳》。
〔註94〕　《北齊書》卷17《斛律金傳附斛律羨傳》。
〔註95〕　《魏書》卷89《吐谷渾傳》。
〔註96〕　《魏書》卷8《世宗紀》。

了極大的發展，田作則是萎縮不振。其後，西魏、北周的統治者比較關心農事，田作是稍有復蘇，但處境維艱，很難說達到了漢魏時期的生產水平。」〔註97〕另外值得一提的是，北朝在北方邊疆地區的農業生產活動歸根結底是為了配合鎮戍的需要，服務於軍事戰略大局，「且耕且戍」是北朝各政權對北方邊疆地區農業生產活動的基本定位。北朝的北方邊疆農業雖然得到了一定的發展，但在邊疆經濟結構中卻始終沒有佔據主導位置。

二、北朝對北方邊疆畜牧業的發展：以國有牧場為中心

北方邊疆有從事畜牧業的歷史傳統和有利的地理條件。大力發展畜牧業是北朝各政權開發北方邊疆的主要方式。

畜牧業是北朝各政權的重要經濟來源之一，特別是對北魏統治前期而言，畜牧產品是重要的財政收入，在軍國大事中具有舉足輕重的作用。例如登國六年（391），拓跋珪大破劉衛辰之後，「收其珍寶、畜產，名馬三十餘萬、牛羊四百餘萬，漸增國用。」神䴥二年（429），拓跋燾親征柔然，大獲全勝，「虜其種落及馬牛雜畜方物萬計。」〔註98〕由此可知，北魏統治前期對北方邊疆的軍事行動，除政治、軍事意義外，還有重要的經濟意義。不過這種以戰爭贏獲戰利品的方式，談不上是邊疆開發，而是對邊疆資源的掠奪。真正意義的邊疆畜牧業開發利用，是從拓跋燾時期設置漠南牧場開始的。

神䴥二年（429），拓跋燾在對柔然的戰爭中，順便降服了高車部眾「數十萬落」，將之驅趕到「漠南千里之地」，為北魏王朝放牧，這是北魏漠南牧場形成的開端。此後，漠南牧場逐漸成為北魏王朝在北部邊疆地區的畜牧業主要基地。史曰：「（高車部眾）乘高車，逐水草，畜牧蕃息，數年之後，漸知粒食，歲致獻貢，由是國家馬及牛羊遂至於賤，氈皮委積。文成帝拓跋在位時期，五部高車合聚祭天，眾至數萬。大會，走馬殺牲，遊繞歌吟忻忻，其俗稱自前世以來無盛於此。會車駕臨幸，莫不忻悅。」以上史料提供了兩個信息。一是北魏王朝對降附並安置在漠南的高車部眾實行「因俗而治」的政策，完整地保留高車的部落組織和風俗習慣。因此到文成帝拓跋濬在位時期，高車仍按部落居住，分為「五部」，也仍然保持了「合聚祭天」、「走馬殺

〔註97〕張澤咸：《漢唐間河西走廊地區農牧業生產述略》，《中國史研究》1998 年第 1 期。

〔註98〕《魏書》卷 110《食貨志》。

牲，遊繞歌吟忻忻」的游牧民族習俗。由於政策得宜，到文成帝統治時期，北魏對漠南牧場的經營總體穩定，遂有車駕臨幸而「莫不忻悅」的盛況。二是漠南牧場是北魏財政重要來源，對北魏的經濟生活具有重大影響，以至「國家馬及牛羊遂至於賤，氈皮委積。」〔註99〕北魏王朝北有柔然強敵經常南下侵擾，西有吐谷渾虎視眈眈，而且在南方與南朝對峙，長期處於戰備或戰爭狀態，因此對馬、牛、羊、氈皮等戰爭物資有迫切的需求，漠南牧場為北魏政權提供了充足的軍備，壯大了北魏經濟力量，對鞏固北魏的統治、加強對邊疆的經略具有十分重要的意義。

在西北邊疆，拓跋燾平定赫連夏政權後，在河隴地區設置了河西牧場。史曰：「世祖之平統萬，定秦隴，以河西水草善，乃以為牧地。畜產滋息，馬至二百餘萬匹，橐駝將半之，牛羊則無數。高祖即位之後，復以河陽為牧場，恒置戎馬十萬匹，以擬京師軍警之備。每歲自河西徙牧於并州，以漸南轉，欲其習水土而無死傷也，而河西之牧彌滋矣。正光以後，天下喪亂，遂為群寇所盜掠焉。」〔註100〕河西牧場設立後，一直承擔為北魏提供戰馬的重任，所畜養的戰馬經過并州中轉後而逐漸南下，至河陽牧場。河陽牧場在黃河之北，設置於遷都洛陽之後。史曰：「時仍遷洛，敕福檢行牧馬之所。福規石濟以西、河內以東，拒黃河南北千里為牧地。事尋施行，今之馬場是也。及從代移雜畜於牧所，福善於將養，並無損耗，高祖嘉之。」〔註101〕河西牧場的戰馬抵達河陽牧場，全程輾轉近千里，而馬匹並無損耗，除了上面所言宇文福善於養馬的因素外，其產源地的戰馬本身健碩恐怕是最主要的原因。由此亦可見設立河西牧場的重大意義。

正如眾多學者所指出，北魏的漠南牧場和河西牧場均是國有牧場，〔註102〕在國有牧場上從事勞動的，通常是身份低賤的「牧子」，其中大部分是被北魏降附、擄掠的北方游牧部眾。漠南牧場由被降服的高車部眾經營，河西牧場則是由降附於北魏的「費也頭」經營。費也頭原為匈奴役屬的牧民，主要由鮮卑、鐵勒等組成。公元一世紀匈奴衰亡前後，費也頭向南逃至河西走廊北及河套以西，從而形成為一個新的部族集團。〔註103〕管理牧場的官吏對牧子

〔註99〕《魏書》卷103《高車傳》。
〔註100〕《魏書》卷110《食貨志》。
〔註101〕《魏書》卷44《宇文福傳》。
〔註102〕參見王利華：《中古時期北方地區畜牧業的變動》，《歷史研究》2001年第4期。
〔註103〕周偉洲：《貲虜與費也頭》，《文史》第23輯，中華書局1985年版。

實行殘酷的剝削和壓迫，引發牧子的反抗。北魏末年，在河西牧場發生了費也頭牧子的反魏鬥爭，因尒朱榮鎮壓而失敗。史曰：「敕勒斛律洛陽作逆桑乾西，與費也頭牧子迭相掎角，榮率騎破洛陽於深井，逐牧子於河西。」〔註104〕

　　北魏王朝是北朝邊疆畜牧業開發的主要政權。北魏王朝通過設置國有牧場，在北方邊疆地區大力發展畜牧業，有利於增強北魏王朝的軍事力量和綜合國力，具有十分重要的意義。不過，北魏統治者對北方邊疆畜牧業的重視，歸根結底是出於軍事戰備的需要，服務於國家政治、軍事形勢大局，而非從經濟開發本身的角度出發，因而具有一定的局限性。

　　吐谷渾政權立國於河湟地區，保有突出的游牧民族生產、生活模式，對推動西北邊疆畜牧業的發展發揮了重要作用。南北朝時期，吐谷渾培育出了品種優異的良馬。史曰：「青海周回千餘里，海內有小山，每冬冰合後，以良牝馬置此山，到來春收之，馬皆有孕，所生得駒，號為龍種，必多駿異。吐谷渾嘗得波斯草馬，放入海，因生驄駒，能日行千里，世傳青海驄者是也。」〔註105〕

三、北朝對北方邊疆商業的發展及其經濟文化交流：以絲綢之路為中心

　　北朝統治時期，北方邊疆地區深受政治、軍事形勢的影響，經濟文化發展與交流呈現明顯的地域差異。

　　北朝東北邊疆總體政局平穩，各政權統治者對邊疆各族採取羈縻綏撫政策，經濟上扶持邊境貿易，與邊疆各族互通有無。庫莫奚本居住於安州、營州附近，「與安營二州邊民參居，交易往來」。太和二十二年（498），庫莫奚叛魏，遠遁東北塞外，後重新要求歸附款塞歸附，「每求入塞，與民交易。」宣武帝元恪認真分析了庫莫奚與北魏政權的交往歷史，出於對邊疆民族的關懷和穩定邊疆大局的考慮，同意庫莫奚的入塞交易要求，同時加強對交易活動的監管，「交市之日，州遣上佐監之。」〔註106〕獻文帝拓跋弘在位時期，契丹諸部與北魏在和龍（今遼寧省朝陽市內）至密雲之間形成穩定而廣大的交市場所。史曰：「悉萬丹部、何大何部、伏弗郁部、羽陵部、日連部、匹絜部、

〔註104〕《魏書》卷74《尒朱榮傳》。
〔註105〕《魏書》卷89《吐谷渾傳》。
〔註106〕《魏書》卷100《庫莫奚傳》。

黎部、吐六於部等，各以其名馬文皮入獻天府，遂求爲常。皆得交市於和龍
（今遼寧省朝陽市域內）、密雲（今河北省豐寧縣域內）之間，貢獻不絕。」
孝文帝拓跋宏在位時期，款附在東北邊塞的契丹首領莫弗賀勿於向北魏「告
饑」求援，孝文帝「聽其入關市糴」，〔註107〕幫助其度過難關。由於北朝統治
者、特別是北魏統治者對東北邊疆各族較好地實行了羈縻與安撫政策，東北
邊疆的商業貿易得到發展。

　　北朝的北部邊疆始終處於柔然、高車、突厥等強大的游牧政權軍事壓力
之下，局勢動盪，戰爭頻繁，因此商業貿易活動受到嚴重影響，甚至出現遲
滯現象。例如受戰爭的影響，北魏與柔然之間的北部邊境關市被迫長期關閉。
正光四年（523）元孚的上書中就提到這個現象，並建議恢復設立傳統的邊境
關市，開放北部邊疆與內地之間的民間貿易，以救柔然因災受饑之急。元孚
曰：「又貿遷起於上古，交易行於中世。漢與胡通，亦立關市。今北人阻饑，
命懸溝壑，公給之外，必求市易。彼若願求，宜見聽許。」〔註108〕然而元孚
的提議最終未被採納。直到北魏末年，北魏在北部邊境始終沒有設立官方正
式認可的貿易關市，邊境貿易只能在民間偷偷進行。北部邊疆商業蕭條狀況
可見一斑。這種狀況一直延續到東魏、北齊、西魏、北周時期。

　　北朝統治下的西北邊疆同樣面臨柔然、高車和突厥的軍事威脅，此外吐
谷渾政權在河隴地區的活動，一度使西北邊疆的局勢受到影響。但是北朝諸
政權、特別是北魏王朝在積極進取西域、吐谷渾遭受挫折後，改變經略政策，
由主動發動征討戰爭轉變爲保守退讓、羈縻而治，努力維繫與吐谷渾、西域
諸國的冊封與朝貢關係，維護西北邊疆的整體穩定局勢，爲商業貿易的發展
和經濟文化交流創造了有利的環境。同時北朝各政權統治者對商業貿易活動
十分重視、支持，採取相應的政策與措施保障。因此北朝西北邊疆的商業貿
易活動比較活躍，自漢代以來逐步形成的中外經濟文化交流的通道——絲綢
之路，在北朝統治時期保持暢通並進入繁榮時期。

　　河西走廊是絲綢之路的交通要衝之地，是東、西方的商業貿易活動的樞
紐地帶以及多元文化的交匯之地，因此成爲北朝商業貿易的中心地帶。大批
西域商人經河西走廊到達內地，既把西方的珍奇異寶帶到內地，又把內地的
特產如絲綢、布帛等帶往西域，推動了西域與內地的經濟文化交流與發展。

〔註107〕《魏書》卷 100《契丹傳》。
〔註108〕《魏書》卷 18《太武五王傳·臨淮王譚》。

其中西魏、北周時期尤爲突出。涼州、瓜州等地因處於絲綢之路的要衝，成爲西域商人聚居之地。西魏大統十二年（546），瓜州發生宇文仲和之亂，瓜州大族令狐整協助平定叛亂，被眾人推舉代爲主持州事，但是令狐整「乃推波斯使主張道義行州事。」〔註109〕令狐整身爲瓜州本地大族，又屢有堪平動亂保全州境之功，卻不敢居功代行州事，而是推舉波斯使主張道義，可見張道義的背後，必定有一大批支持者，且支持者很可能是寄居在瓜州境內的西域商人。由此可知，北朝時期瓜州的西域商人數量已經達到一定規模，這從一個側面反映了北朝絲綢之路的繁榮景象。同年，西魏政權在瓜州、涼州之間增設西涼州，任命韓褒爲西涼州刺史。史曰：「十二年（546），除都督、西涼州刺史。羌胡之俗，輕貧弱，尚豪富。豪富之家，侵漁小民，同於僕隸。故貧者日削，豪者益富。褒乃悉募貧人，以充兵士，優復其家，蠲免徭賦。又調富人財物以振給之。每西域商貨至，又先盡貧者市之。於是貧富漸均，戶口殷實。」〔註110〕此中提到西涼州貧富差距較大，而韓褒應對的重要措施之一則是貧者優先購買西域商貨，可知西域商人的貿易在當地經濟中佔有相當大的比重，西涼州豪富之家的主要致富途徑是與西域商人進行貿易。有學者指出，北朝時期的西域商人「除在涼州聚居外，有許多轉往內地，他們的足跡遍及全國，其中有不少人即在內地或沿海商埠定居。」〔註111〕史家認爲，「有周承喪亂之後，屬戰爭之日，……廄庫未實，則通好於西戎」，「卉服氈裘，輻湊於屬國；商胡販客，填委於旗亭。」〔註112〕這種評價是十分中肯客觀的。北朝絲綢之路的興盛，有賴於北朝各政權統治者的支持，其中西魏、北周政權的歷史貢獻尤爲值得肯定。

北朝諸政權與周邊各族的朝貢往來，既有政治意義，也有重要的商業意義和經濟文化交流意義。朝貢在一定程度上是變相的官方貿易往來。故而在政局相對穩定、雙邊關係良好的情況下，北方邊疆民族政權頻繁派出使者前往中原朝貢，頻率高達每年一次。例如吐谷渾頻繁派遣使者至北魏朝貢，「終世宗世至於正光，犛牛蜀馬及西南之珍無歲不至。」〔註113〕在北部邊疆交市

〔註109〕《周書》卷36《令狐整傳》。
〔註110〕《周書》卷37《韓褒傳》。
〔註111〕傅築夫：《中國封建社會經濟史》（第三卷），人民出版社1984年版，第389頁。
〔註112〕《周書》卷49《異域傳序》。
〔註113〕《魏書》卷101《吐谷渾傳》。

中斷的情況下，柔然、高車等政權也以朝貢的名義實現與中原的物資交換。例如孝文帝拓跋宏統治時期，柔然幾乎每年向北魏遣使朝貢，甚至一年中三次遣使朝貢。又如史載，「自魏德既廣，西域、東夷貢其珍物，充於王府。」〔註 114〕北魏統治後期，由於朝貢過於頻繁，貢品數量過多，以至於成為北魏財政的沉重負擔。宣武帝元恪在位時期，大臣邢巒上奏曰：「逮景明之初，承升平之業，四疆清晏，遠邇來同，於是蕃貢繼路，商賈交入，諸所獻貿，倍多於常。雖加以節約，猶歲損萬計，珍貨常有餘，國用恒不足。若不裁其分限，便恐無以支歲。自今非為要須者，請皆不受。」〔註 115〕由上可知，邢巒認為國家用於向貢使購買異域珍貨的開支過大，導致國庫緊張，建議朝廷對貢使的物品選擇性地接受，以減輕財政壓力。這從一個側面反映了當時貢使借朝貢之名、行貿易之實的事實，也反映了在朝貢名義下的官方貿易的繁榮景象。絲綢之路的暢通，為西域使者的朝貢活動提供了重要保障。

第四節　西江督護與南朝嶺南開發 〔註 116〕

南北朝時期，南方經濟、文化取得了長足的進步，南方經濟區的發展十分突出，成為唐宋以後經濟中心南移的先聲。南朝統治下的南方邊疆地區獲得了前所未有的開發，經濟、文化水平顯著提高，各民族之間的交流交往交融得到發展，南方邊疆地區與內地的聯繫更加緊密。特別是嶺南的開發成就令人矚目。而西南邊疆地區、特別是寧州地區長期處於本土大姓的控制之下，南朝政權對其鞭長莫及，開發成就甚微。因此本文重點對南朝嶺南的開發狀況進行探討。

在南朝以前各個歷史時代，嶺南長期被中原王朝視為邊遠荒蠻之地，其經濟意義不為統治者所注意。隨著東晉一百多年來對江南地帶的開墾，江南經濟取得了飛速的發展。在當時的生產水平下，以長江三角洲為中心的經濟開發逐漸達到了飽和，進一步開發的空間越來越小。為開闢新的賦稅來源，南朝統治者把目光投向了政治上相對安定而經濟上還有很大開發餘地的嶺南。南朝嶺南由此進入一個嶄新的發展階段。

〔註 114〕 《魏書》卷 110《食貨志》。
〔註 115〕 《魏書》卷 65《邢巒傳》。
〔註 116〕 本節已作為階段性成果發表，參見拙文《西江督護與南朝嶺南開發》，《廣西民族研究》2004 年第 2 期。

　　南朝開發嶺南的突出的特點是將政治統治、軍事征討與經濟開發融爲一體，難分彼此。南朝設置西江督護、南江督護、東江督護等軍事職官的措施，既是經略嶺南的政治、軍事措施，又是開發嶺南的經濟措施。西江督護的活動，兼具政治威懾、軍事征討、經濟開發等多重性質，與經濟開發關係尤爲緊密，集中體現了南朝以西江流域爲中心、沿著西江水系和廣州中西部沿海兩大水上交通線路、以武力爲前驅和後盾來經略開發嶺南的基本思路。在開發嶺南和維護南朝在嶺南統治等方面，西江督護均發揮了極其重要的作用。此點歷來爲學界所忽視，今特詳論之。

　　史籍關於西江督護之職的記載十分簡略，《南齊書》的州郡志中有寥寥數語介紹西江督護。明確記載曾擔任西江督護之職的歷史人物僅見七位。〔註117〕而在《宋書》、《南齊書》、《隋書》的《百官志》中，均沒有提到西江督護。《通典》職官卷簡單提到西江督護，其資料純爲引用《南齊書》州郡志之語。史料的匱乏，使得關於西江督護的研究難以開展和深入，同時掩蓋了西江督護在歷史上的重要意義。在各類相關論著中，西江督護都僅僅被簡單提及，缺乏必要的深入探討。因此，有必要對西江督護的行政品級、設立原因、職責演變、活動範圍、歷史地位與作用等略作考證和評價，並在這個基礎上進一步探討西江督護與南朝經略開發嶺南活動之間的關係。

一、西江督護的創設與兩晉南朝的嶺南開發形勢

　　關於西江督護的設立，《南齊書》州郡志簡單介紹說：「西南二江，川源深遠，別置督護，專征討之。」〔註118〕此爲迄今所見史籍中最早直接介紹西江督護之職的原始材料。從這段簡短的文字裏，我們可以確定西江督護是一個以征討爲主要任務的軍事職官，其活動範圍似乎集中在西江和南江流域，設立的原因則是因爲「川源深遠」，其中隱含著該地少數民族抵制南朝統治的意思。這段對西江督護的介紹文字既提供了一些基本信息，成爲我們進一步研究西江督護的重要材料，同時也存在嚴重疏漏，對西江督護的設置時間、行政品級、職責演變等重要內容隻字未語，其中對西江督護活動範圍的界定也是很不全面準確的。因此，我們只能憑藉相關史料對西江督護的系列問題

〔註117〕分別爲：劉宋時期任職的劉勔、陳伯紹，南齊時期任職的周世雄，蕭梁時期任職的靳山顧、孫同、胡穎和陳霸先，詳見文後所附《歷任西江督護列表》。
〔註118〕《南齊書》卷14《州郡志上》廣州條。

作相應的考證和推測，並力圖使之全面準確。

西江督護創設於何時，史無明載。方高峰博士推測應當在宋孝武帝時期大明三年或四年（459 或 460）。〔註119〕根據史籍所見七位西江督護所處年代來看，西江督護無疑是一個在宋、齊、梁時期連續存在的固定官職，而非臨時差遣。陳朝是否繼續存在，因無確切的材料，暫且存疑。

同樣，關於西江督護的行政品級，也缺乏明確記載。但是以相關材料爲參照，可以進行大致的推測。劉勔、陳伯紹、陳霸先等均以西江督護兼任郡守之職，〔註120〕由此可見西江督護的行政級別大致與郡守相當。史曰：「太守，二千石。」〔註121〕陳茂同先生認爲劉宋郡守品次同於魏晉之制，均爲二千石，第五品。〔註122〕那麼劉宋時期西江督護的品級，似應與此大體相當。不過到蕭梁時期，郡守的品次又有了一些變化。史曰：「（梁朝）會稽太守，二千石。吳郡、吳興二太守，……品並第五。」「萬戶以上郡太守、內史、相，嗣王府、皇弟皇子之庶，……品並第六」。又曰：「不滿萬戶太守、內史、相，……品並第七。」〔註123〕可見梁朝是根據經濟、戶口、地理位置等綜合因素大致將郡分爲上中下三等，上等爲經濟富庶、人口眾多、地理上靠近統治中心建康的少量特殊郡，例如會稽、吳郡、吳興，郡守爲第五品；萬戶以上的郡爲中等郡，郡守爲第六品，下等郡戶口在萬戶以下，郡守爲第七品。另又見史載曰：「京官文武，月別唯得廩食，多遙帶一郡縣官而取其祿秩焉。……丹陽、吳郡、會稽等郡，同太子詹事、尚書班。高涼、晉康等小郡，三班而已。……

〔註119〕參見方高峰博士學位論文：《六朝民族政策與民族融合》第二章第三節：東晉南朝民族政策。指導老師：蔣福亞教授。研究方向：魏晉南北朝史。論文分類號：K235。畢業學校：首都師範大學。論文答辯時間：2002 年 6 月。

〔註120〕劉勔以西江督護兼任鬱林太守，陳霸先以西江督護兼任高要郡守，各見本傳。陳伯紹以西江督護兼任東莞太守之事考證如下：《宋書》卷 8《明帝劉彧紀》記「太始四年（468）三月，交州人李長仁據州叛，妖賊攻廣州，殺刺史羊南，龍驤將軍陳伯紹討平之」，「太始五年（469）七月，東莞太守陳伯紹爲交州刺史」，《南齊書》卷 14《州郡志》記「宋太始中，西江督護陳伯紹獵北地」。陳伯紹因平劉思道、李長仁之亂由龍驤將軍轉升西江督護，大約在太始四年，史言其太始五年由東莞太守轉升交州刺史，可推知其任西江督護時兼領東莞太守。

〔註121〕《宋書》卷 40《百官志下》。

〔註122〕參見陳茂同著《歷代職官沿革史》，華東師範大學出版社 1988 年版，第 167、213 頁。

〔註123〕《隋書》卷 26《百官志上》。

品第既殊，不可委載。」〔註124〕這段資料同樣表明南朝根據郡的大小區分了郡守的不同品次，所以京官遙領外職時，雖同爲郡守，而所取祿秩不同。不過，我們還是不清楚蕭梁時期陳霸先任西江督護時兼領的高要郡是中等郡還是下等郡。高要郡的戶口數字史書闕如。雖然高要郡是梁朝從南海郡析置，〔註125〕其人口規模似應與「高涼、晉康小郡」相當，但缺乏更多的證據。因而無以確定蕭梁時期的西江督護是第六品還是第七品。但有一點是可以肯定的，即西江督護的品級應是第五品與第七品之間。這一品級大致處於南朝整個官僚體制的中層，在地方官僚體制中則爲中上層。由此可見，南朝政權對擔任西江督護的官員是寄予厚望、委以重任的。西江督護的創設，是南朝政權爲經略開發嶺南而在制度上所作的重大創舉，體現了南朝政權對經略開發嶺南的高度重視。

西江督護的創設，與兩晉南朝嶺南的開發形勢有著緊密的聯繫。自漢末紛爭以來，嶺南與遼東、河西成爲中原漢人躲避戰爭的三個主要遷徙方向。大量漢人的南遷，爲嶺南的開發注入強大的動力，有力地推動了嶺南地區的社會經濟文化發展。但是，漢文化在嶺南的影響以及內地政權對嶺南的控制情況，在三國兩晉時期還是不容過於樂觀的。何茲全先生指出：「長江以南，是一個多民族居住的地區。到三國兩晉時爲止，漢族和漢族文化在南方的發展，也只是沿長江兩岸，沿海以廣州爲重點的一些點，與從荊州南下，通過湖南、江西逾五嶺而至廣州交通線上疏落的一些點。這以外的廣大區域，還多是少數族居住著。」〔註126〕偏安東南一隅的南朝政權對財富、兵源有著特殊的強烈渴求和客觀需要。加大對嶺南的開發與控制、擴大財富和兵源成爲南朝統治者的當務之急。西江督護就是在這種歷史背景下創置的，它的出現表明南朝政權在嶺南的開發，已經超出前代的範圍，沿著西江水系和南部濱海兩大交通線路向嶺南腹地縱深推進。

那麼南朝政權爲什麼要設立西江督護這樣一個具有濃厚軍事色彩的職官來推進政府的開發活動呢？這是因爲南朝政府的開發目的是以掠奪財富和兵源爲主的，勢必遭到以俚、僚等少數民族爲主體的土著居民的反感和牴觸，

〔註124〕《隋書》卷24《食貨志》。

〔註125〕參見《南齊書》卷14《州郡志》廣州條，《隋書》卷31《地理志下》高要郡條。

〔註126〕白壽彝主編：《中國通史》第五卷（中古時代——三國兩晉南北朝時期），第308頁。

由此引發尖銳的民族矛盾，「俚獠猥雜，皆樓居山險，不肯賓服」〔註127〕之語即是反映了這種情況。面對民族矛盾，南朝政權首先想到的不是緩和矛盾而是武力震懾。首任西江督護劉勔上任時的情形頗能說明問題。史載，劉宋大明年間，「費沈伐陳檀不克」，〔註128〕陳檀乃「合浦大帥」〔註129〕，是該地俚族首領。這說明劉宋政權在嶺南的開發活動已經遭到來自俚、獠等本土民族的抵制。劉勔就是在這種情形下被任命為鬱林太守、西江督護，接替費沈繼續討伐陳檀，最終將陳檀降服。

總之，西江督護之職，是南朝政權開發嶺南的活動從沿海及陸地南下交通線向嶺南腹地推進並遇到阻力的歷史背景下創置的。它的出現既是兩晉以來嶺南開發不斷深入的結果，又反映了南朝政權通過武力征服的方式進一步推動嶺南開發的要求。

二、西江督護的活動範圍與南朝開發嶺南的基本思路

西江督護的活動範圍極其廣闊。根據上引「西南二江，川源深遠，別置督護，專征討之」之語，西江督護的活動範圍，似應在「西南二江」之內。那麼，「西南二江」具體指哪些地區？西江督護的征討活動是否完全局限於西南二江？這裡我們首先要對西南二江乃至整個嶺南地區的歷史地理狀況作一番瞭解。

關於西南二江的歷史地理狀況，顧祖禹在《讀史方輿紀要》中這樣介紹：「西江即廣西黔、鬱、桂三江之水自梧州府東流入肇慶府，界歷德慶州封川縣西而賀江流入焉。經縣南又東至州城南亦曰南江，亦名晉康水。又東繞府城而東南流出羚羊峽，入廣州府順德縣界，亦謂之龍江。又東流至府城西北，會北江之水。又流至府城南而會東江之水，並流而入於海。」〔註130〕

根據這段材料可知，所謂「西南二江」實際上就是指西江，南江是西江的一部分。顧祖禹在接下來的敘述中也明確指出，「西江實兼南江之名矣。」而且由此可知，西江應有狹義和廣義兩種理解。狹義的西江指西江干流，即自梧州府（南朝為蒼梧郡）東流至海的河段。廣義的西江指西江水系，是一

〔註127〕《南齊書》卷 14《州郡志上》廣州條。
〔註128〕《南史》卷 39《劉勔傳》。
〔註129〕《宋書》卷 97《夷蠻傳》。
〔註130〕顧祖禹：《讀史方輿紀要》卷 100《廣州一》。

個包含了黔水〔註131〕、鬱水〔註132〕、桂水〔註133〕、賀江〔註134〕等四大支流和西江干流的龐大水系。西江水系所覆蓋的地域，乃屬嶺南地區的腹心地帶，大致相當於今天的廣西中部、東部、東北部、湖南南部和廣東西部，在東晉時已設立鬱林郡、晉興郡、寧浦郡、永平郡、蒼梧郡、臨賀郡、始興郡、晉康郡，新寧郡、南海郡，劉宋時又增設綏建郡和宋隆郡。〔註135〕如此一來，關於「西南二江」的理解就產生兩種歧義：是指狹義的西江呢，還是廣義的西江水系？筆者認為應當是後者。因為現存史料所見的第一位西江督護劉勔當時兼任鬱林太守，這意味著鬱林郡顯然是西江督護的活動中心之一。而鬱林郡恰恰不在西江干流而在西江水系的二個支流即黔水與鬱水交匯的三角地帶。

不僅如此，從史書相關記載來看，西江督護的活動並不局限於西江流域，而是跨伸到了廣州中西部的濱海地區。劉勔受命伐「合浦大帥」陳檀，合浦在廣州西部濱海地區，遠離西江水系。陳伯紹為西江督護時，也到過合浦北界，並以該地啓立為越州。陳伯紹為什麼會到遠離西江水系的合浦北界呢？恐怕不是偶然路過，而是因為該地「夷獠叢居，隱伏岩障，寇盜不賓，略無編戶」，〔註136〕需要消除開發阻力，增加政府編戶。陳伯紹出任西江督護時兼領東莞太守，東莞亦不在西江水系而屬於廣州中部濱海地區。看來我們還不能顧名思義地把西江督護僅僅理解為「督護西江」。西江流域僅僅是西江督護的活動地區之一，而廣州中西部的濱海地區，則是西江督護的另一個重要活動地區。

綜上所述，西江督護主要在廣義的西江流域和廣州中西部濱海地區兩大遼闊地域內開展征討俚、僚等土著民族的活動，其地域範圍大致在今天的廣西省境內。這兩個既在一個整體地域中但又並不毗鄰的地區有一個共同點，

〔註131〕今黔江，南朝稱牂牁水。
〔註132〕今鬱江，其上游為左江、右江二支流和二江合流後的邕江，南朝時右江與西江干流合稱為鬱水，左江與邕江合稱南水。顧祖禹所處之明清時期的「鬱水」與南朝所稱之「鬱水」不完全相同。
〔註133〕今桂江，南朝稱灕水。
〔註134〕南朝稱封溪水。
〔註135〕參見《宋書》卷37《州郡志》湘州條、卷38《州郡志》廣州條、《南齊書》卷14《州郡志》廣州條和譚其驤主編的《中國歷史地圖集》第四冊（東晉十六國‧南北朝時期）。
〔註136〕《南齊書》卷14《州郡志》越州條。

即水上交通便利。這給我們一個重要啓示，即西江督護的活動並不是凌亂無序的，而是遵循一定的路線。大致來講，西江督護的活動，應該是以西江水系和南部濱海這兩大水上交通動脈爲主軸來展開的。

西江督護的活動規律，與南朝在嶺南所增置政區的分佈規律呈現出驚人的一致。眾所周知，六朝是嶺南內部政區增置最爲顯著的時期，根據有些學者的統計，六朝嶺南政區呈「超常規高速發展」的狀態。「在大約 300 年間，嶺南州郡兩級政區數，由三國吳時的 7 個增加到南朝陳時的 89 個，這意味著六朝末嶺南州郡兩級政區數已是六朝初期的 12.71 倍。」而南朝在嶺南所增加的政區，占整個六朝時期所增政區的絕大部分。「西晉廣州下轄 7 郡，劉宋時發展爲 2 州 19 郡，蕭齊時爲 2 州 25 郡，蕭梁時已達 20 州 65 郡，陳朝雖經裁併，仍有 15 州約 60 郡之多。」〔註 137〕而且南朝所增置的政區，恰巧集中在西江流域和廣州中西部濱海地區，與西江督護的活動範圍和活動路線驚人地一致。對比東晉、宋、齊、梁、陳的歷史地圖可以發現，東晉、劉宋時期西江流域和廣州中西部濱海地區的行政點還相對比較疏闊，而到南齊、蕭梁時期，這裡的行政點已經是蛛網密佈，西江督護涉足不到的廣州東部和交州，則行政點基本上沒有變化。〔註 138〕

西江督護活動範圍和路線與南朝在嶺南所增置政區的一致性，不是一種單純的巧合，而是深刻地揭示了西江督護的活動與南朝嶺南開發的內在聯繫，表明西江督護早期的武力征服乃是南朝推進嶺南開發的主要方式，而南朝嶺南開發的路線，也應當與西江督護的活動路線大致吻合。通過對西江督護活動範圍和活動路線的探討，我們清晰地看到，南朝政權開發嶺南的基本思路，乃是以西江督護的武裝力量爲前驅，沿著西江水系和廣州中西部沿海兩大水上交通線路向嶺南腹地逐步縱深推進。正如上引何茲全先生所言，三國兩晉以來對嶺南的開發，是南下及沿海交通線上的一些「點」。南朝政權則在這個基礎上，把交通線上疏落的點，發展成以西江水系和南部濱海這兩大交通線爲紐帶的「面」。梁陳之際，西江流域和廣州中西部濱海地區行政區大量增加，就是這種開發思路的表現和結果。由於西江督護的活動，南朝對嶺南的開發較之前代是大爲深入了。

〔註 137〕參見黃金鑄：《論六朝嶺南政區激增無濫置之嫌》，《學術研究》2000 年第 6 期。
〔註 138〕參見譚其驤主編：《中國歷史地圖集》第四冊，中國地圖出版社，1982 年版，第 5〜6 頁，25〜26 頁，31〜32 頁，42〜45 頁。

三、西江督護在嶺南開發中的歷史作用

　　南朝是一個重視門第閥閱、嚴格「清」（官）「濁」（官）之別的時代，門第高貴、家世顯赫的人佔據了職閒廩重的「清官」，出身微賤的人多數情況下只能擔任被士族子弟們鄙棄的「濁官」。西江督護活動範圍在遠離建康政治中心、時人視爲「煙瘴之地」的嶺南，且以深入未化之區、討伐不賓之眾爲主要職責，應屬「濁官」之流。這就無怪乎史籍對此職的記載如此零落了。所以我們看到，儘管此職在歷史上存在了至少約一百年之久，〔註139〕而擔任此職在史籍上留下姓名的僅有七位，其中又只有劉勔、胡穎、陳霸先三位有相對集中的個人資料，其餘四位則僅有零散的側面的記載，有的甚至僅僅留下姓名，其家世、仕途、任職期間活動等重要信息均難查考。這種狀況，與西江督護所發揮的重大歷史作用極不相稱。因此有必要拋棄陳見，對其歷史作用作出新的界定與評價。西江督護在早期充當了南朝開發嶺南的武力前驅，爲南朝深入開發嶺南腹地作出了重大貢獻。隨著西江督護軍事實力的不斷壯大，以及對嶺南腹地開發的不斷成熟，到南朝中後期，即梁陳時期，西江督護的主要作用也發生了轉變，逐漸成爲南朝鞏固開發成果、維護嶺南安定的一支重要武裝力量，爲南朝推進嶺南開發和維繫嶺南統治起到武力保障的作用。

　　西江督護在早期（尤其是在劉宋時期）的主要歷史作用，以征討嶺南俚、僚等少數民族爲主，具有武力開拓的性質。考察此一時期西江督護的主要活動，如劉勔任西江督護時伐陳檀的活動，〔註140〕陳伯紹任西江督護時「獵北地」即討伐廣州濱海地區合浦北界俚、僚的活動，〔註141〕均屬此類。前引《南齊書》所云西江督護「專征討之」之語，反映的就是這種狀況。前代開發嶺南，主要是依靠自北南下的自發移民，這些漢族移民主要是停留在南下及濱海交通線，並未深入少數民族居住地，因此很少遭遇來自俚、僚等族的武裝抵制。南朝急欲擴大開發面積，加強控制程度，不能不向俚、僚居住地深處挺進，從而導致遭遇俚、僚武裝抵制的幾率大大提升，西江督護的武力征討在開發活動中的作用也就顯得尤爲突出。

　　在頻繁的征討活動中，西江督護的軍事實力逐漸壯大，再加上開發活動的不斷深入和逐步成熟，西江督護的主要作用也隨著發生了轉變，鎮壓嶺南

〔註139〕根據本文的論述，西江督護最晚創設於劉宋大明三年或四年（459或460），最早消亡於梁朝末年（557），則西江督護最少存在了九十七年。

〔註140〕參見《南史》卷39《劉勔傳》。

〔註141〕參見《南齊書》卷14《州郡志》越州條。

統治階級內部叛亂的活動逐漸增多，維護一方安寧成為西江督護的重要職責。這充分顯示了南朝中後期西江督護在鞏固嶺南開發成果、維繫南朝對嶺南統治等方面所發揮的重大作用。其中頗具代表性的人物是陳霸先。考察陳霸先任梁朝西江督護時期的活動，已不見武力開拓新區域的記載，主要的活動是討平嶺南地方官僚內部的反叛、鎮壓嶺南土著勢力叛亂，維護和鞏固南朝在嶺南的統治。大同七年（541），陳霸先討平了高州刺史孫冏和新州刺史盧子雄的親屬部眾的叛亂，接著又充當鎮壓交州土著李賁等人叛亂的先鋒。太清二年（548），侯景寇京師，陳霸先聯合成州刺史王懷明、行臺選郎殷外臣等討伐欲與侯景勾結陰謀叛亂的廣州刺史元景仲，迎請梁朝宗室蕭勃鎮廣州。〔註142〕由此可見西江督護的主要職責逐漸發生變化，由專門討伐未開發地區少數民族，轉變為維護南朝在整個嶺南地區統治。這種變化反映了南朝對嶺南開發的不斷深入，也反映了西江督護影響範圍的擴大和歷史地位的上升。

由於西江督護個人原因，有時候他們也會成為製造動亂的禍首。如南齊末年西江督護周世雄、梁武帝時期西江督護靳山顧就曾因個人覬覦更大權力而舉兵叛亂。〔註143〕由於史料的缺乏，尚難斷定這樣的情況在所有西江督護中占多大比重。但是，在南朝一百餘年間，嶺南局勢總體上是安定的。雖然小規模的叛亂時有發生，但都不曾危及南朝政權的統治地位。李賁之亂雖規模巨大，最終依靠西江督護等武裝力量得以平定。而且李賁之亂是發生在交州而非西江督護所頻繁活動的廣州、越州，更可見西江督護對活動地域內的社會安定作出了重大貢獻。由此來看，西江督護維護、鞏固開發成果和南朝統治的作用是主要的，製造動亂、破壞安定的消極作用是有限的。

西江督護維護、鞏固南朝對嶺南統治的作用，是以自身強大的軍事實力為基礎的。關於西江督護的軍事實力，史書沒有直接記載，但在側面的史料中有所反映。周世雄舉兵叛亂時，首攻廣州刺史蕭季敞，蕭季敞擁有相當雄厚的兵力，齊明帝與蕭諶合謀欲廢殺鬱林王時，曾試圖依靠蕭季敞的兵力舉事，〔註144〕周世雄輕而易舉地擊敗蕭季敞，足以證明西江督護是擁有強大軍事實力的。前文談到了梁朝高州刺史孫冏和新州刺史盧子雄的親屬部眾叛亂的事。孫冏是何人呢？史載蕭勃為廣州刺史時，「乃表臺於高涼郡立州。敕仍

〔註142〕陳霸先事蹟參見《陳書》卷1《高祖陳霸先紀上》。
〔註143〕參見《南齊書》卷29《周盤龍傳附周奉叔傳》、《南史》卷41《齊宗室‧臨川王蕭宏傳附子蕭正則傳》。
〔註144〕參見《南史》卷41《齊宗室‧衡陽公諶傳》和同書同卷《臨汝侯坦之傳》。

以爲高州，以西江督護孫固爲刺史。」〔註145〕蕭勱出任廣州刺史在梁武帝統治時期，雖具體年份不可考，但根據梁武帝「朝廷便是更有廣州」的欣慰感歎之語，大致可以推定在李賁叛亂之前。因而這裡提到的首任高州刺史、「西江督護孫固」與上面提到的「高州刺史孫岡」基本上處於同一時代。據此我們基本上可以確定，「孫固」、「孫岡」當是同一人，「固」、「岡」形似，筆誤的可能性很大。孫岡是由西江督護轉任高州刺史的。孫岡、盧子雄被殺，引發了「州中震恐」〔註146〕的大規模軍事叛亂。這次叛亂既由他們的親族部眾發動，則叛軍中必有孫岡任西江督護時期的兵眾，所以這個事件可以看作是西江督護擁有強大軍事實力的一個側證。當然，關於西江督護兵力強盛的更有力的證據，是當時擔任西江督護、高要太守的陳霸先「率精兵救之，賊眾大潰」，〔註147〕很快鎮壓了這次叛亂。陳霸先平定李賁之亂，靠的也是任西江督護時期積蓄的實力。〔註148〕後來陳霸先逾嶺北上，控制朝政，乃至創立新朝，所依靠的核心武裝力量，同是擔任西江督護時期的手下人馬，這更足以說明西江督護的強大軍事實力。

根據以上直接和間接的材料，可知西江督護的軍事實力在南朝中後期已十分雄厚，對嶺南政局具有舉足輕重的影響，實際上已經逐漸成爲南朝政權維繫嶺南統治的重要軍事支柱之一。無論是平定嶺南地方官吏的反叛，還是平定如李賁等交州土著勢力的叛亂，都顯示了西江督護維護南朝在嶺南統治所發揮的重大作用，以及它作爲南朝統治嶺南的強大武裝後盾的重要地位。

西江督護的設立是南朝開發嶺南政策體制中一個相當重要的環節。與此性質相同的政策還有南江督護、東江督護的設立以及高州、新州等以武力鎮攝爲目的的行政區域的增置，〔註149〕它們的一個共同點是以武力爲核心經略開發嶺南，只不過作用和影響，遠不如西江督護那樣重要和突出。與這些武力色彩相當濃厚的新設行政官職相呼應的，是南朝對嶺南俚、僚等少數民族

〔註145〕《南史》卷51《梁宗室上・吳平侯景傳附子勱傳》。

〔註146〕《南史》卷9《陳本紀上》。

〔註147〕（唐）李延壽：《南史》卷9《陳本紀上》，中華書局 1974 年版。

〔註148〕參見《南史》卷9《陳本紀上》。

〔註149〕關於高州的設立，《南史》卷51《梁宗室上・吳平侯景傳附子勱傳》載，「勱以南江危險，宜立重鎮，乃表臺於高涼郡立州。敕仍以爲高州」。關於新州，《陳書》卷8《杜僧明傳》載，「盧安興爲廣州南江督護，僧明與兄天合及周文育並爲安興所啓，請與俱行。頻征俚獠有功，爲新州助防」，表明新州的主要作用在於「防」。則可見高州、新州的設立初衷主要都是「鎮」和「防」，軍事目的十分明確。

曠日持久、聲勢浩大、規模空前的討伐活動。西江督護的設置及職能再次映證了南朝對嶺南少數民族實行以武力征討爲主、羈縻綏撫爲輔的基本政策，也再次給南朝經略開發嶺南的基本政策與活動抹上了濃厚的軍事征服色彩。

附：歷任西江督護列表

姓名	任職時間	籍貫	家世	仕途	任職期間活動	材料來源
劉勔	宋孝武帝大明三、四年（459或460）至前廢帝即位（465）共5年	彭城人	父祖位至郡守	增城令，鬱林太守，西陽王子尚撫軍參軍，入直閣，龍驤將軍、西江督護、鬱林太守。前廢帝即位（465），爲屯騎校尉，又入直閣。封鄱陽縣侯，遷右衛將軍，行豫州刺史，加都督。後徵拜散騎常侍、中領軍。明帝臨崩，顧命以爲守尚書右僕射、中領軍。（休範爲亂）使持節、鎮軍將軍，置佐。	攻克俚帥陳檀，「隨宜窮定，大致名馬，並獻珊瑚連理樹。」	《宋書》卷八十六《劉勔傳》，《南史》卷三十九《劉勔傳》
陳伯紹	宋明帝太始年間（465～471）	穎川人，晉南渡，家居吳興	不詳	爲廣州刺史袁曇遠裨將，因戰功封龍驤將軍，後爲西江督護、東莞太守，交州刺史，越州刺史。	率兵獵於合浦北界，以其地啓立爲越州。	《宋書》卷8《明帝紀》，《南齊書》卷14《州郡志》越州條，胡守爲：《嶺南古史》262頁引《粵大記》，廣東人民出版社。
周世雄	南齊末永元年間（499～501）	兗州東平人	父周盤龍、兄周奉叔曾以武功深得時君寵遇	不詳	世雄殺廣州刺史蕭季敞，稱季敞同逆，送首京師。廣州刺史顏翻討殺之。	《南齊書》卷29《周盤龍傳附子奉叔傳》

靳山顧	梁武帝大通二年（529）	不詳	不詳	不詳	與流放廣州的宗室蕭正則合謀襲擊番禺，「招誘亡命，將襲番禺。未及期而事發，遂鳴鼓會將攻州城。刺史元景仲命長史元孝深討之。」	《南史》卷51《臨川王蕭宏傳附子蕭正則傳》
孫冏（即孫固）	梁武帝時期	不詳	不詳	由西江督護轉高州刺史。	不詳。	《南史》卷51《梁宗室上吳平侯蕭景傳附子蕭勱傳》
胡穎	梁征李賁期間（541～548）	吳興東遷人	不詳	梁世仕至武陵國侍郎、東宮直前、西江督護。梁承聖初，元帝授穎假節、鐵騎將軍、羅州刺史，封漢陽縣侯，邑五百戶。紹泰元年，除假節、都督南豫州諸軍事、輕車將軍、南豫州刺史。太平元年，除持節、散騎常侍、仁威將軍。尋兼丹陽尹。天嘉元年，除散騎常侍、吳興太守。	征討俚洞。	《陳書》卷12《胡穎傳》
陳霸先	梁武帝大同年間至太清年間（535～541）及征李賁之後（548～549）	吳興人	起於微末之家，初為油庫吏	廣州刺史蕭映中直兵參軍、監宋隆郡，西江督護、高要郡守，交州司馬，領武平太守，振遠將軍、西江督護、高要太守、督七郡諸軍事，監始興郡。注：舉兵逾嶺之前。	平定盧子略叛亂、廣州刺史元景仲叛亂，擁戴梁宗室蕭勃為廣州刺史，借平侯景之亂舉兵逾嶺，控制局勢，創建陳朝。	《陳書》卷1《高祖本紀》，《南史》卷9《陳本紀上》

第八章　魏晉南北朝時期的邊疆管理體制

第一節　三國時期邊疆管理體制

三國邊疆管理制度以兩漢時期邊疆管理制度爲基礎，既保留了兩漢時期邊疆管理制度的大量內容，又根據時代的具體需要而有所創新和發展。

一、中央管理機構與地方行政機構

三國時期邊疆事務的中央管理機構，有尚書主客曹和大鴻臚。曹魏承東漢之制，在尚書臺設客曹尚書，負責邊疆民族使者往來的接待工作。史曰：「魏世有吏部、左民、客曹、五兵、度支五曹尚書。」〔註1〕尚書臺是三國的政務中樞機構，對國家行政政務發揮領導和決策作用。不過，我們在《三國志》中找不到曾擔任客曹尚書的人物。據黎虎先生考證，曹魏青龍二年（234）增置的二曹郎中，有南主客曹郎。但「南主客曹郎可能與主要接待吳、蜀使者有關」，〔註2〕與邊疆民族事務關係甚少。看來尚書主客曹在邊疆事務中的地位，尚不能作太高的估計。大鴻臚爲九卿之一，始置於東漢，「掌諸侯及四方歸義蠻夷」。〔註3〕魏、蜀、吳三國均設有大鴻臚卿，擔任此職者有曹魏的崔林、蜀漢的杜瓊、孫吳的張儼。崔林在魏文帝時期擔任大鴻臚卿，在任期間表現十分出色。史曰：「龜茲王遣侍子來朝，朝廷嘉其遠至，褒賞其王甚厚。餘國各遣子來朝，間使連屬，林恐所遣或非眞的，權取疏屬賈胡，因通使命，

〔註1〕《宋書》卷39《百官志》。
〔註2〕黎虎：《漢唐外交制度史》，蘭州大學出版社1998年版，第166～167頁。
〔註3〕（晉）司馬彪：《續漢書》志25《百官志》二，《文淵閣四庫全書》電子版。

利得印綬，而道路護送，所損滋多。勞所養之民，資無益之事，爲夷狄所笑，此曩時之所患也。乃移書敦煌喻指，並錄前世待遇諸國豐約故事，使有恆常。……林爲政推誠，簡存大體，是以去後每輒見思。」〔註4〕這則史料表明，大鴻臚卿在邊疆民族使者接待事宜上具有領導和決策作用，既在中央負責西域各國使者到京的朝貢事宜，也可直接向邊疆州郡下達命令。

　　三國沿襲秦漢舊制，在邊疆設有州郡縣等多級地方行政機構，其行政區劃大致在東漢原有基礎上，進行了適當調整和補充，使之更加完備。

　　曹魏初年，在東北邊疆設幽州，下轄代郡、上谷郡、漁陽郡、燕國、范陽郡、右北平郡、遼西郡、昌黎郡等八個郡級行政區域，原屬東漢的遼東四郡即玄菟郡、遼東郡、樂浪郡、帶方郡名義上歸屬曹魏，實際上爲公孫淵父子所割據。景初二年（238）曹魏平定遼東後，遼東四郡納入曹魏直接統治體制。在北部邊疆，曹魏於建安二十年（215）將雲中、定襄、五原、朔方四郡合併爲新興郡。省併的原因可能與鮮卑、烏桓對邊郡的寇擾騷亂有關。曹魏時期，并州共轄雁門、新興、太原、樂平、西河、上黨六郡。在西北邊疆，曹魏設有涼州、雍州。涼州下轄敦煌、酒泉、張掖、武威、西平、金城六郡。雍州下轄隴西、南安、天水、廣魏、安定、扶風、京兆、馮翊、北地共九郡，其中隴西、南安、天水三郡與涼州六郡相連，共稱河隴地區，爲曹魏時期西北邊疆的中心地帶。

　　在西南邊疆，蜀漢在東漢南中四郡即益州郡（後改稱建寧郡）、牂柯郡、越嶲郡、永昌郡的基礎上，於建興三年（225）平定南中叛亂後，增設雲南郡和興古郡，加上蜀漢初改原東漢犍爲屬國爲朱提郡，共領七郡。不過，蜀漢對增設的雲南郡和興古郡的統治情況如何，由於史料的缺乏，難以詳知。二郡太守有姓名可考者唯呂凱，但上任不久就被殺害。馬忠爲庲降都督期間，興古郡曾有反叛活動，被馬忠及其部將張嶷鎮壓。這表明蜀漢雖然新設二郡，但對新郡的統治可能並非十分有效。

　　在嶺南地區，孫吳沿襲漢制，設立交州。黃武五年（226）和永安七年（264），孫吳兩次從交州分置廣州。第二次分置廣州後，廣州行政建制沿用至後世。孫吳交州下轄交趾、九眞、日南三郡，建衡三年（271）增設新昌、武平、九德三郡及九眞屬國三十餘縣；廣州下轄鬱林、蒼梧、合浦、高涼、南海五郡，鳳凰三年（274），從鬱林郡中分置桂林郡。

〔註4〕《三國志》卷24《魏書·崔林傳》。

二、地方性邊疆民族鎮撫機構

秦漢以來，邊疆民族鎮撫機構作爲地方州郡縣行政系統的補充，在管理邊疆民族事務、維護邊疆穩定等方面發揮了獨特的作用。三國政權在秦漢王朝邊疆民族鎮撫機構的基礎上，進行了改易和增減，使得這一體制更加適應三國時期的邊疆形勢與統治需要。

曹魏在東北邊疆、北部邊疆的民族鎮撫機構護烏丸校尉和護鮮卑校尉。護烏丸校尉始設於東漢，曹魏時期沿用，治所在昌平（今北京市昌平區東南）。任此職者先後有閻柔、田豫、杜恕、毌丘儉等人。〔註5〕護鮮卑校尉始設於魏文帝時期，治所也在昌平，牽招是第一任護鮮卑校尉。史曰：「文帝踐祚，拜招使持節護鮮卑校尉，屯昌平。」〔註6〕值得注意的是，田豫、牽招二人均先後擔任護烏丸校尉、護鮮卑校尉，其中田豫以護烏丸校尉兼任護鮮卑校尉之職。史曰：「文帝踐祚，田豫爲烏丸校尉，持節並護鮮卑，屯昌平。」〔註7〕另外，幽州刺史往往兼任護烏丸校尉或者護鮮卑校尉。史曰：「幽州刺史王雄支黨欲令雄領烏丸校尉，毀豫亂邊，爲國生事。遂轉豫爲汝南太守，加殄夷將軍。」〔註8〕又曰：「後幽州刺史王雄並領校尉，撫以恩信。比能數款塞，詣州奉貢獻。」綜合這兩份史料進行分析，可知幽州刺史王雄在任時期，欲兼領烏丸校尉之職，因此製造不利於田豫的社會輿論，導致田豫從烏丸校尉任上離職，轉任與北部邊疆毫無關聯的汝南太守之職。王雄遂以幽州刺史之職「並領校尉」。王雄兼任校尉期間，對鮮卑首領軻比能實行安撫政策，在一段時期內，軻比能稱臣於曹魏。由此可見，雖然史書未明確記載王雄兼領之職爲護烏丸校尉還是護鮮卑校尉，但從王雄的意圖和田豫的離職等情況來看，王雄兼任之職應是護烏丸校尉。從王雄在校尉任上的活動來看，其所主管的對象並不僅限於烏丸，而是包含鮮卑。例如軻比能及其所率部眾就是當時活躍於北部邊疆的一支重要的鮮卑力量。青龍三年（235），王雄主導了遣

〔註5〕據《三國志》卷 8《魏書・公孫瓚傳》記載，「閻柔遣使詣太祖受事，遷護烏丸校尉。」卷 16《魏書・杜畿傳附杜恕傳》記載，杜恕「復出爲幽州刺史，加建威將軍，使持節，護烏丸校尉。」卷 26《田豫傳》記載，「文帝初，北狄強盛，侵擾邊塞，乃使豫持節護烏丸校尉。」卷 28《毌丘儉傳》曰：「青龍中，帝圖討遼東，以（毌丘）儉有干策，徙爲幽州刺史，加度遼將軍，使持節，護烏丸校尉。」

〔註6〕《三國志》卷 26《魏書・牽招傳》。

〔註7〕《三國志》卷 30《魏書・烏丸鮮卑東夷傳》。

〔註8〕《三國志》卷 26《田豫傳》。

人刺殺軻比能的行動。史曰：「至三年中，雄遣勇士韓龍刺殺比能，更立其弟。」〔註9〕可見主管鮮卑事務是護烏丸校尉的重要職責之一。結合護鮮卑校尉在史籍上留下記載寥寥、專任此職有姓名可考者僅牽招、解俊的史實，〔註10〕筆者推測，護鮮卑校尉設置後不久就被廢置，其職能併入護烏丸校尉。這種官職設置與調整，體現了烏丸、鮮卑兩個民族在地緣、民族特性等方面的高度一致性及二者密切的互動關係，體現了曹魏統治者在設置與調整邊疆民族管理機構時的靈活性、務實性。護烏丸校尉、護鮮卑校尉則因烏丸、鮮卑活動地域的游移性，職責地域範圍涉及東北邊疆、北部邊疆等廣大地域。

在北部邊疆，曹魏設置護匈奴中郎將護匈奴中郎將之職始置於漢代，後廢置。太和五年（231），曹魏復置護匈奴中郎將。〔註11〕曹魏時期，孫禮、田豫、魯芝、陳泰等人先後出任護匈奴中郎將之職。史曰：「時匈奴王劉靖部眾強盛，而鮮卑數寇邊。乃以禮爲并州刺史，加振武將軍，使持節，護匈奴中郎將。」〔註12〕「正始初，（田豫）遷使持節護匈奴中郎將，加振威將軍，領并州刺史。」〔註13〕「正始中，（陳泰）徙游擊將軍，爲并州刺史，加振威將軍，使持節，護匈奴中郎將，懷柔夷民，甚有威惠。」〔註14〕「宣帝嘉之（魯芝），赦而不誅。俄而起爲使持節、領護匈奴中郎將、振威將軍、并州刺史。以綏緝有方，遷大鴻臚。」〔註15〕由此可知，曹魏時期護匈奴中郎將往往由并州刺史兼任，這與南匈奴散居於并州北部五郡有密切關係。曹魏復置護匈奴中郎將，與北部邊疆鮮卑、匈奴等少數民族的復興及寇邊有關。太和時期（227～233），正是軻比能統一鮮卑、勢力強大、頻繁寇擾北部邊塞的時期。恢復設置護匈奴中郎將有利於加強對分佈在并州沿邊諸郡的南匈奴五部的監管，鞏固曹魏對北部邊疆的統治。青龍三年（236），曹魏恢復設置朔方郡，〔註16〕應該同樣是出於加強邊疆控制的考量。

在西北邊疆，曹魏設有護羌校尉、西域長史、戊己校尉等職務機構。護羌校尉是東漢時期已有的官職，曹魏沿用。文帝即位，金城太守蘇則兼任護

〔註9〕《三國志》卷30《烏丸鮮卑東夷傳》。
〔註10〕參見《三國志》卷26《魏書·田豫傳》、《魏書·牽招傳》。
〔註11〕參見《三國志》卷3《魏書·明帝紀》。
〔註12〕《三國志》卷24《魏書·孫禮傳》。
〔註13〕《三國志》卷26《魏書·田豫傳》。
〔註14〕《三國志》卷22《魏書·陳群傳附陳泰傳》。
〔註15〕《晉書》卷90《魯芝傳》。
〔註16〕《三國志》卷3《魏書·明帝紀》。

羌校尉，數年以後，溫恢以涼州刺史之職兼任護羌校尉，此後涼州刺史兼任護羌校尉漸成定制，徐邈、李憙均如此。〔註17〕西域長史和戊己校尉的設置情況已見前文，這裡要進一步指出的是，曹魏、西晉時期，戊己校尉通常由涼州刺史兼任。史曰：「獻帝時，涼州數有亂，河西五郡去州隔遠，於是乃別以爲雍州。末又依古典定九州，乃合關右以爲雍州。魏時復分以爲涼州，刺史領戊己校尉，護西域，如漢故事，至晉不改。」〔註18〕

在西南邊疆，蜀漢設庲降都督，鎮撫南中七郡。蜀漢國土狹小，僅據益州一州，實際實行的是郡縣二級行政體制。但庲降都督總攝南中七郡軍政要務，實際職權地位，與魏、吳州刺史極爲相近。庲降都督的僚屬，見諸史冊的有參軍庲降屯副貳都督、護軍、督庲降後將軍。〔註19〕南中爲蜀漢的財富基地和北伐後方，庲降都督職責重大，故此「都督常用重人」，〔註20〕鄧方、李恢、馬忠等擔任此職者皆爲備受劉備、諸葛亮器重、寵信之人。庲降都督爲鞏固蜀漢在南中的統治、促進南中經濟開發等方面發揮了重要作用。

三、邊疆鎮禦體制

完備的軍事鎮禦體制是保障邊疆安全和政權生存的重要前提條件。歷代王朝都十分重視邊疆地區軍事鎮禦體制的建設。三國政權均在邊疆地區建立了實力強大的專職軍事鎮禦機構和層次清晰的軍事鎮禦體制。專職機構主要有鎮撫邊疆各地的都督。軍事鎮撫體制主要是由都督、州兵、郡兵和邊疆民族鎮撫機構所屬士卒等三個層次共同組成的嚴密的軍事網絡，既負責鎮壓邊疆內部的叛亂，又負責抵禦來自邊境外的武力侵襲，保障邊疆地區的安全穩定。

都督是三國時期的領兵統帥，最初是由中央派遣到地方鎮守的軍職，後來逐漸演變爲凌駕於諸州之上的軍政首領，軍民兼治，都督區成爲州、郡、縣之上的行政區域。都督的官職名稱往往爲「都督某州或某地諸軍事」，並冠以中郎將、鎮北將軍、征北將軍、振威將軍等武職名稱。例如吳質的官職爲「北中郎將」、「振威將軍，假節都督河北諸軍事」。〔註21〕三國時期

〔註17〕 各見《三國志・魏書》本傳。
〔註18〕 《晉書》卷14《地理志》。
〔註19〕 參見《三國志》卷41《蜀書・霍弋傳》、卷45《蜀書・楊戲傳》。
〔註20〕 《華陽國志校注》卷4《南中志》。
〔註21〕 《三國志》卷24《魏書・崔林傳》、卷21《魏書・王粲傳》。

是都督制的發端，都督的職守主要是軍事鎮守和防禦。在軍務之餘，都督也有一些民政活動，但這是次要的。都督作爲轄區內最高軍政長官的發展趨勢，在曹魏即已初露端倪。他們不但對轄區的軍事安全負總責，刺史、郡守、各郎將、校尉等官員在軍事上皆受其調遣，而且往往由於都督是皇帝的親信而獲得轄區內各級官吏的敬畏，從而逐漸形成都督凌駕於地方各級官吏之上的優越地位。

曹魏在邊疆諸州俱駐重兵，遣都督統領之。明帝在位時期，大臣杜恕曰：「今荊、揚、青、徐、幽、并、雍、涼緣邊諸州皆有兵矣。」〔註22〕都督的統轄區域根據作戰原則、邊防形勢和地理狀況來確定。曹魏設在邊疆地區的都督區有河北都督區和雍涼都督區。河北都督區管轄東北邊疆和北部邊疆，包括幽州、并州，兼及冀州。〔註23〕河北都督是轄區內的最高軍事長官，負責防備幽州、并州邊塞的鮮卑、烏桓，其官職名稱往往爲北中郎將、鎮北將軍或征北將軍等武官之名。由於曹魏前期鮮卑、烏桓對曹魏幽、并邊塞構成巨大的軍事壓力，因此河北都督多爲朝廷親信大臣。這就使河北都督逐漸獲得對轄區內各州刺史的指揮權，從而漸染民政，成爲軍政合一的首領，開啓了都督兼管軍事與民政的先聲。文帝初年，北中郎將吳質出任河北都督，涿郡太守王雄論曰：「吳中郎將，上所親重，國之貴臣也。仗節統事，州郡莫不奉箋致敬。」幽州刺史崔林不願奉承吳質，因此雖然在任期間政績昭著，仍然被降職，「猶以不事上司，左遷河間太守」。〔註24〕正始、嘉平年間（240～254），杜恕出任幽州刺史，此時河北都督爲征北將軍程喜。尚書袁侃等告誡杜恕說：「程申伯處先帝之世，傾田國讓於青州。足下今俱杖節，使共屯一城，宜深有以待之。」杜恕不以爲意，結果任期還沒滿，就被程喜找藉口劾奏下獄，免爲庶人。〔註25〕崔林和杜恕的遭遇表明，河北都督藉重與朝廷的特殊關係，逐漸凌駕於諸州刺史之上，向地方軍政長官轉化。明帝時，鎮北將軍呂昭出任河北都督，兼領冀州刺史，杜恕上書反對，認爲「古之刺史，奉宣六條，以清靜爲名，威風著稱，

〔註22〕《三國志》卷16《魏書·杜恕傳》。
〔註23〕河北都督區及後文雍涼都督區的地理範圍參考嚴耕望：《中國地方行政制度史》乙部《魏晉南北朝地方行政制度史》，中央研究院歷史語言研究所專刊之四十五B，臺灣三民書局1990年版，第26～27頁。
〔註24〕《三國志》卷24《魏書·崔林傳》。
〔註25〕《三國志》卷16《魏書·杜恕傳》。

今可勿令領兵，以專民事。」〔註26〕但是呂昭仍然得以兼領冀州刺史。至西晉時，都督已經完全成為地方軍政長官了。曹魏初年，雍涼都督區督管河隴地區和關中地區，曹眞、司馬懿、夏侯玄、郭淮、陳泰等均任過雍涼都督。雍涼都督區的設置主要目的是鎮守魏、蜀邊界，因此其經營重心不在河西而在隴右。甘露元年（256），雍涼都督區分為隴右都督區和關中都督區，分置的目的是為了更進一步加強防禦蜀漢的軍事力量。雍涼都督與西北邊疆諸州刺史之間，在軍事上同樣存在領導與被領導的關係。但是，雍涼都督涉足民政的事例似乎很少，與諸州刺史之間的關係也比較和諧順暢，幾乎沒有象河北都督與轄區刺史之間那樣的摩擦。

蜀漢的庲降都督是一個集軍事與民族鎮撫職能為一體的官職，具有軍事鎮禦機構與邊疆民族管理機構的雙重性質，對西南邊疆的軍事活動負有指揮、領導之責，與南中七郡太守之間同樣形成領導與被領導的關係。庲降都督在鎮壓南中叛亂、協調民族關係、維護南中的發展與穩定等方面都發揮了重大作用。同時，由於庲降都督往往兼領建寧郡太守之職，其民政職責亦十分重要。

孫吳在嶺南也設置了都督區。天紀三年（279）郭馬叛亂時，「攻殺廣州督虞授」。〔註27〕建衡三年（271）孫吳收復交趾三郡後，陶璜的官職是「使持節、都督交州諸軍事、前將軍、交州牧。」〔註28〕陶璜以交州都督身份兼領交州刺史，說明交州都督的職能已是軍政合一了。廣州督則專領兵，不治民，虞授領廣州督時，廣州刺史由徐旗擔任。〔註29〕孫吳的都督與魏、蜀略有不同，有督、都督兩個層次，稱「督」者，不僅權力地位較「都督」更輕，而且受都督的管轄。都督往往統轄數督。〔註30〕孫吳在嶺南設有廣州督區和交州都督區，交州都督對廣州督負有統帥指揮之責。不過，廣州督區和交州都督區的設立，應該是建衡三年（271）孫吳收復交趾三郡以後的事，在此以前，嶺南是沒有都督區的。永安七年（264）交、廣分置以前，嶺南統屬交州，考察永安七年（264）以前歷任交州刺史，均無「督」、或者「都督」之職。

〔註26〕　《三國志》卷16《魏書・杜恕傳》。
〔註27〕　《三國志》卷48《吳書・孫皓傳》。
〔註28〕　《晉書》卷57《陶璜傳》。
〔註29〕　參見《三國志》卷48《吳書・孫皓傳》。
〔註30〕　參見嚴耕望：《中國地方行政制度史》乙部《魏晉南北朝地方行政制度史》，
　　　　　第27～28頁。

步騭的官職是「交州刺史、立武中郎將」，後追拜「使持節、征南中郎將。」〔註31〕呂岱的官職是「交州刺史」、「鎮南將軍。」〔註32〕陸胤的官職是「交州刺史、安南校尉」，後加「安南將軍」。〔註33〕且孫吳時期除陶璜外再無他人擔任交州都督。廣州督也僅見虞授一人。孫吳收復交趾三郡之後增設交州都督區和廣州督區，應該是由於蜀漢已滅、吳西南邊境直接暴露在西晉軍事威逼之下，在嶺南增設都督區是爲了加強嶺南地區的軍事力量，防止西晉從西南方向攻進孫吳疆域。而在蜀漢被滅之前，由於吳、蜀長期保持盟國關係，孫吳西南無虞，不設都督區乃在情理之中。

在都督的領導、協調下，邊疆刺史、郡守及民族鎮撫機構長官均分擔一定的軍事鎮禦職責。邊疆刺史通常仗節赴任，並且帶將軍號，開府領兵。步騭到交州上任時，「領武射吏千人」，離任時，「將交州義士萬人出長沙」，〔註34〕領兵已達萬人。邊疆刺史、太守等地方行政長官對轄區的安全與穩定負有重大職責，軍事鎮禦是其至爲重要的職掌之一。凡是政績甚佳的邊疆各級地方官吏，如雁門太守牽招、護烏丸校尉田豫、涼州刺史徐邈、張既等，均在綏撫民夷、鎮守邊疆等方面有突出貢獻。

第二節 兩晉十六國時期邊疆管理體制

一、中央管理機構與地方行政機構

兩晉時期的邊疆管理體制總體上承襲漢魏，但根據形勢有所損益，既顯示出很強的延續性，又充分反映了兩晉十六國的時代特點。

西晉初年，管理邊疆事務的中央機構承襲漢魏以來的臺、卿雙重體制，既在尚書臺設有客曹尚書、主客曹郎等職官，又設大鴻臚之機構，實行雙重管理。西晉初，中央機構中既設客曹尚書，又設主客曹郎，客曹尚書爲尚書臺「八座」成員之一，負責邊疆事務的全盤統領安排，主客曹郎則屬尚書令右僕射管轄，是邊疆事務的具體事務負責人。曹魏時已設南主客曹郎。客曹尚書和主客曹郎雖然共同承擔邊疆事務，但二者地位懸殊。客曹尚書爲尚書

〔註31〕《三國志》卷52《吳書·步騭傳》。
〔註32〕《三國志》卷60《吳書·呂岱傳》。
〔註33〕《三國志》卷61《吳書·陸凱傳附陸胤傳》。
〔註34〕《三國志》卷52《吳書·步騭傳》。

臺「八座」成員之一，主客曹郎則為「八座」領導下具體政務的負責人。晉武帝太康年間（280～289），廢置客曹，其職能由主客曹郎承擔。西晉設有左、右、東、西四主客曹郎。〔註35〕西晉邊疆事務負責人由客曹尚書轉移到主客曹郎，意味著邊疆事務高層管理者地位的下降。此後，中央機構中再無客曹尚書，東晉僅設主客曹郎一人，而且一度取消主客曹郎。〔註36〕

　　西晉時期，大鴻臚的設置也發生了變化，出現了以他職兼領大鴻臚的現象。太始十年（274），高陽王司馬珪去世，晉武帝「詔遣兼大鴻臚持節監護喪事，贈車騎將軍、儀同三司。」〔註37〕可見在西晉初年就出現了兼領的大鴻臚。但是專職的大鴻臚在西晉初年同樣是存在的。《晉書》卷20《禮志中》載，「太康七年（286），大鴻臚鄭默母喪，既葬，當依舊攝職，固陳不起，於是始制大臣得終喪三年。」根據這段史料，雖然太始十年出現過兼職的大鴻臚，但到太康十年仍然有專職的大鴻臚。何遵在太康年間以前「累轉大鴻臚」〔註38〕，其所任之大鴻臚，也為專職。西晉末，以他職兼領大鴻臚的現象比較普遍。史載建興三年（316），「帝遣兼大鴻臚趙廉持節拜琨為司空、都督並冀幽三州諸軍事。」又載，「匹磾聞此，私懷顧望，留停榮邵，欲遣前兼鴻臚邊邈奉使詣保，懼澹獨南，言其此事，遂不許引路。」〔註39〕趙廉、邊邈均以他職兼領大鴻臚。東晉大鴻臚之職「有事則權置，無事則省。」〔註40〕由於是因事而設，所以通常也是以他職兼領。咸和九年（334）陶侃去世，成帝下詔曰：「今遣兼鴻臚追贈大司馬，假蜜章，祠以太牢。」〔註41〕又如咸康四年（338），「成帝使兼大鴻臚郭希持節拜皝侍中、大都督河北諸軍事、大將軍、燕王，其餘官皆如故。」〔註42〕但是西晉末和東晉時期同樣也存在專職的大鴻臚。史載愍帝在位時，「遣大鴻臚辛攀拜軌侍中、太尉、涼州牧、西平公」，辛攀為專職的大鴻臚。〔註43〕東晉咸康五年（339）王導去世，成帝「遣大鴻

〔註35〕參見《晉書》卷24《職官》；（唐）杜佑：《通典》卷22《職官四·尚書上》，中華書局1988年版。
〔註36〕參見黎虎：《漢唐外交制度史》，第166～168頁。
〔註37〕《晉書》卷37《宗室傳·高陽元王珪》。
〔註38〕《晉書》卷33《何遵傳》。
〔註39〕《晉書》卷62《劉琨傳》。
〔註40〕《晉書》卷24《職官》。
〔註41〕《晉書》卷66《陶侃傳》。
〔註42〕《晉書》卷109《慕容皝載記》。
〔註43〕《晉書》卷86《張軌傳》。

臚持節監護喪事」，〔註44〕此處的大鴻臚顯然也是專職。綜上所述，兩晉時期，大鴻臚之職始終存在專職和以他職兼領兩種情況。大鴻臚出現兼領現象，可能與兩晉政權對邊疆控制減弱、邊疆事務相應減少有關，也可能與尚書臺「客曹尚書」、「主客曹郎」在邊疆事務中的權力不斷增強有關。由於「客曹上書」、「主客曹郎」在邊疆管理事務中的權力越來越大，大鴻臚的權力與作用受到削弱，因而出現了兼領現象。

兩晉政權中的客曹尚書、主客曹郎和大鴻臚分屬不同官職體制，二者分工合作，共同完成對邊疆事務的管理，其中客曹尚書、主客曹郎的主要職責是負責邊疆具體行政、軍事方面的日常事務管理，如文書的傳遞、命令的下達、官吏的推薦、邊疆形勢的考察與預測等等。大鴻臚的主要職責是負責對邊疆少數民族首領的封官、賜爵、接待等禮儀性活動，這一點與曹魏時期的情形基本相同。所不同的是，大鴻臚在邊疆事務管理中的實權有所下降，大鴻臚出現兼領現象即從側面反映了這一變化趨勢。當然這一變化並不是孤立的，而是與中樞機構中臺、卿兩大官僚體制的權力、地位變化趨勢完全一致的。〔註45〕

十六國諸政權也設置了客曹（或類似客曹）和大鴻臚之職。西秦、後秦均設有主客尚書。史載太元十七年（392），乞伏乾歸正式建立政權，「赦其境內殊死以下，署其長子熾磐領尚書令，左長史邊芮為尚書左僕射，右長史秘宜為右僕射，翟瑤為吏部尚書，翟勍為主客尚書，杜宣為兵部尚書，王松壽為民部尚書，樊謙為三公尚書，方弘、麴景為侍中，自餘拜授一如魏武、晉文故事。」〔註46〕乾歸所設的尚書臺基本上參照魏、晉建置而略有損益，其主客尚書的地位、職守與魏、晉之客曹尚書大致相當。同卷又載後來姚興借乾歸朝見之機，留乾歸於長安，署為主客尚書，說明後秦中央機構中也設有主客尚書之職。大鴻臚之職在十六國諸政權中比較普遍，史書記載設置大鴻臚之職的政權有前趙、後趙、前燕、前秦、後秦等。茲列舉如下：

前趙：劉聰「使其兼大鴻臚李弘拜殷二女為左右貴嬪，位在昭儀上。」〔註47〕劉曜「使其大鴻臚田崧署茂使持節、假黃鉞、侍中、都督涼南北秦梁益巴漢隴右西域雜夷匈奴諸軍事、太師、領大司馬、涼州牧、領西域大都護、護

〔註44〕《晉書》卷65《王導傳》。
〔註45〕「臺」指尚書、中書、門下官職體制，「卿」指三公九卿官職體制。
〔註46〕《晉書》卷125《乞伏乾歸載記》。
〔註47〕《晉書》卷102《劉聰載記》。

氐羌校尉、涼王。」〔註48〕

後趙：「（石勒）於是置太醫、尚方、御府諸令，命參軍鼂贊成正陽門。俄而門崩，勒大怒，斬贊。既怒刑倉卒，尋亦悔之，賜以棺服，贈大鴻臚。」〔註49〕此處大鴻臚雖然是作爲贈官贈予死者，但也反映了後趙政權中設有大鴻臚之職。

前燕：「桓溫之敗也，歸罪於豫州刺史袁眞。眞怒，以壽陽降暐，暐遣其大鴻臚溫統署眞爲使持節、散騎常侍、都督淮南諸軍事、征南大將軍、領護南蠻校尉、揚州刺史，封宣城公。」〔註50〕

前秦：平定苻洛之亂後，苻堅重新任命了一批邊疆官吏，其中有「大鴻臚韓胤領護赤沙中郎將。」〔註51〕

後秦：姚興「遣其兼大鴻臚梁斐，以新平張構爲副，拜禿髮傉檀車騎將軍、廣武公，沮渠蒙遜鎭西將軍、沙州刺史、西海侯，李玄盛安西將軍、高昌侯。」〔註52〕

根據上述材料，十六國政權所設的大鴻臚，其職能既包括主持后妃冊封儀禮，也包括封拜王爵、降將、邊臣，與魏晉之大鴻臚的職能基本相同。總之，十六國政權中的主客尚書、大鴻臚等職是學習魏、晉之制的產物，均爲管理邊疆事務的中央機構。這些機構的出現，是十六國政權深入漢化的表現。

兩晉時期，邊疆地方行政機構在漢魏基礎上有所增減。西晉武帝統治時期，在邊疆地區增置了一批州郡地方行政機構。在東北邊疆，太始十年（274），應幽州刺史衛瓘之請，西晉分幽州之昌黎、遼東、玄菟、帶方、樂浪等五郡國立平州，目的是爲了加強對東北邊疆務桓、力微等鮮卑勢力的控制。〔註53〕西晉時期，見諸史冊的平州刺史有傅詢、鮮于嬰、何龕、李臻、封釋、崔毖等人。〔註54〕在西北邊疆，太始五年（269），西晉「以雍州隴右五郡及涼州之金城、梁州之陰平置秦州」，〔註55〕目的是爲了加強對河隴地區氐、羌、鮮

〔註48〕《晉書》卷 103《劉曜載記》。
〔註49〕《晉書》卷 104《石勒載記上》。
〔註50〕《晉書》卷 111《慕容暐載記》。
〔註51〕《晉書》卷 114《苻堅載記下》。
〔註52〕《晉書》卷 117《姚興載記上》。
〔註53〕參見《晉書》卷 3《武帝紀》，卷 14《地理志上》，卷 36《衛瓘傳》。
〔註54〕參見《晉書》卷 3《武帝紀》，卷 6《元帝紀》，卷 108《慕容廆載記》。
〔註55〕《晉書》卷 3《武帝紀》。

卑各族的鎮壓，挽救西北邊疆搖搖欲墜的局勢。首任秦州刺史胡烈任上「失羌戎之和」，〔註56〕第二年就被「叛虜」樹機能所部殺害。太康三年（282），武帝「罷秦州，並雍州。」〔註57〕看來，秦州之設並沒有起到預期的作用，故予以罷撤。但太康七年（286）復立秦州，鎮上邽。惠帝時，「分隴西之狄道、臨洮、河關，又立洮陽、遂平、武街、始興、第五、真仇六縣，合九縣置狄道郡，屬秦州。」〔註58〕此後秦州建置一直存在，西晉後期擔任秦州刺史的有裴苞、皇甫重等人。〔註59〕在西北、西南邊疆交接地，太始二年（266），武帝「分益州置梁州」。〔註60〕在西南邊疆，太始七年（271），武帝在原南中都督（蜀漢之庲降都督）的基礎上設立寧州，之後經歷了罷而復立的反覆過程。史載，「武帝以益州地廣，分益州之建寧、興古、雲南，交州之永昌，合四郡為寧州。太康三年（282），武帝罷寧州入益州，立南夷校尉以護之。太安二年（303），惠帝復置寧州」。〔註61〕寧州雖然復立，但是西晉在這裡的統治很不穩定，南中夷帥、大姓及成漢等各股勢力都在激烈地爭奪寧州控制權。寧州刺史李毅遭到夷人圍攻，州治所在地陷落。繼任的刺史王遜雖然收復了寧州部分郡縣，並增置了平夷郡和夜郎郡，改益州郡為晉寧郡，〔註62〕但並不能完全扭轉寧州的危局，不久後寧州即為成漢所據。西晉在邊疆地區所增之四州，平州、梁州的設置比較穩定，而秦州、寧州均經歷了時置時廢的反覆過程，究其原因，應與局勢動盪、中央對這些地區的統治還不穩定有關，反映了西晉在控制邊疆地區方面力不從心的狀態。晉武帝統治時期，還合併了嶺南一些郡縣。《晉書》卷15《地理志》載晉武帝時省併了廣州的高興郡和交州的珠崖郡。

東晉時期，南方邊疆的地方行政建置有所增加。東晉初，西南邊疆地區為成漢所有。在益州，成漢增設了沈黎、漢原二郡。在寧州，成漢增設了漢州和安州。漢州是分興古、永昌、雲南、朱提、越嶲、河陽六郡部分地區而置。安州是成漢玉恒四年（338）分牂柯、夜郎、朱提、越嶲四郡部分地區而

〔註56〕《晉書》卷35《陳騫傳》。

〔註57〕《晉書》卷3《武帝紀》。

〔註58〕《晉書》卷14《地理志上》。

〔註59〕參見《晉書》卷37《宗室傳·南陽王模》，卷60《皇甫重傳》。

〔註60〕《晉書》卷14《地理志上》。

〔註61〕《晉書》卷14《地理志上》。

〔註62〕參見《晉書》卷81《王遜傳》。

置，漢興五年（342）廢置。漢州的增設與安州的置廢均發生在李壽統治時期。
〔註63〕同年，成漢廢置永昌郡。〔註64〕通過調整，成漢統治時期的西南邊疆
有益州、寧州、漢州、安州四個州級行政設置。東晉滅成漢後，省併了成漢
在益州增置的沈黎、漢原二郡，代之以新立的南陰平、晉原、寧蜀、始寧四
郡。成漢所置之漢州，在東晉滅成漢以後也不見史冊，估計是被東晉省併了。
隆安二年（398），東晉於益州增置晉熙、遂寧、晉寧三郡。加上尹奉為寧州
刺史時分興古郡盤南縣所增置的西平郡，則東晉統治期間，在西南邊疆地區
共增置八郡，而州級行政設置則仍保持為西晉時期的益州、寧州二州。東晉
在廣州也增置了晉興、東官、晉康、新寧、永平、新安、義安、新會郡等八
個郡。〔註65〕交州的地方行政建置基本沒有變化。

　　十六國時期，北方邊疆四分五裂，處於各個驟起驟衰的政權統治之下，
地方行政建置的變化複雜頻繁，地方行政建置的不斷細化，尤以西北邊疆較
為突出。元康五年（295），西晉於涼州增設晉昌郡。永寧年間（301～302），
張軌出任涼州刺史，拉開了前涼統治西北邊疆的序幕。前涼統治期間，先後
在西北邊疆增設了武興、晉興、廣武、祁連、臨松共五郡，又將涼州析為定
州、涼州、河州、沙州共四州。〔註66〕前涼增置州郡有多方面的原因，其中
最主要的原因有二，一是人口增加和流民安置的需要，二是向其他政權誇耀
實力的需要。此外，張駿統治時期，於戊己校尉駐地設高昌郡，在高昌實行
郡、縣、鄉、裏管理制度，〔註67〕開創了內地政權在西域設置正式郡縣、管
理方式與內地一體化的先河，加強了對西域的統治。北部邊疆在十六國時期
一直為鮮卑、鐵弗匈奴等游牧民族所據，魏晉以來的郡縣體制遭到極大破壞，
位於河套地區的雲中、五原等郡事實上徒有虛名。後趙於河套設朔州，一定

〔註63〕　參見《晉書》卷14《地理志上》。關於安州，《晉書》卷7《成帝紀》載，成
　　　　康四年（338），「分寧州置安州」，咸康七年（341），「罷安州」。從時間上看，
　　　　應與《晉書・地理志》所言安州為同一事，從語義上看，似乎安州的置與廢
　　　　均為東晉政權所為。但是成帝時寧州為成漢所有，東晉王朝不可能分越嶲、
　　　　朱提諸郡而置安州，更不可能在廢安州之後將越嶲復歸益州。所以本文認為
　　　　《晉書・成帝紀》的記載有誤，安州應為成漢所置。安州的增置應與漢州增
　　　　置的時間大致相同，其增置的目的是誇示成漢的國力。
〔註64〕　參見《晉書》卷14《地理志上》；《華陽國志校注》卷4《南中志》。
〔註65〕　參見《晉書》卷15《地理志下》。
〔註66〕　參見《晉書》卷14《地理志上》。
〔註67〕　參見《晉書》卷86《張駿傳》；余太山：《兩漢魏晉南北朝與西域關係史研究》，
　　　　中國社會科學出版社1995年版，第123～128頁。

意義上「恢復東漢時朔方的行政建置」。〔註68〕後來鐵弗匈奴赫連勃勃在朔方創建赫連夏政權，確立了州、城兩級地方行政體制。《十六國疆域志》卷 16《夏志》載，赫連夏政權設有九個州，其中幽州、朔州在原朔方之地。州下設城，設於朔方的可考之城有統萬城、代來城、三交城等共九個城。州、城二級地方行政體制是魏晉以來地方州、郡體制與赫連氏游牧生活方式相結合在頻繁戰爭背景下的產物。在東北邊疆，慕容廆父子兄弟世代受東晉王朝之封擔任平州刺史，直到東晉永和八年（352）慕容儁稱帝爲止。〔註69〕這表示東晉王朝對西晉後期慕容廆控制平州等東北邊疆諸地的狀況正式賦予合法性，同時東晉王朝保留擁有平州等東北邊疆諸地的名分。慕容儁稱帝後，又把大致相同的官號封賜給臣服於前燕的高句麗國王。如慕容寶統治時期，「以句麗王安爲平州牧，封遼東、帶方二國王。」〔註70〕另外前燕政權沿襲魏、晉舊制，以高句麗王爲營州刺史。史載慕容儁在位時期，封高句麗王釗爲「營州諸軍事、征東大將軍、營州刺史，封樂浪公，王如故。」〔註71〕

二、地方性邊疆民族鎮撫機構

兩晉時期的地方性邊疆民族鎮撫機構大致由校尉、中郎將兩類組成。漢魏以來，在邊疆地區已設護鮮卑校尉、護烏丸校尉、護羌校尉、護匈奴中郎將等職。從以上官職設置可以看出，漢魏的邊疆鎮撫機構集中在北疆，說明防範的重點是北疆。西晉前期在漢魏已有的機構設置基礎上又根據新的形勢而有所增減，省併了護鮮卑校尉，其職能歸併入護烏丸校尉；增加了護東夷校尉、東羌校尉、南夷校尉、西夷校尉、平越中郎將，其邊疆鎮撫機構已經散佈於東、南、西、北各個方向，說明防範對象已由北疆擴大到邊疆各地。

西晉在東北邊疆增置了護東夷校尉，通常以平州刺史兼任。首任護東夷校尉是鮮于嬰。〔註72〕太康六年（285），鮮于嬰在任時，東北邊疆發生了慕容廆

〔註68〕 周偉洲：《三國兩晉南北朝的邊疆形勢與邊疆政策》，馬大正主編：《中國古代邊疆政策研究》，中國社會科學出版社 1990 年版，第 110 頁。

〔註69〕 參見《晉書》卷 7《成帝紀》。

〔註70〕 《通典》卷 186《邊防二·東夷下》。

〔註71〕 《晉書》卷 110《慕容儁載記》。

〔註72〕 《晉書》卷 14《地理志上》記曰，護東夷校尉始設於曹魏，張國慶《西晉至北魏時期「護東夷校尉」初探》一文（載《中央民族學院學報》1989 年第 3 期）通過考證認爲《晉書》的記載有誤，其始設的時間應爲西晉初年，首任護東夷校尉是何龕。筆者贊同護東夷校尉始設於西晉初年的觀點，但認爲首

滅夫餘國的事件，鮮于嬰因爲救護夫餘不力而被撤職，繼任者爲何龕。何龕派遣兵力成功扶助夫餘復國。由此看來，護東夷校尉設置的時間應不晚於太康六年（285），它的設置是有特定歷史背景的，其直接的因由，應與慕容廆勢力在東北邊疆的不斷壯大有關係。西晉前期，慕容廆實力迅速發展，並且滋生了向四周擴張的強烈願望，由此與西晉政權發生了一系列武裝衝突。自太康三年至太康十年（282～289），慕容廆對遼西、昌黎、遼東等郡連年寇擾，嚴重影響西晉政權在東北邊疆的統治。護東夷校尉的設置，就是針對這種形勢，目的是爲了加強對東北邊疆局勢的控制，平衡東北邊疆各民族勢力之間的關係，建立穩定的有利於西晉政權的邊疆政治秩序。西晉前期被任命爲護東夷校尉除上述鮮于嬰、何龕之外還有文俶。不過文俶並沒有眞正上任。史載，「（文俶）太康中爲東夷校尉、假節。當之職，入辭武帝，帝見而惡之，託以它事免俶官。」〔註73〕西晉後期見諸史冊的護東夷校尉有李臻、封釋、崔毖等人。史載永嘉初（307），「遼東太守龐本以私憾殺東夷校尉李臻，附塞鮮卑素連、木津等託爲臻報仇，實欲因而爲亂，遂攻陷諸縣，殺掠士庶。太守袁謙頻戰失利，校尉封釋懼而請和。」同卷又載，「時平州刺史、東夷校尉崔毖自以爲南州士望，意存懷集，而流亡者莫有赴之。」〔註74〕從西晉前期的情況來看，護東夷校尉較好地發揮了作用，西晉後期則顯得軟弱無力，這是與西晉政權整體實力的消長是相輔相成的。此外西晉保留了漢魏以來的護烏丸校尉之職，通常由幽州刺史或幽州都督兼任。西晉前期，唐彬以使持節、監幽州諸軍事之職領護烏丸校尉，〔註75〕劉弘以寧朔將軍、假節、監幽州諸軍事之職領護烏丸校尉，〔註76〕二人在任均有政績可足稱道。西晉後期，意圖割據東北、河北的王濬以司空、驃騎大將軍、都督東夷河北諸軍事、幽州刺史等職兼領烏丸校尉。〔註77〕西晉末，在全國各地勸元帝即位的名單中，有領護烏丸校尉、鎮北將軍劉翰。〔註78〕

　　在北部邊疆，西晉沿漢魏之制，設立護匈奴中郎將，一般由并州刺史兼任。西晉擔任此職者見諸史冊的有劉琨。劉琨於永嘉元年（307）被任命爲并

　　　　任是鮮于嬰而非何龕。《晉書》卷97《四夷傳・夫餘傳》明確記載：「有司奏護東夷校尉鮮于嬰不救夫餘，失於機略。詔免嬰，以何龕代之。」
〔註73〕　《三國志》卷28《魏書・諸葛誕傳》裴注。
〔註74〕　《晉書》卷108《慕容廆載記》。
〔註75〕　參見《晉書》卷42《唐彬傳》。
〔註76〕　參見《晉書》卷66《劉弘傳》。
〔註77〕　參見《晉書》卷39《王濬傳》。
〔註78〕　參見《晉書》卷6《元帝紀》。

州刺史，加振威將軍，兼領護匈奴中郎將，在并州大部分地區已爲漢趙國所陷的情況下艱難經略北部邊疆。〔註79〕此外王濬在東北、北部坐大，侵奪劉琨實力，設置行臺，自領尚書令，任命其子爲持節、領護匈奴中郎將。〔註80〕

在西北邊疆，西晉增置東羌校尉之職，此職有時由秦州刺史或鄰近太守兼任，有時則由專人擔任。最早見諸史冊的西晉東羌校尉是杜預。史載載杜預太始年間（265～274）「更除秦州刺史，領東羌校尉、輕車將軍、假節。」〔註81〕據此可知東羌校尉的設置應不晚於這個時間。惠帝太熙元年（290），西平太守馬隆兼任東羌校尉，「積十餘年，威信震於隴右」。〔註82〕元康九年（299），積弩將軍孟觀因討平齊萬年有功，被任命爲東羌校尉、右將軍。從官職名稱來看，孟觀是專職的東羌校尉。孟觀任職期間「所在著績」，〔註83〕對穩定隴右局勢發揮了積極的作用。永嘉年間（307～312），出鎮關中的西晉宗室司馬模「表遣世子保爲西中郎將、東羌校尉，鎮上邦，秦州刺史裴苞距之。」〔註84〕司馬保的任職並沒有得到朝廷的認可，不過這則史料說明此期間東羌校尉、秦州刺史是各任其人而非兼任。此外西晉時期沿襲漢魏之制，在西北邊疆設護羌校尉、戊己校尉和西域長史等職。護羌校尉通常由涼州刺史兼領。西晉見諸史冊的護羌校尉有李熹、胡喜。〔註85〕根據史書和出土文物，可知西晉沿漢魏之制於高昌設戊己校尉，於樓蘭設西域長史，對西域實行有效的管理。〔註86〕

在西南邊疆，西晉增設南夷校尉、西夷校尉二職。太康三年（282），武帝罷寧州，設南夷校尉，以原寧州刺史李毅爲南夷校尉。太安二年（303），西晉復置寧州，但南夷校尉並沒有罷撤，而是由寧州刺史兼任，西晉末年王遜就是兼領南夷校尉、寧州刺史二職。〔註87〕太康三年（282），晉武帝設置

〔註79〕 參見《晉書》卷62《劉琨傳》。

〔註80〕 參見《晉書》卷39《王濬傳》

〔註81〕 《晉書》卷34《杜預傳》。

〔註82〕 《晉書》卷57《馬隆傳》。

〔註83〕 《晉書》卷60《孟觀傳》。

〔註84〕 《晉書》卷37《宗室傳·南陽王模》。

〔註85〕 參見《晉書》卷41《李熹傳》，卷57《胡奮傳》。

〔註86〕 參見余太山：《兩漢魏晉南北朝與西域關係史研究》，中國社會科學出版社1995年版，第114～115頁；侯燦：《魏晉西域長史治樓蘭實證——樓蘭問題駁難之一》，《敦煌研究》2001年第4期。

〔註87〕 參見《晉書》卷81《王遜傳》。

西夷校尉，「以蜀多羌夷，置西夷府，以平吳司張牧爲校尉，持節統兵，州別立治，西夷置蜀，各置長史司馬。」〔註88〕西夷校尉的設立，有利於加強對越巂、漢嘉等西部邊郡地區的控制。西晉擔任西夷校尉的有張牧、麴炳、陳總。永寧元年（301），羅尙以益州刺史兼任西夷校尉。〔註89〕在嶺南地區，「武帝又置平越中郎將，居廣州，主護南越。」〔註90〕平越中郎將通常由廣州刺史擔任，且持節爲之。

　　總的來說，西晉增加的地方性邊疆民族鎮撫機構均是晉武帝統治時期所設，是西晉國力強盛時期的措施。這些機構在西晉前期對維護邊疆穩定、協調邊疆各族關係等方面發揮了積極作用。但是西晉後期，由於西晉政權整體實力的衰敗乃至崩潰，邊疆民族鎮撫機構在邊疆事務中軟弱無力。東晉十六國時期基本上保留了西晉時期的地方性邊疆民族機構。在南方邊疆，東晉政權所作的變更僅僅將南夷校尉更名曰鎮蠻校尉。〔註91〕而北方邊疆的諸校尉、郎將等職，或爲十六國諸政權所繼承，或成爲東晉封賞給北方邊疆各政權首領的榮譽性官職，僅僅用以宣示這些地區名義上仍舊保留在東晉管轄之下。例如，東晉政權長期把護東夷校尉賜予給慕容廆及其政治繼承人，把護羌校尉賜予張軌及其政治繼承人。

三、邊疆鎮禦體制

　　都督制及北方軍鎮制度，是兩晉時期邊疆鎮禦體制的主要內容。自曹魏以來，都督在地區軍事體制中的地位與作用越來越重要，都督是地區鎮禦體制的最高軍事首領。由於各種原因，都督逐漸侵吞民政，朝向地區最高軍政首領的方向發展。在邊疆地區，情況同樣如此，都督是邊疆鎮禦體制的最高首領，而且正在朝著邊疆最高軍政首領的方向發展。

　　兩晉時期的都督制更加規範化。史曰：「晉受魏禪，則都督諸軍爲上，監諸軍次之，督諸軍爲下。使持節爲上，持節次之，假節爲下。使持節得殺二千石以下。持節殺無官位人，若軍事，得與使持節同。假節，唯軍事得殺犯軍令者。及伐吳之役，以賈充爲使持節、假黃鉞、大都督，總統六師。太康中，都督知軍事，刺史理人，各用人也。惠帝末，乃並任，非要州則單爲刺

〔註88〕　《華陽國志校注》卷9《大同志》。
〔註89〕　參見《華陽國志校注》卷9《大同志》。
〔註90〕　《晉書》卷24《職官志》。
〔註91〕　參見《晉書》卷24《職官志》。

史。江左以來，都督中外尤重，唯王導等權重者乃居之。」〔註92〕根據這段材料可知，兩晉時期對都督的權力與地位作了明確的規定，而且晉武帝有意識地限制都督權力，阻止都督侵吞民政，如規定都督專理軍務、刺史專管治民，各用其人。但是晉惠帝統治後期，由於內亂頻生，中央權威嚴重削弱，都督得乘機再度擴張勢力，仍恢復到太康以前的狀況，都督干涉民政的趨勢由此形成定勢，貫穿整個西晉後期和東晉時期。

根據嚴耕望先生的考證，西晉常設性的都督區共八個，即豫州都督區、鄴城都督區、幽州都督區、關中都督區、河北都督區、荊州都督區、青徐都督區、揚州都督區。而「并州及梁益偶置督，交廣二州常以刺史加都督，寧州蓋亦然，皆非經制。」〔註93〕上述八個常置都督區中，統轄邊疆地區的都督區有幽州都督區（統轄東北邊疆）和關中都督區（統轄西北邊疆）。處於西南邊疆的梁、益、寧州和處於嶺南地區的交、廣二州有時以刺史加都督之號而成為都督區，在刺史不加都督的情況下，這些地區均統屬於荊州都督區。至東晉，情況略有變化，西南邊疆和嶺南邊疆設置都督區成為定例。梁、益、寧州設益州都督區，都督通常兼任益州刺史；交、廣二州設廣州都督區，都督通常兼任廣州刺史。嚴耕望先生指出，益州都督區和廣州都督區隸屬於荊州都督區，但有時也會獨立於荊州都督區之外，隨形勢不同而有所變化。〔註94〕益、寧和交、廣地區即西南邊疆和嶺南地區有時會合併為一個都督區。例如咸和初年（326），阮孚被授予「都督交、廣、寧三州軍事、鎮南將軍、領平越中郎將、廣州刺史、假節」的官職，〔註95〕晉康帝在位時期（342～344），庾冰被授予「都督江荊寧益梁交廣七州豫州之四郡軍事、領江州刺史、假節」的官職。〔註96〕西晉太始年間（265～274），從關中都督區中分置秦州都督區或秦雍都督區。太始六年（270），石鑒被任命為「行安西將軍、都督秦州諸軍事」，前往秦州討伐「叛虜」。〔註97〕太康年間（280～289），賈充被任命為「使持節、都督秦涼二州諸軍事」。〔註98〕秦州都督區或曰秦雍都督區的地域

〔註92〕《通典》卷32《職官十四·都督》。
〔註93〕嚴耕望：《中國地方行政制度史》乙部《魏晉南北朝地方行政制度》，第35頁。
〔註94〕參見嚴耕望：《中國地方行政制度史》乙部《魏晉南北朝地方行政制度》，第36～46頁。
〔註95〕《晉書》卷49《阮孚傳》。
〔註96〕《晉書》卷73《庾冰傳》。
〔註97〕《晉書》卷3《武帝紀》。
〔註98〕《晉書》卷40《賈充傳》。

範圍，與曹魏後期從關中都督區分置的隴右都督區大致相近，其設置的原因，應與太始年間隴右氐、羌族大規模反抗西晉統治的形勢有關。故太康以後，此都督區即罕見記載。總之，兩晉都督區的統轄地域雖然大致穩定，但由於政治、軍事形勢的變化以及權力分割的需要，各都督區之間的合併或分割並不少見。

都督制主導下的兩晉邊疆鎮禦體制，以都督爲最高軍政首領，以下依次爲刺史、校尉、郎將、太守、縣令諸職，他們或爲民政官職，或爲邊疆民族鎮撫官職，但均負擔一定的軍事防禦職責，在抗擊外敵入侵或鎮壓邊民叛亂的軍事行動中聽從都督的統一指揮，依據官職高低各行其權，各司其職。

十六國時期的北方諸政權，由於政局混亂、戰亂頻生，也由於建立政權的各族首領多爲少數民族，他們中很多在建立政權前尚處於比較落後的部族發展階段，因此在十六國政權中普遍實行一種新的軍事體制——軍鎮制度。

軍鎮制度萌芽於十六國前期，在十六國後期得以基本定型，並沿用至北魏時期。這是一種以軍鎮統民的制度，普遍存在於十六國時期北方諸政權中，尤其盛行於西北諸政權，軍鎮等級相當於郡級或縣級，其形成可能與便於統治少數民族部落有關。〔註99〕作爲軍鎮制度之一的十六國「地方」護軍制度，其淵源是魏晉中原王朝設於少數民族地區或從事軍事征伐、鎮撫的地方護軍，是對前代中原王朝制度的繼承，並在當時大量民族、部族分散於北方各地的新的歷史條件下而得以推廣和發展。十六國護軍制度的產生，是漢魏之際社會大動盪、制度大變革的歷史新形勢的產物。〔註100〕十六國時期諸政權在東北、北部和西北邊疆均設有軍鎮。前涼張駿統治時期，在前涼與後趙交界的邊界地區（大致在隴右一帶）「置武衛、石門、候和、漒川、甘松五屯護軍，與勒分境。」〔註101〕前秦於西北邊疆置中田護軍、勇士護軍，於并州置雲中護軍，〔註102〕中田護軍爲後來的後涼、北涼所沿襲。史載孫瓚曾爲姚泓「安定護軍」，〔註103〕可見後秦有安定護軍一職。據洪亮吉考證，西涼於敦煌設敦煌護軍。一般來講，軍鎮與地方州郡縣是並存的，但在有些政權中，如

〔註99〕 參見高敏：《十六國前秦、後秦時期的「護軍」制》，《中國史研究》1992年第2期；《十六國時期的軍鎮制度》，《史學月刊》1998年第1期。
〔註100〕 參見張金龍：《十六國「地方」護軍制度補正》，《西北史地》1994年第4期。
〔註101〕 《晉書》卷86《張駿傳》。
〔註102〕 參見《晉書》卷113《符堅載記上》。
〔註103〕 《北史》卷92《恩倖傳·孫小傳》。

仇池國和赫連夏，則完全以軍鎮取代了地方基層組織。仇池於國內設二十部護軍，進行軍政合一的統治。赫連夏在州下設「城」，以「城」統民。清人洪亮吉總結說「自勃勃至昌定世，類皆不置郡縣，唯以城爲主，戰勝剋敵，則徙其降虜，築城以處之，故今夏國疆域，惟以州統城，而未著其所在郡縣以別之，與他志他國異焉。」〔註104〕「城」的性質與護軍類似，是軍鎮的形式之一。

綜上所述，兩晉時期的邊疆管理體制既是漢魏邊疆管理體制的傳承，又充分體現了兩晉時期的時代特徵，其突出的特點是：

第一，軍政合一傾向加重。曹魏時期，由於都督之設，軍事機構侵奪民政的現象開始出現，軍政合一的傾向開始萌芽。所謂軍政合一，即謂軍務首腦干涉民政，使軍務、政務一體化。晉武帝時期，一度欲扭轉這種趨勢，故規定都督管軍務，刺史治民，但惠帝末，由於西晉政局大亂，給軍政合一現象的滋生與發展創造了理想的溫床，軍政合一之趨勢一發不可收拾，東晉以都督領駐地之刺史遂成爲常規。實際上不僅軍事首腦在侵奪治民之權，傳統上的治民之官如刺史、太守等也在逐漸染指軍權。在重要的州郡，尤其是在邊疆地區，刺史、太守或兼領都督、校尉、郎將之職，或持節開府，均擁有一定的軍權，不帶軍職或不持節的州郡長官在兩晉時期、尤其是在東晉時期已經非常少見。軍鎮制度在北方十六國諸政權的普遍實行，表明邊疆管理制度中軍政合一趨勢的加重，其結果是削弱了中央對邊疆地區各級官吏的控制力度，加劇了地方割據分裂傾向。

第二，地域差異擴大。三國時期，雖然邊疆地區分屬魏、蜀、吳三個不同的政權，但是這三個政權的邊疆管理制度大同小異，地域差異性不大。這是由於魏、蜀、吳都是由漢人所建立的政權，所承襲的政治文化傳統是相同的。因此儘管三國政權面對不同的邊疆地區，制定管理制度必須考慮地域差異，但是基本制度則是相同的。兩晉時期，不僅眾多政權並立，而且這些政權的統治者具有不同的文化背景和民族傳統，從而使得這些政權的邊疆管理制度呈現出明顯的地域特色。北方政權的建立者大多數是游牧民族，軍鎮制度的出現，即與這一文化背景有關。邊疆管理制度的南北地域差異，就與這一民族特性和文化背景有關。同時，即使在北方諸政權中，仍然存在東、西之地域差異。東面政權如前燕、後燕等雖然實行軍鎮制度，但總體上不如西北邊疆地區及關中諸政權那樣突出。這種地域差異，則與北方各民族的漢化

〔註104〕（清）洪亮吉：《十六國疆域志》卷16《夏志》，商務印書館1958年版。

進程不一有關。總之，兩晉時期邊疆管理制度的地域差異，較之三國時期有顯著的擴大。

第三節　北朝邊疆管理體制

南北朝時期，無論是北方邊疆還是南方邊疆，都有一個共同的特點，即少數民族的發展與壯大。在北方邊疆，有柔然、高車、吐谷渾等強大政權。在南方邊疆，俚、僚等族雖然還未建立民族政權，但是已經頻頻亮相於政治舞臺，在梁陳之際，甚至成爲影響南朝中樞政局的重要因素。陳霸先創立陳朝，主要就是倚重他擔任嶺南地方官時期積蓄的力量，而嶺南正是俚、僚等少數民族聚居之地。北朝各政權的建立者本身就是少數民族，或是「胡化」的漢族。因此南北朝邊疆管理制度在繼承魏晉以來邊疆管理制度的基礎上，深受邊疆少數民族的影響，呈現出濃厚的民族特色和時代特色。這一時期湧現新制度，如北朝的軍鎮制度、領民酋長制度，南朝的左郡左縣制度等等，都突出體現了上述特點。這些制度充分顯示了邊疆少數民族發展壯大對南北朝政治制度的深刻影響。

北魏的建立者拓跋鮮卑本爲漠北草原的游牧民族，經過一再向南遷徙，最終進入內地，並且完成了北方的統一，入主中原地區，以正朔自居。因此北魏的政治制度一方面繼承魏晉舊制，在中央機構設立主客郎中之職，隸屬尚書省，管理邊疆民族事務，又設大鴻臚，管理邊疆民族首領或使者往來接待事宜；另一方面，北魏的政治制度深深打上了本民族的烙印，具有濃厚的少數民族特色，這在軍鎮制度、領民酋長制度上得到充分反映。鑒於黎虎先生已對南北朝時期主客郎、大鴻臚等傳承於魏晉的管理機構進行過深入研究，〔註105〕茲不贅述，以下重點探討南北朝時期管理邊疆事務所獨有的制度，即軍鎮制度和領民酋長制度。

一、北朝軍鎮制度

軍鎮制度並非始於北魏，在十六國政權中，軍鎮以及與軍鎮性質類似的護軍制已經較爲普遍地實行了。不過軍鎮制度走向成熟，則是在北魏時期。北魏的軍鎮遍及全境，大大小小共有七十多個。但是史籍記載較多、地位突

〔註105〕參見黎虎：《漢唐外交制度史》，第 164～209 頁。

出顯赫的則集中在北方和南方邊境地區。在北魏的北方邊疆，茲東至西依次分佈有和龍、禦夷、懷荒、柔玄、撫冥、武川、懷朔、沃野、涼州、敦煌、鄯善、焉耆等十二個軍鎮。康樂先生指出，北部邊疆六鎮的最初的設置目的主要是鎮守擄掠來的高車「新民」，禦邊之責還在其次。〔註106〕孝文帝即位以後，北魏對柔然的政策日趨以防守爲主，雙方的關係也相對和平穩定，北魏遣大軍主動入襲漠北的次數大爲減少，北方邊鎮的主要職責更是集中爲羈縻高車，鎮守邊民，其對外禦邊的意義進一步降低。

　　北魏軍鎮制度的最大特點是軍政合一，以軍統民。對外禦邊需求的降低和對內職能的加重，使得軍政合一勢在必然。北魏軍鎮兼理民政事例眾多，試舉兩例：

> （廣平王拓跋連之嗣子拓跋渾）後拜假節、都督平州諸軍事、領護東夷校尉、鎮東大將軍、儀同三司、平州刺史，鎮和龍。在州綏導有方，民夷悅之。徙涼州鎮將、都督西戎諸軍事、領護西域校尉，賜御馬二匹。臨鎮清愼，恩著涼土。更滿還京，父老皆涕泣追送，若違所親。〔註107〕

> 自京師遷洛，邊朔遙遠，加連年旱儉，百姓困弊。……懷又表曰：「景明以來，北蕃連年災旱，高原陸野，不任營殖，唯有水田，少可菑畝。然主將參僚，專擅腴美，瘠土荒疇給百姓，因此困弊，日月滋甚。諸鎮水田，請依地令分給細民，先貧後富。若分付不平，令一人怨訟者，鎮將已下連署之官，各奪一時之祿，四人已上奪祿一周。」〔註108〕

拓跋渾先後擔任和龍鎮將、涼州鎮將，深受百姓愛戴，這說明他在任期間有管理民政的職責。如果說任和龍鎮將時管理民政是因爲他同時擔任平州刺史之民政職務的話，那麼他爲涼州鎮將時，是沒有民政職務的，但百姓愛戴他的程度卻有過之而無不及，乃至出現「涕泣追送，若違所親」的感人場面。這充分說明鎮將具有管理當地民政的職責。此事發生在太武帝拓跋燾統治時期。宣武帝元恪統治時期（500～515），北部邊疆發生嚴重的自然災害，百姓

〔註106〕　參見康樂：《代人與鎮人》，《中央研究院歷史語言研究所集刊》第六十一本第四分（1990）。
〔註107〕　《魏書》卷16《道武七王傳‧廣平王連附子渾》。
〔註108〕　《魏書》卷41《源賀傳附源懷傳》。

困弊，源懷受命巡行賑濟，這是民政的範疇。但源懷上奏彈劾的官吏卻是沃野鎮將于祚，並且將矛頭直接指向軍鎮中的主將參僚，認爲是他們的貪殘造成了邊民的困弊，要求朝廷對「鎮將以下連署之官」加強管懲。這說明到宣武帝統治時期，鎮將兼理民政的現象仍然沒有改變。

　　正光五年（524），北魏頒令改鎮爲州，「諸州鎮軍貫，元非犯配者，悉免爲民，鎮改爲州，依舊立稱。」〔註109〕北方邊疆的重要軍鎮大多廢鎮立州，如敦煌鎮改立瓜州，薄骨律鎮改立靈州，高平鎮改立原州。有些軍鎮則早在此前就已增立州郡，與軍鎮並立。例如，太平眞君五年（444），和龍鎮增立營州，州鎮並立。史曰：「營州，治和龍城（今遼寧省朝陽市）。太延二年（436）爲鎮，眞君五年（444）改置。」〔註110〕孝文帝遷都洛陽後，在懷朔鎮增設朔州。史曰：「（北魏）建都於今郡北，兼置懷朔鎮。及遷洛後，遂於郡北三百餘里置朔州，葛榮之亂又廢。」〔註111〕懷朔鎮一直延續到北齊初年。史載天保六年（555），「帝頓白道，留輜重，親率輕騎五千追茹茹。壬午，及於懷朔鎮。帝躬當矢石，頻大破之，遂至沃野，獲其俟利藹焉力婁阿帝、吐頭發郁久閭狀延等，並口二萬餘，牛羊數十萬頭。」〔註112〕此處言「懷朔鎮」，但提到沃野的時候卻並沒有加「鎮」字，足見所言「懷朔鎮」不僅僅是地名，而是仍然擁有軍鎮建置，而原本與懷朔鎮地位相同的沃野鎮則已蕩然無存，故不稱其爲「鎮」。這種狀況與史書所載北魏末年「北鎮紛亂，所在峰起，六鎮蕩然，無復蕃捍」〔註113〕的狀況基本吻合。關於北魏末年北部邊疆諸鎮的情況，史曰：「肅宗以沃野、懷朔、薄骨律、武川、撫冥、柔玄、懷荒、禦夷諸鎮並改爲州，其郡縣戍名令準古城邑。詔道元持節兼黃門侍郎，與都督李崇籌宜置立，裁減去留，儲兵積粟，以爲邊備。」〔註114〕然又曰：「東西部敕勒之叛，朝議更思深言，遣兼黃門侍郎酈道元爲大使，欲復鎮爲州，以順人望。會六鎮盡叛，不得施行。」〔註115〕可見正光五年（524）以後，朝廷雖有改鎮爲州之令，但在北部邊疆諸鎮實際並未施行。北部邊疆諸鎮所在地，後爲東魏、北齊所轄地。然而有關東魏、北齊的

〔註109〕　《魏書》卷9《肅宗紀》。
〔註110〕　《魏書》卷106《地形志上》。
〔註111〕　《通典》卷179《州郡九》。
〔註112〕　《北齊書》卷四《文宣帝紀》。
〔註113〕　《魏書》卷14《神元平文諸帝子孫》。
〔註114〕　《魏書》卷89《酷吏‧酈道元傳》。
〔註115〕　《魏書》卷18《太武五王傳‧廣陽王建傳》。

史書中，卻很少見到北部邊疆軍鎮的名稱，懷朔鎮是個例外。那麼北部邊疆諸軍鎮後來的狀況如何呢？史曰：「於是並省三州、一百五十三郡、五百八十九縣、二鎮二十六戍。先是，自西河總秦戍築長城東至於海，前後所築東西凡三千餘里，率十里一戍，其要害置州鎮，凡二十五所。」〔註116〕據此可知，東魏、北齊時期，在北部邊疆要害之處新置州鎮共二十五所，天保七年（557）對邊疆機構作了精簡，省併了三州、二鎮。綜合上述材料，可知北魏北部邊疆諸鎮除懷朔鎮外，皆在北魏末年的六鎮起義風暴中土崩瓦解，蕩然無存。東魏、北齊爲抵擋柔然、突厥的南侵，在北部邊疆大修長城，增置州鎮，重新建立起北部邊疆軍事防禦體制，軍鎮亦得以恢復，不過被冠以新名。所以東魏、北齊不見有北魏六鎮之舊名，但新置之軍鎮，其大致的位置與原六鎮地理位置相去無幾。軍鎮制度雖於北魏末年走向衰微，但在其後仍然存在。〔註117〕

二、北朝領民酋長制度

領民酋長制度是北朝在北部邊疆所實行的特殊制度，既不見於魏晉，也不見於隋唐，乃北朝所獨有。領民酋長有時稱爲「鎮民酋長」，由於唐朝人避李世民之諱，《北史》中又稱爲「鎮人酋長」。現爲研究之方便，統稱爲「領民酋長」。領民酋長由部落酋長演變而來，後來逐漸成爲不領部落之虛號，進而蛻變爲領民都督，專領北人。由於「六州」成爲北人之代稱，領民酋長遂演變爲「六州都督」的稱號。〔註118〕史籍中明確記載被授予（或贈予）領民酋長者共有二十多位，現將他們的情況大致列舉如下：

高歡：鮮卑化漢人，北魏末，「累遷第三鎮人酋長」，後又爲「東道大行臺、第一鎮人酋長」。〔註119〕

万俟普：匈奴別種，北魏末，「累遷第二鎮人酋長」。〔註120〕

尒朱榮：羯胡，北秀容人，其先祖「常領部落，世爲酋帥」，高祖羽健、祖代勤、父新興世代爲領民酋長，父新興爲「秀容第一領民酋長」，肅宗時，尒朱榮襲父位爲領民酋長。〔註121〕

〔註116〕《北齊書》卷4《文宣帝紀》。
〔註117〕參見梁偉基：《北魏軍鎮制度探析》，《中央民族大學學報》1998年第2期。
〔註118〕參見周一良：《魏晉南北朝史論集》，北京大學出版社1997年版，第190～214頁。
〔註119〕《北史》卷6《齊本紀·高歡本紀》。
〔註120〕《北史》卷53《万俟普傳》。
〔註121〕參見《魏書》卷74《尒朱榮傳》。

　　叱列延慶：根據姓氏，當為高車人，〔註122〕「代西部人也，世為酋帥」，北魏末「除使持節、撫軍將軍、光祿大夫、假鎮東將軍、都督、西部第一領民酋長。」〔註123〕

　　念賢：族別籍貫不詳，北魏末，「拜第一領民酋長，加散騎常侍，行南兗州事。」〔註124〕

　　獨孤庫者：北周名臣獨孤信之父，先祖為部落大人，與拓跋鮮卑同起於北邊，庫者「為領民酋長，少雄豪有節義，北州咸敬服之。」〔註125〕

　　梁禦：鮮卑化漢人，家於武川，北魏末，「除鎮西將軍、東益州刺史、第一領民酋長，封白水縣伯，邑三百戶。」〔註126〕

　　劉持真：漢人，祖籍中山，北周名臣劉亮之父，根據劉亮年紀推斷，當在北魏世宗、肅宗之世為「鎮遠將軍、領民酋長。」〔註127〕

　　叱列伏龜：從姓氏看，當為高車人，與上述叱列延慶同族。「代郡西部人也。世為部落大人。魏初入附，遂世為第一領民酋長。至龜，容貌瑰偉，腰帶十圍，進止詳雅，兼有武藝。嗣父業，復為領民酋長。」〔註128〕根據前後文推斷，叱列伏龜繼承其父領民酋長之職當在北魏正光五年（524）以前。

　　高宗：高勾麗之後，北周名臣高琳之五世祖，於魏初「率眾歸魏，拜第一領民酋長，賜姓羽真氏。」〔註129〕

　　斛律金：朔州敕勒部人，「父大那瑰，光祿大夫、第一領民酋長。」北魏末，斛律金為第二領民酋長，東魏武定初年（543），「除大司馬，改封石城郡公，邑一千戶，轉第一領民酋長。」〔註130〕

　　斛律光：斛律金之弟，北齊天統元年（567）「除太保，襲爵咸陽王，並襲第一領民酋長，別封武德郡公，徙食趙州幹，遷太傅。」〔註131〕

　　斛律平：斛律金之兄，北魏末「襲父爵第一領民酋長。」〔註132〕

〔註122〕詳見後文。
〔註123〕《魏書》卷80《叱列延慶傳》。
〔註124〕《周書》卷14《念賢傳》。
〔註125〕《周書》卷16《獨孤信傳》。
〔註126〕《周書》卷17《梁禦傳》。
〔註127〕《周書》卷17《劉亮傳》。
〔註128〕《周書》卷20《叱列伏龜傳》。
〔註129〕《周書》卷29《高琳傳》。
〔註130〕《北齊書》卷17《斛律金傳》。
〔註131〕《北齊書》卷17《斛律金傳附斛律光傳》。
〔註132〕《北齊書》卷17《斛律金傳附斛律平傳》。

　　王懷：不知何許人，定居北邊，於北魏末年「拜征虜將軍、第一領民酋長、武周縣侯。」〔註133〕

　　高士貴：善無人，族別不詳，北魏末「遷衛將軍、光祿大夫、秀容大都督、第一領民酋長，賜爵上洛縣伯。」〔註134〕

　　薛孤延：代人，族別不詳，北魏末「除第一領民酋長。」〔註135〕

　　侯莫伏頹：北齊名臣侯莫陳相之祖，根據侯莫陳相的活動時間，伏頹當在北魏高祖、世宗之世被授予「魏第一領民酋長。」〔註136〕

　　叱列平：「代郡西部人也，世爲酋帥」，當與上述叱列延慶、叱列伏龜同族，「襲第一領民酋長，臨江伯。」〔註137〕

　　步大汗薩：太安狄那人，父居爲「領民別將」，本人於魏末「爲第三領民酋長，累遷秦州鎮城都督、北雍州刺史。」〔註138〕

　　破六韓常：附化人，匈奴單于之裔，「其父孔雀，世襲酋長。……詔加平北將軍、第一領民酋長」，東魏末世宗時（547～549），破六韓常去世，被賜「第一領民酋長，假王，諡曰忠武。」〔註139〕

　　綜合上述材料，北朝領民酋長的封賜情況有如下特點。第一，從時間上看，終北魏之世，始終存在領民酋長一職。封賜領民酋長有兩個高潮時期，第一個是北魏初，一部分附魏的部落酋長被封爲領民酋長；另一個高潮是北魏末，特別是六鎮起義爆發後，一批鎮壓起義有功的部落酋長或北疆人士被賜予領民酋長之職。第二，從被封賜者的身份看，絕大多數是北部邊疆的少數民族部落酋帥，或者是長期生活在北部邊疆、「胡化」較深的漢族人士。總之，領民酋長之職與北部邊疆少數民族有著緊密關係。被封賜爲領民酋長的人絕大多數生活在北部邊疆，而很少有出身西北、東北或南部邊境者，可謂是北部邊疆的「特產」。第三，從被封賜者的生活方式來看，絕大多數是以游牧生活爲主。具有典型意義的是世代生活於秀容川的尒朱氏家族，「每春秋二時，恒與妻子閱畜牧於川澤，射獵自娛。」〔註140〕第四，從封賜途徑來看，

〔註133〕《北齊書》卷19《王懷傳》。
〔註134〕《北齊書》卷19《高士貴傳》。
〔註135〕《北齊書》卷19《薛孤延傳》。
〔註136〕《北齊書》卷19《侯莫陳相傳》。
〔註137〕《北齊書》卷20《叱列平傳》。
〔註138〕《北齊書》卷20《步大汗薩傳》。
〔註139〕《北齊書》卷27《破六韓常傳》。
〔註140〕《魏書》卷74《尒朱榮傳》。

一是北魏初年歸附北魏的部落酋帥，得到領民酋長的封號後世襲給後代子孫，即世襲之途；二是北魏末年因軍功獲得當政者賞識而獲得封賜，即軍功之途；第五，從北魏末年及此後授予封賜的背景來看，由於獲得尒朱氏、高歡家族之青睞而被封賜領民酋長的情況較多，很少有出自宇文氏封賜的情況。北魏分裂以後，在東魏繼續存在著領民酋長的封賜，而在西魏，領民酋長之職消失殆盡。第六，根據「第一領民酋長」、「第二領民酋長」等稱呼可知，領民酋長存在等級差異。

　　由上可知，北朝領民酋長制度存在時間長，影響大，所涉及者主要是北部邊疆的少數民族，而且領民酋長官職自成體制，是北朝統治者北部邊疆管理制度的重要組成部分。其產生的背景，與北部邊疆民族構成複雜、游牧民族比重較大、部落聚居仍爲北部邊疆地區基本社會面貌有關。這一制度的實施，有利於在北部邊疆減少民族衝突，充分發揮邊疆少數民族捍禦邊疆的積極性和主動性。

　　上述諸位領民酋長中，從家族世襲之途獲得封賜的有尒朱榮、叱列伏龜兄弟、斛律金兄弟諸人。其中叱列伏龜、斛律金兄弟均爲高車著姓。史曰：「其種有狄氏、表紇氏、斛律氏、解批氏、護骨氏、異奇斤氏。……高車之族，又有十二姓：一曰泣伏利氏，二曰吐盧氏，三曰乙旃氏，四曰大連氏，五曰窟賀氏，六曰達薄干氏，七曰阿侖氏，八曰莫允氏，九曰俟分氏，十曰副伏羅氏，十一曰乞袁氏，十二曰右叔沛氏。」〔註141〕可見斛律金兄弟爲高車族勿庸置疑。據姚薇元先生考證，叱列又寫作叱利、叱伏列、叱李，即高車十二姓之一泣伏利氏。〔註142〕看來世襲領民酋長與高車著姓有不解之緣，而這種現象的出現，與北魏中期對高車的特殊政策及高車附國的建置有關。通過對這個問題的探討我們可以更清楚地瞭解北魏對漠南高車的管理制度。

　　北魏初年，對柔然、高車發動了幾次大規模的征討，虜獲了大量高車、柔然部眾，北魏將所獲之高車部眾安置在漠南千里牧場。此後，「太祖時，分散諸部，唯高車以類粗獷，不任使役，故得別爲部落。」拓跋燾在位時，又有大量高車部眾降附於北魏。北魏在保存高車部落組織的基礎上，設立高車附國，設置護高車中郎將，對其嚴加看管。史籍中記載了與高車附國的相關活動，茲列舉如下：

〔註141〕《魏書》卷103《高車傳》。
〔註142〕參見姚薇元：《北朝胡姓考》，科學出版社1958年版，第297～300頁。

永興三年（411）秋七月，「賜附國大人錦罽衣服各有差。」神瑞二年（415）二月，「賜附國大人、渠帥朝歲首者繒帛金罽各有差。」泰常三年（418）春正月，「帝自長川詔護高車中郎將薛繁率高車丁零十二部大眾北略，至弱水，降者二千餘人，獲牛馬二萬餘頭。」〔註143〕

泰常三年（418）夏，崔玄伯病逝，「詔群臣及附國渠帥皆會葬，自親王以外，盡令拜送。」〔註144〕

神䴥元年（428）八月，「大檀遣子將騎萬餘人入塞，殺掠邊人而走。附國高車追擊破之。自廣寧還，追之不及。」〔註145〕

根據上述材料，北魏對高車附國的「大人」、「渠帥」實行籠絡恩撫政策，歲時給予豐厚的賞賜，賜予他們與藩臣相等的政治待遇，而他們則在護高車中郎將的領導下追擊敵寇，捍衛邊疆。此處所言之「大人」、「渠帥」應該包括了被授予領民酋長稱號的部落酋長。高車附國保留了部落組織、部落酋長的權力，領民酋長之職就是適應這種狀況而產生的，他們在護高車中郎將的監管下活動。不過，與附國高車和護高車中郎將有關的記載，均發生在太宗拓跋嗣、世祖拓跋燾時期，據此推測，附國高車和護高車中郎將的設置可能僅存在於408～430年之間，此後被廢置。〔註146〕

軍鎮制度和領民酋長制度，都帶有鮮明的少數民族特色，它們的產生，主要應歸因於北方邊疆少數民族勢力的發展與壯大。這兩項帶有鮮明少數民族特色的邊疆管理制度，充分反映了北方邊疆少數民族的社會特色與政治文化。

第四節　南朝邊疆管理體制

南朝對南方邊疆的控制程度呈現地域的不平衡性，對廣州、越州的控制呈加強趨勢，而對寧州和交州的控制卻呈削弱的趨勢。所以南朝邊疆管理制度的實施重點地區是嶺南的廣州、越州地區，其特點也是廣州、越州的政治狀況與民族狀況的反映。

南朝在中央機構，循魏晉前制，設置主客曹和大鴻臚，作為管理邊疆民族事務和王室藩臣事務的專職機構，上文所述黎虎先生論著中已有詳盡論

〔註143〕《魏書》卷3《太宗紀》。
〔註144〕《魏書》卷24《崔玄伯傳》。
〔註145〕《魏書》卷103《蠕蠕傳》。
〔註146〕參見段連勤：《北魏統治漠南高車的三個階段》，《民族研究》1988年第1期。

述，故不贅述。在地方機構中，自西晉武帝以來設置的平越中郎將之職，在南朝繼續沿用，通常由廣州刺史兼任。本文擬重點探討的是南朝邊疆管理中採用的新制度，即左郡左縣制度和嶺南督護制度。

一、南朝左郡左縣制度

左郡左縣制度是南朝專施之於統治薄弱之少數民族地區的行政管理制度。在蠻、俚、僚等少數民族廣泛分部的江淮、嶺南、巴蜀、越巂等地，都設有大量的左郡左縣。吳永章先生認爲，「左郡左縣」係因「蠻左」而得名，專門設置於少數民族地區，南朝左郡左縣具有分佈廣、數量多、規模小、保持蠻族舊有統治方式等特點。此外南朝還在嶺南、越巂、巴蜀等俚、僚聚居之地設置僚郡、俚郡，根據《南齊書·州郡志》的記載，南朝設有宕渠僚郡、越巂僚郡、沈黎僚郡、甘松僚郡、始平僚郡、吳春俚郡一共六個僚郡、俚郡。左郡左縣和僚郡俚郡是南朝政府在民族地區普遍設立的由本族首領自治的特殊政權。〔註147〕

嶺南、越巂等邊疆地區的僚郡、俚郡無論從規模、性質、作用等方面來看都與左郡左縣完全一致。與江淮之間廣泛分佈的蠻族左郡左縣不同的是，俚郡、僚郡的數量相對要少的多。吳永章先生統計到的俚郡、僚郡僅有六個，白翠琴先生所統計的嶺南的左郡爲八個，左縣二十三個。〔註148〕但是這一時期嶺南共有郡五十五，縣三百二十。〔註149〕這就說明在嶺南地區，無論左郡左縣還是僚郡俚郡，在嶺南行政體制中，都是居於次要的地位，對於它們的作用不能估計過高。在巴蜀、南中地區，情況也大致相同。

不過，在嶺南、巴蜀和越巂等邊疆地區採用左郡左縣制度，雖然所設左郡左縣規模、數量、作用都極其有限，但其歷史意義卻非常深遠。首先，就控制強度而言，左郡左縣介於屬國（或「道」）與普通郡縣二者之間，具有過渡性質。採用左郡左縣制度，與此前的屬國制度相比，對少數民族地區的控制力度有所加強，且便於今後將對邊疆少數民族的特殊行政管理轉變爲普通的行政管理，進一步加深邊疆少數民族的統治力度。事實上，確實有一部分

〔註147〕參見吳永章：《中國土司制度淵源與發展史》，四川民族出版社 1988 年版，第58～62 頁。

〔註148〕參見白翠琴：《魏晉南北朝民族史》，第 448 頁。

〔註149〕參見胡阿祥：《六朝政區增置濫置述論》，《中國歷史地理論叢》1993 年第 3期。

左郡左縣後來轉變爲普通郡縣。其次，左郡左縣制度對後世影響深遠，是中國土司制度的發端。對於左郡左縣制度的作用與意義，吳永章先生總結說，「所謂左郡、左縣，有兩層意思。一是冠以郡縣之名，意味著蠻族地區已非『化外』之域，需要直接服從南朝中央政府的領導和徵調，這是共性。一是郡縣之前加上『左』字這一定語，意味著與內地郡縣不同，有它的特殊性。這表現爲南朝仍利用『蠻酋』對滿足地區實行統治，……而且，南朝政府並不打亂蠻族原有的組織形式，不干預其內部事務。這說明，左郡左縣的設立，只是起到『羈縻』的作用而已。……左郡左縣和僚郡、俚郡的設立，在中國歷代王朝對南方少數民族的治理史中，有著重要的意義和作用。它上承秦漢時期的『道』，下啓唐宋時期的『羈縻州（縣）』，最後演變成明清時期的『土府』、『土州』、『土縣』。」〔註150〕

　　南朝在邊疆地區的特殊行政機構不僅僅是左郡左縣，另外還增置了一批特殊的州級行政機構。以嶺南爲例，自劉宋以來，就不斷改郡爲州，或者新置州郡。到梁朝，增置州郡達到高潮。根據對《隋書》卷三十一《地理志下》的統計，梁朝在嶺南新置的州有十四個。史曰：「越人之俗，好相攻擊，夫人兄南梁州刺史挺，恃其富強，侵掠傍郡，嶺表苦之。」又曰：「梁大同初，羅州刺史馮融聞夫人有志行，爲其子高涼太守寶娉以爲妻。」〔註151〕據此可知梁朝嶺南還有南梁州、羅州。那麼梁朝在嶺南新置之州共達十六個。

　　梁朝在嶺南增置大批州郡不是一個孤立、偶然的現象，而是與南北對峙、雙方皆試圖增置州郡以供誇耀的心態有關，也是籠絡新近降服、歸附的少數民族的客觀需要。史曰：「梁武帝除暴寧亂，奄有舊吳，天監十年，有州二十三，郡三百五十，縣千二十二。其後務恢境宇，頻事經略，開拓閩、越，克復淮浦，平俚洞，破牂柯，又以舊州遐闊，多有析置。大同年中，州一百七，郡縣亦稱於此。」〔註152〕梁朝在嶺南新置之州，很多就是「平俚洞」的結果。

二、南朝督護制度

　　督護制度是南朝施之於嶺南廣州、越州少數民族地區的特殊管理制度。督護之職始見於西晉末年。史曰：「勒屯兵易水，督護孫緯疑其詐，馳白潛，

〔註150〕參見吳永章：《中國土司制度淵源與發展史》，第 61～62 頁。
〔註151〕《隋書》卷 80《譙國夫人傳》。
〔註152〕《隋書》卷 29《地理志上》。

而引軍逆勒。」〔註153〕又曰：「時劉聰入寇，京師危逼。簡遣督護王萬率師赴難，次於涅陽，為宛城賊王如所破，遂嬰城自守。」〔註154〕此後督護之稱漸多見於史冊，且派生出前鋒督護、〔註155〕參軍督護、〔註156〕平西督護〔註157〕、流民督護等職。〔註158〕查考有關南朝之正史以及《隋書》卷二十六、二十七《百官志》所載南朝督護的內容可知，南朝的督護一職在都督府、州郡府、三公三師府和藩王府普遍存在，隸屬不同機構的督護身份地位有所不同。隸屬都督府的督護，因受命領兵作戰，地位相對高一些，州郡府次之。三公三師府和藩王府的督護屬於日常服務人員，地位相對較低。而總的來講督護在整個職官系統中屬於中下層，隸屬於各個軍政系統和行政系統，只是僚屬，不具備獨立的職權，不能開府治事。這是南朝普通督護的一般情況。

在嶺南地區，南朝也設立了督護之職，見諸史冊的有西江督護、南江督護、東江督護。關於西江督護的設置時間、活動範圍、歷史作用等，前已有述。南江督護的職責與西江督護大致相同，史曰：「廣州，鎮南海。濱際海隅，委輸交部，雖民戶不多，而俚獠猥雜，皆樓居山險，不肯賓服。西南二江，川源深遠，別置督護，專征討之。」〔註159〕據此可知南江督護最晚在南齊時已經設置，其設置的目的是為加強對境內俚、獠各族的軍事震懾，維護南朝在嶺南的統治權威。所不同的是，顧名思義，南江督護的活動以南江流域為主，而南江實則為西江水系的支流，南江督護所轄地域，原來是在西江督護統轄之下的，之所以要增置南江督護，可能是因為這一個小區域內的本土勢力反抗十分激烈之故。史籍所見南江督護只有盧安興、沈顗兩位。史曰：「子雄弟子略與岊子俇及其主帥杜天合、杜僧明共舉兵，執南江督護沈顗，進寇廣州，晝夜苦攻，州中震恐。」〔註160〕又曰：「梁大同中，盧安興為廣州南江督護，僧明與兄天合及周文育並為安興所啓，請與俱行。頻征俚獠有功，為新州助防。」「會盧安興為南江督護，啓文育同行。累征俚獠，所在有功，除

〔註153〕《晉書》卷39《王沈傳附王濬傳》。
〔註154〕《晉書》卷43《山濤傳附子山簡傳》。
〔註155〕《晉書》卷44《盧欽傳附盧志傳》載有平昌公司馬模的屬下前鋒督護馮嵩。
〔註156〕《南史》卷40《宗越傳》載宗越曾為後軍參軍督護。
〔註157〕《南齊書》卷1《高帝紀上》載有平西督護段虯。
〔註158〕《宋書》卷92《良吏·杜慧度傳》載東晉末年杜慧度與其子杜弘文先後以它職兼任流民督護，不過到南朝已經不見有關此職的記載。
〔註159〕《南齊書》卷14《州郡志上》。
〔註160〕《陳書》卷1《高祖紀上》。

南海令。安興死後，文育與杜僧明攻廣州，爲高祖所敗，高祖赦之，語在僧明傳。」〔註161〕由於資料過少，對於南江督護的活動詳情難以盡知，但根據有限的資料可以確信的是，南江督護的主要職責是征討俚、僚，所以南江督護盧安興的屬下杜僧明兄弟、周文育等均因頻征俚、僚而立軍功，周文育還因此軍功而被授職爲南海令，盧安興之子盧子雄也升遷爲新州刺史。史書又載：「先是，武林侯蕭諮爲交州刺史，以裒刻失眾心，土人李賁連結數州豪傑同時反，臺遣高州刺史孫冏、新州刺史盧子雄將兵擊之。」〔註162〕另外可以確定的是，南江督護擁有獨立的軍府機構和兵力，否則盧安興不可能自主選擇同鄉杜僧明等人做他的屬員，他的部下也不可能在他們父子身亡後起兵反叛。因爲盧子雄爲新州刺史的時間不長，其部下反叛時所憑藉的兵力，應是盧安興父子任南江督護時所蓄積的，而如果盧安興父子所蓄積的兵力不夠雄厚，就不可能有足夠的膽量發起令州中震恐的攻打州府的反叛。可見南江督護的活動範圍和軍事實力雖然不及西江督護，但也不可低估；其性質與西江督護則完全相同，都是鎮壓俚、僚的軍事機構。與此性質相同的還有東江督護。關於東江督護的材料更少，目前所見僅有一條。史載胡穎之弟胡鑠「隨章昭達南平歐陽紇，爲廣州東江督護。還預北伐，除雄信將軍、歷陽太守。」〔註163〕根據語義，東江督護的設置，應在陳朝平定歐陽紇之後，即陳朝太建元年（569）之後。

雖然史籍關於西江督護、南江督護和東江督護的記載非常之少，但根據目前的資料已經能夠初步判定，督護制度是南朝統治嶺南的重要制度之一。南朝依靠「三江」督護來實現征討俚、僚、開發嶺南的目的，也依靠「三江」督護來平定內外紛亂、維護社會穩定。較之前文所提到的一般南朝諸種督護，嶺南「三江」督護確實有十分特別之處。他們不是僚屬，而是一方要員，擁有實權和兵力，獨立開府治事。這是南朝一般督護制度在嶺南的發展和變異。變異的原因在於南朝在嶺南急需能獨當一面加強軍政控制的地方官員，而一般的督護地位不高，不會引起統治者關於尾大不掉的擔憂，於是特殊的督護制度應運而生。不過在實際過程中，「三江」督護、尤其是西江督護的勢力快速膨脹，陳霸先就是以任職西江督護時蓄積的力量爲核心力量建立了陳朝。

〔註161〕《陳書》卷8《杜僧明傳》、《周文育傳》。
〔註162〕《陳書》卷1《高祖紀》。
〔註163〕《陳書》卷12《胡穎傳》。

可能正是因爲如此，陳朝對「三江」督護已經產生了隱憂。陳朝建立後，西江督護、南江督護都不見史冊，東江督護僅有一例，而且胡鑠很快就「還預北伐」，任職的時間非常短暫。這種狀況應該不是史家疏忽記載，而是嶺南督護制度在陳朝已經沒落甚至取消的反映。

　　長期的南北對峙，使得南北朝雙方其牽扯了大量精力和財力，因此南北朝統治者對邊疆的開發均有明顯不足。北朝對邊疆以防禦爲主，南朝則以掠奪爲主，都缺少長遠規劃和精心治理，在制度管理上雖有創新，但也存在混亂和紕漏。比如南朝嶺南州郡縣的濫置。也因如此，南北朝邊疆地區雖然得到一定的開發，但北方邊疆發展遲緩，而南方邊疆的開發也是以粗暴的方式、以當地少數民族付出沉重的代價換取的。總之，分裂違反各族人民的共同利益，阻礙各族各地的共同發展。開皇九年（589），隋文帝平陳，終於結束了南北對峙，完成了統一大業，邊疆地區的經略、開發與管理隨之進入一個嶄新的歷史階段。

參考書目

一、基本史料

1. （漢）司馬遷撰：《史記》，中華書局 1959 年版。

2. （漢）班固撰：《漢書》，中華書局 1962 年版。

3. （南朝）范曄撰：《後漢書》，中華書局 1965 年版。

4. （晉）陳壽撰：《三國志》，中華書局 1959 年版。

5. （唐）房玄齡等撰：《晉書》，中華書局 1974 年版。

6. （晉）常璩撰、劉琳校注：《華陽國志校注》，巴蜀書社 1984 年版。

7. （北齊）魏收：《魏書》，中華書局 1974 年版。

8. （唐）李百藥：《北齊書》，中華書局 1972 年版。

9. （唐）令孤德棻：《周書》，中華書局 1971 年版。

10. （南齊）沈約：《宋書》，中華書局 1974 年版。

11. （南梁）蕭子顯：《南齊書》，中華書局 1972 年版。

12. （唐）姚思廉：《梁書》，中華書局 1973 年版。

13. （唐）姚思廉：《陳書》，中華書局 1972 年版。

14. （唐）李延壽：《南史》，中華書局 1974 年版。

15. （唐）李延壽：《北史》，中華書局 1974 年版。

16. （唐）魏徵：《隋書》，中華書局 1973 年版。

17. （北宋）司馬光：《資治通鑒》，中華書局 1982 年版。

18. 北京書同文電腦技術有限公司：《文淵閣四庫全書》電子版，1999 年出品。

19. 湯球輯補：《十六國春秋輯補》，齊魯書社 2000 年版。

20. （清）洪亮吉：《十六國疆域志》，商務印書館 1958 年版。

21. （唐）杜佑：《通典》，中華書局 1988 年版。

22. 國家圖書館山本金石組編：《先秦秦漢魏晉南北朝石刻文獻全編》，北京圖書館出版社 2003 年版。

23. 趙超：《漢魏南北朝墓誌彙編》，天津古籍出版社 2008 年版。

24. 楊伯峻編著：《春秋左傳注》，中華書局 1981 年版。

25. 楊伯峻譯注：《論語譯注》，中華書局 1990 年版。

26. （漢）何休注、（唐）徐彥疏、刁小龍整理：《春秋公羊傳注疏》，上海古籍出版社 2014 年。

27. 陳桐生譯注：《國語》，中華書局 2013 年版。

28. 王世舜、王翠葉譯注：《尚書》，中華書局 2012 年版。

29. 王文錦譯解：《禮記譯解》，中華書局 2001 年版。

二、研究資料

1. 唐長孺：《魏晉南北朝史論叢》，生活・讀書・新知三聯書店 1955 年版。

2. 唐長孺：《魏晉南北朝史論叢續編》，生活・讀書・新知三聯書店 1959 年版。

3. 唐長孺：《山居存稿》，中華書局 1989 年版。

4. 顧祖禹：《讀史方輿紀要》，中華書局 1957 年版。

5. 姚薇元：《北朝胡姓考》，科學出版社 1958 年版。

6. （越南）明崢著、范宏科、呂谷譯：《越南史略》（初稿），生活・讀書・新知三聯書店 1958 年版。

7. 胡耐安編著：《邊政通論》，臺灣政治大學邊政學系編印，1960 年初版。

8. 呂思勉：《兩晉南北朝史》，上海古籍出版社 1980 年版。

9. 譚其驤主編：《中國歷史地圖集》，中國地圖出版社 1982 年版。

10. 萬繩楠：《魏晉南北朝史論稿》，安徽教育出版社，1983 年版。

11. 韓國磐：《魏晉南北朝史綱》，人民出版社 1983 年版。

12. 傅築夫：《中國封建社會經濟史》，人民出版社 1984 年版。

13. 周偉洲：《吐谷渾史》，寧夏人民出版社 1985 年版。

14. 周偉洲：《漢趙國史》，山西人民出版社，1986 年版。

15. 周偉洲：《南涼與西秦》，陝西人民出版社 1987 年版。

16. 方國瑜：《中國西南歷史地理考釋》（上、下），中華書局 1987 年版。

17. 尤中主編：《中國西南邊疆變遷史》，雲南教育出版社 1987 年版。

18. 尤中：《尤中文集》，雲南大學出版社 2009 年版。

19. 齊陳駿：《五涼史略》，甘肅人民出版社 1988 年版。

20. 吳永章：《中國土司制度淵源與發展史》，四川民族出版社 1988 年版。

21. 林恩顯：《邊政通論》，（臺灣）華泰書局 1989 年版。

22. 林恩顯：《中國邊疆研究理論與方法》，（臺灣）渤海堂文化公司 1992 年版。

23. 翁獨健主編：《中國民族關係史綱要》，中國社會科學出版社 1990 年版。

24. 嚴耕望：《中國地方行政制度史》乙部《魏晉南北朝地方行政制度》，臺灣三民書局 1990 年版。

25. 馬大正主編：《中國古代邊疆政策研究》，中國社會科學出版社 1990 年版。

26. 馬大正、劉逖：《二十世紀的中國邊疆研究——一門發展中的邊緣學科的演進歷程》，黑龍江教育出版社 1997 年版。

27. 馬大正主編：《中國邊疆經略史》，中州古籍出版社 2000 年版。

28. 馬大正、楊保隆等：《古代中國高句麗歷史叢論》，黑龍江教育出版社 2001 年版。

29. 馬大正、李大龍等：《古代中國高句麗歷史續論》，中國社會科學出版社 2003 年版。

30. 周一良：《魏晉南北朝史論集續編》，北京大學出版社 1991 年版。

31. 周一良：《魏晉南北朝史論集》，北京大學出版社 1997 年版。

32. 范建華主編：《爨文化論》，雲南大學出版社 1991 年版。

33. 范文瀾、蔡美彪主編：《中國通史》，人民出版社 1992 年版。

34. 洪濤：《五涼史略》，中國社會科學出版社 1992 年版。

35. 薛宗正：《突厥史》，中國社會科學出版社 1992 年版。

36. 田繼周等：《中國歷代民族史》（八卷本），四川民族出版社 1996 年版。

37. 趙雲田：《中國邊疆民族管理機構沿革史》，中國社會科學出版社 1993 年版。

38. 趙雲田主編：《北疆通史》，中州古籍出版社 2003 年版。

39. 蔣福亞：《前秦史》，北京師範學院出版社 1993 年版。

40. 葛劍雄：《統一與分裂：中國歷史的啟示》，三聯書店 1994 年版。

41. 白壽彝主編、何茲全著：《中國通史》第五卷（中古時代——三國兩晉南北朝時期），上海人民出版社 1995 年版。

42. 余太山：《兩漢魏晉南北朝與西域關係史研究》，中國社會科學出版社 1995 年版。

43. 余太山主編：《西域通史》，中州古籍出版社 2003 年版。

44. 劉宏煊《中國疆域史》，武漢出版社 1995 年版。

45. 鄭汕主編：《中國邊防史》，社會科學文獻出版社 1995 年版。

46. 白翠琴：《魏晉南北朝民族史》，四川民族出版社 1996 年版。

47. 吳廷禎主編：《河西開發史研究》，甘肅教育出版社 1996 年版。

48. 劉子敏：《高句麗歷史研究》，延邊大學出版社 1996 年版。

49. 方鐵等著：《中國西南邊疆開發史》，雲南人民出版社 1997 年版。

50. 方鐵主編：《西南通史》，中州古籍出版社 2003 年版。

51. 黎虎：《漢唐外交制度史》，蘭州大學出版社 1998 年版。

52. 黎虎：《魏晉南北朝史論》，北京學苑出版社 1999 年版。

53. 佟冬主編：《中國東北通史》，吉林人民出版社 1998 年版。

54. 胡守爲：《嶺南古史》，廣東人民出版社 1999 年版。

55. 陳寅恪：《隋唐制度淵源略論稿》，三聯書店 2001 年版。

56. 谷苞主編：《西北通史》，蘭州大學出版社 2005 年版。

57. 吳楚克：《中國邊疆政治學》，中央民族大學出版社 2005 年版。

58. 李大龍：《漢唐藩屬體制研究》，中國社會科學出版社 2006 年版。

59. 林榮貴主編：《中國古代疆域史》，黑龍江教育出版社 2007 年版。

60. 陳耀澤：《六朝時代的廣州刺史》，碩士論文，臺灣成功大學歷史學系。指導老師：蔡幸娟；答辯時間：2010 年 7 月。

61. （美）拉鐵摩爾著、唐曉峰譯：《中國的亞洲內陸邊疆》，江蘇人民出版社 2010 年版。

62. （美）巴菲爾德著、袁劍譯：《危險的邊疆——游牧帝國與中國》，江蘇人民出版社 2011 年版。

63. 厲聲等著：《中國歷代邊事邊政通論》（四卷本），黑龍江教育出版社 2015 年版。

64. 何畏：《西漢至南朝西南邊疆管理體制研究》，博士論文，畢業學校：雲南大學歷史與檔案學院；專業：中國史；研究方向：中國邊疆學；導師：方鐵；答辯時間：2016 年 5 月。

65. 牟發松等：《中國行政區劃通史》（十六國北朝卷），復旦大學出版社 2017 年版。

66. 毋有江：《北魏政治地理研究》，科學出版社 2018 年版。

後　記

　　本書是我十餘年來從事魏晉南北朝時期邊疆與民族研究的成果，它烙刻了我的學術成長足跡，匯聚我十餘年來學術探索的體驗與收穫。2001 年，我進入中國社會科學院民族學與人類學研究所工作，開始了對中國古代民族史、邊疆史、思想史的學習與探索。魏晉南北朝時期邊政問題是我進入科研工作崗位後第一個涉足的學術問題，也是我從事科研工作以來持續重點關注的問題之一。入所以後，我加入了中國社會科學院重大 A 類項目《中國歷代邊政通論》項目組，承擔魏晉南北朝時期邊政研究任務。項目結項以後，我繼續關注魏晉南北朝時期邊政問題，對研究中所涉及的問題逐一進行系統化梳理和深入挖掘，對部分問題進行重新探討，不斷加深對這一領域的認識和理解。多年來，對這部書稿的寫作與修改，始終伴隨在我的學術旅途之中。本書在多年持續研究魏晉南北朝時期邊疆與民族問題的基礎上逐步形成，並在篇章結構、基本內容、主要觀點等方面經歷了反覆多次修改、調整和補充。從開啓這項研究，到今天預備付梓，已歷經十七年之久。

　　在十餘年的研究歷程中，我領略並沉醉於廣闊、美麗而深邃的學術世界，同時深深感受到學界前輩、師友的溫暖關懷，心中充滿感動。在此我要衷心感謝我的碩士期間導師北京師範大學歷史學院曹文柱教授、博士期間導師北京師範大學歷史學院黎虎教授。是兩位恩師指引我走上學術研究的道路，開啓我對魏晉南北朝史的研究興趣，為我從事學術研究工作奠定了基礎。兩位恩師的諄諄教誨，我永遠銘刻於心，沒齒難忘。作為一名在碩士和博士學習階段均以魏晉南北朝史為專業方向的學生，魏晉南北朝史是我科研工作的根基，是我始終情有獨鍾的研究領域。本書是我向兩位恩師上交的一份作業，

藉以回報恩師對我多年的指導教誨，並忐忑惶恐地等待恩師的批評指教。

在此我還要衷心感謝《中國歷代邊政通論》項目組的各位前輩和師友，特別是中國社會科學院民族學與人類學研究所羅賢祐研究員、劉正寅研究員、蔡志純研究員、周峰研究員和已故的盧勳研究員、管彥波研究員。另外我還要特別感謝中國社會科學院中國邊疆研究所李大龍研究員。以上各位前輩和師友在本書的撰寫、修改過程中，給予我大量無私的指導、幫助、支持和鼓勵。項目主持人盧勳老師在身患重病的情況下，仍然牽掛項目的進展，關心項目組年輕人的成長。2004 年 12 月，敬愛的盧勳老師不幸因病與世長辭，於今已有十四年之久，但他對學術的熱誠與敬業、對年輕人的關心愛護歷歷在目，宛然如昨，謙謙長者之風，令人肅然起敬。而勤勉好學、博學多才的管彥波老師也於 2018 年 1 月不幸因病英年早逝，令人扼腕痛惜。謹此向以上各位前輩和師友致以深深的謝意，向已故盧勳研究員、管彥波研究員表示深切的緬懷！

最後，衷心感謝花木蘭文化出版社免費爲本書提供出版機會。2006 年以來，花木蘭文化出版社爲文史學界的學者免費出版了大批學術專著，這是促進學術繁榮、造福文史學界的一項善舉與盛事，功在當代，餘澤後世。本書得以系列其中，與有榮焉。感謝花木蘭文化出版社楊嘉樂女士爲本書的出版付出大量心血。謹此向花木蘭文化出版社及楊嘉樂女士致以由衷的敬意！

魏晉南北朝時期的邊政問題既複雜又精彩，值得加大研究力度，繼續深入研究。期待本書能夠起到拋磚引玉的作用，吸引學界更多的關注與研究。我個人也將繼續對此進行關注和思考。由於個人水平有限，本書必然存在不少問題和不足，敬請方家及所有讀者批評指正，以便我在將來的研究中不斷改進提高。

彭豐文

2018 年 10 月 2 日